¿Qué es lo que otros dicen sobre *Después del capitalismo*?

Después del capitalismo es una contribución crucial hacia nuestra visión del horizonte donde queremos llegar, no solamente después del capitalismo, sino desde ya en este momento, mientras tratamos de construir el nuevo mundo desde el viejo. Es muy importante no solamente por la visión analizada tan profundamente que presenta, sino porque también incorpora la dimensión espiritual que le falta a la mayoría de las visiones del post-capitalismo.

— Gregory Wilpert, Autor de: *La transformación en Venezuela hacia el Socialismo del Siglo XXI*

"Las propuestas constitucionales de Prout son un resumen de ética respecto a todo lo que la humanidad necesita para lograr la fraternidad universal. La importancia de Prout es que su visión de un nuevo mundo no tiene que ver solamente con las relaciones políticas, sociales y económicas, sino que también con las relaciones de educación, de género y con la espiritualidad".

— Frei Betto. Activista y autor del bestseller: *Fidel y religión.*

"Desde Caracas, donde el autor está poniendo sus ideas en práctica, llega esta guía accesible al socialismo espiritual de P.R. Sarkar. Los activistas que trabajan en asuntos contemporáneos desde la producción local de alimentos hasta la desigualdad económica encontrarán mucho valor en este innovador volumen".

— Jeffery M. Paige. Autor de: *Agrarian Revolution*

"El libro de Dada Mahesvarananda enriquece el paradigma de P.R. Sarkar, que propone que el desarrollo humano en su sentido más elevado debe ser el objetivo del desarrollo económico. Tiene el poder de construirse a sí mismo en un proyecto post capitalista".

— Marcos Arruda. Autor de: *Intercambiando visiones sobre una economía responsable, plural y solidaria*

"Está en pie la búsqueda de nuevas maneras de habitar un planeta tierra agotado. Existen suficientes sugerencias interesantes en estas páginas que nos incentivan a pensar".

— Bill McKibben. Autor de: *Earth: Making a Life on a Tough New Planet*

DESPUÉS DEL CAPITALISMO

Democracia Económica en Acción

DESPUÉS DEL CAPITALISMO

Democracia Económica en Acción

Dada Maheshvarananda

InnerWorld Publications
San Germán, Puerto Rico
www.innerworldpublications.com

Título original en inglés:
After Capitalism: Economic Democracy in Action

Traducido por Eugenio Mendoza

 Publicado en los Estados Unidos por Publicaciones InnerWorld, P.O. Box 1613, San Germán, Puerto Rico, 00683

Diseño de la portada: Rodrigo Adolfo

Logo de Prout: José Albarrán

Número de control de la Librería del Congreso: 2013953180

ISBN 9781881717287

El autor invita enviar sus opiniones, crítica constructiva y sugerencias a: maheshvarananda@prout.org.ve

Reconocimientos

Resulta difícil expresar en palabras mi gratitud a las muchas personas que han contribuido a este proyecto. Eugenio Mendoza, el traductor y economista, realizó un gran trabajo estudiando cada idea y frase para expresar su significado de manera precisa. Luis Alamillo de Madrid, cuidadosamente revisó el manuscrito completo. Seis más, incluidos en la siguiente lista, revisaron partes de él. Ellos y todos los listados, de los seis continentes, son miembros de una red de proutistas global y vibrante, unidos con otros viajeros que trabajan para hacer realidad el sueño común de un mundo mejor. Su determinación paciente de entregar su tiempo, apoyo, ideas y empuje me provoca mucha emoción y humildad. Mi profundo agradecimiento individual a todos y todas:

Abe Heisler, Adriana Salasgarces, Alex Jackimovicz, Alanna Hartzok, Allan Rosen, Amal Jacobson, Andy Douglas, Ang KaSaMa, Arati Brim, Ary Moraes, Bradford Jones, Bo Lozoff (fallecido), Bruce Dyer, Chuck Paprocki, Clark Webb, Dada Daneshananda, Dada Gunamuktananda, Dada Nabhaniilananda, Darlin Pino, David Hardwick, Delhi Prout magazine, Devashish Donald Acosta, Didi Ananda Rucira, Diego Esteche, Dieter Dambiec, Donald Moore, Doris Olivers, Edemilson Pereira dos Santos, Edvard Mogstad, Eugenio Mendoza (traductor), Fabio Barone, Frei Betto, Garda Ghista (fallecido), Ghecimar Golindano, Howard Nemon, Jake Karlyle, Jehan De Soyza, Jeshua Pacifici, Jim Braun, Joan Russow, Johan Galtung, John Gross, José Albarrán, Kamala Alister, Katie Davison, Leonardo Boff, Liila Hass, Luis Alamillo (corrector de estilo), Malcolm McDonell, Marcos Arruda, Mariah Branch, Mark A. Friedman, Mark L. Friedman, Matt Oppenheim, Michael Albert, Michael Towsey, Mike McSweeney, Mirra Price (copyeditor), Nada Khader, Noam Chomsky, Ole Brekke, Ossi Viljakainen, Paul Wildman, Peter Bohmer, Prabhakar, Prakash and Jody Laufer, Pranav Bihari, Raimundo Braga Filho, Ras Arthemio Selassie, Ravi Batra, Roar Bjonnes, Ron Baseman,

Ron Logan, Rubi Orozco, Satya Tanner, Saul Escobedo, Silvia Valle (fallecido), Sohail Inayatullah, Spencer Bailey, Steven Landau, Szakmáry Donát and Tom Barefoot.

Para Prabhat Ranjan Sarkar, el fundador de Prout, quien dedicó su vida "para la felicidad y el bienestar integral de todos".

Contenido

Prólogo

por el Dr. Marcos Arruda

Nueve años han pasado desde que Dada Maheshvarananda publicó por primera vez su precioso libro de gran valor y relevancia. La primera década del siglo XXI reveló de manera dramática la naturaleza caótica, deshumanizante y destructiva del capital global. La lógica del capitalismo de lograr la máxima ganancia en el menor tiempo, con un mínimo de regulación gubernamental e intervención ha creado una guerra económica de todo contra todo —la gente contra la gente, las compañías contra los trabajadores y contra otras compañías, trabajadores contra trabajadores, naciones contra naciones, hombres contra mujeres, humanos contra Dios, la naturaleza y otras especies. ¡Y la visión comercial de ficción sigue imaginando guerras entre humanos y extraterrestres! La humanidad parece haber olvidado su origen espiritual y ha sido presa de las trampas de los fetiches: la riqueza material, el dinero y el poder han sido las metas no solamente de la economía, sino también de la vida misma.

El libro de Dada Maheshvarananda enriquece el paradigma de P.R. Sarkar, quien propone que el desarrollo humano en su sentido más elevado debe ser la meta del desarrollo económico. Dada enfatiza la concepción de Sarkar de una economía centrada en el hombre. De los seres humanos multidimensionales, y con una integridad abarcando lo natural, lo individual y lo social, lo físico, lo mental, lo psíquico y lo espiritual. El ser humano está en evolución continua, auto dirigido en la interacción creativa y activa con la gran familia humana, la vida como un todo y con el medio ambiente, en una búsqueda del equilibrio, la armonía, el bienestar y la felicidad continuamente recreada.

La naturaleza radical de esta propuesta es la segunda característica del Prout de Sarkar, y se basa en su viabilidad- el acto de hacer realidad la visión y el sueño de una economía justa, equitativa, y armoniosa que produce bienestar y felicidad para todos. Dada ilustra esta factibilidad con gran riqueza de ejemplos, narrados de forma accesible a cualquier lector para darle seguridad de que Prout, y cada propuesta por una economía centrada en la totalidad del ser humano, consciente y progresivo, es históricamente viable.

El enfoque holístico y sistemático de Prout, que admiro enormemente, no deja a un lado ningún aspecto de la existencia humana. Hay una reflexión crítica acerca de la realidad del mundo, así como de la búsqueda de otro camino para su construcción.

La propuesta de colocar al ser humano, sea como individuo o en colectividad, en el centro de las relaciones sociales de producción, exige que la economía debe ser tratada con la importancia que amerita, pero no como la única dimensión de la existencia humana, ni siquiera como la más importante. En el trabajo de Sarkar, enriquecido por Dada, la economía existe junto a las dimensiones política, cultural, medioambiental y espiritual, las cuales constituyen un desafío tan complejo y multidimensional como lo son los seres humanos.

Éste es sólo uno de los aspectos de la propuesta de Prout, que se acerca a lo que hemos construido bajo el nombre de "solidaridad socioeconómica".[1] Otros aspectos de esta convergencia incluyen una crítica radical al capitalismo, así como el énfasis en los valores humanos, tales como el altruismo, el espíritu cooperativo, la solidaridad y el respeto mutuo por otros seres humanos y por la diversidad cultural. Nuestra supervivencia como especie depende del desarrollo de estas cualidades, aplicadas no sólo a otros seres humanos sino también a la Tierra y al Cosmos.

Prout no ignora la naturaleza contradictoria de nuestra realidad humana, porque es lo que estimula el desarrollo de nuestro carácter dinámico. Prout amplifica nuestra conciencia humana, permitiéndonos adoptar una actitud de activa colaboración con la creación. Para lograrlo, es importante:

Trabajar para superar a la pseudo-cultura subyugadora del espíritu y la voluntad de la mayor parte de la especie humana que la condiciona a ser egoísta, competitiva y agresiva. Además, desmantelar la ilusión del individualismo como el mayor de todos los valores, y el mito capitalista de que al maximizar el interés individual todos se benefician.

Promover la cultura de la compasión[2], el altruismo, la solidaridad y la cooperación. Esforzarse por entender las dimensiones complementarias del ser humano: individual y colectivo, femenino y masculino, cotidiano e histórico, activo y contemplativo, racional y sentimental, instintivo y voluntario, material y espiritual, animal, humano y superhumano.

La crítica de Sarkar al capitalismo es radical y profunda, y el autor la aplica a la realidad de Brasil, donde vivió durante 11 años, y al mundo en sí. Es revolucionaria porque examina del capitalismo no sólo su sistema organizador de las relaciones sociales de producción, sino también sus suposiciones ontológicas, éticas y epistemológicas. El autor examina los frutos producidos por el árbol del capitalismo, no en un sentido abstracto, sino en su ubicación histórica y social.

Prout propone que el desarrollo personal tiene un papel en el cambio del mundo. Las grandes transformaciones históricas comienzan con la elección personal. Nuestras acciones diarias pueden contribuir a un cambio social significativo. Cada acto transformador de mejoramiento que hacemos se junta a los otros, como pequeñas luces en proceso de unión, para formar una gran luz resplandeciente.

Este libro presenta algunos conceptos completamente redefinidos. Por ejemplo, la noción actual de riqueza es puramente material, centrada en el capital, el dinero y los bienes de consumo. Prout expande inmensamente este concepto, diseñando la economía para satisfacer las necesidades físicas de cada ser humano y estimular su crecimiento psíquico y espiritual. El progreso tecnológico también se interpreta ahora como aquel que libera el tiempo de los trabajadores de las tareas de mera supervivencia, permitiéndoles dedicar cada vez más tiempo a desarrollar sus capacidades más elevadas.

El análisis del autor sobre el capitalismo global es profundamente crítico. Aun cuando este sistema progresa técnica y materialmente, produciendo una abundancia siempre creciente de productos, causa también un creciente sufrimiento humano. A causa de la compulsión por aumentar la concentración de riqueza, los capitalistas crean obstáculos para la saludable distribución y circulación del dinero y los recursos. Ellos y ellas comercializan y roban la dignidad no solo de toda la naturaleza sino también de los seres humanos.

El libro reúne autores prominentes de distintas culturas para edificar la visión proutista de transformación socioeconómica y humana. El autor comparte con nosotros la opinión de Sarkar de que Karl Marx no se oponía a la espiritualidad o a los valores humanos superiores.[3]

Hay incontables movimientos espirituales proponiendo que la solución para cada problema humano reside en la esfera subjetiva. Sin embargo éste no es el caso de Prout. Aun cuando está profundamente arraigado en la cultura y la espiritualidad de India, este movimiento combina la acción con la contemplación, y el desarrollo humano material con el espiritual. Contribuye a un innegable universalismo. El libro tiene otro valor: el autor es uno de los guías de este movimiento que combina toda la riqueza de estas propuestas con su experiencia práctica y el entendimiento espiritual.

El aspecto "utópico" de esta propuesta puede intimidar a algunos lectores. Me gustaría recordarles que ningún sistema de organización social jamás ha aparecido en la historia basado solo en la visión abstracta de un pensador iluminado. La propuesta de Prout está siendo vivida, incluso en este momento mientras escribo, en diversidad de formas y con diferentes nombres por millones de personas y comunidades alrededor del mundo. La dimensión "utópica" de la propuesta incluye la planificación para todo un país y, espero, para toda la humanidad. Pero es práctica en cuanto a su aspiración de ser una "utopía realista". Esta visión está sostenida en la totalidad del ser humano, en el estilo de vida iluminado de un número creciente de activistas buscando respuestas concretas a los problemas que enfrenta la humanidad contemporánea.

El capitalismo global, con su único deseo mental de consumir, fracasa en su intento de lograr satisfacer las más profundas aspiraciones de la humanidad entera y las de cada individuo. La propuesta de Prout tiene el poder de constituirse a sí misma en un proyecto post-capitalista incluyente tanto de los valores existenciales, como de la organización de la sociedad humana.

Esta propuesta también está siendo sometida a la dura prueba del mundo real. Venezuela, donde actualmente vive Dada, ofrece condiciones favorables para implementarlo. Y es justamente en el terreno de la práctica donde, según creo, las redes de Prout convergerán cada vez más con otras organizaciones de base afines a principios, valores y visión, tales como la socioeconomía solidaria, la economía solidaria, la economía social y la revolución agrícola. Eventualmente esto se concretará en una o más experiencias a nivel nacional, apuntando hacia una globalización cooperativa basada en la solidaridad. El potencial, cada vez más posible, de este movimiento es el de transformar la especie humana en seres más humanos.

Río de Janeiro, 17 de marzo de 2012

El Dr. Marcos Arruda fue puesto en prisión y torturado por la dictadura militar brasileña en 1970. Amnistía Internacional ayudó a presionar al gobierno para liberarlo, luego de lo cual se vio forzado al exilio por once años. Trabajó con Paulo Freire durante cuatro años en el Instituto de Acción Cultural con sede en Ginebra. Además sirvió como asesor de los ministerios de educación de Guinea Bissau, Cabo Verde y Nicaragua. Recibió su grado de Maestría en Economía del Desarrollo de la Universidad Americana de Washington DC, y un Doctorado en Educación de la Universidad Fluminense Federal. Ha colaborado en varios libros y ha escrito más de un centenar de artículos y estudios. Junto con el sociólogo Herbert de Souza ("Betinho"), fundó el Instituto de Políticas Alternativas para el Cono Sur (PACS), que ayuda a educar y entrenar grupos de trabajadores en Río de Janeiro para capacitarles en administrar sus propias empresas.

Introducción

En 2003 publiqué *Después del Capitalismo: Visión de Prout para un nuevo mundo.* Posteriormente fue traducido a nueve idiomas.[1] Sin embargo, cuando recientemente emprendí la tarea de actualizarlo, descubrí que tanto el mundo como el desarrollo de Prout había cambiado, tanto que más del 80 por ciento de lo que quería incluir era en realidad material nuevo. Más allá de esto, la democracia económica, una demanda fundamental de Prout, comienza a resonar con el Movimiento de los Indignados de España y Portugal y el Movimiento Global de Indignados-Ocupar. Por ello este nuevo título para el libro es el adecuado.

En tanto que Noam Chomsky escribió el prólogo del primer libro, sus labores le impidieron escribir para este segundo material. De esta forma fui con un equipo de productores de cine profesionales del movimiento "Occupy Wall Street" a su oficina en el Instituto de Tecnología de Massachusetts. Como es su costumbre, fue amable y perspicaz. He incluido la transcripción corregida por él, en el capítulo 13, porque los temas que tratamos —democracia económica, cooperativas, limitación a la acumulación de riqueza, el Movimiento de los Indignados-Ocupar, el despertar de la consciencia y América Latina— están repartidos a lo largo del libro.

Con frecuencia he dicho que la mejor parte del libro previo fueron los reconocimientos, y esto es aun más real en este libro. Más de 80 amigos y amigas, incluyendo economistas, ecologistas, activistas, agricultores y escritores han brindado, de manera muy generosa, su tiempo para revisar, corregir y mejorar el texto. Gracias a ellos el libro es mucho mejor.

Para este libro hay seis ensayos nuevos y dos revisados. Se agrega la presentación de varios recursos y técnicas para presentar a Prout, incluyendo el popular sociodrama de Sarkar. En el Apéndice A se incluyen una serie de preguntas para discutir los temas de cada capítulo, como una guía de estudio. Los apéndices B y C son herramientas para diseñar su propio círculo de estudio/acción de Prout. El Apéndice D tiene las soluciones al ejercicio de planificación de bloque que se encuentra al final del capítulo 6.

Con frecuencia la gente me pregunta ¿Quién es tu audiencia? Mi respuesta es "¡Quién sea que lo lea!" De hecho, hacerlo es un poco más difícil para el lector. Esto se debe a que estoy escribiendo para una audiencia muy diversa, en diferentes países y continentes. Explico cosas que parecen obvias para muchos. Por ejemplo, en el capítulo 1 hago una lista de los problemas inherentes al capitalismo global para lectores en los países económicamente ricos, problemas que son dolorosamente evidentes para los lectores de los llamados países del tercer mundo y están desesperados por alternativas viables. Además uso el sistema métrico para distancias y pesos aceptado internacionalmente, que resulta extraño aun para muchos residentes de algunos países que han dejado de ser colonias británicas. Por último, la gran mayoría de datos de investigación publicada en inglés es sobre los EE.UU., y ofrezco mis disculpas por no haber podido incluir más ejemplos de otras partes del mundo. Les agradecería mucho a los lectores el poder compartir otros ejemplos para ediciones futuras.[2]

Hay apariciones sorpresa del autor, su servidor, en los capítulos 9, 10 y 12. Me disculpo anticipadamente por el choque que al lector le puedan causar mis intempestivas apariciones.

Prabhat Ranjan Sarkar y Prout

Prabhat Ranjan Sarkar nació en 1922[3] en Jamalpur, estado Bihar en India, dentro de una familia respetable, enraizada en profundas tradiciones espirituales y liderazgo en la región. A la muerte de su padre, para poder mantener a su familia, Sarkar decidió suspender sus estudios superiores en Calcuta y en 1941 regresó a Jamalpur para trabajar como contador en la oficina de los ferrocarriles. Fue durante este período cuando empezó a enseñar la milenaria ciencia de la meditación tántrica, instando a los practicantes a seguir un estricto código de conducta moral. En 1955, a petición de sus discípulos, fundó la organización socio-espiritual *Ananda Marga* ("El sendero de la felicidad"). En 1959 propuso la *Teoría de la Utilización Progresiva o Prout* (Prout son las siglas en inglés de Progressive Utilization Theory), un plan para reorganizar la sociedad y la economía para el bienestar de todos.

Los movimientos Ananda Marga y Prout se expandieron rápidamente en India durante los años 60. Muchos de los seguidores de Sarkar, quienes ocupaban posiciones importantes en la administración pública en la India, desafiaron activamente al sistema de castas hindú así como la corrupción del gobierno. En consecuencia, se desencadenó una enorme oposición por parte de los grupos nacionalistas hindúes, finalmente el gobierno declaró a Ananda Marga como una organización política, revolucionaria y subversiva, prohibiendo a los empleados públicos ser miembros de ella. Para sorpresa, el Partido Comunista de India-Marxista (CPI-M), que por décadas controló el gobierno estatal de Bengala Occidental, también se opuso a Ananda Marga y Prout, debido a su combinación única de espiritualidad e ideas sociales, tan exitosa en atraer a muchos de sus militantes.

La persecución y represión aumentaron y, en 1971, Sarkar fue encarcelado basándose en falsas acusaciones de conspiración de homicidio. Una vez en la cárcel, el gobierno intentó envenenarlo. En protesta, él comenzó un largo ayuno, tomando sólo 2 vasos de yogur mezclado con agua, cada día. En 1975 la Primera Ministra de la India Indira Gandhi, decretó el "estado de emergencia", por el que se imponía censura a la prensa y se declaraban ilegales todos los grupos de oposición. De las 26 organizaciones prohibidas, las primeras 14 estaban afiliadas a Ananda Marga y a Prout.

Todos los activistas y miembros conocidos de estas organizaciones fueron encarcelados sin ningún juicio previo. Durante la suspensión de la democracia, Sarkar fue condenado y sentenciado a cadena perpetua. En 1977 Indira Gandhi perdió las elecciones y el nuevo gobierno levantó el estado de emergencia; al año siguiente Sarkar recuperó su libertad al ser absuelto de todos los cargos en su contra. Al ser liberado terminó el ayuno, que había continuado por más de cinco años.

Mi experiencia con P. R. Sarkar

Aprendí meditación en 1974 en los Estados Unidos y comencé a leer los libros de P. R. Sarkar. Las prácticas espirituales que diseñó me transformaron, y descubrí una felicidad y paz interior mucho más profundas de lo que jamás hubiera podido imaginar. Los libros de Sarkar me ofrecieron una inagotable riqueza de ideas para el cambio social y para el viaje espiritual interno.

La primera vez que vi a Sarkar fue en su celda de la prisión en 1978. Nunca antes me había cruzado en el camino con un amor tan puro e incondicional. Él me inspiró para dedicar mi vida como monje al servicio de la humanidad. He pasado los años siguientes trabajando en países del sudeste asiático, Europa y América del Sur organizando proyectos de servicio social, enseñando meditación al público y a personas privadas de libertad, dando conferencias y, ocasionalmente, escribiendo. Después de esa primera vez, tuve la dicha de reunirme con Sarkar innumerables veces durante los doce años siguientes hasta su muerte en 1990. Durante ese tiempo él permaneció intensamente activo en Calcuta, dando discursos muy detallados sobre la espiritualidad, sobre Prout, la filosofía y la ciencia. También apoyó el liderazgo de sus organizaciones, compuso 5.018 canciones llamadas *Prabhat Samgiit* (Canciones para un Nuevo Amanecer), dio conferencias sobre la estructura y gramática de docenas de distintas lenguas. En el mismo período también dedicó el tiempo a enseñar meditación a un numeroso y creciente grupo de discípulos, incluyendo especialmente a los monjes y monjas de nivel avanzado, llamados avadhutas y avadhutikas, el grupo al cual pertenezco.

Mi nombre, "Maheshvarananda", en sanscrito quiere decir "el que experimenta la felicidad de lo Supremo". Me llaman "Dada", que significa "hermano" simplemente. Soy "*ácárya*", "maestro espiritual", o literalmente "aquel que enseña a otros con el ejemplo y la conducta personal", un ideal muy elevado por el cual lucho todos los días.

El modelo holístico macroeconómico de Prout

Los escritos de Sarkar sobre Prout suman cerca de 1.500 páginas, incluyen un vasto detalle sobre cómo varios estados de la India, especialmente los más pobres, pueden alcanzar la autosuficiencia. Prout es un modelo macroeconómico integrado, diseñado para desarrollar regiones socioeconómicas y beneficiar a sus habitantes, al tiempo de ayudar a preservar el medio ambiente. El modelo de Prout es de gran profundidad y sofisticación. Este libro sólo puede dar un panorama general de sus conceptos y estructuras básicas.

Es importante entender Prout no como un modelo rígido para ser impuesto a cualquier sociedad. Por el contrario, comprende una propuesta holística de principios dinámicos, que pueden ser aplicados apropiadamente para ayudar a cualquier región o país a prosperar de forma ecológicamente sostenible. Cuando los ciudadanos y los líderes de una región o país opten por aplicar este modelo, tendrán en sus manos muchas decisiones importantes sobre la mejor manera de implementar los principios y lograr el éxito.

La pregunta más frecuente que hacen las personas acerca de Prout es ¿dónde ha sido puesto en práctica? A pesar de la existencia de cooperativas y comunidades en varios países de cada continente siguiendo el modelo de Prout, no será sino hasta que todo un país o un estado opte por materializarlo, que el mundo podrá ver este sistema integrado completamente y la forma en que este modelo enriquece los niveles y calidad de vida.

Soy uno de los muchos que creen que Sarkar es uno de los más grandes pensadores y espiritualistas de los tiempos modernos y que su modelo de utilización progresiva de los recursos para la transformación social va a revolucionar el mundo. Una noche en 1979, mientras caminaba con él en un parque de Bangkok, Tailandia, me explicó el motivo por el que varios países se opusieron a él e incluso le rechazaron la visa: "Ellos dicen que soy un hombre peligroso. ¡No! No soy un hombre peligroso. Tengo amor por todos y cada uno. Tengo amor universal. No soy un hombre peligroso, soy un hombre fuerte". Entonces su voz cambió. Hablando en un tono bajo, grave y mesurado, agregó: "Sólo aquéllos que gustan del hediondo olor del egoísmo tienen miedo de mí, porque el egoísmo es una enfermedad mental sin lugar donde existir en Prout".

Sarkar visitó solo un país en América Latina: Venezuela, del 27 al 29 de septiembre de 1979. Al despedirse, dio un mensaje de estímulo y esperanza a la gente allí presente. Repitió la idea básica en otros momentos al encontrarse con los proutistas de otras partes del mundo, instando a cada uno a influir en la transformación de su país. Dijo: "Venezuela necesita buenos líderes político espirituales. Si Venezuela pudiera producir líderes político-espirituales, no solo sería líder de América Latina, sería también líder del planeta, Venezuela es un país bendecido. Mis hijos e hijas, es su deber acelerar el proceso de crear líderes político-espirituales. Depende de ustedes".

Capítulo 1
El fracaso del capitalismo mundial y las depresiones económicas

"No debemos olvidar ni por un instante, que todo el mundo animado es una gran familia unida. La naturaleza no ha asignado ninguna porción de su propiedad a ningún individuo en particular... Cuando toda la riqueza del Universo sea el patrimonio de todos los seres vivos, ¿cómo podrá haber justificación alguna para el sistema en el que algunos vivan con lujos, mientras otros, privados de un mínimo de alimento se marchiten y lentamente mueran de hambre?[1]

— P. R. Sarkar

El capitalismo avala una creencia popular, un supuesto, sostenido por mucha gente de que los países ricos, las empresas y la gente se enriquecen porque han sido más listos y han trabajado más duro. Esta creencia no verificada y aceptada de manera implícita, no solamente se difunde entre los ricos, sino que lamentablemente también en el mundo entre muchas clases medias, gente pobre y sin educación. Todos los que comparten esta creencia lógicamente también creen que los países pobres no salen de su pobreza porque su gente no es tan inteligente o no trabajan con igual esfuerzo.

La realidad es muy diferente. Por cientos de años, los países ricos le han robado la riqueza y han explotado a la gente del resto del mundo. Y, aunque el sistema capitalista mundial ha cambiado considerablemente en estos tiempos, aun es injusto y está basado en la ganancia, el egoísmo y la codicia, excluyendo a más gente de la que beneficia.

Hoy en día cerca de la mitad de la población mundial vive, sufre y muere en la pobreza.[2]

El capitalismo mundial está como un enfermo terminal. Sufre de contradicciones inherentes que incluyen una creciente falta de equidad y concentración de riqueza, adicción a la especulación en vez de la producción, y un insostenible ascenso de la deuda. Comprometido con el crecimiento a todo costa, el capitalismo global se ha convertido en un cáncer, fuera de control y letal al mundo en el que vive. Contribuye al cambio climático y a la destrucción de nuestros sistemas de apoyo a la vida en el planeta. No puede perpetuarse.

Para comprender el porqué, y qué alternativa debe tomar su lugar, es fundamental explorar primero cómo el capitalismo ha evolucionado y la naturaleza de sus fallas fundamentales. Este conocimiento nos va a ayudar a darnos cuenta de cómo prepararnos para el futuro —un futuro después del capitalismo.

Del colonialismo a la independencia política

La primera vez que Cristóbal Colón atracó en las Bahamas en 1492, se encontró con los Tainos. Este pueblo vivía en aldeas comunitarias, cultivaban maíz, boniato y mandioca (yuca), y eran extraordinarios por su hospitalidad y su creencia de compartir. Colón y sus hombres tomaron a centenares de ellos como esclavos y los llevaron a España. Muchos de ellos murieron durante el viaje debido al frío, y el resto lo hizo más tarde en el cautiverio.

En las expediciones que le siguieron, sus hombres en la búsqueda desesperada de oro asesinaron brutalmente a más nativos. Lo buscaban para ellos mismos y para pagar a la Reina Isabel de España quien había financiado sus expediciones. Se estima que la población de los Tainos era de 250.000 al momento en que Colón llegó a La Española. Hechos esclavos, se les hizo trabajar hasta morir en las minas y en grandes plantaciones. Después de 20 años, su población disminuyó a 50.000. Para el año 1550 solamente quedaban quinientos, en un informe de 1650 confirma que ninguno de los habitantes Tainos originales o de sus descendientes vivía en la isla.[3]. Su codicia por oro, plata y otras riquezas lleva a los españoles y portugueses a invadir casi todo rincón de América Central y del Sur, esclavizando y masacrando a la población originaria. El nivel de riqueza que robaron fue increíble: ¡en los primeros 100 años después del primer viaje de Colón, la cantidad de oro y plata existentes en Europa se multiplicó por ocho![4] Los ingleses, franceses, alemanes y otras potencias europeas siguieron este ejemplo en otros continentes. Estas colonias proporcionaron a los emprendedores una formidable riqueza en la forma de materias primas.[5]

Otra gran fuente de riqueza fue el comercio de esclavos. En el siglo IX los países musulmanes empezaron a secuestrar esclavos de África, y las naciones europeas llevaron entre once y veinte millones de personas al otro lado del Océano Atlántico.[6] Despojados de su humanidad, sus niños también fueron esclavizados, destruida su cultura, idioma y religión, estos africanos se enfrentaron al racismo y al desprecio que aun hoy se expande en el tiempo. El trabajo de los esclavos en las plantaciones y minas de las Américas enriqueció a las elites europeas y ayudó a financiar la Revolución Industrial.

Adam Smith, el primer teórico del capitalismo, observó el enriquecimiento de las naciones colonizadoras en su libro *Una investigación en la naturaleza y causas de la riqueza de las naciones,* publicado en 1776. Afirmó que aquellos individuos con capacidad de crear riqueza siempre lo hacen para el beneficio de toda la población, si el gobierno no se los impide. Este enfoque se conocería más tarde como el 'laissez faire' ["dejar hacer" en francés], una teoría que sostiene que los capitalistas deben ser libres de toda regulación gubernamental, y no deben enfrentar ninguna limitación en la acumulación de riqueza. Sin embargo, el llamado "Padre del Capitalismo" también expresó preocupación por el comportamiento del capitalismo sin restricciones. Él propuso una economía en la que todo capital fuera invertido local y productivamente, con firmes valores humanitarios y evitando la explotación. Durante su época nadie pudo prever la verdadera realidad de la economía especulativa mundial.

En la medida en que la Revolución Industrial se desarrolló en el siglo XIX, las colonias se convirtieron en un mercado cautivo. Los astutos empresarios descubrieron que podían forzar a las colonias a comprar la mercadería industrial que fabricaba el colonizador. Por ejemplo, llamaban a la India "la joya de la corona" del Imperio Británico, por la vasta riqueza que les proporcionaba. Hasta el inicio del siglo XIX, India tenía una próspera industria textil que exportaba tejidos de algodón. Los ingleses destruyeron este comercio y artesanía tradicional al promulgar leyes prohibiendo las exportaciones textiles, y forzando a la población hindú a comprar tela proveniente de las fábricas de Manchester.[7] El Imperio Británico llegó a declarar dos veces la guerra a la China para forzarlos a permitir la venta libre de opio que producían en India para la población china.

La resistencia a esta explotación también creció. Por medio de largas luchas por la justicia social, la conciencia de la gente evolucionó. La esclavitud abierta fue eventualmente prohibida en todos los países desarrollados. Cuando los regímenes fascistas de Alemania, Japón e Italia invadieron otras naciones en el siglo XX, desatando así la Segunda Guerra Mundial, por primera vez la gente pudo ver y oír en el cine, la radio y los periódicos, la realidad de la terrible matanza. Se mataron cerca de 70 millones de personas en esa guerra que demostró vívidamente la locura de "las razas dominantes", y las palabras "imperio" y "colonialismo" adquirieron un sentido vergonzoso en todo el mundo.

Después de la guerra, surgieron de su latencia movimientos de liberación, presentes en casi todas las colonias. En casi dos décadas de su victoria, los poderes aliados de Reino Unido, Francia, Estados Unidos, Bélgica y Holanda, se vieron forzados a otorgar la libertad política a casi todas sus ex colonias. España y Portugal ya habían perdido las colonias en las Américas tiempo atrás.

El invadir y saquear otros países mediante el uso de la fuerza militar comenzó a considerarse entonces políticamente inconveniente. De esta forma, los capitalistas de los países ricos buscaron nuevas y más sutiles formas de continuar tomando la riqueza.

La economía de la Guerra Fría

Hacia finales de la Segunda Guerra Mundial, en 1944, los consejeros económicos de los poderes aliados se reunieron en Bretton Woods, New Hampshire, EE.UU., para discutir cómo podrían organizar los negocios en un mundo post-colonialista. Cada gobierno estuvo de acuerdo en regular su moneda basándose en la convertibilidad del dólar norteamericano por el oro. Ésta y muchas otras normas convirtieron a Estados Unidos en el banquero mundial. Esta situación fue muy ventajosa para este país en los años 50 y 60, facilitando enormes inversiones en el exterior para las corporaciones estadounidenses.[8]

La guerra fría de Estados Unidos y sus aliados contra la Unión Soviética y sus estados satélites estimularon el conflicto político, la tensión militar, guerras de poder, espionaje, propaganda y carreras armamentistas para cerrar el paso al comunismo. Sin embargo el aspecto económico de esa lucha tenía como objetivo continuar dominando las naciones más pobres y con ello prevenir que los socialistas tomaran posesión del poder y pudieran controlar las fuentes de materia prima. Por ejemplo, en 1973 el presidente de Chile elegido democráticamente, Salvador Allende, nacionalizó las enormes minas cupríferas de la compañía norteamericana Anaconda. Poco después, los militares chilenos comandados por el General Augusto Pinochet asesinaron a Allende y a otros miles en un violento golpe de estado derrocando su gobierno popular. El periódico *The New York Times* reveló tiempo después que la CIA (la Agencia Central de Inteligencia de Estados Unidos) fue la organización que alentó y financió el golpe militar.[9]

Por toda América Latina, África y Asia, se derrocaron los gobiernos populares y se apoyó a dictaduras militares debido a su habilidad de mantener el "orden" y las condiciones favorables para los negocios internacionales. A los disidentes, activistas, periodistas, profesores y sacerdotes que protestaban en contra de los abusos de estos regímenes se les ponía la etiqueta de "comunistas". Quienes exigían derechos humanos y la auto-determinación económica se enfrentaron a la tortura y el asesinato.

En los setenta, las enormes ganancias petroleras de los países de la OPEP (Organización de Países Exportadores de Petróleo), se depositaron en los bancos estadounidenses. Los bancos a su vez buscaron desesperadamente encontrar un lugar donde invertir todo el dinero y obtener ganancias respetables. Comenzaron a dar miles de millones de préstamos —en dólares— a países en desarrollo, muchos de los cuales estaban controlados por dictadores. La corrupción de los políticos, generales y comerciantes en estos países desviaron gran parte del dinero que se había asignado a obras públicas. Por ejemplo, la dictadura militar brasilera recibió préstamos de miles de millones para construir autopistas y enormes represas hidroeléctricas a un costo grotescamente inflado. La prensa occidental elogió el "milagro económico brasileño", el cual dejó al país agobiado de enormes deudas. Las tasas de interés de EE.UU. subieron en los 80, justo cuando comenzaban las elecciones democráticas en Brasil y otros países latinoamericanos. Los intereses de los pagos de la deuda empezaron a multiplicarse.

Cientos de miles de millones de dólares empezaron a fluir del Sur al Norte. Una parte correspondía al servicio de la deuda, que para fines de los 80 excedía por mucho la nueva ayuda. El resto era "fuga dc capital", puesto que las clases adineradas enviaron sus ganancias al exterior. Las economías latinoamericanas empezaron a caer.

En 1944, en la Conferencia Bretton Woods, se creó el Fondo Monetario Internacional para suministrar dinero a las naciones miembro, para ayudarles a superar el equilibrio a corto plazo de las dificultades de pago. Con frecuencia es la *única* fuente de fondos cuando un país tiene grandes deudas externas, como es el caso de muchos de los países más pobres del Hemisferio Sur. Sin embargo, estos préstamos solo se realizan si los destinatarios han acordado formas extremas de "austeridad" para atacar la inflación y estabilizar la moneda, un programa llamado ajuste estructural. Las medidas incluyen:

Reducir el presupuesto del gobierno recortando la nómina de empleados y los gastos sociales, lo que puede llevar a despidos masivos, al cobro de la educación y la atención médica, lo que finalmente resulta en más elevados índices de analfabetismo, sufrimiento y muerte.

Elevar la tasa de interés para combatir la inflación, lo que perjudica a los pequeños agricultores y negocios que luchan para pagar sus préstamos. Esto hace al país más atractivo para los inversionistas extranjeros, aunque son libres de llevarse el dinero en cualquier momento.

Eliminar los aranceles aduaneros de la mercancía importada, lo que permite que las multinacionales bajen sus precios y lleven a la bancarrota a los fabricantes locales.

Eliminar las leyes que prohíban la propiedad extranjera de las tierras, los recursos y los negocios. Esto permite que las corporaciones multinacionales abran fábricas en esos países más pobres, donde frecuentemente les ofrecen a ellos exención de impuestos y tienen libertad de pagar salarios bajos, lo que comúnmente deriva en condiciones de explotación en las fábricas.

Cortar los subsidios a las necesidades básicas, liberar más dinero para el pago de deudas, a la vez que forzar a los pobres a pagar más por la alimentación básica.

Orientar las economías desde la subsistencia a la exportación dando incentivos a los agricultores para producir cultivos de valor comercial en lugar de alimentos para el consumo doméstico; y alentar la exportación de las materias primas.[10]

Estos son los rasgos distintivos de la economía neoliberal de libre mercado. La élite de los ricos en un país "ajustado estructuralmente" se beneficia de gran manera por causa de estas políticas. Con menores controles al cambio monetario de divisas, tienen la posibilidad de invertir sus ganancias fuera del país o en monedas extranjeras. La gente de Europa del este, Rusia, África y América Latina han sufrido de manera horrible bajo estas políticas estructurales del Fondo Monetario Internacional. El Banco Mundial estimó recientemente que las medidas anti-proteccionistas impuestas por los países ricos, le cuestan a los países subdesarrollados más del doble del total de ayuda que se envía del Norte al Sur.[11]

Prácticas comunes de las empresas multinacionales

La empresa libre de pequeña escala estimula la creatividad, la innovación y la diversidad, y contribuye a las comunidades locales. Las facultades de economía de la mayoría de las universidades occidentales destacan estos beneficios de un mercado trasparente en el cual muchas pequeñas empresas son totalmente competitivas. Lamentablemente, desde 1600 cuando se formaron la Compañía Británica de India Oriental y la Compañía Holandesa de India Oriental, las corporaciones multinacionales actúan bajo diferentes reglas. A estas dos primeras corporaciones se les concedió la conformación legal como monopolios para expedir acciones, con poderes prácticamente como si fueran gobiernos, incluyendo la posibilidad de declarar guerra, negociar tratados, emitir moneda y establecer colonias. Eran tan fabulosamente lucrativas que inspiraban a las futuras generaciones de capitalistas a inventar estrategias ingeniosas que les permitieran convertir sus corporaciones en las más pudientes y poderosas entidades del planeta.

Las corporaciones a gran escala no reinvierten sus ganancias en las comunidades locales. En cambio sus ganancias se destinan a pagar a los accionistas que viven lejos de los centros de producción y con frecuencia usan su dinero para la especulación. Además, las corporaciones multinacionales construyen barreras de entrada para proteger su dominio. Estos obstáculos dificultan o imposibilitan a que otras compañías compitan con ellos. Algunas de las barreras más significativas incluyen:

El capital de arranque, la economía de escala y los precios depredadores: Las multinacionales gigantescas tienen un tremendo capital disponible para expandirse a nuevas actividades, un recurso que no está al alcance de sus competidores menores. Pueden producir una enorme cantidad de mercancías a menor costo, e incluso venderla con pérdida para poner en bancarrota a la competencia. En la mayoría de los países occidentales los precios depredadores son ilegales al igual que otras acciones con la intención de poner en bancarrota a un competidor, pero es difícil de probarlo y rara vez son juzgados en corte. Incluso cuando llegan a ser juzgados, casi siempre es demasiado tarde para prevenir los daños. Para el tiempo que llevaron a Microsoft a juicio por violar la ley anti-monopolio Sherman, ya la corporación Netscape, que desarrolló uno de los buscadores más utilizados en la red, había sido destruida.

La corporación Wal-Mart Stores Inc. es la corporación pública con mayores ganancias del mundo, (446 mil millones de dólares) y con 10.185 tiendas en 27 países.[12] La corporación construye enormes almacenes en las zonas rurales, donde el precio de la tierra es bajo y la compañía no tiene que pagar impuestos urbanos para las escuelas y otros servicios sociales. Como McDonald's, contrata docenas de jóvenes del área con sueldos mínimos. Debido al gran tamaño de su negocio, les es posible mantener su inventario con cualquier tipo de producto y fijar precios más bajos que cualquier otro negocio. Sus sucursales son muy eficientes para poner en bancarrota a casi cualquier otro comercio familiar, de ropa, de farmacia, de ferretería, de papelería, etc. en todas las poblaciones cercanas, todos estos negocios han atendido a sus clientes y pagado impuestos por décadas. Las economías de estas poblaciones pierden impuestos, dañando a las escuelas y a su infraestructura, y muchos trabajadores cualificados pierden sus trabajos. En 2012, los activos de la viuda y los hijos de su fundador, Sam Walton, uniendo su capital alcanzaba 95,4 mil millones de dólares, mucho más que la persona más rica del mundo.[13]

Publicidad: la habilidad para lanzar campañas de publicidad a gran escala es una ventaja poderosa que las grandes compañías tienen sobre los competidores más pequeños. Ellas desarrollan estudios científicos para aprender cómo manipular efectivamente el comportamiento y crear deseos artificiales en el público. Se calcula que las corporaciones estadounidenses gastarían 368 mil millones de dólares en publicidad y mercadeo en el 2010.[14]

La Coca-Cola, el mayor productor de refrescos del mundo, ha sido sin duda efectiva en su publicidad. Desde que la empresa comenzara en 1886, Coca-Cola ha convencido a la mayoría del público del mundo que su producto —una bebida cargada de azúcar y obviamente insalubre, que contiene cafeína y ácido fosfórico— saciará la sed mejor que el agua, al tiempo que traerá felicidad. Además de ser patrocinador principal de equipos deportivos, las Olimpiadas y la Copa Mundial, la Coca-Cola ha obtenido tratos multi-millonarios con Columbia Pictures, Universal Studios y las populares novelas brasileñas para que los actores tomen su producto en sus producciones.[15]

Compra y toma de control de otras empresas: la desregulación en los Estados Unidos durante las últimas tres décadas permitió que las corporaciones compren o tomen control de las compañías competidoras.

Hoy en día el mundo está inundado de capitales especulativos para fusiones, en parte debido a que muchos fondos para el retiro se han colocado en fondos de inversión y especulativos, y también porque la masa monetaria ha crecido a un índice alarmante como consecuencia de una tremenda apertura de créditos. En el año 2006 las fusiones y las adquisiciones en el mundo totalizaban los 2,2 billones de dólares.[16]

En la mayoría de las tomas de control, gran número de trabajadores son despedidos a fin de hacer las compañías más rentables. La intensa competencia de cada trimestre por el mínimo aceptable de las ganancias deja a las entidades corporativas sin espacio para interesarse por los derechos de los trabajadores o del medio ambiente.

Abogados, lobbistas y regulación del gobierno: como con frecuencia las corporaciones tratan de llevar a la bancarrota o comprar a las firmas competidoras, y de manera secreta o informal fijar convenios de precios, han sido algunas veces objeto de demandas antimonopolio. Su respuesta ha sido el retrasar cualquier demanda hasta que un gobierno más amigable a ellas sea elegido. ¡También cultivan la simpatía realizando fuertes donaciones a las campañas políticas de cualquier partido! Un abogado de IBM dijo que al principio de su carrera profesional aprendió que "podría tomar cualquier caso anti-monopolio… y prolongarlo por la defensa casi hasta el infinito".[17] Incluso después de que Microsoft *perdiera* su caso anti monopolio en el 2000 y su apelación en el 2001, pudo estar en posibilidad de lograr un acuerdo favorable con el Ministerio de Justicia de los EE.UU.

Además, las grandes firmas con frecuencia sopesan las probabilidades de costo legal y multas por ser "atrapados" contra la ganancia originada por el comportamiento ilícito. Siempre que esta ganancia sea mayor, el comportamiento ilícito será aprobado.

A nivel doméstico en EE.UU., por medio del uso de los cabildeos y de las contribuciones a las campañas, las corporaciones reducen la efectividad de regulación y supervisión del gobierno. No es poco común para los lobbistas y representantes de la industria escribir el léxico para las leyes que regulan su industria, y por ende asegurándose de que las normativas sean ineficaces.

En el frente internacional, las corporaciones influyen en los gobiernos para crear leyes y acuerdos comerciales favorables a través de agencias como la Organización Mundial del Comercio (OMC), con la pretensión de crear un "campo de participación nivelado", dichos acuerdos tratan de eliminar todas las barreras arancelarias que sirven para proteger los sectores de la industria y la agricultura de cada país. Edward Goldsmith, fundador y editor de la respetada revista inglesa *The Ecologist*, señala lo absurdo que son tales acuerdos económicos de la globalización: "destruyen las economías locales, lo que da lugar a una nueva colonización. Si yo tuviera que enfrentarme al campeón mundial de pesos pesados, Mike Tyson, ¡no lo querría hacer en un campo *de participación nivelado*! ¡Necesitaría una gran cantidad de guardaespaldas!"[18]

Para presionar este tipo de acuerdos, el gobierno de EE.UU. envió en 1994 a más de 800 delegados a la última reunión comercial de la Ronda Uruguay del Acuerdo General de Tarifas y Comercio (en su sigla inglesa GATT, que después se convertiría en la Organización Mundial del Comercio —OMC).[19] Por supuesto estos lobbistas no fueron elegidos democráticamente para que reflejaran una diversidad de opiniones; los 800 delegados eran ejecutivos y consultores de empresas que presionaban para obtener acuerdos que declararan ilegal la disminución de las ganancias de las corporaciones multinacionales norteamericanas, aunque ello fuera en perjuicio del medio ambiente.

Control de la propiedad intelectual: las corporaciones remuneran a los mejores equipos legales para archivar interminables patentes de sus productos y procesos con la intención de prevenir la competencia. Los abogados de la corporación también archivan demandas de violaciones a patentes que frecuentemente llevan a sus competidores a la quiebra. La ingeniería genética de la Corporación Monsanto y sus patentes en genes agrícolas se diseñan para monopolizar el control de la agricultura y prohibir a los agricultores que practiquen como lo hicieron por 10.000 años, la selección de sus mejores semillas, manteniendo la biodiversidad y garantizando la seguridad alimentaria. Las corporaciones farmacéuticas de manera regular hacen "maquillaje de patentes" [patent evergreening] realizando cambios pequeños e irrelevantes a las moléculas existentes para expandir sus monopolios de patentes.

La integración vertical y el control de los recursos: las corporaciones extienden su cobertura a todos los niveles de la producción y simultáneamente favorecen sus propias operaciones en cada uno de ellos. Buscan también controlar los recursos esenciales para prevenir la competencia de compañías rivales.

Otro truco que utilizan las corporaciones para elevar el valor de sus acciones y reducir los impuestos es la "contaduría creativa". Debido a que usualmente se premia a los gerentes de las corporaciones con la opción de acciones, esto los motiva a cualquier cosa a fin de elevar artificialmente el precio de las mismas. Por ejemplo, los contadores de Inversiones Newscorp de Rupert Murdoch eran tan hábiles que la compañía no pagó el Impuesto de la Corporación Británica de 1987 a 1997, a pesar de anunciar ganancias de ¡1.400 millones de libras durante el mismo período![20] Investigadores judiciales encontraron que los ejecutivos de Lehman Brothers Holdings Inc., la firma de servicios financieros mundial que presentó el mayor caso de bancarrota de la historia en 2008, había utilizando trucos contables al final de cada trimestre para que sus finanzas parecieran menos lúgubres de lo que realmente eran. Ellos mostraban fraudulentamente que los valores del balance habían sido vendidos, y creaban "una imagen distorsionada de la condición financiera de la firma a finales de 2007 y 2008".[21]

Pocas corporaciones intentan sinceramente, invertir con responsabilidad, cuidar el medio ambiente y preocuparse por la población local. No obstante, la propia estructura corporativa —con su división entre los propietarios-accionistas, con los gerentes y los trabajadores— previene cualquier cambio significativo del sistema explotador.

Estos ejemplos demuestran que las multinacionales concentran poder y riqueza en cada vez menos manos. Su contabilidad no refleja el daño causado a individuos, a la economía local y al ambiente. La afirmación capitalista de que si se dejan libres las fuerzas del mercado el resultado es el beneficio de todos, es claramente una gran mentira.

La crisis financiera mundial de los años 2000

Entre 1997 y 2006 el precio de la típica casa estadounidense aumentó un 124%.[22] A medida que los precios subían dramáticamente, se formaba una burbuja inmobiliaria, se alentaba a muchos propietarios a re-financiar sus propiedades a intereses más bajos, o pedir préstamos haciendo una segunda hipoteca garantizada, elevando el valor de la casa. Como resultado, la deuda promedio familiar en el porcentaje del ingreso anual se elevó de 77% en 1990 a 127% a fines de 2007.[23] Las hipotecas de alto riesgo fueron revendidas a los bancos, y el total aumentó de 35 mil millones de dólares en 1994, a 600 mil millones en 2006.[24]

Aproximadamente el 80% de las hipotecas de alto riesgo en EE.UU. tenían un interés ajustable.[25] Después de que los precios de las casas llegaron a su punto más elevado a mediados de 2006 y que comenzara un declive agudo, estas hipotecas con índice ajustable se empezaron a cambiar a tasas de interés más elevadas. Muchos propietarios quedaron estupefactos al enterarse de que su deuda por la hipoteca era mayor que el nuevo valor de la casa. Se dispararon las moras en pagos de hipotecas y comenzaron las ejecuciones judiciales de las viviendas. Entre diciembre del 2007 y agosto del 2010 los bancos recuperaron más de 2,3 millones de casas.[26]

Los títulos de propiedad respaldados por las hipotecas de alto riesgo, principalmente mantenidas por los bancos, perdieron la mayor parte de su valor. El 15 de septiembre del 2008, Lehman Brothers Holdings Inc., una firma mundial de servicios financieros cuyo valor era de 691 mil millones de dólares, presentó el mayor caso de bancarrota de la historia. Esto colapsó el mercado de la bolsa de Nueva York, causando que el Dow Jones tuviera su más grande pérdida en un día y se creara la "tormenta perfecta" de la aflicción económica. Citigroup, el Bank of América y todos los otros bancos importantes estadounidenses y muchos europeos estuvieron también al borde de la bancarrota a causa de la crisis de las hipotecas de alto riesgo y la posesión de activos tóxicos. El 8 de octubre de ese mismo año, el gobierno británico anunció un paquete de rescate de 500 mil millones de libras (aproximadamente 850 mil millones de dólares) para salvar a sus bancos. Dos semanas después, el Congreso de EE.UU. aprobó un paquete de rescate de 700 mil millones de dólares para salvar a esas compañías. Los consideraron "demasiados grandes para caer en la quiebra", lo que significa que eran tan indispensables para la economía estadounidense que el colapso sería desastroso y por consiguiente los contribuyentes deberían salvarlos.

En este rescate financiero, el Comité de la Reserva Federal dio préstamos por un total de 3,3 billones de dólares a los mismos bancos y corporaciones e incluso a algunos bancos europeos (Deutsche Bank y Credit Suisse) que causaron la crisis, pero sin ninguna condición de restringir el pago ejecutivo o de ayudar a los propietarios con las hipotecas.[27] De manera natural surgen algunas preguntas: ¿por qué los impuestos del público rescatan a los grandes banqueros? ¿cuánto dinero puede gastar EE.UU. o cualquier otro gobierno antes de que se vaya a la quiebra? ¿por qué las firmas que "son demasiado grandes para quebrar" están tan mal administradas? y ¿por qué a bancos más pequeños les permitieron ir a la quiebra sin un rescate? Veinticinco bancos en EE.UU. fueron a la quiebra en 2008, 140 en 2009 y 157 en 2010.[28]

El costo de la crisis es devastador. El desempleo se disparó: 2 millones de trabajos en fábricas y 6,5 millones de trabajos de otros sectores desaparecieron entre noviembre del 2007 y abril del 2010, la peor depresión bursátil de la nación desde la Gran Depresión de 1930.[29] Además, las cuentas del retiro para los trabajadores de EE.UU. perdieron un valor de 3,4 billones de dólares entre el 30 de septiembre del 2007 y el 6 de marzo del 2009.[30]

A principios del 2010, la crisis financiera mundial provocó una crisis de la deuda soberana en Europa, debido a que el dinero de los contribuyentes fue usado para rescatar a los bancos privados. En el momento de escribir este libro, los gobiernos de Grecia, Irlanda e Islandia estaban en crisis financiera debido a las actividades de su sector bancario, y otros países y bancos se negaron a financiar sus déficits. Se considera que Portugal, Italia, España y Bélgica están al borde de un colapso por deuda. Mientras tanto, los enojados electores alemanes creen que les están pidiendo pagar los excesos de sus vecinos. Los conservadores sostienen que la crisis de la deuda soberana se debe al exceso de gastos del gobierno, ignorando por su conveniencia la siempre creciente carga de la asistencia social frente al bienestar corporativo. Sin embargo, muchos de los gastos del gobierno son inevitables y más aun, se está reduciendo la base de los impuestos a la clase media mientras que los grandes negocios y los ricos pagan una proporción cada vez menor de impuestos.

Las depresiones económicas

La Oficina Nacional de Investigaciones Económicas de los EE.UU. define a la recesión económica como un período en el cual hay un crecimiento económico negativo por un periodo de tres trimestres (nueve meses). No existe una definición de total consenso de lo que es una depresión, aunque los economistas por lo general la consideran un cambio negativo más severo y largo acompañada de grandes incrementos en el desempleo, matizada por el pánico.

Antes del desarrollo de las economías industriales modernas no existían depresiones económicas como tal. Las economías locales se basaban en el principio de "producir para la subsistencia" y tenían una orientación menos mercantilista. Los desastres económicos ocurrían pero estaban localizados y causados por desastres naturales, escasez, hambruna o guerra.

Sin embargo, en los últimos 150 años, las economías capitalistas han avanzado consistentemente a través de ciclos con grandes altibajos. Los años de expansión industrial han sido seguidos por años de depresión y altibajos del mercado. Estas depresiones no se debieron a la escasez. Más bien se han caracterizado por un excedente de producción, al tiempo que la gente carece de dinero para comprar bienes de consumo.

En el origen de las depresiones económicas radican las contradicciones inherentes del capitalismo. Las empresas buscan maximizar sus ganancias y reducir los costos, al mismo tiempo que tratan de mantener o expandir su mercado. Por consiguiente, hay una presión constante para incrementar la rentabilidad y disminuir el costo de la mano de obra. Cuando los negocios bajan, las compañías despiden trabajadores. Cuando aumenta el desempleo los salarios reales disminuyen su capacidad de compra, dando como resultado una reducción de ventas para todas las industrias. De este modo, el capitalismo mundial constantemente corta la rama del árbol sobre la cual se apoya.

Consideren el tema del desempleo. Los desempleados son personas sin trabajo, que lo han buscado activamente en las cuatro últimas semanas. No se toma en cuenta al desempleado crónico que ha perdido la esperanza e interrumpido la búsqueda de encontrar algún empleo. En EE.UU., 9,8% de la fuerza de trabajo, 15,1 millones de personas, estaban desempleadas en noviembre 2010, pero el "total de desempleo" era cerca del doble, 16,1%.[31] El desempleo entre los afro-estadounidenses es más elevado que en el público en general (en cinco estados el índice oficial excede el 20%)[32] y entre los nativos estadounidenses de la reservación Pine Ridge cerca del 80%.[33] Toda persona en el mundo que quiere trabajar pero no encuentra trabajo experimenta la "depresión económica". Muchas comunidades, regiones y aun países sufren también de depresión.

Jaroslav Vanek, profesor de economía de la Universidad de Cornell, en Nueva York, es un prominente defensor de las cooperativas y de "la democracia económica". Él sugiere que como la condición esencial del capitalismo es la de aumentar al máximo las ganancias, la ecuación que define al sistema podría escribirse así:

ganancias = ingresos - mano de obra y otros gastos

Dado que la ganancia es el objetivo principal de las empresas capitalistas, sus seguidores se esfuerzan constantemente en reducir el dinero que se paga a los trabajadores para incrementar al máximo las ganancias, lo que naturalmente los lleva a la explotación de su fuerza laboral.[34]

P. R. Sarkar, el fundador de Prout, hace responsable a la explotación capitalista por las depresiones:

> En la esfera económica las depresiones son inevitables en los países capitalistas y comunistas debido a su inherente, intensivo

> e innato estancamiento social. Las depresiones económicas son en realidad el resultado final de la supresión, la represión y la opresión —esto es de la explotación. Cuando la explotación alcanza el punto culminante, la movilidad y la velocidad de la sociedad se detienen. En este punto culminante una explosión natural ocurre.[35]

Esta perspectiva de que tanto las economías del estado capitalista como del centralizado se enfrenten al mismo peligro no es común. Cuando la mayoría de la gente en cualquier economía no se beneficia del crecimiento económico, cuando es un hecho que son explotados en su trabajo, la sociedad pierde dinamismo y se vuelve estática.

La manera de evitar las depresiones económicas es creando una economía local basada en cooperativas. Por ser diseñadas para satisfacer las necesidades y aspiraciones de la población, algunas veces pueden experimentar períodos de escaso o ningún crecimiento económico, porque las pausas son también un fenómeno natural. Pero por ejemplo, cuando la producción excede la demanda, en vez de despedir a los trabajadores, las cooperativas reducirían las horas de trabajo de todos.

La siguiente sección explica el motivo por el que las depresiones cada vez más severas son inevitables en la economía corporativa.

Los defectos fatales del capitalismo mundial

Hay cuatro inherentes defectos interrelacionados con capitalismo mundial.

El primer defecto fatal es la gran concentración de la riqueza. La codicia es la búsqueda excesiva y egoísta de la riqueza y otros objetos materiales, sin preocupación alguna que esa búsqueda prive a otros de sus necesidades. En vez de controlar este instinto, el capitalismo sin control lo promueve. Algunos promotores del capitalismo de libre mercado llegan incluso a sostener que la codicia se debe considerar un rasgo positivo porque la carrera por aumentar al máximo las ganancias impulsa el progreso de la economía mundial. Como el personaje Gordon Gekko dijo en la película *Wall Street*: "*¡La codicia es buena!*"

Aunque la riqueza del mundo aumenta continuamente, los más ricos del mundo lo acumulan casi todo. Y a causa de esta gigantesca brecha en aumento entre el rico y el pobre, la gente común solo puede permitirse comprar muy poco.

Por ejemplo, los presidentes de las corporaciones multinacionales reciben salarios con opción a acciones, lo cual es descrito por la revista *Fortune* como "¡exorbitante!"[36] En 2009 Aubrey McClendon de Chespeake Energy recibió 114 millones de dólares, Lawrence Ellison del Oracle recibió 139 millones y H. Lawrence Culp Jr. de Danaher recibió 141 millones.[37] El pago promedio de los presidentes de las 500 compañías indexadas de Standard & Poor recibió 9,25 millones de dólares en compensaciones en 2009.[38] Durante el mismo año, millones de trabajadores estadounidenses perdieron sus trabajos, sus casas y los ahorros para la jubilación, en la peor crisis financiera desde la Gran Depresión.

La disparidad entre los ricos y los pobres continúa creciendo. La riqueza de los 51 más ricos del mundo se incrementó al doble durante los últimos ocho años, a más de 1 billón de dólares.[39] Esta cantidad es más que el ingreso anual combinado de la mitad de toda la población mundial —tres mil millones de seres humanos.

Cuando la riqueza se concentra en las manos de unos pocos y no circula de manera productiva, la gente común tiene cada vez menos poder adquisitivo. Tal como la artista australiana, Ángela Brennan escribió: "Todas las mañanas me despierto del lado equivocado del capitalismo".

La pobreza y el sufrimiento en nuestro planeta van en aumento. Actualmente, más de la mitad de la población rural en América Latina y el Caribe es pobre y casi un tercio vive en condiciones de extrema pobreza.[40] El Banco Mundial estima que en 2008, mil cuatrocientos millones de personas sufrían lo que llaman "pobreza absoluta", viviendo con menos de 1,25 dólares por día, y dos mil setecientos millones vivían con menos de 2 dólares por día.[41]

En su libro, *El nivel del espíritu: por qué a las sociedades con menos diferencias casi siempre les va mejor,* Richard Wilkinson y Kate Pickett demuestran los "perniciosos efectos que tiene la desigualdad en las sociedades: erosión de la confianza, aumento de la ansiedad y la enfermedad, y el estímulo al consumo excesivo".[42] Afirman que en países ricos más desiguales, los resultados son sustancialmente peores en cada uno de los once problemas sociales y de salud: salud física, salud mental, abuso de drogas, educación, prisión, obesidad, movilidad social, confianza y vida comunitaria, violencia, embarazo precoz y bienestar infantil.

La distribución tan desigual de la riqueza a través de los años 1920 se considera ahora como una de las principales causas de la Gran Depresión. De acuerdo a un estudio del Brookings Institute, en 1929 el 0,1% de los estadounidenses con más alto ingreso tenían el equivalente al ingreso combinado del 42% del de los estadounidenses con menores ingresos.[43] Sin embargo, los economistas del sistema no predijeron esa depresión, ni tampoco previeron la crisis financiera mundial que empezó en 2007, porque no consideran que la concentración de riqueza sea un problema crónico ni fatal del capitalismo.

El segundo defecto fatal del capitalismo mundial es que la gran mayoría de las inversiones se hacen ahora en especulaciones más que en la producción. La tremenda riqueza de los más ricos raramente se invierte en iniciar compañías, en pagar salarios o en producir bienes. Podemos entender porqué esto sucede al observar lo que motiva a los grandes inversionistas. Para iniciar una empresa se necesita capital, planes minuciosos y mucho trabajo. Hay que emplear y dirigir a muchas personas, y confrontar los problemas que diariamente surgen, es una gran responsabilidad. La mayoría de las nuevas empresas quiebran e incluso las que son prósperas generalmente no obtienen más del 10 ó 20% de ganancias en los cinco primeros años de operaciones.

Las personas muy adineradas tienen capital para invertir en nuevas empresas, pero pocas están interesadas en todo el trabajo que ello conlleva para obtener poca ganancia. En vez de este camino prefieren apostar a negocios que les ofrecen la posibilidad de grandes ganancias rápidas como son el mercado bursátil, el mercado de futuros, la propiedad inmobiliaria, el comercio de divisas, el mercado de derivados, etc. Esto se ha denominado financiación de la economía, en el cual la riqueza financieramente apalancada sobrepasa a la de la economía industrial. En consecuencia la mayoría de la gente pierde cuando estas inversiones especulativas generan muy pocos empleos y tienden a concentrar la riqueza de la sociedad en las manos de un número cada vez más reducido de individuos.

Lo anterior provoca las grotescamente infladas "burbujas" de capital especulativo, cuando los precios que los inversionistas están dispuestos a pagar se expanden mucho más allá del valor intrínseco del producto. Las burbujas económicas explotan de vez en vez, de lugar en lugar, provocando las depresiones económicas con muy extendido desempleo y sufrimiento.

Cerca de 3,98 billones de dólares se juegan cada día en el gran casino de la especulación a medida que los inversionistas apuestan en el mercado bursátil mundial y otros mercados relacionados para intentar enriquecerse con rapidez.[44] Los precios de las acciones, los activos inmobiliarios y de otros mercados se han convertido en burbujas especulativas de increíbles proporciones, basadas totalmente en la confianza de los inversionistas —una confianza inmerecida.

Es triste que más de la mitad de las familias estadounidenses hayan invertido sus ahorros en las bolsas de valores, a veces de manera involuntaria por medio de los programas de jubilación de sus patrones. Las familias no deberían tener que arriesgarse a perder todos sus ahorros en la inevitable caída del siempre volátil mercado bursátil.

¿Qué significado tienen para el resto del mundo las inversiones de estos super-ricos? ¡Tienen mucho significado! Hoy en día las economías capitalistas de la mayoría de las naciones están cada vez más interconectadas e interdependientes. Si cae la bolsa del Mercado Bursátil de Nueva York, o si cae el valor del dólar, en pocos minutos también comienzan a caer las bolsas y las economías de otros mercados del mundo.

En 2009 el Fondo Monetario Internacional estimó el valor total de la economía mundial en 70,21 billones de dólares.[45] Y sin embargo, el total del mercado de derivados en la segunda mitad de 2009 se ha estimado en alrededor de 615 billones de dólares, ¡más de ocho veces el tamaño de toda la economía mundial![46] Esta explosión de los activos financieros desestabiliza y pone en riesgo la salud económica del mundo entero.

La tercera falla fatal del capitalismo mundial es el endeudamiento, alentar a los consumidores y los comercios a comprar a crédito. Las empresas gastan cientos de millones de dólares en campañas publicitarias para hacer que las deudas se conviertan en algo deseable y sin riesgo alguno. Las sofisticadas campañas publicitarias mundiales y los programas de mercadeo por correo directo se dirigen a grupos de todas las edades, desde jóvenes adolescentes a ancianos. Las mayores compañías de tarjetas de crédito han lanzado campañas como "La vida acepta Visa", la de MasterCard: "Inestimable", y la de Citibank: "Vive Suntuosamente". El insidioso objetivo de cada una de estas campañas fue eliminar los sentimientos negativos por contraer deudas. El director creativo de la campaña de MasterCard, Jonathan B. Cranin, explica: "uno de los trucos en el negocio de las tarjetas de crédito es que la gente tiene una culpa inherente al gastar. Lo que queremos es que la gente se sienta bien con sus compras".[47]

Los consumidores estadounidenses han caído en una terrible trampa por deuda. En marzo del 2010 la deuda total del consumidor era 2,45 billones de dólares, lo que promedia 16.046 dólares para cada familia.[48] Los efectos de la deuda en las familias son terribles. Una encuesta en Gran Bretaña en el 2010, encontró que el problema de la deuda tiene un impacto negativo en las relaciones íntimas de la gente, en la salud y en la habilidad para cumplir con el trabajo. La mayoría de los entrevistados esconde el hecho del problema de la deuda con su pareja, los amigos y con los padres, al expresar que les da "vergüenza" y "pena".[49]

La cosa se vuelve más desagradable porque las compañías financieras asechan a la gente que necesita con urgencia los préstamos para pagar atención médica y otras necesidades. Los prestamistas utilizan prácticas injustas, engañosas o fraudulentas para inducir a la gente a endeudarse con intereses cada vez más elevados. Para sacarles más ganancias a los prestatarios, las compañías estadounidenses de tarjetas de crédito incrementaron el índice de interés de 17,7% en 2005 a 19,1 en 2007, una diferencia que les da miles de millones de dólares de ganancia extra. Las recientes tarifas promedio se elevaron de menos de 13 dólares en 1994 a 35 en 2007, y las tarifas que se cobran cuando los clientes se exceden de su límite de su crédito se fueron a más del doble de 11 dólares a 26 por mes.[50]

Las prácticas lucrativas de los préstamos de estos mercaderes de la deuda han llevado a millones de norte-americanos —jóvenes y viejos, ricos y pobres— al borde de la catástrofe. Y sin embargo, en 2005 se cambiaron las leyes de bancarrota estadounidenses para dificultar a los consumidores con ingresos modestos a escapar de las deudas al declararse en bancarrota. Las nuevas leyes alentaban préstamos más arriesgados de parte de los prestamistas, porque les facilitaba forzar a los prestatarios pobres a pagar. Aun así, más de un millón y medio de estadounidenses se declararon en bancarrota en el período de doce meses que finalizó el 30 de junio 2010.[51]

Lo que es cierto para las personas también es cierto para los países. La nación más endeudada es EE.UU., con 13,6 billones de dólares de deuda interna. El gobierno emite constantemente nuevos bonos, proyectos de ley y notas para financiar esta deuda, pidiendo prestado 3,8 mil millones adicionales todos los días. En 2009 el déficit del presupuesto federal era 1,4 billones.[52] Se estima que el 48% del presupuesto federal se dedicó a los gastos militares actuales y pasados.[53] El déficit comercial de bienes en 2009 fue de 517 mil millones de dólares.[54] Si por cualquier razón la confianza de los inversionistas mundiales en la economía estadounidense fallara, la mayor economía de la historia se desplomaría como un castillo de naipes.

La cuarta falla fatal del capitalismo mundial es la tendencia de explotar e ignorar el medio ambiente natural. Además de causar un terrible sufrimiento humano, la codicia capitalista y la mala administración están destruyendo el medio ambiente. Insostenible por su naturaleza, el capitalismo se esfuerza en la perpetua expansión de sus mercados, aumentando el consumo y la producción en un planeta limitado. La insaciable ansia de ganancia ocasiona que las compañías apliquen su influencia, su dinero y poder para ignorar las leyes y regulaciones ambientales. Las industrias estadounidenses admiten públicamente la liberación de 2,2 millones de toneladas de productos químicos tóxicos al año,[55] y muchas compañías abren fábricas en otros países más pobres con leyes menos estrictas sobre la contaminación.

El petróleo es uno de los problemas principales. Nuestra economía moderna depende mucho de los combustibles fósiles baratos, los que mueven a todo el transporte y gran parte de la producción industrial, incluyendo a todos los plásticos. Las corporaciones obtienen grandes ganancias al extraer petróleo de la tierra, pero pasan a la sociedad sus costos sin tomar responsabilidad por la contaminación que provoca el uso del petróleo. En 2007, debido a la combustión de combustibles fósiles y a la producción de cemento, China emitió 6,1 mil millones de toneladas de dióxido de carbono a la atmósfera, 21,5% del total del mundo, seguido de cerca por EE.UU., con 5,7 mil millones de toneladas, con el 20.2%.[56] La contaminación asesina a la gente. De acuerdo a la Organización Mundial de la Salud 2,4 millones de personas mueren cada año por esta causa.[57] Y encontramos que el costo de esas muertes y otros problemas causados por los combustibles fósiles son pagados por las personas y por la sociedad, no por las empresas petroleras.

El dióxido de carbono y otros contaminantes contribuyen al calentamiento global. Con el que se ponen en riesgo a ecosistemas únicos y a las especies en peligro de extinción, se causa la elevación de los niveles del mar y se aumenta la frecuencia e intensidad de eventos meteorológicos extremos, los incendios forestales y hambrunas. Millones de personas pobres que viven en las regiones tropicales se encuentran en un gran peligro. Más allá de cual cambio avance más rápido y que sea fuertemente irreversible, el ecosistema planetario también se encuentra en riesgo de alcanzar los "puntos críticos del cambio climático", como el derretimiento de la capa de hielo permanente de la tierra, que libera gas metano, o la desaceleración de la Corriente del Golfo en el Océano Atlántico.

El derrame de petróleo de la plataforma Deepwater Horizon de la empresa BP liberó más de 4,9 millones de barriles de petróleo al Golfo de México en el periodo del 20 de abril al 15 de julio del 2010. Las causas de la explosión y consiguiente filtración, de acuerdo al informe final de la comisión del derrame de petróleo de la Casa Blanca, se debieron a los esfuerzos de las compañías por trabajar a bajos costos. El informe declara: "Muchas de las decisiones que tomaron BP, Halliburton, y Transocean de manera intencional o premeditadamente, que incrementaron el riesgo de la explosión de Macondo ahorraron a estas compañías de manera significativa tiempo —y dinero".[58]

La catástrofe se relacionó también con el punto más alto de la producción del petróleo. "El pico del petróleo" es el momento previo al comienzo del descenso del volumen de producción. Mientras que los científicos han advertido por décadas la cercanía de la crisis, es un hecho bien comprendido que la única manera confiable de identificar el momento del punto más alto de la producción del crudo es viéndola en retrospectiva, después del hecho, debido a la falta de fiabilidad e inconsistencia con la que las compañías petroleras estiman la capacidad de las reservas conocidas. La situación se va complicando más debido al descubrimiento de nuevas reservas (lo que ahora sucede raramente) y los cambios en los patrones de consumo. Dicho en otras palabras, no podemos saber realmente lo que ocurre hasta después del momento.

La corporación BP averiguó que de 54 países y regiones que producen petróleo en el mundo, 30 ya traspasaron definitivamente el pico del petróleo, y diez más parecen tener una producción sin crecimiento o en declive.[59] A causa del pico del petróleo, y "la adicción al petróleo" de la economía mundial, BP y otras compañías perforan en aguas más y más profundas, exprimen petróleo de las arenas de alquitrán de Canadá, y realizan fracturas hidráulicas de rocas de pizarra bituminosa a costos ambientales que van en continuo ascenso.

La Agencia Internacional de Energía anunció finalmente el 9 de noviembre de 2010 en su Informe sobre las Perspectivas Energéticas Mundiales que el punto más importante del pico petrolero ya había pasado en 2006.[60] Y en 2012 el Fondo Monetario Internacional predijo "cerca de la duplicación, permanente, de los precios del petróleo en la década siguiente… En ese caso los efectos macroeconómicos de limitar los recursos pueden ser mayores, más persistentes y podrían muy bien extenderse más allá del sector petrolero.[61] En la medida en que aumente la demanda de petróleo y sus precios, la economía global, tan dependiente de la agricultura de exportación basada en el petróleo y el transporte marítimo a escala mundial, caerán bajo una cada vez mayor crisis económica.

Crisis y oportunidad

No vivimos en un mundo en paz. La violencia sistemática de la economía mundial mata a casi 50.000 pobres al día con hambre, enfermedades infecciosas que son prevenibles y con sida.[62] Este genocidio continúa aun cuando el planeta tiene suficientes alimentos y puede cubrir las necesidades básicas de todos. Es lamentable que las campañas populares, como la de Gran Bretaña "Hagamos de la Pobreza Historia", hayan fracasado en su intento por impactar significativamente la estructura del poder del capitalismo mundial.

Las multinacionales son tan grandes y poderosas hoy en día, que están fuera de control. Su estructura aumenta la brecha entre ricos y pobres, la brecha que divide la humanidad. Debido a que la mayoría de las inversiones son especulativas en vez de productivas, aunado a un endeudamiento en aumento, la economía mundial está en serios problemas. La codicia, el motor detrás del capitalismo mundial, es una enfermedad mental.

Aun cuando la mayoría de la comunidad científica esté bien consciente de los peligros de la destrucción ambiental, los cambios climáticos y el pico del petróleo, no tienen los medios para obligar a las naciones a sacrificar las comodidades y tomar los costosos y radicales pasos necesarios para negociar debidamente estos problemas. El mundo necesita una poderosa llamada de despertador para que todos se den cuenta de que para sobrevivir, tenemos que cambiar no el día de mañana, sino el día de hoy.

Es claro que el mundo necesita un sistema económico democrático, protector del medio ambiente, que ofrezca una más elevada calidad de vida para todos. No debemos esperar a que ocurra el próximo desastre económico, otra depresión u otro desplome financiero, que cualquiera de ellos bien podría golpearnos mañana mismo. Comencemos a construir hoy mismo una economía para ayudar a nuestras comunidades, nuestros países y al mundo a que superen la depresión económica y minimice el sufrimiento que trae consigo.

Cómo sobrevivir a la crisis económica

Por Mark A. Friedman

Por 20 años trabajé con familias de bajos ingresos como Director Ejecutivo de la organización "First 5 Alameda County" [http://www.first5alameda.org/], Todo Niño Importa, que asiste a niños entre 0 a 5 años y a sus familias, en el estado de California, EE.UU. y pude ver con mis propios ojos la privación física y emotiva que padecen las personas que viven por debajo del umbral de la pobreza. Muchos sufren desnutrición, inadecuada educación pública y falta de asistencia médica. El crecimiento de la economía en EE.UU. no beneficia a los que carecen de educación o de oportunidades económicas. Con frecuencia, la gente de color y los nuevos inmigrantes no pueden compartir los frutos de la sociedad estadounidense.

La creciente crisis económica requiere preparación para los peores escenarios posibles, considerando que la economía mundial puede entrar en un prolongado período de recesión o deslizarse en la depresión. La crisis económica actual ha mostrado una significativa reducción del tamaño de las corporaciones y aunque las ganancias se recuperan bastante bien para la mayoría de las compañías multinacionales, no se considera contratar nuevos empleados o volver a contratar a los que se despidió. El sector inmobiliario en muchas partes del mundo continúa en declive económico. Las arcas de impuestos del gobierno que dependen de los ingresos, las ventas y los impuestos inmobiliarios tienen tremenda presión, lo que conduce a un corte casi mundial en la educación pública, los servicios de salud y humanos en un momento en que las familias necesitan más que nunca esos servicios.

El estilo de vida y los cambios económicos que les ayudará a sobrevivir la recesión económica actual, generalmente te beneficiará a ti, a tu familia y a tu comunidad, sin tener en cuenta los altibajos económicos. Esos cambios incluyen los siguientes puntos:

Simplifica tu vida

- Compra sólo lo que tú y tu familia necesiten.
- Los bienes materiales en exceso serán sólo una carga para ti y te quitará dinero que podrías necesitar.
- Líbrense de lo innecesario, lo que no usan y lo que no quieran.
- El mercado de artículos usados no es grande en muchos lugares, pero

se pueden obtener significantes beneficios en los impuestos por donar objetos con propósito caritativo.

Enfatiza la felicidad no material y el estar juntos en familia

La felicidad duradera no proviene de objetos externos. Enfaticen la alegría no material de la vida en el ahora y en el futuro prepárense, tú y aquellos que amas, para resistir la escasez con mínimo daño emocional.

Examina las profesiones sólidas ante la recesión/depresión

En cualquier recesión económica, hay ciertas áreas que ofrecen más empleo y seguridad económica. La categoría de empleos que pueden brindar más estabilidad incluyen:

Empleos gubernamentales: aunque la renta pública ha disminuido significativamente, llevando al desempleo en muchas ramas del gobierno, hay gran necesidad de empleados públicos en el área de la salud y los servicios humanos para atender el creciente número de desempleados y gente empobrecida. La mayor ventaja del empleo publico es que con frecuencia están más integrados que en el sector privado y reciben mayores beneficios y seguridad de empleo.

Talleres de reparación: Menos personas podrán comprarse automóviles, computadores, equipos de sonido, muebles, ropa y electrodomésticos nuevos. Los talleres que reparan estos artículos prosperarán como resultado de ello.

Tiendas de segunda mano y de consignación: Los negocios que vendan artículos usados prosperarán al haber menos personas que tengan los medios para comprar artículos nuevos. Las tiendas de consignación, donde la gente deja sus objetos para que la tienda se los venda, requieren menos inversión para iniciarse, porque la tienda no paga el inventario, solamente paga al dueño original una vez que los objetos se venden.

Educación: Mucha gente, al perder el empleo, decide volver a estudiar para especializarse en algo con más demanda. Habrá necesidad de profesores y entrenadores que enseñen a los nuevos estudiantes a obtener la habilidad que buscan.

Cooperativas y servicios comunitarios: Las cooperativas de productores y consumidores tendrán un gran auge cuando los agricultores busquen mejores precios para sus productos e, igualmente, los consumidores en las ciudades busquen disminuir el alto precio de los alimentos. A medida que las grandes compañías entren en crisis, habrá necesidad de consultores en cooperativas para mostrar a los empleados la autogestión y estrategia de administración de sus empresas sobre bases cooperativas. Serán necesarios organizadores de comunidades, los programas de rehabilitación de drogadictos, los centros de atención a situaciones de crisis y otros programas que puedan reparar en algo el entramado social en los vecindarios, y crear redes de apoyo.

Diversifica tus fuentes de ingreso

Si tienes problema con tu fuente principal de ingresos durante una recesión económica, te será mucho más fácil sobrellevar las pérdidas si desarrollaste otras fuentes de ingreso.

Entre las fuentes potenciales de ingresos adicionales que puedes comenzar a explorar, se hallan las siguientes:

Vuelve a estudiar para desarrollar pericia como por ejemplo aprender a reparar automóviles o electrónica.

Busca un trabajo de medio tiempo. Si pierdes tu empleo principal por baja de la economía, un trabajo de media jornada puede convertirse en tu fuente primaria de ingresos.

Trata de alquilar una habitación de tu casa. Si tienes hijos que ahora viven aparte, puedes tener habitaciones que puedes alquilar y lograr un ingreso significativo.

Piensa en maneras de asistir a otros y ganar un ingreso extra. En muchos lugares hay una crucial necesidad de padres de crianza o padres adoptivos de niños con necesidades especiales. A los padres de crianza se les compensa y con frecuencia adoptan al niño con necesidades especiales continuando con el subsidio. Otra forma de ayudar a la comunidad es dar clases particulares y servir de maestro o profesor sustituto y a la vez obtener un ingreso adicional.

Trueque es una manera excelente de satisfacer las necesidades de la familia es la tradición de intercambiar mercadería y servicios sin dinero con vecinos y miembros de la comunidad. Te sorprendería cuánto tienes que ofrecer y lo que otros pueden tener para ofrecerte.

Sé creativo. Piensa en tus pasatiempos o intereses que podrías convertir en una actividad generadora de ingreso. Está en aumento el número de personas que encuentran formas creativas de utilizar Internet para generar ingresos.

Desarrolla y fortalece tu comunidad y pon tus prioridades en orden

Las dificultades económicas pueden presentar una tremenda oportunidad para que tu familia y tu comunidad se unan para hacer frente a sus desafíos. Y, a la inversa, la falta de unión puede hacer que la crisis económica se convierta en fuente de discordia y conflicto.

Tanto en la familia como en la comunidad, una depresión prueba toda tu fuerza interior y requiere que desarrolles todos tus recursos internos.

Amor, compasión, salud emotiva, generosidad y amistad, son recursos que crecen cuando se cultivan. Es vital fortalecer los lazos familiares de modo que si uno o más miembros de la familia pierden el trabajo, los otros pueden cubrir el vacío y ayudarlos. Muchas familias han encontrado alegría y éxito cambiando roles, donde antes un compañero era el principal proveedor y el otro el que cuidaba principalmente los pequeños.

Algunas personas reaccionan a la época de penuria volviéndose más miedosos y codiciosos. Reaccionar de ese modo es un perjuicio múltiple, para sí mismo, para la familia y para la comunidad.

Finalmente, Prout es un modelo económico alternativo que busca remediar las causas subyacentes de las crisis económicas. Al estudiar los principios de la democracia económica y planear la implementación de este modelo en tu comunidad, provincia o país, puedes contribuir a una solución que beneficie a todos.

Capítulo 2
Un nuevo paradigma social basado en valores espirituales

> El materialismo nunca puede ser la base de la vida humana en ningún país porque es perjudicial al desarrollo de los seres humanos... La aplicación de la ciencia material y la tecnología puede ayudar a aumentar la riqueza del país y con ello aliviar, hasta cierto punto, las penurias financieras de la gente. Pero, el resolver los problemas económicos no soluciona todos los problemas. Si ese fuera el caso, los países opulentos del occidente serían una utopía. Los seres humanos no están destinados meramente a llenarse el estómago. Hay mucho más en la vida humana que eso. Los seres humanos son verdaderamente hijos de Dios con ilimitadas ansias de felicidad. La limitada riqueza física nunca puede saciar esa sed infinita.[1]
>
> — *P.R. Sarkar*

Los economistas promotores del "libre mercado" que propugnan por la privatización, son con frecuencia llamados economistas neoliberales o partidarios del "Consenso de Washington". Estos economistas afirman que cualquier país puede lograr la eficiencia y el éxito económico a través del comercio del libre mercado. En sus tesis, representan a la economía como un valor libre, una ciencia objetiva que describe eternas verdades independientemente de ideologías o normas culturales. Aun así, lamentablemente estos analistas son incapaces de predecir con consistencia las futuras tasas de la moneda, la valorización de los inmuebles, la inflación, etc. porque la economía del libre mercado creó una economía global extremadamente competitiva y excesivamente volátil, en la que la búsqueda del lucro se acepta como el objetivo supremo.

Los economistas neoliberales tienen un astuto truco que consiste en llamar al derecho de los individuos y de las corporaciones, para acumular riqueza sin límites, "libertad económica", como si se comparara a los derechos humanos. Reclaman el *derecho* a maximizar la riqueza personal.

La idea de "libertad económica" está en conflicto con la realidad que dice que los recursos del mundo son limitados y que algunas acciones limitan las oportunidades de otros. Por medio de la ley se otorgan ciertos derechos individuales hasta el punto que no perjudiquen a otras personas. Prout incluye esta idea en la economía.

Vamos a comparar el concepto de propiedad del capitalismo con el de Prout. El filósofo inglés del siglo XVII John Locke, afirmó que un ser humano tenía el derecho a alterar los dones de la naturaleza mediante su trabajo, y hacerlos productivos. Locke argumentó que al despejar un área de bosque, cultivar la tierra y recoger la cosecha, la persona la hacía productiva y por consiguiente, tenía derecho a su propiedad y a disponer de ella como quisiera. Esta teoría es la base de los "derechos de propiedad", donde el propietario de la tierra o de cualquier otra propiedad física tiene el derecho de usarla, no usarla, alquilarla, venderla, excluir a otros de su utilización e incluso hasta destruirla.

Los fundadores de los Estados Unidos combinaron esta teoría con profunda pasión por la libertad personal y la creencia en el *derecho* de todos a esforzarse en ser tan próspero como fuera posible. Cualquier límite a los derechos de propiedad, afirman los economistas neoliberales, comprometería la eficacia, disminuiría el rendimiento y arriesgaría el crecimiento de toda la sociedad. Afirman que ningún gobierno debería quitar una porción significativa de la riqueza personal, a través de impuestos.

Hoy en día este punto de vista sobre el derecho de propiedad domina al mundo, y es tan fundamental para las sociedades económicamente desarrolladas que se enseña y se aprende sin cuestionar. Prout, no obstante, tiene un punto de vista muy diferente.

Una perspectiva ecológica y espiritual

Prout ofrece una perspectiva ecológica y espiritual que falta en la mayoría de las filosofías económicas,[2] pero que se encuentra presente en muchas sociedades tradicionales. La espiritualidad indígena a través de las Américas, África, Asia y Australia giraba invariablemente alrededor de la naturaleza. Los pueblos indígenas no creían que la tierra les pertenecía, ¡sino que ellos pertenecían a la tierra! Las tradiciones indígenas expresan su intenso dolor cuando los mineros rasgan la tierra, los madereros derriban los árboles, se envenenan el agua y el aire, y por la matanza de animales sin sentido alguno. Las culturas tradicionales fueron y son más cooperativas, generalmente viven en armonía con la naturaleza y tratan a la tierra como un recurso colectivo.

Alce Negro, un líder espiritual de Oglala Sioux de Norteamérica, dijo: "La primera paz, la más importante, proviene del alma de la gente cuando comprenden su relación, su unidad con el universo y todos sus poderes, y cuando comprenden que en el centro del universo mora Wakan-Taka (el Gran Espíritu), y que ese centro realmente se encuentra en todos lados, dentro de cada uno de nosotros".[3]

"La espiritualidad de los aborígenes australianos es la creencia de que todos los objetos viven y comparten la misma alma o espíritu que ellos comparten" dice Eddie "Kookaburra" Kneebone.[4] El autor indígena australiano Mudrooroo dijo: "Nuestra espiritualidad es una unidad y una interconexión con todo lo que vive y respira, y aun con todo lo que no vive ni respira".[5]

En Nigeria los ancianos Yoruba dicen: "Olorun [el Ser Supremo] está escondido en el centro de todo. Todos los mundos y su plenitud le pertenecen. No puede estar contenido a causa de Su presencia. Ni una piedra, ni una caparazón, ni un árbol, es Su persona, pero Él está dentro de todo. Él es invisible".[6]

Prout hace eco de esta perspectiva ecológica tradicional donde todos somos parte del mundo natural, de la Madre Tierra. El proutista Roar Bjonnes dice:

> Mientras que la doctrina básica de acumular riquezas ilimitadas siga siendo fundamental para nuestras economías, continuará la disparidad económica y la destrucción ambiental. Continuaremos aceptando como justo e inevitable que el crecimiento económico cree concentración de riqueza, por una parte, y desempleo, desplazamiento de gente y pobreza, por la otra. Sin un replanteamiento fundamental del actual dogma económico que coloca el derecho de propiedad privada como un derecho absoluto por encima de todos los demás valores, y de que el progreso humano se mide mejor por el aumento en

el consumo material, no podremos crear una sociedad libre de pobreza y ecológicamente sostenible.[7]

La base filosófica de Prout

Aunque Prout es una teoría socio-económica que ofrece soluciones prácticas para los problemas actuales, no es una filosofía materialista. Para entender el paradigma holístico de Prout es de gran ayuda dar un breve vistazo a la filosofía de su fundador. Además de ser un filósofo social y pensador revolucionario, Prabhat Ranjan Sarkar fue primero que todo, un gran maestro de Tantra Yoga.

Tantra significa "aquello que libera del cautiverio de la oscuridad". Tanto una perspectiva espiritual como el conjunto de prácticas espirituales, hacen del Tantra el sistema de yoga más antiguo, cuyas raíces se remontan a más de 15.000 años. Es uno de los senderos espirituales más antiguos del mundo y ha tenido una profunda influencia en el hinduismo, el taoísmo, el budismo y el zen.

Tantra es una manera de vida espiritual, y no se debe confundir con la percepción errónea de que enseña prácticas sexuales. Tampoco es una religión organizada. Sarkar se opuso vehementemente a todo tipo de dogmas e hizo un gran esfuerzo en guardar distancia, él y su filosofía, de los dogmas hindúes y del sistema de castas, en particular.

El Tantra reconoce la unidad fundamental de la cual se compone toda mente y materia omnipresente. La conciencia que todo lo impregna de esta conciencia universal nos hace conscientes de nosotros mismos. Nuestro propio sentimiento de existencia es en realidad un reflejo del sentido cósmico de existencia.

Como dijo Alan Watts: "Nosotros no entramos a este mundo, salimos de él, como las hojas de un árbol. Como las "olas" del océano, el universo crea la gente. Todo individuo es una expresión de todo el reino de la naturaleza, una acción única del universo total".[8]

Desde los años 20 del siglo pasado, cuando Einstein y otros físicos revolucionaron el mundo de la ciencia hubo una convergencia de criterios acerca de la realidad entre los físicos, que estudiaban la relatividad y la mecánica cuántica, y los místicos en la búsqueda de los antiguos senderos espirituales del Tantra yoga, el budismo y el taoísmo. Son comunes a ambos las ideas de conexiones a través del universo, de una unidad cósmica, y que a las leyes físicas del universo las guía algún proceso inteligente.[9]

La espiritualidad universal

El Dr. Peter L. Benson propone la siguiente definición de espiritualidad: "la intrínseca capacidad humana de auto-trascender, en la cual el ser está integrado en algo mayor que el ser, incluido lo sagrado" y la cual motiva "la búsqueda de conexión, significado, propósito y contribución".[10]

Prout valora esta perspectiva espiritual que se enfoca en la travesía personal para el autodesarrollo, y el servicio a la humanidad, construyendo juntos un mundo mejor. Esta búsqueda mística por la verdad[11] es muy diferente de las religiones fundamentalistas que dividen a la gente en "creyentes" y "no-creyentes", "nosotros" versus "ellos". La espiritualidad universal promueve el amor, mientras que los dogmas inculcan el miedo.

Las verdades esenciales están más allá del alcance del intelecto y solo se pueden experimentar a través de la intuición. La esencia divina reside en todo ser humano, y la manera de experimentar esa esencia son las técnicas de la meditación espiritual que Sarkar llamó "la ciencia intuitiva". Así como el movimiento de las corrientes del océano gobiernan la danza de las olas en la superficie, así la conciencia invisible destaca nuestra realidad al guiar las circunstancias de nuestras vidas.

La meditación diaria y otras técnicas holísticas de estilo de vida del Tantra son tan prácticas que cualquiera puede realizarlas en cualquier lugar. Son la llave para la transformación personal, poderosas herramientas para superar los instintos negativos y los complejos mentales, además de cultivar la compasión, el amor incondicional y el altruismo.

Herencia cósmica

El planeta Tierra, la gran riqueza de recursos que conlleva, y aun el resto del universo, son la herencia común de todos los seres vivos.

De acuerdo con Sarkar, "Este universo es la proyección mental de Brahma [la Conciencia Suprema]; por lo que la propiedad del universo pertenece a la Entidad Suprema y no a ninguno de los seres que Él imaginó. Todos los seres vivos pueden disfrutar de su legítima parte en esta propiedad... Como miembros de una familia conjunta, los seres humanos deben salvaguardar esta propiedad común de manera digna y utilizarla convenientemente. También deben tomar medidas apropiadas para que todos puedan disfrutar de los mismos derechos, asegurándose de que todos tengan los requisitos mínimos de la vida para capacitarlos a vivir en un cuerpo sano con una mente sana".[12]

Sarkar enseñó que todo ser vivo posee un valor utilitario y un valor existencial más sutil. Nada ni nadie puede vivir independientemente: todos los complejos cuerpos humanos dependen de la humilde bacteria para existir. Podamos comprender o no la utilidad y el propósito de todo animal y toda planta en este maravilloso planeta, tenemos el deber de tratar de conservar su hábitat, no matarlo ni explotarlo innecesariamente.

La noción de propiedad de Prout se basa en este concepto. El Creador no se halla separado del universo manifiesto, sino que impregna y resuena en todas las partículas de él. Aún los llamados objetos inanimados son vitales con conciencia latente. El Creador nos invita a usarlos con respeto, sin abusar de ellos.

A causa de esta perspectiva espiritual, Prout no le da la misma importancia al sistema de propiedad individual como lo hace el capitalismo. Colectivamente, como hermanos y hermanas de una familia humana, tenemos el deber y la responsabilidad de utilizar y distribuir justamente los recursos del mundo para el bienestar de todos. Por lo tanto Prout estimula: la protección de la biodiversidad, el hábitat natural y la reforestación; el control estricto de la contaminación del aire, del agua y del suelo; y los esfuerzos por reducir las emisiones de carbón y gases de invernadero.

Todo esto representa una perspectiva muy diferente de los actuales sistemas legales y económicos de nuestro mundo. Los derechos de propiedad privada y la búsqueda de riqueza ilimitada se han convertido en los valores económicos preeminentes. En EE.UU., por ejemplo, no más del 3% de la población es dueña del 95% de las tierras privadas.[13] En Gran Bretaña el 2% de los más ricos poseen el 74% de la tierra.[14]

De acuerdo a Sarkar, "La tierra fértil sin cultivar es un verdadero lastre para la raza humana". Él complementa que "en el sistema agrícola de Prout no hay lugar para intermediarios. Son capitalistas los que, para obtener ganancias, invierten su capital contratando a otros en trabajos productivos. Los capitalistas, como parásitos, prosperan con la sangre de los trabajadores industriales y rurales".[15] La solución de Prout, desarrollada en los capítulos siguientes, incluye iniciar cooperativas agrícolas para utilizar mejor la tierra y generar empleo para los desocupados.

El concepto espiritual de la herencia cósmica sugiere también que la vida y el bienestar de los seres humanos tienen que ser las prioridades máximas de la sociedad, siempre precediendo a todas las demás consideraciones financieras. Por consiguiente, una economía proutista comienza proveyendo las mínimas necesidades de vida a todas las personas, en cada región, y elevando gradualmente su calidad de vida de modo sostenible, lo que se explica en el próximo capítulo.

Los problemas del materialismo

Las perspectivas materialistas se desarrollaron históricamente en la antigua India (en la escuela Carvaka), en China (en una rama del Confucionismo), en Grecia, más tarde durante la Ilustración europea, y finalmente entre los científicos contemporáneos y marxistas. Las sociedades occidentales generalmente se interesan en la búsqueda de la riqueza material, las posesiones y el lujo. Sarkar indicó un número de problemas de un enfoque que él llamó "centrado en la materia" o un enfoque "centrado en sí mismo".

Primero, el ansia infinita de felicidad que comparten todos los seres humanos, no se puede realizar por medio de objetos materiales porque no la pueden disfrutar infinitamente. Cuando se incentiva a las personas a buscar gratificación sensorial, agotan su energía intentando acumular materiales físicos. Pero no importa hasta qué punto se hagan ricos, si no tienen un propósito más elevado en la vida, inevitablemente experimentarán frustración, enajenación y desdicha. Aun los intelectuales y eruditos del materialismo con frecuencia tropiezan con conflictos del ego porque discuten desde puntos de vista fragmentados, lo que les inhibe experimentar un desarrollo más completo, inclusive personal, que les condujera a la verdadera sabiduría.

Segundo, el interés propio y la codicia por riquezas eventualmente chocan con los intereses y la codicia de otros. Siendo que los objetos físicos son limitados, crece la sospecha y la desconfianza, y se despierta la competencia de intentar acumular más, privando a otros. Esta explotación a su vez engendra deshonestidad y corrupción. La aparente moralidad y justicia de las sociedades materialistas esconden una alianza inmoral para proteger sus intereses egoístas.

Tercero, el materialismo causa que la gente tenga más estrechez y miopía mental en cuanto al medio ambiente. La codicia por la ganancia es insostenible porque los recursos del planeta son finitos, y la codicia disminuye o ignora el valor de otras especies. Tanto las sociedades capitalistas como las comunistas han sido terriblemente destructivas del medio ambiente.

Los sentimientos humanos y el neo-humanismo

Un sentimiento es la tendencia emotiva a identificarse con los objetos que nos gustan, con lo que fuera que nos dé placer. La mayoría de las personas sienten lealtad a la familia y a un íntimo círculo de amigos. Además, en muchos lugares del mundo es muy importante pertenecer a un clan, una tribu o una comunidad. La mayoría se consideran miembros o ciudadanos de una región o una nación particular, creyendo a menudo que su nación es algo mejor, y más importante que cualquier otra. Sarkar llama a este patriotismo o nacionalismo *geo-sentimiento*. El creer que nuestra nación es superior a otras se expresa negativamente en la consigna: "¡Mi país, tenga razón o no!", y en la discriminación contra extranjeros. Este sentimiento le sirvió de justificación emotiva al colonialismo y al imperialismo.

El sentimiento de identificación con la propia raza, religión, clase o sexo, a exclusión de otras comunidades, se conoce como *socio-sentimiento*. Ambos, el geo-sentimiento y el socio-sentimiento, han sido la causa de incontables trágicos conflictos y guerras basados en el odio que, en las palabras de Sarkar, "son la mancha más innoble del carácter humano".[16] Los políticos que explotan estos sentimientos para ganar popularidad se pueden volver muy poderosos, pero están arriesgando llevar a la ruina a sus países o comunidades.

El "neo-humanismo", es un término acuñado por Sarkar y explicado en detalle en su libro *La liberación del intelecto: el neo-humanismo,* expresa el proceso de expandir exteriormente el sentimiento o la lealtad, del mero interés personal, a uno de empatía e identificación con un aporte cada vez mayor a la humanidad y al universo.

Una educación esclarecedora, que desarrolle la mente racional e inquisitiva, puede ser el antídoto para sentimientos prejuiciosos y restrictivos, expandiendo nuestro sentido de identidad, hasta incluir a toda la humanidad, con lo que inevitablemente vamos a sentir dolor por el sufrimiento de otros, dondequiera que se hallen, lo que a su vez nos inspira a comprometernos con la justicia social y al servicio.

¿Por qué el neo-humanismo? La filosofía del humanismo se originó en Europa durante el Renacimiento, como reacción a los dogmas ilógicos, la depredación y el dominio de la Iglesia Católica. En esa era el poderoso clero exigía fe ciega y obediencia absoluta. Más tarde, durante la época de la Ilustración, muchos humanistas occidentales rechazaron la idea de un Dios trascendental, fuera de la experiencia humana. Por el contrario, se basaron en la lógica, la búsqueda científica y la razón confiando solo en lo que podían observar y medir. De ese modo se liberaron del gobierno eclesiástico, pero los condujo a un nuevo dogma de física materialista y materialismo "científico" como único árbitro de la verdad y los hechos.

El rechazo de Dios forzó a los humanistas a buscar profundamente el significado personal y político de conceptos como "libertad, igualdad y fraternidad", un lema de la Revolución Francesa. Los humanistas se esforzaron por encontrar una moralidad más natural y racional. Pronto, sin embargo, se encontraron con el problema del relativismo moral. ¿Libertad de qué? ¿Igualdad con relación a qué? Lo que era bueno y lo que era malo pareció depender de quien lo juzgaba.

En un marco tan relativo, el propósito de la vida no siempre es claro, y se puede producir que el humanista se halle en un vacío espiritual, sin valores trascendentales ni dirección alguna, a la deriva en un mar de ideas tornadizas y conflictivas.

El humanismo tiene otras limitaciones. Cuando está sujeto al internacionalismo, como en el caso de las Naciones Unidas, sus adeptos pueden estar plagados de diferencias políticas y celos.[17] Cuando el humanismo se basa en el concepto de que no hay nada más grande que el ego humano, y que no hay una conciencia superior dentro de nosotros, los adeptos se pueden volver cínicos y materialistas.

La filosofía humanista puede también llevar a las personas a descuidar otras especies, a considerarlas inferiores y a explotarlas para obtener lucro. Esta actitud se ha conocido como "*especieísmo*" o "*antropocentrismo*". El Neo-humanismo de Sarkar nos exhorta a superar esta limitación al incluir todas las formas de vida en nuestra definición de lo que es real, importante y digno de respeto. Aunque los seres humanos son la especie más evolucionada en este planeta, otros animales también tienen conciencia y sentimientos. Nuestras acciones y conducta deben demostrar cada vez mayor amor y respeto a todos los seres y objetos inanimados en el universo.

En este punto, una visión basada en el universalismo y el neo-humanismo es aquella que reconoce la familia espiritual de la humanidad, una familia que trasciende las naciones y se arraiga en la ecología espiritual. El neo-humanismo es un concepto expansivo que promueve el bienestar y la seguridad física, el estímulo e incentivo intelectual y el crecimiento y la realización espiritual. El neo-humanismo libera el intelecto de sentimientos mezquinos y establece doctrinas, tanto como crea un sentido compartido de compasión. Al estimar a todos los seres humanos y al resto de este universo manifiesto como hijos de la Conciencia Suprema, se siente que las penas del mundo son nuestras propias penas, y la felicidad del mundo es nuestra propia felicidad.

Una nueva definición de progreso social

Todas las entidades de este universo están en acción, aun los objetos inanimados vibran a nivel atómico. Sin embargo, la acción sólo tiene significado o propósito cuando se dirige a un objetivo. Prout define el progreso social como un movimiento dirigido al objetivo del bienestar de todos, desde la primera expresión de la conciencia ética hasta el establecimiento del neo-humanismo universal.

El concepto es similar a la jerarquía de las necesidades humanas desarrollada por Abraham Maslow, que fundó el campo de la psicología humanista. Estas necesidades oscilan, en orden ascendente, desde las necesidades fisiológicas básicas, a la seguridad, un sentido de pertenencia y amor, estima y auto-realización. Se tienen que satisfacer las necesidades inferiores antes que las superiores. Las personas cuyas necesidades físicas y psicológicas están satisfechas, pueden desarrollar más fácilmente el altruismo y las potencialidades más elevadas.

Maslow denominó al estado por encima de la auto-realización como nivel transpersonal. La actividad aquí es puramente espiritual, caracterizada por una introspección meditativa, contentamiento, desinterés, sentimientos de armonía y unidad con el universo, y la experiencia de estados más sutiles de conciencia. De acuerdo con Maslow, este modelo capacita a distinguir cuáles sociedades son "mejores" y cuáles "peores", siendo las mejores las que gratifican todas las necesidades humanas básicas de la población y promueven la auto-realización.[18]

P. R. Sarkar utilizó con frecuencia la analogía de la humanidad como una familia, o un grupo de personas que viajan en peregrinación y se detiene cada vez que un miembro del grupo se lesiona o se enferma. Él citó al poeta estadounidense Carl Sandburg:

> Hay un solo hombre, y su nombre es todos los hombres.
> Hay una sola mujer, y su nombre es todas las mujeres.
> Hay un solo niño, y su nombre es todos los niños.[19]

La sociedad humana debe facilitar el avance colectivo y el crecimiento de todos sus componentes. Esto implica un grado de conciencia colectiva y cohesión social o solidaridad.

Habitualmente se asocia el progreso a un aumento en el confort material o al avance tecnológico. Sin embargo, Sarkar aseguró que en el reino físico jamás es posible ningún progreso verdadero porque todos los objetos físicos decaen con el tiempo. Sea cual fuere la fortaleza física que se hubiera podido lograr se puede perder en un accidente, por enfermedad o por vejez. Las invenciones físicas que hacen la vida más fácil y cómoda, generan también problemas, peligros y efectos secundarios. En el pasado, por ejemplo, cuando la gente caminaba o viajaba en carrozas, nadie sufría lesiones graves en accidentes; pero ahora millares de personas mueren cada año en accidentes de tránsito.

El muy conocido ambientalista Paul Hawken informó que de acuerdo al National Academy of Engineering (Academia Nacional de Ingeniería), el 94% de todos los materiales originales procesados en EE.UU. se desperdicia antes de que el producto final termine de manufacturarse. De los productos terminados, el 80% se vuelve basura antes de los seis meses de su fabricación.[20] En otras palabras, desde una perspectiva ambiental, el sistema es menos del 1% eficiente. Si la contaminación y el tratamiento de la basura estuvieran incluidos, podría incluso ser un balance negativo.

También es evidente que el incremento del conocimiento, la comunicación y la actividad mental, no siempre es un verdadero progreso ni es propicio para un bienestar más profundo. Todo lo que aprendamos se puede olvidar. El estrés, el nerviosismo, la depresión y las enfermedades mentales son mucho más comunes entre la población urbana educada en sociedades industrializadas, que entre la gente menos educada de las aldeas.

El ritmo con el cual el conocimiento humano se incrementa en la actualidad es sorprendente. Por ejemplo, el número de títulos de libros publicados en los Estados Unidos, se ha duplicado en los últimos 19 años. El conocimiento científico se incrementa aun más rápido, como se puede ver representado por su duplicación en la cantidad de revistas publicadas sobre oncología en los últimos siete años, en cinco los de programación, acerca de células madre en cuatro, los relacionados con el calentamiento global en tres años y los de nanotecnología en dos.[21] Hoy en día, la literatura científica y técnica mundial también se está doblando al mismo ritmo cada siete años. Es sin duda imposible para cualquier ser humano asimilar ni siquiera una pequeña fracción del conocimiento del mundo en cualquier tema. Es una absoluta tontería enorgullecerse de cuánto uno puede saber.

Sin embargo, el aprendizaje espiritual —la sabiduría— es muy diferente. Las verdades más profundas de la vida consisten en una fuente eterna de inspiración. El desarrollo espiritual, transpersonal es un proceso de expansión de la conciencia para vincularla al Infinito y alcanzar un estado de perfecta paz y felicidad ilimitada.

Prout afirma que el anhelo espiritual motiva a todo ser humano, aunque las personas lo experimentan en diversos momentos y de distintas maneras. Visto que la libertad absoluta de deberes y obligaciones mundanas no es posible en los reinos físico y mental mientras vivamos, la libertad espiritual, la liberación, es nuestra si la queremos.

Prout reconoce que sólo se deben considerar verdaderamente progresistas las acciones físicas y las expresiones intelectuales que promueven el progreso en dirección al estado de bienestar infinito. Por ejemplo, el garantizar a todos el derecho a trabajar y percibir las necesidades mínimas de la vida asegura la paz mental colectiva. Cuando las personas no tengan más que preocuparse de cómo van a pagar el alquiler, o proveer educación y atención médica a su familia, estarán libres para desarrollar sus cualidades mentales y espirituales superiores.

El tejido dinámico de la vida: "*pramá*"

Las ciencias ambientales demuestran que un tejido interconectado de sistemas y organismos vivos en equilibrio dinámico existe en toda la naturaleza. Todo cambia y se desplaza, nada es estático. La lucha por la supervivencia, la interdependencia de las especies animal y vegetal, la rápida adaptación a las condiciones cambiantes producidas por las estaciones, las tormentas, los incendios, las inundaciones y otros fenómenos, dan cuenta del dinamismo constante que encontramos en la naturaleza.

Para describir esta relación de las cambiantes fuerzas vibratorias, P. R. Sarkar dio a conocer la palabra sánscrita *pramá*, que significa equilibrio dinámico y contrapeso dinámico —un sistema plenamente equilibrado. Desde la bacteria unicelular hasta el animal más complejo, cada criatura vive en su nicho y desempeña su papel único. Los ciclos de nacimiento, vida, muerte y deterioro continúan en un estado fluctuante de equilibrio. De hecho, podemos contemplar el ambiente como si fuera una fábrica que no produce desperdicios, donde todo es reciclado.

En el presente existen cerca de 40.000 especies de animales vertebrados, 250.000 especies de plantas y varios millones de especies de insectos y micro organismos habitando nuestro planeta. Cada especie depende de las otras, por lo que de la supervivencia de una puede depender la existencia o la extinción de hasta otras diez especies.

Hoy en día, un tercio de los anfibios del mundo, un quinto de todos los mamíferos, y el 70% de todas las especies vegetales, están amenazadas de extinción —seis millones de formas únicas e irremplazables de vida.[22] La deforestación, la expansión agrícola, la pesca excesiva, las especies invasivas foráneas, y los cambios del clima son las causas específicas, todo relacionado con la actividad humana. No obstante, Stephan Leahy como ecólogo dice: "El motor principal de la destrucción es un sistema económico ciego a la realidad donde no hay bienestar económico ni humano sin la naturaleza".[23]

Lamentablemente, la destrucción ecológica trasciende las fronteras nacionales y amenaza el gran potencial de nuestro planeta para sustentar la vida.

Hemos perturbado el pramá de la naturaleza —su equilibrio dinámico— porque nuestra sociedad humana también ha perdido su equilibrio. La falta de equilibrio en la sociedad es evidente en los tres niveles de la existencia: físico, mental y espiritual, tanto en la vida individual como en la vida colectiva.

El 6 de Diciembre de 2001, en el *Simposio del Centenario de los Premios Nobel* de la Paz, en Oslo, Noruega, 100 laureados con el premio Nobel hicieron pública una corta pero horrenda advertencia sobre los enormes peligros a los que se enfrenta el mundo. Su declaración, mayormente ignorada por la gran prensa, predice que nuestra seguridad depende de reformas sociales y ambientales inmediatas.

> El peligro más grande para la paz mundial en los próximos años, provendrá de las demandas legítimas de los desposeídos del mundo. De estos pobres y privados de su derecho, la mayoría vive una existencia marginal en los climas ecuatoriales. El calentamiento del planeta, no causado por ellos sino por unos pocos ricos, afectará especialmente sus frágiles ecologías. Su situación será desesperada y manifiestamente injusta...
>
> La única esperanza para el futuro radica en la acción cooperativa internacional, legitimada por la democracia... para contrarrestar al calentamiento y al armamentismo global. Estos dos objetivos constituirán los componentes vitales de la estabilidad, mientras nos adelantamos en dirección a un mayor grado de justicia social, que es nuestra única esperanza de paz...

> Para sobrevivir en el mundo que hemos transformado, tenemos que aprender a pensar de un modo nuevo. Ahora, como nunca antes, el futuro de cada uno depende del bienestar de todos.[24]

De acuerdo con Sarkar, cuando se pierde el pramá, los sistemas pasan a través de tres fases: la primera es desorden, seguida por desorganización y finalmente degeneración.

Significa que, primero se perturba el ecosistema o el sistema social, después su funcionamiento normal tiene que cambiar drásticamente para defenderse, y finalmente la propia existencia se pone en peligro. En las palabras de Sarkar: "La sociedad humana ha alcanzado hoy la etapa de degeneración y, como resultado, se halla perdida en el laberinto de las falacias económicas, los disturbios sociales, la degeneración cultural y la superstición religiosa".[25]

Los indios Hopi de Norteamérica tienen una palabra que describe este estado, *koyaanisqatsi,* que significa "vida sin equilibrio". No es difícil encontrar ejemplos de desequilibrio en nuestra sociedad: intolerancia, ruptura de la familia, explotación, fanatismo religioso, proliferada pornografía, explotación de las mujeres y niños, abuso de drogas y alcohol, aumento constante de la criminalidad, niños asesinos y una gran destrucción del medio ambiente.

Este mismo tipo de ruptura se puede observar también en la vida privada de muchas personas. Nerviosismo, confusión y duda, dan con frecuencia lugar a desorden alimentario, abuso de drogas y alcohol, desconfianza, egoísmo, falta de propósitos, descuido, temeridad, ira incontenible, conducta auto-destructiva, y finalmente desesperanza, depresión y pensamientos de suicidio.

Alrededor de tres y medio millones de adolescentes estadounidenses, que representa un 13,8 por ciento, entre los 14 y los 17 años, pensaron en suicidarse en el año 2008, y cerca de la mitad intentó realmente hacerlo, según señaló un estudio del Departamento de Salud del gobierno de los Estados Unidos. Son mucho más comunes los incidentes de depresión y comportamiento de alto riesgo a la salud, y cada año ascienden los porcentajes.[26] Más de un millón de adolescentes, menores de 18 años fueron arrestados por crímenes violentos en 2009.[27] Según las estadísticas, los jóvenes del país más rico son los más turbulentos, deprimidos y violentos del mundo.

Cómo se puede restaurar pramá

Restablecer pramá en la vida individual significa la adopción de un estilo de vida sano. Adoptar una dieta nutritiva y equilibrada, hacer ejercicios físicos regularmente, abstenerse de fumar y de sustancias tóxicas, participar en un grupo o comunidad de apoyo positivo, prestar servicio voluntario a los necesitados, practicar diariamente alguna forma de reflexión interior —todos estos son factores esenciales para la buena salud, para una mente equilibrada y para la realización interior.

Para restaurar pramá en la vida colectiva es necesario también un enfoque sistemático paso a paso. Primero se tiene que restaurar el equilibrio en el nivel físico más fundamental. Ello requiere garantizar las necesidades mínimas de la vida para todo ser humano.

También tiene que re-establecerse pramá, el equilibrio debido, en cada esfera de trabajo. Por ejemplo, el sistema agrícola necesita diseñarse nuevamente para proveer un suministro sostenido de productos alimenticios básicos para toda la población. Sólo después de que se logre este objetivo a nivel local, puede darse la exportación y el comercio de los alimentos excedentes.

Se necesita rediseñar las industrias utilizando tecnología adecuada para satisfacer las necesidades de la población local. La transformación de las compañías centradas en el lucro en cooperativas dirigidas en la localidad, va a ayudar a llevarlo a cabo. Cada iniciativa industrial tiene también que ser ambientalmente segura. (Este modelo se detallará en los capítulos subsiguientes.)

Para restaurar pramá en el nivel mental, debemos estimular el desarrollo de las lenguas locales, la cultura y la sabiduría histórica de los pueblos indígenas. Ello llevará a un sentido más fuerte de identidad cultural y autoestima, y eliminará los sentimientos de inferioridad causados por el adoctrinamiento de la cultura predominante actual. Se necesita enseñar en todos los niveles de los sistemas educativos la eliminación del control del gobierno y la influencia comercial en la educación, la promoción de ideas y valores universales en vez de superstición y dogma, y la solvencia de una perspectiva ecológica y espiritual a cambio de una materialista.

La perspectiva espiritual incluye respeto y gratitud para todos los seres, y gradualmente sentimientos en continua expansión de compasión, altruismo y amor incondicional para todos. Involucra auto-trascendencia, sabiduría, una conexión con lo sagrado y lo infinito para alcanzar estados de paz y de trascendente felicidad.

La sociedad necesita alentar la tolerancia y la aceptación de las diversas tradiciones y creencias religiosas. Se debe enseñar y fomentar en toda la sociedad, y hacer disponibles para todos la instrucción gratuita de las prácticas espirituales universales.

Finalmente, se deben integrar los tres niveles en equilibrio —físico, mental y espiritual— para crear una sociedad sana y holística. Estos pasos pueden transformar la presente sociedad materialista en una familia humana global orientada a la espiritualidad —una comunidad en la Tierra.

Al re-establecer el pramá en la sociedad humana, cesará la destrucción de nuestro ambiente natural. En vez de ser destructores de la naturaleza, podemos esforzarnos en funcionar en armonía con los sistemas naturales para revertir el daño que ya se ha hecho.

La meditación

En la contienda por la justicia y la paz en el mundo, no deberíamos descuidar nuestra propia paz interior. Los seres humanos poseen una sed inherente de paz y felicidad. Los objetos externos no pueden satisfacer esta ansia interna porque el placer que ofrecen es sólo transitorio; en cambio, tenemos que transitar dentro de nosotros mismos para hallar verdadera paz y profunda felicidad.

La meditación es una práctica profunda que data de miles de años. El proceso es sencillo: con los ojos cerrados, sentados con la espalda erguida y sin moverse, respirar profundamente, concentrando la mente de acuerdo a técnicas especiales, y practicándola todos los días es posible obtener gradualmente profunda paz y realización.

Una de las mejores técnicas para concentrar la mente es repetir un mantra en silencio. Un mantra es un sonido, o una colección de sonidos, los cuales, cuando se medita en ellos, conducen a la liberación espiritual. Un mantra universal muy efectivo, con el que cualquiera puede meditar es "*Baba Nam Kevalam*" que en sánscrito significa "Solo la esencia de la Suprema Conciencia", o sencillamente: "El amor es todo lo que hay".

La meditación es una forma de profunda reflexión sobre quiénes somos realmente, un proceso que nos revela aspectos escondidos de nuestra identidad. Al penetrar por debajo de los condicionamientos sociales de los pensamientos cotidianos, la meditación libera la mente de los dogmas represivos. Nos puede ayudar a ver a través del velo de legitimidad que los explotadores usan para encubrir sus actos destructivos y egoístas.

La meditación nos proporciona muchos beneficios personales, como la superación de la ira y la agresividad, el cultivo de la voluntad y el autocontrol, el mejoramiento de la autoestima y la salud mental, el incremento de la concentración y la memoria, la cura del insomnio, la depresión y los sentimientos de soledad, superando los complejos de inferioridad y superioridad, miedo, culpa y otros complejos; tranquiliza la mente, expande el entendimiento y la tolerancia, desarrolla una personalidad equilibrada e integral y despierta la sabiduría, el amor incondicional y la compasión.

Las investigaciones sostienen que la meditación brinda muchos beneficios relacionados con la salud. Por ejemplo, Paul Grossman y otros realizaron una revisión exhaustiva y un meta-análisis de 20 estudios relacionados con la salud que utilizan meditación concentrada. Encontraron que los que meditan sufren 87% menos enfermedades coronarias, 55% menos tumores, 50% menos hospitalizaciones, 30% menos desórdenes mentales y 30% menos enfermedades infecciosas.[28] Otros estudios muestran los beneficios de las terapias que utilizan la meditación como base en el tratamiento de dolores crónicos,[29] ansiedad y depresión[30], abuso de sustancias[31] y comportamiento suicida recurrente.[32]

El campo de la psicología transpersonal reconoce siete elementos comunes a las prácticas espirituales auténticas:[33]

1. Ética: la práctica universal de principios morales es una disciplina esencial para entrenar la mente. El comportamiento inmoral que inflige daño surge a causa de instintos destructivos, que incluyen codicia, enojo y celos. Por el contrario, el comportamiento ético, que tiene por objetivo el bienestar de otros, purifica nuestro carácter y cultiva las tendencias saludables como la amabilidad, la compasión y la paz. (Ver el capítulo 9).
2. Transformación emocional: este proceso supera las emociones problemáticas como el miedo, el enojo y el odio, al cultivar las emociones positivas de felicidad, amor y compasión. El espiritualista logra el amor y la compasión al volverse incondicional y abarcar a todos los seres. La transformación más elevada permite desarrollar la ecuanimidad, permanecer positivo cualesquiera que sean los obstáculos y experimentar paz mental, tanto en el dolor como en el placer.
3. Cambio en la dirección de la motivación: gradualmente la meditación lo hace a uno menos interesado en la riqueza y la

posición social y más interesado en los objetivos sutiles e internos de la autorealización, la auto-transcendencia y el servicio desinteresado. Es algo análogo a ascender en la jerarquía de necesidades de Maslow. Al purificar nuestra intención adquirimos madurez psicológica tomando distancia del egoísmo hacia un interés mayor por otros y la magnanimidad.

4. Capacitación de la atención: Es esencial el capacitarse en concentrar la mente para el bienestar psicológico. Los yoguis manifiestan: "En lo que piensas te conviertes". Si uno se concentra en una persona enojada, despierta sentimientos de enojo, mientras que si piensa en alguien amado se le llena de amor el corazón. Por lo tanto, la meditación nos enseña a calmarnos, centrarnos y dirigir la mente para dominarla y transformarla. Como dice un estudio psicológico reciente de la Universidad de Harvard: "La gente era más feliz cuando se concentraba en la actividad en la que estaba participando, en vez de pensar en algo más".[34]
5. Refinación de la percepción: la meditación nos convierte en más perceptivos, sensitivos y apreciativos de la frescura y maravilla de cada momento. Para vivir en el presente, "el estar acá ahora", nos ayuda a superar el aburrimiento de la rutina, la inestabilidad emocional y los deseos vehementes fuera de control. La claridad es curativa y transformadora, desarrolla la orientación e intuición interna, permitiéndonos sintonizarnos con las capas subconscientes de la mente.
6. Sabiduría: el cultivar la sabiduría significa encontrar significado y propósito en la vida, una visión más profunda de lo que significa el ser humano. Requiere responsabilidades sociales equilibradas con períodos de silencio y soledad, especialmente en la naturaleza. Al buscar la compañía del sabio y aprender sus enseñanzas; y con la meditación cada vez más profunda comprendemos las verdades universales y cultivamos el amor incondicional para los demás.
7. Altruismo y servicio: el servicio desinteresado conduce al bienestar psicológico. "Es mejor dar que recibir," porque la generosidad facilita la felicidad personal, alivia el corazón y expande la mente. Si deseamos la felicidad de otros, tendemos a sentirla nosotros mismos, lo que los budistas llaman "alegría altruista". Como dijo el psico-terapista Sheldon Kopp: "solo consigues guardar lo que das libremente," porque la meditación

nos ayuda a percibir la divinidad en todas las personas, el servicio a la humanidad se convierte en una expresión natural de amor al Supremo.

Estos siete elementos son parte integral de cualquier práctica auténtica de la meditación. Ilustran bien el vínculo entre el desarrollo espiritual personal y el cambio social.

El mundo necesita no solo nuevas estructuras sociales y económicas que sean justas y democráticas; también necesita gente que sea mejor, más fuerte y menos egoísta. Para esto necesitamos producir cambios sistemáticos, liberadores en nosotros mismos. La revolución comienza desde adentro.

La importancia de Prout y su concepto de pramá[35]

Por Dr. Leonardo Boff

El Dr. Leonardo Boff es un teólogo, catedrático y autor de más de 100 libros. Es uno de los fundadores de la Teología de la Liberación, un movimiento dentro de la Iglesia Católica que combina una perspectiva socialista y la lucha por la justicia con un cristianismo radical. Es uno de los galardonados con el premio Right Livelihood, considerado con frecuencia como el premio Nobel alternativo, por su trabajo de promoción de los derechos humanos.

La excepcional importancia del sistema de Prout reside en dos puntos fundamentales: integridad y viabilidad. Todo el sistema deriva de una correcta comprensión del ser humano, en lo personal y colectivo, y el auténtico desarrollo humano...

En toda persona se conjugan tres dimensiones: física, mental y espiritual. Las tres se tienen que desarrollar juntas. Si no, o no hay desarrollo o el desarrollo produce injusticias y muchas víctimas. Prout fue minuciosamente pensado para producir un desarrollo equilibrado ("pramá") y armonioso. El resultado será el bienestar y la felicidad de todos.

Un físico ocupa todas las dimensiones físicas tales como el cuerpo físico, el mundo de los fenómenos mensurables, la naturaleza, los recursos naturales, la fertilidad de la tierra, los elementos químicos, físicos y la energía cósmica que actúa en nuestro mundo. El sistema Prout enseña a utilizar al máximo los recursos físicos, de manera que sean suficientemente sostenibles para todos los actuales pobladores del mundo y los que vendrán después de nosotros. Pero no sólo los humanos, sino también los otros seres creados: rocas, plantas y animales.

La mental consiste en el universo de la mente humana: la inteligencia, la voluntad, la imaginación, la vida psíquica formada por las emociones y nuestra sensibilidad arquetípica e interna. El ser humano debe desarrollar su capacidad mental para su propio desarrollo y el de otros, a través de su comportamiento justo, la erradicación de mecanismos explotadores y la continua creatividad frente a nuevos problemas.

La espiritual es esa disposición del humano a conectar el microcosmos con el macrocosmos, a percibir la totalidad, a descubrir el otro lado de todo, el mensaje que proviene de la grandeza del universo. Es la capacidad de contemplar, venerar y dialogar con el misterio que las religiones llaman Dios, o la Fuerza que guía el universo. Mediante la activación de esta dimensión, el ser humano se transforma en un ser cósmico. Ésta es una práctica infinita. Debemos esforzarnos en contener las tres dimensiones en el proceso del desarrollo sostenido.

La segunda característica del sistema de Prout es su viabilidad. Los discípulos de P. R. Sarkar en todo el mundo no se detienen en la comprensión teórica del ser humano. Se preocupan en la viabilidad de un camino práctico y efectivo. Y es aquí donde el sistema se vuelve atractivo...

El resultado de esta lógica pragmática es una economía equilibrada... en la cual las necesidades y amenidades asistan a las tres dimensiones del humano, en lo físico, mental y espiritual. Este sistema representa un enfoque humanista de la economía. Deja atrás la economía capitalista con su ilimitada acumulación de bienes y servicios materiales, y rescata a su vez el sentido clásico de atención a todas las exigencias humanas, incluida la radiante comunión con el Supremo...

Yo recomiendo encarecidamente la lectura y la aplicación de este sistema en todos los campos. Será especialmente útil en las comunidades de base eclesiástica de la Iglesia Católica, y en otros grupos de reflexión y acción que tratan de mejorar la capacidad adquisitiva de las personas. Funciona como una crítica al sistema económico capitalista dominante y al enfoque neoliberal excluyente que causa masiva injusticia. También critica el sistema del socialismo real por la centralización y la rígida conformidad que exige. Pero, principalmente, Prout sirve como alternativa para una economía verdaderamente humana, que al funcionar produce vida y felicidad a la gente.

Leonardo Boff, Río de Janeiro

Capítulo 3
¡El derecho a la vida!

> En estos días, se respeta y venera a la persona que posee riqueza, mientras que nadie honra a quien no tiene dinero... Desprovistos de todo, muchos se desviven día y noche para ganar una miseria... Las estaciones ferroviarias y los comercios están repletos de mendigos y leprosos a medio vestir que extienden desesperadamente los brazos, pidiendo limosna... Los pobres viven en barriadas de miseria, apenas protegidos de las inclemencias del tiempo... La gente de las aldeas se muere por falta de medicinas... Las calles se han convertido en el hogar de tanta gente.[1]
>
> — P. R. Sarkar

El Planeta Tierra tiene suficientes recursos para todos —si los compartimos. Como se explicó en el capítulo anterior, y de acuerdo al principio de la herencia cósmica, es inaceptable acaparar riquezas o recursos. El objetivo de Prout es utilizar y distribuir nuestra herencia común de modo racional para el beneficio de todos.

Los incentivos materiales para aquellos que trabajan más, que están más cualificados y contribuyen más a la sociedad, son parte integral de la economía proutista, pero los incentivos tienen que ser racionales. El objetivo es elevar gradualmente el nivel y calidad de vida de todos, a la vez que se reduce el daño al mundo natural y a otras criaturas.

Las necesidades mínimas de la vida

El primer requisito de Prout es garantizar a todos las necesidades mínimas: "se deben garantizar a todos las necesidades mínimas estipuladas para cualquier época determinada".[2] Garantizar el derecho a la vida tiene que ser la máxima prioridad en todos los países. El espiritualista brasileño Frei Betto llamó la atención sobre esta necesidad al decir: "se puede evaluar el grado de justicia de una sociedad por la manera en que se distribuyen los alimentos entre todos los ciudadanos".[3]

Prout reconoce cinco necesidades fundamentales de la vida: alimentos (incluyendo el agua potable), vestimenta, vivienda (incluyendo sanidad y energía adecuada), atención médica y educación. Otros requisitos suplementarios son el transporte local y el agua para riego. De acuerdo con los principios neo-humanistas, este derecho innato trasciende a la ciudadanía —esto significa que todo ser humano, sea nativo o visitante en un país, debe tener garantizadas estas necesidades.

Suministrar las necesidades básicas debe ser la función primordial y el deber de cualquier economía, es un requisito del ser humano para realizar su potencial individual, para desarrollarse culturalmente y para lograr la realización interna. Sin estas necesidades, la "búsqueda de la felicidad" queda más allá del alcance de los pobres del mundo.

La mayoría de los gobiernos del mundo proporcionan una red de seguridad para ayudar a que los pobres y más vulnerables, no lleguen a niveles por debajo de los aceptados de pobreza e indigencia. Desafortunadamente la mayoría de estas redes proporcionan un nivel muy bajo que solamente previene el peor escenario. Cada vez más ciudadanos enfrentan grandes dificultades, sin acceso a vivienda, atención médica, y alimentación.

Cada año, alrededor de 3.5 millones de personas en los EE.UU. viven la situación de no tener un hogar donde vivir.[4] Más de 60 millones de norteamericanos no tienen seguro de atención médica y muchos otros solamente una cobertura limitada, provocando que millones caigan en la pobreza cuando su familia tiene una emergencia médica.[5] Y 46 millones de norteamericanos reciben cupones de gobierno para alimentos.[6]

El derecho a un empleo significativo, con justa remuneración es también un derecho humano fundamental. Las agencias del gobierno no deben dar los requisitos mínimos, como sucede actualmente en los sistemas de bienestar social de los países democráticos liberales. Más bien, la gente debe adquirirlos con sus propios ingresos producto de un trabajo honesto. Es la responsabilidad de todas las esferas del gobierno implementar políticas que aseguren el pleno empleo, con trabajos que utilicen la habilidad y la capacidad de cada trabajador. El salario mínimo, "un salario justo para vivir", tiene que ser suficiente para que la gente pueda cubrir sus necesidades básicas. El incremento en el empleo reduciría el número de quienes requieren de esta red de seguridad.

Los sistemas de protección social no incentivan en nada para que sus beneficiarios trabajen. En Estados Unidos, por ejemplo, los que reciben protección tienen que informar sobre cualquier dólar que obtengan, que generalmente se les descuenta en el cheque siguiente. Tampoco se les permite obtener crédito para empezar un pequeño negocio sin sacrificar de inmediato su cheque de asistencia mensual. De esta forma, los beneficiarios de la protección social se convierten en dependientes emocionales, prisioneros tanto de la pobreza como del sistema de bienestar que busca aliviarles. Así, todo un grupo de gente que debería tener trabajo, permanece desempleada o como parte de la economía informal. Prout, por otra parte, al garantizar un salario mínimo, limitaría la protección a una contingencia especial para aquellos que se hallen física o mentalmente incapacitados de trabajar.

La determinación de lo que son las necesidades mínimas se debe hacer de manera progresiva, o sea que tiene que haber un ajuste continuo de los requisitos básicos según los recursos disponibles y el avance científico de la localidad. Como con todos los principios de Prout, el nivel de las necesidades mínimas cambiará de acuerdo con la época y el lugar.

Por ejemplo, los alimentos básicos son distintos en las diferentes culturas, pero aun así tienen que cumplir con normas de nutrición adecuadas. La vestimenta varía de acuerdo al clima y a la cultura. El estándar mínimo de vivienda tiene que adaptarse al clima y a la cultura. La disponibilidad de una mejor vivienda también será un incentivo —tales incentivos formarán parte del sistema, al contrario de la Unión Soviética, por ejemplo, en que las "dachas", o casas de campo para la elite del partido, se guardaban en secreto. A todos, no obstante, se les garantizará un techo sobre la cabeza, sin tener en cuenta la posición social.

En un marco proutista, el poder adquisitivo de la población se obtendrá como medida de avance económico. Para facilitar el aumento constante del poder adquisitivo se necesita un número de factores. Estos incluyen la disponibilidad garantizada de los productos y servicios básicos, la estabilidad de los precios, el adecuado aumento de los salarios, y el aumento de la riqueza y productividad colectiva.

¡Imaginen un mundo en el que nadie necesite preocuparse de conseguir el dinero necesario para comprar comida, vestimenta, vivienda, educación y asistencia médica para la familia!

Las corporaciones farmacéuticas contra los medicamentos genéricos

La pobreza engendra mala salud y la rápida propagación de infecciones. Las enfermedades infecciosas son ahora el mayor asesino de niños y jóvenes del mundo. Seis de las enfermedades infecciosas mortales —neumonía, tuberculosis, enfermedades diarreicas, malaria, sarampión y VIH/sida— ocasionan la mitad de todas las muertes prematuras que matan principalmente a niños y jóvenes.[7] Más de 13 millones de personas mueren cada año por enfermedades que son previsibles. El sida mató a 1,8 millones de personas en 2009.[8] Además, cada día cientos de millones de personas padecen dolor y sufrimiento a causa de estas enfermedades. En los países pobres, ni la gente ni los gobiernos pueden permitirse adquirir las medicinas para el tratamiento de estas enfermedades.

La historia económica y política detrás de las medicinas del sida es especialmente reveladora. En 1996 salió a la venta una efectiva combinación terapéutica que retrasa el avance del sida ¡a un costo por año de entre 10.000 y 15.000 dólares! Estas drogas disminuyeron el índice de muerte en las personas con VIH/sida en los países ricos en 84% en los cuatro años siguientes, pero menos de 8.000 de los millones de pacientes al sur del Sahara africano tuvieron la posibilidad de comprarlo.[9] Luego en el año 2000 una compañía farmacéutica hindú comenzó a producir anti-retrovirales genéricos, exactamente iguales a aquellos hechos por las multinacionales, que solo costaban 295 dólares por paciente al año.

El desarrollo de las medicinas genéricas ha permitido a la India producir 95% de los medicamentos consumidos y convertirse en el exportador principal de ellos. Egipto, Tailandia, Argentina, Brasil y Cuba también han logrado la autosuficiencia. Otros países en desarrollo se benefician igualmente al comprar estas versiones más económicas con las que pueden tratar a un mayor número de pacientes. Más de 50 países en vías de desarrollo y algunos desarrollados tienen medicamentos exentos de patentes para permitir que estas versiones más baratas puedan salvar vidas.

Las compañías farmacéuticas ocupan el tercer lugar entre las industrias con mayores ganancias en los EE.UU.[10] Solo unas pocas corporaciones controlan el sector. Alegan que tienen derecho a sus enormes ganancias pues las invierten en la investigación para desarrollar nuevos medicamentos; sin embargo ese presupuesto se empequeñece con las campañas publicitarias de miles de millones de dólares. Más aún, sólo alrededor del 10% de su gasto presupuestado está destinado a la investigación y al desarrollo de drogas que combaten el 90% de las enfermedades que se presentan a nivel global, en todo el mundo entero. El restante 90% de su gasto se emplea para curar las aflicciones propias de los países ricos, tales como la obesidad.[11]

Las multinacionales presionan a la Organización Mundial del Comercio (OMC) para crear un conjunto de leyes estrictas llamadas *Derechos de propiedad intelectual relacionados al comercio* (TRIPS). Estas leyes han recibido un nivel creciente de crítica de los países en desarrollo, de académicos, y ONGs, que afirman que estas personifican todo lo que es social, política y económicamente injusto en la globalización. Las grandes multinacionales farmacéuticas emplean también un ejército de lobbistas y abogados que buscan eliminar cualquier salvedad imprevista en el acuerdo de los TRIPS. Los que violen el acuerdo deben ir ante el tribunal de disputas de la OMC y, contrariamente a lo que sucede en cualquier tribunal de justicia, la carga del ofendido va al país demandado.

En 2001 cuando Sudáfrica aprobó una ley facilitando la producción e importación de genéricos, 39 corporaciones farmacéuticas presentaron una demanda contra el gobierno. Sin embargo las organizaciones activistas y el Parlamento Europeo lucharon junto al gobierno sudafricano y forzaron a la industria farmacéutica a abandonar el caso. Ahora Zambia, Ghana, Tanzania, Uganda y Zimbabwe se han unido a Sudáfrica en la fabricación de medicinas genéricas contra el sida. En 2008 la combinación genérica más ampliamente usada era disponible por solo 88 dólares al año.[12]

Lamentablemente alrededor del 15% de los pacientes con VIH/sida desarrollan eventualmente toxicidad o resistencia y necesitan lo que se llama un régimen de segunda línea, lo que es problemático porque desde 2005 los países en desarrollo que son miembros de la OMC, incluyendo India, Tailandia y Brasil, han sido requeridos por los TRIPS para que se atengan a la legislación de las patentes. Aunque las patentes en la mayor parte de los medicamentos para el sida de primera línea hayan expirado; permitiendo así que continúen fabricándolas los productores genéricos; las patentes aun existen en la mayoría de las medicinas nuevas y de segunda línea. Después de una larga lucha, las grandes corporaciones farmacéuticas cedieron a niveles de precios diferenciados, cobrando menos a los países más pobres, de modo que en 2009 el costo promedio de la droga más comúnmente utilizada en el régimen de segunda línea costaba 853 dólares en los países de bajos ingresos, 1.378 en los países de ingresos medios-bajos y 3.638 en los países de ingresos medio-altos.[13]

Como el gobierno brasilero se había comprometido a proveer a todos el acceso universal a las medicinas, su Ministerio de Salud gastó 80% del presupuesto de salud para importar estas medicinas patentadas bajo el régimen de segunda línea, aun cuando iban a solo una pequeña proporción de pacientes con VIH/sida. A pesar de la posibilidad de ser sancionado, en 2007 el gobierno ordenó a sus laboratorios ignorar la patente y producir medicina genérica de segunda línea. El Presidente Luiz Inácio da Silva (o Lula da Silva) dijo: "Entre nuestro comercio y nuestra salud, tenemos que escoger cuidar la salud".[14]

La malaria es otra asesina mundial —en 2009 murieron 781.000 personas, principalmente niños menores de 5 años, ligeramente menos que en 2000 cuando murieron casi un millón por esta enfermedad. La Organización Mundial de la Salud (OMS) insiste en que las medidas presentes de control funcionan y que pueden terminar con las muertes por malaria para el 2015. Todo lo que se necesita son 6 mil millones de dólares para distribuir mosquiteros con insecticida para todos los que tengan riesgo.[15] La triste realidad es que salvar vidas para la mayoría de los inversores financieros no es una prioridad.

Atención médica de calidad para todos

La medicina occidental moderna, conocida como alopatía, utiliza remedios poderosos para luchar contra las enfermedades. Sin embargo, como el cuerpo humano es tan complejo, a veces es difícil realizar el diagnóstico correcto basado en los síntomas. Los estudios de autopsias en EE.UU. muestran que 20% de las veces los doctores se equivocan seriamente en los diagnósticos de enfermedades fatales.[16] Un promedio conservador, tanto del Instituto de Medicina como del http://www.healthgrades.com/ informa que ha habido entre 400.000 a 1,2 millones de muertes producidas por errores durante 1996-2006 en EE.UU..[17]

Por escandaloso que sea este porcentaje de diagnósticos erróneos, la revista la Asociación Médica Estadounidense informó que este índice no ha cambiado desde 1930.[18] Las tecnologías sofisticadas, las drogas poderosas, la fatiga y la privación del sueño a los internos; y la pobre comunicación entre los que atienden al paciente, el propio paciente y los miembros de toda la familia, contribuyen al problema. De acuerdo a la OMS, el 50% del equipo médico en los países en desarrollo solo tiene un uso parcial debido a la falta de operadores cualificados o partes de repuesto, forzando al cuerpo médico a confiar en conjeturas para los diagnósticos.[19]

Debido a que los poderosos medicamentos y los procedimientos médicos invasivos tienen significativos efectos secundarios y que cuando se administran equivocadamente pueden dañar o matar al paciente, Prout recomienda que los sistemas de atención a la salud y los hospitales ofrezcan también formas alternativas de tratamiento médico. La homeopatía, la naturopatía, la fitoterapia, la acupuntura y los tratamientos con yoga, por ejemplo, son mucho menos arriesgados y menos costosos, y con frecuencia restauran la salud en condiciones que no amenazan la vida. El objetivo de la medicina debe ser el bienestar físico y mental del paciente, utilizando el tratamiento que funcione mejor.

P. R. Sarkar dijo: "El poder sanador de la naturaleza cura la enfermedad; la medicina solo ayuda a la naturaleza. La mente del paciente ayuda a activar el poder sanador de la naturaleza".[20] Indicó que cuando el paciente tiene completa fe en el médico, hasta se puede curar con una píldora inerte, el llamado efecto placebo. Por consiguiente, la consideración psicológica también se debe incluir en cualquier estrategia de curación efectiva. En muchos casos el cambio de dieta, de estilo de vida y el entorno social es crucial tanto para prevenir como para curar. Por lo tanto, los sistemas de atención médica también deben hacer hincapié en la educación para despertar la consciencia de la salud.

Comparando Prout al marxismo y al comunismo

Sarkar respetó a Karl Marx al decir que era "una buena persona, una persona reflexiva, y un profeta para el pobre".[21] Marx escribió un brillante análisis metódico del capitalismo en los años 1800, *Das kapital, volúmenes 1 a 3*, de aproximadamente 3.000 páginas, en las que demostró que el capitalismo es de naturaleza explosiva y sufre contradicciones internas o debilidades que contribuyen a su decadencia. Es extraordinaria la compasión de Marx por los oprimidos y su irresistible llamado a terminar la explotación. (Su análisis de las clases se compara con el de Sarkar en el capítulo 7.)

Mientras Marx fue un defensor de los pobres y un genio en la crítica de los excesos capitalistas, fue mucho menos claro en especificar con qué debía ser remplazado. Él propuso: "una asociación de hombres libres trabajando con los medios de producción que tienen en común, utilizando las muchas diferentes formas de poder laboral en plena conciencia de sí mismos como una sola fuerza laboral social".[22] Esa vaga declaración junto con algunas otras es toda la extensión de la alternativa económica de Marx.

Mientras que es importante reconocer que los marxistas y socialistas defendieron muchas de las mejoras económicas y sociales en la sociedad contemporánea, los críticos han señalado que su análisis económico es inconsistente internamente. Por ejemplo, "la teoría del valor-trabajo" de Marx declara que el valor de un objeto es igual al costo del trabajo para producirlo o extraerlo. Pero en el Siglo XXI, dolorosamente somos conscientes de que todos los recursos son limitados, y algunos no son renovables. La escasez aumenta el valor. Cada recurso tiene un valor intrínseco y debe usarse al máximo y ser distribuido racionalmente.

El axioma marxista: "de cada uno de acuerdo a su habilidad y a cada uno de acuerdo a su necesidad" suena muy bien en teoría, afirmó Sarkar, pero era un incentivo inadecuado para motivar a la mayoría de la gente. Y razonó que distribuir el excedente de la riqueza de manera igual para todos no sería razonable. "La diversidad, no la identidad, es la ley de la naturaleza... Aquellos que quieren igualarlo todo están destinados al fracaso porque van contra la característica innata de la naturaleza".[23] Los dirigentes que intentaron materializar las ideas de Marx en diferentes países, dijo Sarkar, encontraron invariablemente muchas dificultades prácticas porque los incentivos son un factor importante en la economía.

El materialismo sostiene que lo único que existe es la materia, y todos los fenómenos, incluyendo la conciencia, son el resultado de interacciones materiales. Marx habló de "la concepción materialista de la historia", y más adelante Friedrich Engels y otros elaboraron el término "materialismo dialéctico" para describir la perspectiva marxista. El problema es que cuando se niega la posibilidad de una experiencia espiritual, las ansias mentales de la gente se vuelcan a los objetos materiales de gratificación. Cuando uno se concentra constantemente en la realidad material, la mente se materializa y los instintos inferiores se excitan.

El líder soviético Vladimir Lenin repitió durante toda la vida que "el análisis concreto de la situación concreta" era el alma misma del marxismo.[24] Sarkar, por otro lado, rechazó este planteamiento estrecho y planteó una idea mucho más expansiva—"te transformas en lo que piensas".

A la misma vez Sarkar promovió la igualdad social y la llamó Prout "socialismo progresivo".[25] Ciertamente este modelo aboga por la propiedad pública y la administración cooperativa de los medios de producción y la asignación de los recursos, lo que es una definición común del socialismo. Aun así, en muchos aspectos difiere marcadamente del marxismo.

Marx y Engels publicaron *El manifiesto comunista* en 1848, en el que analiza la necesidad de un Partido Comunista revolucionario para guiar a la clase obrera en una revuelta contra la explotación capitalista. Hace una reseña histórica de la lucha de clases y de los problemas del capitalismo, pero no realiza predicciones ni prescripciones de cómo el partido comunista debe gobernar el Estado.

De hecho, los gobiernos comunistas han causado enajenación masiva entre sus trabajadores.[26] Cincuenta años después de guiar la revolución en Cuba, cuando le preguntaron a Fidel Castro si el sistema económico cubano aun valía la pena para ser exportado a otros países, contestó: "El modelo cubano ya ni siquiera funciona para nosotros".[27] Su hermano el Presidente Raúl Castro indicó que el estado tiene un rol demasiado grande en la economía, y que se necesita una reforma gradual y extensa.

Con la centralización del poder político y económico en manos del Estado, muchos líderes comunistas cayeron víctimas de una creencia miope en su propia infalibilidad. Esta arrogancia, combinada con una filosofía materialista y la creencia de que el fin justifica los medios, dio como resultado la tiranía del partido comunista.

Los regímenes comunistas a través del mundo han subyugado a su propio pueblo bajo el yugo de la opresión. Los peores crímenes fueron: la represión política, el encarcelamiento, los campamentos de trabajo forzado, las ejecuciones y las hambrunas causadas por la colectivización forzada de la tierra y las políticas de economía centralizada. El total de muertes estimado en la Unión Soviética de Stalin, en la China de Mao, y en Camboya bajo la organización guerrillera local jemeres rojos, fluctúan entre 21 y 70 millones de muertes de seres humanos.[28]

Los dictadores del partido ordenaron a los militares encarcelar o asesinar a quienes intentaron protestar o escapar. Tales gobiernos autocráticos censuraron las expresiones artísticas, prohibieron las empresas privadas, asfixiaron la iniciativa personal y prohibieron la libertad religiosa y espiritual. Estas mismas dictaduras han sido ahora derrocadas por revueltas populares en Europa Oriental y Rusia.

Sin embargo, unos pocos estados aun están controlados por los partidos comunistas: China, Cuba, Laos, Vietnam y Corea del Norte. China no publica las estadísticas de la pena de muerte, pero de acuerdo al informe de Amnistía Internacional tuvieron lugar 8.000 ejecuciones en 2006. Aún continúan los arrestos, torturas y encarcelamiento de grupos religiosos y espirituales, de disidentes y activistas de los derechos humanos. Más de 3.000 practicantes de la meditación de Falun Gong murieron en la cárcel como resultado de torturas, más del setenta por ciento son mujeres. En Tíbet muchos monjes y monjas permanecen aun en prisión.[29]

Hoy en día los revolucionarios comunistas conducen insurgencias armadas en India (Movimiento Naxalita), en Colombia (FARC), en Filipinas (el Nuevo Ejército del Pueblo), en Perú (el Sendero Luminoso) y en Bangladesh. Después de 10 años de lucha, el Partido Comunista Unificado de Nepal (Maoísta) declaró un alto al fuego y tomó parte en un proceso electoral. Casi todos ellos siguen la estrategia Maoísta de guerrilla, una prolongada guerra popular, operando en áreas aisladas e infundiendo el temor.

Prout rechaza la violencia indiscriminada y el terrorismo. El enfoque proutista es cambiar la conciencia no por el miedo, sino por medio de la educación masiva, la inspiración y un renacimiento cultural. La revolución política nunca puede crear una sociedad justa a menos que se supere en la mente de los dirigentes y de la gente, la tendencia de explotar a los demás.

Sarkar dijo: "Los conceptos del materialismo dialéctico, la concepción materialista de la historia, la extinción del estado, la dictadura del proletariado, la sociedad sin clases, etc., son ideas defectuosas que nunca se podrán implementar. Por eso la etapa post-revolucionaria en todos los países comunistas sufrió disturbios y opresión".[30]

Atiriktam: incentivos racionales

Prout propone que "el excedente de la riqueza social debe ser distribuido entre la gente con méritos, teniendo en cuenta el alcance de los méritos de cada uno".[31]

Este excedente se conoce en la economía proutista con el término sánscrito de *atiriktam*, y soluciona el problema de la distribución igualitaria del comunismo. Se utiliza como incentivo para motivar a la gente a brindar un mayor servicio a la sociedad. Atiriktam puede consistir, por ejemplo, en un aumento salarial u otros beneficios. El propósito es alentar a la gente a desarrollar sus habilidades y aumentar su capacidad de ayudar a la sociedad. Atiriktam puede tomar la forma de privilegios basados en el desempeño de tareas. Por ejemplo, a un investigador talentoso se le podría dar acceso a un laboratorio más complejo y sofisticado, mientras que a un eficiente y generoso trabajador social se le puede asignar más personal de apoyo.

En un artículo publicado poco antes de su muerte en 1990, titulado *"Requisitos mínimos y máximos servicios"*, Sarkar explicó cuál es la relación entre el salario mínimo y *atiriktam*. Enfatizó que al concederse las necesidades mínimas, no se debe permitir que la gente viva apenas con lo indispensable. Se deben otorgar salarios más elevados a los individuos más meritorios, pero también será primordial hacer continuos esfuerzos colectivos para mejorar el nivel económico apropiado para la época y el lugar.[32]

Los cinco principios fundamentales de Prout

Las siguientes cinco declaraciones orientan cómo se deben distribuir los recursos bajo Prout. Sarkar los presentó por primera vez en 1959 en el último capítulo de su libro, *Idea e ideología*. Juntos resumen lo que se conoce como los cinco principios fundamentales de Prout.[33] Son fundamentales porque todas las políticas de Prout se basan en ellos, y mientras que las políticas cambian en el tiempo, estos principios no lo hacen. Un aspecto único del modelo de Prout es el reconocimiento tanto de las potencialidades físicas, psíquicas y espirituales de los seres humanos, como también de las potencialidades de los recursos naturales.

1. *A ningún individuo se le debe permitir acumular ninguna riqueza física sin el claro permiso o aprobación del cuerpo colectivo.*

Este principio reconoce que los recursos físicos del planeta son limitados, por lo que acapararlos o hacer mal uso de cualquier recurso, disminuiría las oportunidades de otros. Acaparar riqueza o especular con ella en lugar de invertirla productivamente, reduce de manera directa las oportunidades de los demás miembros de la sociedad. Por lo tanto, los salarios tienen que tener un límite razonable y lo mismo la riqueza heredada así como los bienes y la propiedad de la tierra.

Este principio se basa en el concepto de la herencia cósmica mencionado en el capítulo anterior, que sostiene que los seres humanos tienen el derecho de utilizar y compartir, pero no de acaparar ni abusar de los recursos con los que nos ha dotado la Creación.

Las ganancias deben tener un nivel máximo razonable. Al evaluarse las compensaciones, se deben considerar todos los componentes tales como bonos de desempeño, cuentas de gastos personales, etc. La brecha entre el salario mínimo y el máximo se reducirá gradualmente; sin embargo nunca se debe reducir a cero.

Hay una aceptación creciente del concepto del control y reducción de la brecha salarial también en el mundo de los negocios. El reconocido economista John Kenneth Galbraith escribió: "El modo más directo y efectivo de intensificar la igualdad dentro de la compañía sería especificar la diferencia máxima entre la compensación promedio y la más elevada".[34] Algunas compañías japonesas y europeas ya han establecido tales métodos. Los neoconservadores claman que no debe ponerse límite alguno en lo que ellos llaman "libertad económica", pero un principio legal es que la libertad de un individuo no le debe permitir infringir la libertad de otros, y el acaparamiento innecesario de la riqueza sí infringe los derechos económicos de otros.

Sarkar utilizó el término "el cuerpo colectivo" para referirse a la sociedad. Indicó que el gobierno tendría que asumir la responsabilidad de fijar límites a la acumulación de riqueza y que lo haría al formar comités económicos. Insistió en que los miembros de los comités deben ser "... aquellas personas honestas que realmente quieren promover el bienestar humano… rindiendo servicio social colectivo..."[35] Además de fijar las políticas y normas económicas, los comités económicos de Prout también oirán las solicitudes de los ciudadanos respecto a excepciones en los límites. Por ejemplo, una persona parapléjica necesitaría una sofisticada y costosa silla de ruedas computarizada.

Este principio sólo se aplica a la riqueza física, porque el conocimiento intelectual y la sabiduría espiritual son ilimitados, por tanto su acumulación no es ningún problema, siempre que a otros no se les impida usarlos.

2. *Debe haber máxima utilización y distribución racional de todas las potencialidades mundanas, supra mundanas y espirituales del universo.*

Máxima utilización significa hacer el mejor uso de los recursos del planeta, con la máxima eficiencia económica y técnica a la vez que se protege el medio ambiente. La convicción de Prout es que todos puedan disfrutar de una elevada calidad de vida si utilizamos nuestros recursos con sabiduría. Como dijo el científico y visionario estadounidense R. Buckminster Fuller: "Tenemos suficiente tecnología a nuestra disposición para darle a cada uno una vida decente, liberando a la humanidad para que haga aquello que se supone que debe hacer, o sea, usando nuestras mentes para lograr resultados extraordinarios, y no solo hacer frente a la supervivencia".[36]

La concentración de riquezas excesivas es la causa del deterioro y mala utilización de los recursos de la Tierra. El capitalismo corporativo se ocupa de las ganancias trimestrales, ignorando los factores externos y consumiendo los recursos no renovables. Cuando una pequeña élite posee inmensas extensiones de tierra, muy frecuentemente la tierra permanece abandonada, sin cultivar, o a lo sumo, lo utilizan para producir cosechas para la exportación. Los agricultores pobres se ven forzados a ocupar tierras marginales que deben despejar y cultivar solo para subsistir, con funestas consecuencias ecológicas.

Las potencialidades supra-mundanas incluyen las propiedades imperceptibles para los sentidos, incluirían el conocimiento y poderes sutiles, como la telepatía, la clarividencia, la intuición, etc. Las potencialidades espirituales se refieren a la filosofía y prácticas espirituales, y a la fuerza atrayente del universo que impulsa a la gente para acercarse a la Conciencia Suprema.

La máxima utilización implica tres consideraciones. Primeramente, la selección acertada, o el hacer lo correcto, escogiendo la política correcta. Segundo, la eficacia, lo cual quiere decir hacer que las cosas se realicen, cumplir las metas en tiempo. En tercer lugar, la eficiencia, o hacer las cosas en la forma más económica, reduciendo desperdicio, logrando más con menos.

La investigación y el desarrollo son la clave para encontrar usos de nuestros recursos más efectivos y eficientes, minimizando los dañinos efectos de la producción y descubriendo formas alternativas de obtener fuentes de energía renovable.

La distribución racional es también crucial, porque sin ella, el mundo hoy en día tiene enormes reservas de comida al tiempo que la gente muere de hambre. Las tres prioridades de Prout respecto a la distribución racional son: garantizar las necesidades básicas a todos, atender a las necesidades especiales de alguna gente (por ejemplo aquellos con discapacidades), y proporcionar incentivos a quienes hacen mayores contribuciones a la sociedad.

3. *Debe haber máxima utilización de las potencialidades físicas, metafísicas y espirituales del individuo y de los cuerpos colectivos de la sociedad humana.*

Este principio atañe a la utilización de todos los recursos humanos, enfatizando el valor del bienestar tanto individual como colectivo. Los individuos sanos contribuyen a una sociedad sana, del mismo modo que una sociedad sana promueve el desarrollo de individuos sanos. De acuerdo a Prout, no hay conflicto inevitable entre el interés individual y el colectivo. Más bien, sus verdaderos intereses son compartidos.

El resultado del excesivo individualismo se puede observar en la ruptura de la familia, y la actitud egoísta de "yo primero" es desgraciadamente la que prevalece hoy en el mundo occidental. Una sociedad materialista y consumista presiona a la gente a incrementar el placer y sus servicios, siendo indiferentes a las necesidades de los demás.

Este principio, sin embargo, no apoya el ensimismamiento de toda la individualidad en aras de un intencionado bienestar colectivo. La sociedad necesita respetar la diversidad humana y permitir a la gente la libertad de pensar por sí misma para expresar su creatividad y formar diversas relaciones. Un objetivo importante de Prout es estimular a los individuos a desarrollar plenamente sus potencialidades y lograr sus sueños y objetivos. El comunismo demostró ampliamente los peligros del excesivo colectivismo. La mayoría de los gobiernos comunistas fueron terriblemente ineficaces, y en esas circunstancias la vida se volvió triste, aburrida y mecánica.

Para ayudar a que la gente se dé cuenta de que la verdadera felicidad viene de la superación del egoísmo y de hacer el bien a otros y de que necesitamos equilibrar nuestro interés individual y colectivo, se requiere un continuo proceso de educación y de crecimiento de la conciencia.

Cuando la gente carece de educación, o se le niega la oportunidad de desarrollar el talento y contribuir con sus ideas debido a la discriminación racial, sexual, o a la explotación económica, se están desperdiciando grandes recursos metafísicos e intelectuales. ¡Qué maravilloso será cuando se estimule y canalice la creatividad de los seres humanos para mejorar nuestro mundo, en vez de desperdiciarla o malversarla con la publicidad que trata de persuadirnos a comprar lo que no necesitamos!

En las sociedades materialistas no se ha permitido descubrir la mayor parte de las potencialidades espirituales que permiten a los humanos desarrollar paz, armonía, sabiduría, integridad y felicidad duradera. Sin embargo, a través de la historia, místicos de todas las culturas han dedicado sus vidas a practicar técnicas espirituales para alcanzar estos tesoros internos y compartirlos con otros.

Este principio tiene por objetivo proveer con la oportunidad para cada individuo y cada grupo de individuos de desarrollar su pleno potencial. Esto requiere oportunidades de instrucción, trabajo lleno de sentido, y una cultura que incorpora a todos, que estimula la iniciativa y la creatividad. Estas normas crecerán de manera constante en la medida que la justicia social mejore.

4. *Debe haber un ajuste acertado entre las utilizaciones físicas, metafísicas, mundanas, supra-mundanas y espirituales.*

Este principio se refiere a la forma de tomar las decisiones de la vida real sobre cómo usar cada recurso. Se debe equilibrar el deseo de obtener ganancias a corto plazo con las necesidades a largo plazo de las generaciones futuras y del planeta. Se deben considerar las necesidades materiales junto con las necesidades culturales y espirituales.

El principio económico tradicional de las ventajas comparativas sostiene que todas las personas y países deben hacer aquello que hacen mejor. Lamentablemente, tal principio se ha utilizado a veces para argumentar que lo mejor que América Central puede hacer es producir bananas para los norteamericanos, y que ¡Estados Unidos es el mejor para producir todo lo demás! El Instituto de Alimentación y Desarrollo de Políticas / Food First (http://www.foodfirst.org/) demostró que todos los países del mundo tienen hoy el potencial agrícola para alimentar a toda su población.[37] Prout afirma que la autosuficiencia regional es el medio más efectivo para incrementar el nivel de vida de toda la población. Por consiguiente, Prout requiere que la tierra cultivable de cada región debe producir primero los alimentos para sus habitantes, y sólo después de que este requisito se haya logrado se debe exportar el excedente.

El tema central aquí es el desarrollo holístico de ambos, del ser humano y de la sociedad. Por ejemplo, durante la Revolución Cultural de China, y también cuando los guerrilleros jemeres rojos dominaron Camboya, todos los médicos, enfermeros y otros graduados universitarios se vieron forzados a trabajar en las comunas agrícolas. Esto lastimó a la sociedad y además subutilizó sus capacidades. Mientras que todo aquel que se ocupe de un trabajo honesto tenga la dignidad y sea merecedor del respeto de la sociedad, aquellos que han desarrollado aptitudes intelectuales no se deben ocupar exclusivamente para trabajos manuales.

Los individuos que se han desarrollado espiritualmente, que personifican profunda sabiduría y compasión, son aun más escasos. Se les debe permitir dedicar la mayor parte de su tiempo a compartir su enseñanzas con los demás.

Priorizando que las cualidades más valiosas y poco comunes atañen a los recursos físicos. Una zona salvaje con belleza escénica excepcionalmente inspiradora se debe preservar como parque natural en vez de explotarla como mina de hierro. De igual manera, la quema de los combustibles fósiles está destruyendo nuestro clima y nuestro medio ambiente. Para restablecer pramá, el equilibrio dinámico, se debe hacer todo el esfuerzo posible para desarrollar y utilizar fuentes alternativas de energía, tales como las derivadas de: la luz del sol, el viento, las mareas, el poder de las olas, el magnetismo y la gravedad.

5. *Los métodos de utilización deben variar de acuerdo a los cambios de tiempo, espacio y persona, y la utilización debe ser de naturaleza progresiva.*

Este principio reconoce que los cambios son constantes. Existen muchos tipos de cambios: naturales, estacionales, graduales, intempestivos, desastres, hechos por el hombre, tecnológicos, etc. Cada cambio requiere que nos adaptemos, lo cual quiere decir superar la resistencia, el miedo, las tradiciones, los dogmas y algunas veces al gobierno mismo.

El modelo de Prout no es rígido como una piedra tallada, sino que es un conjunto completo de principios dinámicos para aplicarse considerando las numerosas condiciones especiales del lugar y la cultura donde se ponen en práctica.

El desarrollo tecnológico tiene la capacidad tanto de crear como de destruir. En la actualidad, las instituciones e individuos con inmensas riquezas controlan la dirección de las investigaciones científicas y utilizan ese poder para sus propios intereses. Los capitalistas frecuentemente usan la tecnología para reducir los costos de salarios y para controlar a los trabajadores por medio de trabajos aburridos y repetitivos.

El desafío de una sociedad proutista, es dirigir las investigaciones y el desarrollo para el bienestar en el largo plazo de la humanidad y del planeta. Podemos dar la bienvenida a las nuevas tecnologías cuando liberen la mente y las manos humanas para propósitos más elevados. Se debe realizar todo el esfuerzo posible para evaluar el impacto de la tecnología y minimizar sus repercusiones negativas.

Usando los cinco principios fundamentales para evaluar las políticas sociales [38]

Los cinco principios fundamentales de Prout son una herramienta útil para los activistas y para los estadistas que quieran analizar y comparar las políticas de acuerdo a qué tanto benefician a la gente y al planeta en su totalidad. Algunas preguntas para considerar en cada política:

- ¿Ayuda a cubrir el mínimo de necesidades de todos: alimento, vestido, vivienda, educación y atención médica?
- ¿Ayuda a proveer de trabajos con salarios adecuados?
- ¿Promueve la máxima utilización de los recursos para el bienestar de todo?
- ¿Protege y beneficia a los animales, plantas y medio ambiente?
- ¿Promueve las expresiones individuales de la gente y su bienestar colectivo, de forma que ninguna persona o grupo esté explotando a otro?
- ¿Ayuda a fortalecer a la economía local de la comunidad?
- ¿Protege los derechos humanos y las libertades?
- ¿Previene de la acumulación personal de la riqueza por parte de cualquier individuo sin la aprobación colectiva de la sociedad?
- ¿Permite que la gente se desarrolle mental y espiritualmente?
- ¿Es suficientemente flexible para cambiar cuando sea necesario?

Debido a que el marco conceptual de Prout es tan incluyente, muchas áreas del saber pueden y deben ser empleadas para considerar las implicaciones de cada política, incluyendo la economía, ciencias de la salud, ambientales, políticas, sociología, administración y leyes.

Por ejemplo, para determinar si las necesidades mínimas de cada uno son cubiertas, los trabajadores sociales y las organizaciones no gubernamentales necesitan estudiar los indicadores de vivienda, educación y salud. Los ecologistas necesitan monitorear el aire, el agua, el suelo, los bosques y la vida salvaje; sus propuestas de políticas requieren ser escuchadas e implementadas. Los economistas y los consultores cooperativos necesitan estudiar la forma de crear trabajos que sean suficientes para proporcionar los bienes y servicios que necesita la comunidad. Ellos también necesitan estudiar el precio de los bienes de la canasta básica y si una persona con el salario mínimo puede o no comprarlos.

Los sociólogos y psicólogos necesitan explorar temas relacionados con la clase social, género, raza y educación.

Factores que motivan a la gente para trabajar

Se argumenta frecuentemente que es necesaria la amplia disparidad de ingresos para estimular a los más talentosos a ser más productivos y aceptar trabajos más desafiantes. Prout admite que sea beneficiosa a la sociedad una diferencia salarial, porque provee el incentivo para obtener mayor productividad. No obstante, la motivación humana es compleja —hay muchas razones por las cuales los humanos eligen ser productivos y el ingreso es sólo una de ellas. No se debe creer solamente en el ingreso para incrementar la productividad.

Abraham Maslow exploró en detalle este tema y encontró que las personas sanas y auto-realizadas se dedican al trabajo por el interés al trabajo en sí, y no por recompensas externas. Observó que todo niño y adulto tienen la motivación de crear y trabajar, y que la mayoría de la gente "está a favor de la buena ejecución, en contra de perder el tiempo y de la ineficiencia y desean realizar un buen trabajo..."[39]

Lo que bloquea o inhibe a la gente son los aspectos negativos del entorno laboral: los conflictos interpersonales, la intimidación, las aburridas tareas repetitivas, la confusión, las rutinas ineficientes, las reorganizaciones constantes y las órdenes irracionales. Por otra parte, un ambiente de trabajo positivo y bien administrado intensifica el deseo natural de hacer un buen trabajo. El empleo de estrategias que promueven tal fuerza de trabajo y ambiente laboral positivo, puede beneficiar a toda la sociedad.

Maslow fue sumamente crítico de la economía convencional, solo basada en la obsoleta teoría de la motivación, según la cual la gente trabaja arduamente para ganar más dinero y satisfacer sus necesidades básicas. Aun así reconoció el lugar de la competencia sana y los incentivos monetarios cuando dijo: "Un boxeador necesita un buen contrincante para entrenarse o de lo contrario se va a desmejorar... Se debe comprar el mejor producto, y a la mejor persona se le debe recompensar más".[40]

El proutista Mark L. Friedman es profesor adjunto de economía en la Universidad Estatal de Minnesota, en EE.UU. Publicó una evaluación integral del sistema de incentivos económicos de P.R. Sarkar, titulada "Salario Digno y Desigualdad Óptima en un Marco Sarkariano".[41] Comenzando con el trabajo de Maslow e incluyendo los análisis de los economistas Harvey Leibenstein y John Tomer, Friedman presenta un modelo económico que muestra ocho factores que motivan a los trabajadores a ser productivos. Declara que ésta es una fórmula económica en la que Pr representa la productividad, que es una función (*f*) de la interacción de los siguientes factores:

> Pr = *f* (H, P, DO, Ed, Ex, AL, CS, IM)
>
> H representa la habilidad individual. Friedman supone algunas diferencias innatas entre la gente, incluyendo talentos innatos y habilidades adquiridas.
>
> P representa la personalidad, que incluye el empuje individual, la madurez, la ética laboral y la salud mental.
>
> DO representa las demandas de la organización, junto con la presión que la acompaña.
>
> Ed representa educación.
>
> Ex representa la experiencia en el trabajo.
>
> AL representa el ambiente laboral, que incluye varios componentes. Por ejemplo, ¿el trabajo y la organización le convienen al individuo?, ¿El trabajo es solitario?, lo que algunos prefieren, o ¿involucra la interacción social? ¿Se requieren habilidades literarias o mecánicas? ¿Las expectativas son justas y razonables? ¿los objetivos son parte significativa del trabajo? ¿Los supervisores y los compañeros de trabajo son justos y lo apoyan? ¿El individuo percibe potencial de crecimiento y aprendizaje en el trabajo?
>
> CS representa la cultura de servicio, el grado en que se promueve el servicio y el auto-sacrificio en la cultura. De hecho, muchos eligen trabajar en una organización sin fines de lucro como voluntario, o reciben mucho menos sueldo que si trabajaran en una compañía comercial, sencillamente porque están comprometidos con sus nobles objetivos, lo que es particularmente importante porque Sarkar asegura que el deseo de servir a otros desinteresadamente representa una característica que define al ser humano.
>
> IM representa el incentivo material o ingreso.

Todas las variables interactúan entre sí. Por ejemplo, los que tienen mayores habilidades individuales tienden a adquirir más educación, y una mayor educación puede realzar su habilidad. La experiencia reforzaría los beneficios de la educación y realzaría la habilidad.

Este modelo afirma que el incentivo material o salarial de un trabajador es sólo uno de los ocho factores importantes que motivan a ser productivo y no se le debe sobredimensionar.

Los indicadores económicos para establecer los salarios mínimo y máximo

Los economistas han luchado durante mucho tiempo con la interrogante de cómo lograr la más eficiente producción y distribución, de modo que también sea equitativa y justa. No obstante, se han considerado generalmente la eficiencia y la justicia económica como dos asuntos separados. Muchos han argumentado que los economistas ni siquiera deberían considerar la equidad.

El principio proutista de atiriktam (los excedentes disponibles a la sociedad, una vez que se han satisfecho a todos las necesidades mínimas) resuelve este dilema de manera racional y moral. Prout asegura que la única justificación para otorgar un ingreso más elevado a una persona es premiarla por proveer un mayor beneficio a la sociedad.

Un sueldo más elevado puede inducir a un individuo a trabajar más arduamente o a mejorar su habilidad. Sin embargo, hay un límite en el rendimiento que cualquier persona puede lograr: la capacidad personal es limitada y solo hay 24 horas en un día. Con el incentivo material la productividad puede aumentar hasta cierto punto, pero no puede crecer indefinidamente. Es inevitable que la curva de productividad se estabilice. Después del pico, los incentivos adicionales no aumentan la productividad personal. En efecto, los mayores aumentos en el ingreso pueden disminuir la productividad, cuando la persona decide que se puede permitir más ocio.

Se basa en el principio central de la economía conocido como "La Ley de los Rendimientos Marginales Decrecientes". El ofrecer un aumento salarial cien veces mayor no puede inducir a nadie a trabajar cien veces más arduamente, ni volverse cien veces más eficiente. Como se detalló en el primer capítulo, algunas personas, como los directores ejecutivos de las corporaciones multinacionales, ganan hoy sueldos cientos de veces más elevados que los demás empleados. Esto solo refleja el proceso abierto y competitivo por sus servicios más que su valor real.

También se les pagan sueldos extremadamente elevados a los jugadores deportivos profesionales en EE.UU. y en Europa. Se debe a la "agencia libre", al derecho legal de los jugadores de integrarse a un equipo distinto cuando expira su contrato vigente. Cuando se establecieron estas reglas en EE.UU. y luego en la Unión Europea, los sueldos se dispararon. En EE.UU., en 2009, el promedio del sueldo base de un jugador profesional de fútbol americano era alrededor de 990.000 dólares,[42] y en 2010 el promedio de la Liga Mayor de béisbol es de 3 millones de dólares.[43] En la Liga de fútbol Premier de Reino Unido el sueldo promedio equivale a 940.000 dólares.[44] Muchas estrellas de los deportes ganan diez millones de dólares o más al año.

Algunos economistas razonan que estos sueldos astronómicos reflejan los ingresos que las estrellas ganan para sus equipos. Muchos aficionados prefieren que el dinero extra vaya a los jugadores y no a los propietarios. Aun así, no se puede demostrar que la calidad del juego en los deportes haya mejorado. En otras palabras, los sueldos elevados no han tenido un efecto incentivador. Es poco probable que convenzan a los jugadores a que cambien su carrera si el ingreso cayera al nivel de los sueldos de otros profesionales. Desde el punto de vista de la sociedad, los sueldos más elevados tienen poca justificación.

El economista proutista Ravi Batra ha ideado el siguiente sistema de distribución del ingreso basado en el principio de atiriktam. En la fórmula siguiente: A representa atiriktam, PNN representa el producto nacional neto, M significa mano de obra, y S quiere decir el salario real requerido para asegurar un mínimo nivel de vida.

A = PNN - SM

De manera que el salario real —el salario mínimo adecuado, necesario para comprar con comodidad las necesidades mínimas de la vida— se multiplica por todos los trabajadores y el total se sustrae del producto total de una nación o de una empresa; el exceso es la cantidad de atiriktam (excedente) disponible para distribuirse en la forma de salarios más elevados o incentivos.[45]

A partir de esta fórmula, Mark Friedman desarrolló además un modelo económico que demuestra el óptimo nivel de compensación para lograr la máxima productividad. Desde el punto de vista de la sociedad, cualquier pago superior a ese nivel sería un desperdicio y, por lo tanto, la sociedad debe utilizar esos recursos excedentes de algún otro modo. El modelo suministra el marco teórico para los estudios estadísticos, y también le permite a las empresas privadas establecer óptimos niveles salariales.[46]

A este punto, Prout asegura un "salario digno" adecuado para todos los trabajadores, y aquellos bienes y servicios extra se proveen a un nivel justo y adecuado a la sociedad. Y lo más importante, los trabajadores se valorizan y reconocen por sus contribuciones extraordinarias. La sociedad se beneficia con la productividad del trabajador, la cual se mantiene a un nivel elevado.

En el caso de las regiones socio-económicas, los comités económicos proutistas tendrán que calcular el salario mínimo legal para una persona y su familia, teniendo en cuenta el costo de las necesidades mínimas en esa área. Esto último sería considerablemente más elevado que los salarios mínimos vigentes existentes virtualmente en todas las economías del mundo. Por supuesto, el costo de vida es menor en las regiones menos desarrolladas, por lo que es de esperar que el salario mínimo inicial para dichas regiones sea más bajo que en los países más desarrollados.

Basándose en el producto interno bruto (PIB) y otros indicadores, los comités tendrán que calcular la riqueza excedente producida por la economía en ese momento, o sea, la diferencia entre el total del ingreso nacional o regional y la cifra requerida para cubrir el salario mínimo. Esta información permitiría calcular el salario máximo legal en la economía local. Esta diferencia entre los salarios mínimo y máximo podría ser más amplia al principio en las regiones menos desarrolladas, para luego reducirse gradualmente, a medida que mejore el nivel y la calidad de vida.

Por ejemplo, Noruega tiene uno de los niveles más elevados de vida (cuarto en el mundo, de acuerdo al FMI, con 52.238 dólares PIB per cápita) debido en gran parte a las reservas de petróleo y a la capacidad hidroeléctrica. La Organización de Naciones Unidas sitúa a Noruega primero en el mundo en el listado de Desarrollo Humano en 2010. El país tiene también una de las brechas más bajas en el mundo. El sueldo más bajo de un empleado de gobierno noruego en 2010 fue de 36.000 dólares anuales (207.900 coronas, nivel 1), y el más elevado fue de 192.000 (1.106.400 coronas, nivel 98), 5,3 veces más.[47] En comparación, los funcionarios del gobierno civil de EE.UU. tienen una brecha de 10 a 1, empezando en 17.803 dólares (General Schedule, grado 1), y el más elevado de 179.700 (Servicio Ejecutivo Superior).

El economista e historiador proutista Edvard Mogstad, junto con el centro de estudios *Bevegelsen for Sosialisme,* afirman que el igualitarismo de Escandinavia es el secreto del éxito económico y el bajo desempleo. Proponen un método que asegure que nadie deba ganar menos que la mitad del ingreso promedio (que en 2010 era 70.000 dólares), y el sueldo máximo no debe ser más de cuatro veces el ingreso medio. Una relación de 8 a 1, que sienten que es la más aceptable para Europa. También proponen un esfuerzo constante para disminuir esa brecha.[48]

El requisito de un salario mínimo digno eliminaría la existencia de los trabajos mal pagados y de baja productividad. Por ejemplo, los empleados domésticos reciben un salario tan bajo en los países en vías de desarrollo que muchas familias de clase media tienen por lo menos uno, mientras que en los países desarrollados solo las personas acaudaladas pueden pagar el salario requerido por tal servicio. La economía proutista no permitiría más la explotación de los trabajadores manuales mal pagados.

Las personas incapacitadas física o mentalmente, o que por otro motivo no pudieran realizar un trabajo altamente productivo, tendrían un trabajo subsidiado, un empleo en proyectos de obras públicas o de algún tipo de servicio cooperativo. Con excepción de la previsión social para los ancianos, el sistema de pleno empleo remplazaría a la mayoría de las funciones de protección social de los gobiernos.

Los economistas keynesianos apreciarán que al elevar el salario mínimo se estimulará la demanda agregada y con ello aumentará la producción y se generarán más empleos. Varios estudios han mostrado que al elevar el salario mínimo en una economía capitalista no solo beneficia a los trabajadores más pobres, sino que disminuye el desempleo. El desafío en una sociedad proutista será mejorar continuamente la habilidad y competencia de las personas a través de diferentes tipos de educación. También será necesario estimular la productividad a través de la inversión de capital, facilitando a las cooperativas y a los profesionales independientes el acceso a créditos de bajo interés.

Prout comparado con la economía participativa

Hay muy pocas alternativas a las economías de mercado capitalistas y al socialismo de planificación centralizada, y una de ellas se llama economía participativa. El activista Michael Albert escribió la obra que la presenta, *Economía participativa: vida después del capitalismo.*[49] Abreviada como "parecon" (siglas en inglés), utiliza la decisión participativa para guiar la producción, el consumo y la asignación de recursos en una sociedad dada. El autor describe parecon como "una visión económica anarquista", y una forma de socialismo.

Parecon tiene un número de similitudes con Prout: lucha por lograr una democracia económica descentralizada, con empresas de propiedad cooperativa y de propiedad pública para los recursos importantes.

También comparten muchos valores esenciales: equidad, auto dirección, diversidad y comunidad. Parecon, sin embargo, no tiene una perspectiva espiritual —la justicia económica es su único objetivo.

Parecon también difiere de Prout en la idea de remuneración. El autor expone: "remunerar de acuerdo al esfuerzo de cada persona o al sacrificio personal". A este punto considera injusto pagar a un trabajador más que a todos los demás a menos que su trabajo incluya "más horas, un trabajo menos placentero, o más intenso, peligroso, o insalubre".[50] El autor insiste en que los médicos no deben recibir un sueldo más alto que otros trabajadores solo a causa de su largo entrenamiento, durante el cual deben recibir el mismo salario.

Prout no está de acuerdo. Se les debe dar un ingreso más elevado en reconocimiento al mérito y logros de las personas, y para a su vez brindarles mayores oportunidades de servir a la sociedad. Por consiguiente, se necesita cierto grado de desigualdad económica para proveer incentivos. Será la forma de alentar el gran volumen y calidad del esfuerzo humano necesario para producir un nivel de abundancia material consistente con alto nivel de bienestar humano. Con el modelo económico esbozado anteriormente, es posible determinar la cantidad exacta de ingreso adicional que se puede ofrecer a las personas meritorias para maximizar la productividad en beneficio del mundo, sin permitir la sobre acumulación de riqueza ni recursos.

Parecon se desarrolló como una alternativa a la división corporativa del trabajo y enfatiza un complejo de trabajo equilibrado —una manera de organizar el lugar de trabajo o el grupo, que sea directamente democrático y también cree en la habilitación de una relativa igualdad entre todos los involucrados. Cada trabajador debe tener su parte en las tareas rotativas (trabajo no calificado) por cierto tiempo en cada día de trabajo o cada semana. Todos los trabajadores compartirían también tareas más gratificantes y de importancia en el lugar de trabajo, tal y como coordinar la participación de todos. Se desarrolló como una alternativa a la división corporativa del trabajo.

Prout aprecia este espíritu y elogia los esfuerzos en esta dirección. Se debe alentar a todos los trabajadores a continuar con el entrenamiento (un principio general de las cooperativas), porque es un proceso que les va a facultar para seguir adelante. Si se minimizan las estrictas divisiones entre los trabajadores manuales y los intelectuales, aumenta el respeto mutuo y disminuye la conciencia de clase. Sin embargo, las tareas que son más "meritorias y habilitadoras" no son las mismas para todos debido a la diferencia en talento, habilidad, personalidad y preferencias individuales.

El cuarto principio de Prout, explicado anteriormente, especifica: "debe haber un ajuste debido entre el uso de las cosas físicas, metafísicas, mundanas, supra-mundanas y espirituales". Se debe estimular a los que tienen habilidades especiales a que las utilicen, beneficiando así a la sociedad, y a las personas que se han desarrollado espiritualmente se les debe permitir concentrar el tiempo en enseñar a otros.

Otra diferencia en cuanto al liderazgo. Parecon está basado en la auto-gestión, la idea de que en cada empresa todas las personas tienen algo que decir en cada decisión de manera proporcional a la cual son afectados por ellas. Mientras que Prout está de acuerdo con este principio en la dirección de las cooperativas, y de la democracia económica, Prout también da importancia al liderazgo moral de la sociedad. Los dirigentes ideales son personas valoradas por su sabiduría y su experiencia, con frecuencia personas mayores, que proveen consejo y tienen posiciones de responsabilidad colectiva para el bienestar general. (Se explica en el capítulo 11)

Mientras que Prout en comparación con parecon junto con Marx y otros socialistas comparten la garantía de la satisfacción de las necesidades mínimas de la vida, en el siguiente capítulo se puntualizarán sus propuestas económicas únicas.

Esforzándose por lograr un servicio médico accesible para toda Kenia

Por Didi Ananda Rucira

Llegué a Kenia en 1998 y rápidamente me encontré haciendo varios tratamientos sin costo en las zonas habitacionales pobres de Nairobi. Al principio, debido a la inexperiencia, pensé que solamente estaría tratando resfríos, gripes y urticarias; más tarde me di cuenta de que los síntomas de estas enfermedades no eran los comunes, más bien los de pacientes con tuberculosis, gonorrea, sida y malaria.

Entonces un amigo cercano enfermó de malaria y otro murió de sida. Atendí a mi amigo de sida hasta su último aliento. La experiencia fue para mí de un gran impacto. En 1998 el único tratamiento era demasiado caro y no hubiera extendido significativamente su vida. Los doctores de los hospitales me dijeron sobre lo frustrados que se sentían porque el gobierno de Kenia ni siquiera consideraba al sida como una epidemia. (Finalmente lo reconoció en 2001.)

Se convirtió en mi meta el encontrar un tratamiento accesible para el sida y uno efectivo para la malaria. En internet encontré muchos tratamientos accesibles, alternativos y viables para estas enfermedades. Cuando realicé algunas de estas terapias, encontré mejoría en mis pacientes. De esta manera, la Fundación Abha Light de Nairobi abrió su primera clínica en el 2000 para promover terapias naturales y tradicionales y sistemas de salud que no requieren mucha infraestructura o equipo; y a pesar de ello pueden ser usados para tratar o curar una amplia variedad de enfermedades. La meta proutista es eliminar el motivo de la ganancia de la receta médica y extender un servicio de salud accesible a todos.

Los beneficios de la homeopatía y de las terapias alternativas incluyen:

- Aun la gente más pobre del mundo puede tener acceso a la homeopatía y a las medicinas alternativas.
- Estas terapias son efectivas en enfermedades agudas, crónicas, traumáticas epidémicas y endémicas.
- Son seguras y sin efectos secundarios, por lo que pueden usarse en todos los niveles, incluso en el de autoayuda.
- Pueden implementarse en lugares con muy poca infraestructura.
- Si bien se benefician de costosos equipos de diagnóstico, no dependen de ellos.
- Una vez establecidas, su popularidad crece constantemente.
- En lugares donde el doctor está a días de camino, un simple estuche personal de homeopatía es vital.

Hemos desarrollado protocolos que son efectivos, naturales, libres de drogas y accesibles para tratar y controlar el sida:

1. Medicina homeopática como la primera terapia para controlar infecciones secundarias y aumentar la respuesta autoinmune en el paciente.
2. Apoyo natural y nutricional con suplementos alimenticios para aumentar la ingesta nutricional y apoyar al sistema auto inmune. Algunos recursos naturales que hemos encontrado en Kenia son germinados, hojas de neem, miel y jugo de pasto de trigo.
3. Grupos de auto ayuda de gente viviendo con sida quienes se apoyan mutuamente estando presentes para solucionar sus problemas y desarrollar una visión positiva.

Estos protocolos no producen efectos secundarios negativos y han mostrado ser efectivos en controlar infecciones oportunistas y cargas virales de sida como lo evidencia la mejora en la salud y en la calidad de vida, evitando el alto costo de las medicinas convencionales. Más tarde escribí dos libros, *¡Buena salud, naturalmente! —volumen 1: restauración inmune y salud digestiva* y *Volumen 2: manual de nutrición*, para gente que vive con sida y sobre un tratamiento de autoayuda accesible. Constantemente recibimos cartas de gente agradeciéndonos por salvarles la vida.

La Universidad de Abha Light comenzó entrenando a jóvenes y profesionales con gran potencial en el complejo arte de la medicina natural. El curso de dos años y medio incluye homeopatía, medicina natural, herbolaria, masaje, acupuntura y nutrición. Juntos estos sistemas pueden ser empleados de manera exitosa para tratar todo el espectro de las enfermedades humanas, desde malaria, sida, a diabetes, hipertensión y cáncer. Los primeros cinco se graduaron en abril del 2002; desde entonces durante 10 años hemos entrenado a más de 75 profesionales.

Después de la graduación, la fundación ALF los ha apoyado para abrir clínicas en sus comunidades y villas en Kenia, Uganda y Congo. Los profesionales han sido instruidos en la ética neo-humanista para tratar a sus pacientes con precios accesibles; la mayoría de las clínicas cobran de 5 a 20 dólares por el conjunto de sus servicios y medicinas. ALF promueve además que los profesionales donen algo de su tiempo para tratar a los pacientes más pobres, sin costo cuando es necesario.

Nuestra mayor oposición proviene de los médicos convencionales y enfermeras que ven en la homeopatía y la medicina herbolaria una competencia. El sentido de la medicina contemporánea no está orientado principalmente al tratamiento, sino el hacer dinero para la "Big Pharma" o grandes intereses farmacéuticos de los conglomerados de este sector industrial. Los miembros de este sector tomarán cualquier acción para oponerse y cerrar todas las vías de tratamiento que no puedan controlar o de las que no puedan obtener dinero. Esta oposición trae como consecuencia la falta de apoyo gubernamental, oposición en los medios de comunicación y falta de financiamiento para apoyar futuros proyectos.

Un sistema médico ideal integraría sistemas tradicionales y alternativos con la medicina convencional, con profesionales trabajando hombro con hombro. Y sería sin costo alguno o bien, accesible para todos.

Un segundo reto es el del trágico ciclo de la pobreza crónica. La gente que necesita atención médica en su mayoría no puede pagarla; y la distancia de sus poblaciones hace que sea costoso a los trabajadores de la salud llegar a ellas. La gente más pobre va a un hospital o clínica que ofrece medicinas gratuitas, o si no opta por retrasar su tratamiento hasta que el sufrimiento se ha agudizado y con frecuencia pone en riesgo la vida. El educar al público sobre la efectividad de un tratamiento alternativo en una temprana etapa de la enfermedad no es tarea fácil.

El tercer reto que enfrentamos es nuestra dependencia de los donantes externos para nuestros proyectos y programas. Los donantes tienen sus propias ideas sobre la forma en que su aporte debe ser gastado sin considerar las realidades particulares del área de trabajo. Adicionalmente, es muy difícil obtener una cantidad grande para la medicina alternativa, muy desdeñada por el mundo médico. Cuando se detiene el financiamiento de los donantes, se detiene la atención médica. Por último, una clínica gratis fundada por donantes extranjeros crea una mentalidad de "mendigos" en la gente local, no un sentimiento de propiedad comunal de los servicios de salud.

La solución de la empresa social

La falta de financiamiento gubernamental y de donantes extranjeros nos ha llevado a buscar diferentes modelos para expandir nuestros servicios de caridad y apoyar financieramente a nuestros profesionales. Así escogimos convertirnos en una empresa social autosuficiente con un modelo desarrollado de negocio. Abha Light genera ingresos por la venta de medicinas homeopáticas y naturistas que produce nuestra farmacia.

Los profesionales también necesitan operar sus clínicas como un pequeño negocio con una contabilidad cuidadosa. Su entrenamiento incluye habilidades para comercializar y conservar a sus clientes. La Fundación Abha Light, con fondos obtenidos de su propio negocio, subsidia a los nuevos profesionales por un corto tiempo, solamente hasta que estén listos y sean completamente independientes y autónomos.

A través de este modelo de empresa social, nuestro ideal proutista de extender la calidad de los servicios médicos a un número cada vez mayor en África del Este está siendo cumplido, mientras que al tiempo crea trabajos permanentes para servir a sus comunidades con atención médica efectiva y accesible.[51]

Capítulo 4
La democracia económica

> La liberación económica es el derecho innato de todo individuo. Para lograrla, el poder económico debe ser un derecho en la población local. En la democracia económica la población local tendrá el poder de tomar todas las decisiones económicas, la producción de artículos, sobre la base de las necesidades colectivas, y la distribución de todos los productos agrícolas e industriales.[1]
>
> — *P. R. Sarkar*

La humanidad necesita una visión clara, convincente de una economía sostenible que produzca una alta calidad de vida para todos —una dinámica económica de la gente, por la gente y para la gente. Prout sustenta su política económica en cubrir las necesidades reales de la gente, rechazando la producción de ganancia como el fin de la economía.

La democracia política, en la cual todos los ciudadanos tienen el derecho de elegir sus representantes en el gobierno, tiene serias deficiencias bajo el capitalismo porque con mucho dinero se compran las elecciones. La democracia económica, por otra parte, da poder al pueblo para tomar decisiones económicas que de manera directa moldean sus vidas y sus comunidades por medio de empresas de propiedad local y privada de pequeña escala, cooperativas de trabajadores y de servicios administradas por el estado; descentraliza el proceso de toma de decisiones, y da a los ciudadanos el derecho a elegir de qué manera deben administrar la economía local.

Dice Noam Chomsky: "No es posible tener una democracia política auténtica sin una democracia económica efectiva. Pienso que esto es, en algún nivel, comprendido por los trabajadores. Tiene que hacerse una sensibilización y concientización de esto, sin embargo esto está apenas por debajo de la superficie".[2]

El economista Richard Wolff escribe:

> El 'gran' debate entre los economistas neoclásicos y Keynesianos no es ni gran, ni debate. Ambos lados respaldan, celebran y defienden al capitalismo. Su 'debate' entre una mayor o menor intervención del gobierno para preservar al capitalismo... es una presentación del evento principal: las batallas que desgastan al capitalismo con sus propias contradicciones y con inminentes demandas para cambiar del capitalismo hacia la democracia económica.[3]

Cuatro requisitos de la democracia económica

Sarkar identificó cuatro requisitos para que la democracia económica tenga éxito, y diseñó la estructura económica de Prout para cumplirlos.

El primer requisito, como fue explicado ampliamente en el capítulo 3, es que los requisitos mínimos de la vida tienen que ser accesibles a todos, para liberarlos de la desesperación, la pobreza y la miseria.

En segundo lugar, la población debe gozar de una capacidad de gradual incremento en el poder adquisitivo y de la calidad de vida. En la mayor parte del mundo esto significa un aumento de la capacidad de compra de bienes y servicios. La gente necesita sentir que mejora su calidad de vida. El medir la capacidad de compra, la habilidad de la gente para pagar por bienes y servicios básicos, es la forma más directa y precisa para valorar su nivel de vida y el verdadero estado de la economía.

Esto es muy diferente del consumismo dominante, el cual manipula a la gente por medio de la publicidad, creando necesidades artificiales, para comprar con crédito e ignorar el impacto ambiental de sus compras.

Para aumentar la capacidad de compra, los productos deben estar disponibles para cubrir la demanda local. Debe haber estabilidad de precios, incrementos periódicos de salarios y un incremento estable en los bienes colectivos y en la infraestructura; como por ejemplo el transporte público, los sistemas de generación de energía y las redes de comunicación. Las materias primas, los productos agrícolas y otros bienes de cada región deben ser procesados y refinados cerca de su origen. En este sentido, las mejoras en la tecnología y la manufactura benefician a los habitantes locales de cada región. Prout promueve las economías locales sostenibles, a diferencia de la explotación que inunda el mundo con productos de bajo costo hechos en China y en países subdesarrollados como vemos hoy en día.

El tercer requisito es que la población local toma las decisiones económicas que afectan su vida. Es un derecho básico el de que los trabajadores sean dueños y puedan administrar sus empresas, y no ser objeto de manipulación o explotación. Ya sea en empresas privadas de pequeña escala en cooperativas o en empresas estatales de servicios, la gente local y las comunidades necesitan decidir el camino a su futuro. Las economías locales con comunidades llenas de vida presentan elementos como una agricultura sostenible que cultiva alimentos saludables, industrias respetuosas de los recursos y del medio ambiente, cooperativas de crédito que ofrecen préstamos a sus habitantes. Esta economía descentralizada será discutida más adelante.

El cuarto requisito es que tenemos que prevenir el control desde afuera de nuestras economías locales y la fuga de capital. Las grandes bodegas comerciales corporativas y las cadenas de restaurantes envían sus ganancias obtenidas en la comunidad a sus accionistas externos. Los bancos corporativos usan los depósitos locales para especular en el casino de la bolsa de valores global. Los arrendadores de vivienda forasteros también se llevan la renta fuera. Sin propiedad de la tierra y los recursos desde afuera, las ganancias obtenidas en la región no serían succionadas al exterior ni acaparadas; más bien se reinvertirían localmente en empresas productivas. Esto no se refiere a los trabajadores inmigrantes que son bienvenidos a establecerse y formar parte de la comunidad, pero sí a los arrendadores de vivienda y a las corporaciones.

La democracia económica es esencial para superar la discriminación y la marginación. La pobreza y el desempleo alimentan al racismo, al sexismo y al enojo contra los inmigrantes. Las mujeres, la gente de color, el joven y el anciano tienden a sufrir de menores salarios y mayor desempleo en las crisis económicas. Las economías locales descentralizadas pueden alcanzar pleno empleo y prosperidad financiera, permitiendo a todos desarrollar su potencial total como seres humanos.

Necesitamos instituciones administradas por la comunidad basadas en la justicia económica para erradicar las causas de la desigualdad, programas educativos para superar la discriminación y el aumento de la consciencia para cambiar el comportamiento, las actitudes y las ideas que hacen más grave el racismo, la discriminación por la edad, y la xenofobia.

La industria, el comercio y los servicios en tres niveles

Hay tres formas generales de poseer y dirigir un negocio: propiedad del estado, propiedad privada o propiedad cooperativa. La posesión es importante porque el que posee la empresa toma las decisiones y se lleva la mayor tajada de lo que se produce. Tanto el comunismo como el capitalismo tienden a ser dogmáticos en cuanto a la propiedad, el primero insiste que hasta donde sea posible el estado debe controlarlo todo, mientras el segundo que todo se debe privatizar. Sin embargo Prout reconoce que, de acuerdo a las circunstancias, las tres formas de propiedad y control tienen validez y son convenientes en diferentes situaciones. El sistema se llama 'una economía de tres niveles'.

Empresas privadas a pequeña escala: para estimular la creatividad y la iniciativa personal, se debe permitir a individuos, familias y pequeñas sociedades abrir negocios de propiedad privada. Pueden ocuparse de producir bienes y servicios lujosos, que no son esenciales, o alimentos a pequeña escala. Sarkar especificó que "las empresas que son demasiado pequeñas, o bien pequeñas y complejas para ser una cooperativa, deben ser empresas privadas".[4] Por ejemplo, los negocios caseros, los restaurantes familiares, las pequeñas tiendas de ventas al por menor, los productores artesanales, los artistas y los inventores autónomos, pueden preferir gestionarse a sí mismos. Todos los trabajadores autónomos y las micro-empresas, se animarán a inscribirse legalmente sin burocracia o costos innecesarios.

Los comercios pequeños se esfuerzan en encontrar mercados al que acudan compradores para los artículos de su especialidad y tienen libertad de fijar precios tan elevados como el mercado lo permita. En realidad la mayoría de los propietarios de pequeños negocios tienen profundo arraigo en lo que hacen y tratan de que su compañía opere aun sin que obtengan mucha ganancia.

La sabiduría de este enfoque se ha demostrado con el éxito sin precedentes del Banco Grameen, en Bangladesh. En contra del consejo de las autoridades bancarias y gubernamentales, el profesor de economía Muhammad Yunus fundó un banco en 1983, destinado a conceder préstamos a las personas más pobres de su país, a los desposeídos. Enfocado en otorgar préstamos preferentemente a las mujeres, algunas de las cuales son analfabetas, el Banco Grameen no condiciona los préstamos a ninguna garantía crediticia, pero sí insiste en que los aspirantes conformen grupos de cinco personas para lograr préstamos. Debido a que los futuros créditos a otros miembros nuevos dependen del pago del préstamo adeudado, los miembros del grupo tienen un incentivo para infundirse ánimo y apoyarse mutuamente. Cada semana los beneficiarios pagan al banco una pequeña cuota.

Sorprendentemente el banco es propiedad de los deudores pobres, que poseen el 94% del total del capital social. El banco ha recaudado más del 98% de los préstamos otorgados, una tasa de pagos extraordinaria tanto para bancos nacionales como internacionales. El Banco Grameen ha concedido más de 6.500 millones de dólares en pequeños préstamos a más de 8,34 millones de personas de las zonas rurales de Bangladesh, con un personal de 22.225 y 2.565 sucursales. Hoy en todo el mundo se están implementando otros programas de microcrédito basados en el modelo Grameen.[5] El banco y su fundador, Muhammad Yunus, fueron galardonados conjuntamente con el Premio Nobel de la Paz del 2006, "por el esfuerzo de crear desarrollo económico y social desde abajo".

En contraste con la mayoría de los programas de desarrollo, el Banco Grameen no insiste en la capacitación laboral antes de conceder los créditos. Por el contrario, con ello demuestra que inclusive los más pobres, los campesinos sin ninguna educación, tienen habilidad y talento para negociar creativamente si se les da la oportunidad. El auto empleo, en una empresa privada a pequeña escala apoyada con microcréditos de los bancos cooperativos, es un método eficaz para superar la pobreza y lograr el pleno empleo.

En la economía proutista se fijará un límite al volumen de ventas y al número de empleados que pueden tener las empresas privadas. Si una empresa alcanza uno de esos límites, tiene que optar entre interrumpir la expansión, o transformarse en una empresa dirigida cooperativamente. Esta transformación es esencial para prevenir la concentración ilimitada de riqueza en las manos de individuos, lo cual iría en detrimento de la sociedad.

Cooperativas: la estructura cooperativa es central al funcionamiento y organización de la economía proutista. Es un derecho básico de los trabajadores en la democracia económica el poseer y administrar sus empresas por medio de una administración colectiva.

La industria, el comercio, la agricultura y la banca deben todos organizarse mediante cooperativas de productores y consumidores. Estas cooperativas producirán para cubrir las necesidades mínimas y también la mayor parte de otros productos y servicios, integrando el sector más grande de la economía proutista. Cooperativas periféricas más pequeñas pueden servir a cooperativas más grandes. Por ejemplo, una cooperativa automotriz podría producir las piezas que serán después enviadas a plantas cercanas para su ensamble final.

Prout reconoce tres requisitos necesarios para que las cooperativas tengan éxito. El primero es que la dirección sea honesta, digna de confianza. El segundo es una administración estricta, con contabilidad transparente, para infundir confianza entre los miembros de la cooperativa y del público. El tercer requisito es la aceptación genuina del sistema cooperativo por parte del público local. Esto implica una educación popular y constante promoción con el fin de crear redes integradas de cooperativas comunitarias.

El capitalismo global, que destruye los negocios locales por todo el mundo, ejerce asimismo una presión injusta en las cooperativas. La democracia económica descentralizada, sin embargo, asegura empleo y voz en los procesos de toma de decisiones a todos los miembros de la comunidad.

La economía de mercado cooperativista tiene muchos beneficios: mantiene bajos los precios al consumidor, minimiza la inflación, asegura precio bajo a la materia prima, facilita la distribución equitativa de la riqueza, promueve vínculos más estrechos entre las personas, y construye un espíritu comunitario.

Industrias clave a gran escala: "las empresas demasiado grandes, o aquellas que son grandes y a la vez complejas para funcionar como cooperativas, deben ser empresas de gran escala".[6] Los sectores del transporte, la energía, las telecomunicaciones, la defensa, la minería, el petróleo, los petroquímicos y el acero, son todos elementos esenciales en la economía. Requieren grandes inversiones de capital que forman monopolios naturales que por tanto son difíciles de descentralizar. La economía proutista va a administrar esas industrias como empresas de propiedad pública, administradas para el mejor interés público.

Las industrias clave serán supervisadas por el nivel más cercano y conveniente del gobierno, lo que Sarkar llamó "el gobierno inmediato". Por ejemplo, las aerolíneas nacionales operarían bajo la legislación federal, los comités de electricidad bajo la legislación del estado, y el agua potable junto con las aguas residuales operarían bajo las leyes del gobierno local.

Aun así para evitar que los políticos tengan control directo en los negocios, Prout prescribe que tales industrias claves sean administradas por cuerpos autónomos establecidos por el gobierno. Dichos cuerpos autónomos estarán autorizados legalmente por el estado, pero después operarán independientemente del control del gobierno. El comité y no el gobierno, designará a los oficiales ejecutivos, que a su vez informarán al comité; el comité deberá responder a la instancia de gobierno más próxima que represente a la gente. Los cuerpos autónomos también administrarán las industrias especializadas, tales como las relacionadas con la investigación y el desarrollo, los hospitales y las clínicas, así como supervisar los grandes proyectos de infraestructura, tales como puertos y aeropuertos. (Los servicios esenciales se discutirán en la siguiente sección).

Todo tipo de recursos naturales, servicios públicos y empresas estratégicas pertenecen colectivamente a la población local. Los gobiernos locales supervisarán las operaciones, asegurando que estén administrados de manera ecológica y auto sostenible. Prout se opone a la presión de grupos poderosos como el FMI para que los gobiernos vendan las empresas de servicios públicos a los inversionistas privados.

Las industrias clave se administrarán con base en el principio: "Ni ganancia, ni pérdida", lo que significa que cualquier superávit en la renta se invertirá nuevamente o se distribuirá a manera de bonos entre los trabajadores para maximizar la eficiencia, la calidad y la satisfacción del trabajador. Se puede guardar en un fondo una porción de cualquier superávit para financiar una expansión futura.

Las telecomunicaciones son un ejemplo de la sabiduría de este enfoque. Las operaciones urbanas son siempre más lucrativas que las de áreas rurales remotas, donde la instalación y las redes de mantenimiento son bastante costosas. Por lo tanto las compañías privadas de telecomunicación tienden a descuidar los servicios a las comunidades rurales, para poder pagar más dividendos a los inversores. Pero al operar las industrias clave como servicios públicos, se pueden proveer a precios accesibles a todos los consumidores individuales y a las cooperativas materiales y servicios esenciales, estimulando el crecimiento económico general.[7]

El suministro de bienes y servicios a la población

Sarkar creó un importante campo de la economía que llamó "la economía popular o economía del pueblo". En ella se analiza la vida de los individuos con relación a la economía en su integridad, incluyendo el nivel de vida, el poder adquisitivo y los problemas económicos. El primer objetivo de la economía del pueblo es asegurarse de que todos reciban los requisitos mínimos. Esta responsabilidad incluye la supervisión de la producción, la distribución, el almacenamiento, la comercialización y la fijación de precios en los artículos de consumo.

Para ello el gobierno federal necesitará clasificar todos los productos en estas tres categorías básicas: esenciales, semi-esenciales y no esenciales. Los productos esenciales son aquellos indispensables para mantener un adecuado nivel de vida, como son el agua potable, la mayoría de los géneros alimenticios, gran parte de la vestimenta, medicinas, materiales de construcción, textos de estudio y otros materiales didácticos, la electricidad y la energía. Los productos semi-esenciales incluyen algunos tipos de alimentos y vestimenta, los libros distintos a los textos de estudio, la mayoría de los artículos electrónicos, diversos artículos caseros, etc. Los productos que no son esenciales incluyen todos los artículos de lujo.

Las cooperativas producirán y venderán artículos esenciales y, de ser posible, los artículos semi-esenciales. Las pequeñas empresas privadas producirán los artículos de lujo y algunos artículos semi-esenciales o alimentos en pequeña escala.

A medida que se desarrolle la economía de una región, la variedad de productos crecerá en todas estas tres categorías. Cuando todos puedan cubrir las necesidades mínimas, algunos productos semi-esenciales, tales como los aparatos electrodomésticos y artículos electrónicos, pasarán del estado semi esencial a esencial. Un artículo que inicialmente se consideraba lujoso puede pasar a la categoría de semi-esencial o esencial.

Los servicios también se clasificarán de igual manera. Los servicios esenciales proveen las necesidades básicas, como la educación (desde el jardín infantil a la universidad), los hospitales, el abastecimiento de agua y la sanidad, el transporte público local, el sistema ferroviario, las aerolíneas nacionales, la producción de energía, las telecomunicaciones, etc. Los gobiernos a nivel local, provincial y federal, proveerán estos servicios a través de las entidades autónomas establecidas con tal finalidad.

Algunos servicios esenciales, tales como lo son centros sanitarios, los centros médicos y las clínicas pueden funcionar como cooperativas de servicio, cuyos propietarios y administradores serán el mismo personal médico.

Todos los demás servicios se clasificarán de semi-esenciales o no esenciales y los pueden ofrecer pequeñas empresas privadas. Sin embargo, la economía proutista siempre favorecerá el desarrollo de las empresas cooperativas.

En Prout es importante que la función de un gobierno sea siempre la de coordinar, y no de dirigir, la producción y distribución de los bienes y los servicios.

Uno de los rasgos revolucionarios de la economía proutista será identificar los recursos productivos que anteriormente fueran invisibles e intangibles, e incorporarlos al cálculo de costos. Incluiría el trabajo en casa, la crianza de los niños, la conservación de la diversidad ambiental y los diversos componentes del capital social.

La economía popular tendrá que asegurar que todos los que puedan trabajar estén empleados de algún modo. Aunque éste sea un sueño utópico en un mundo dominado por el capitalismo global, lo puede lograr la democracia económica basada en cooperativas. Por consiguiente el gobierno promoverá y asistirá al desarrollo de cooperativas.

El sistema habitacional de Prout

El tema vivienda merece una mención especial. Un comité de vivienda en cada región establecerá los parámetros de vivienda para cada familia en términos básicos de tamaño y servicios. El comité garantizará que los diseños sean adecuados al clima y la cultura, que haya accesibilidad y utilidad de materiales de construcción convenientes y seguros, y que la tecnología y la arquitectura sean debidamente ecológicas y acogedoras tanto como sea posible. El diseño, el estilo y la decoración se dejarían al gusto personal.

El monto de las cuotas mensuales para pagar la renta o financiar la construcción o la renovación de una vivienda, se incluirá al calcular el salario mínimo de la región. Cualquier persona o familia sin vivienda, o que habite en una casa en condiciones inferiores al estándar mínimo requerido, tendría derecho a obtener una morada con una renta con opción a compra, por medio de préstamos con bajo interés a largo plazo de bancos cooperativos. Los propietarios de casas podrían también rentar una o dos habitaciones a estudiantes o residentes temporales.

La participación del propietario en la planificación, la concertación del préstamo y si es posible en la construcción, se reconoce un factor clave en programas comunitarios exitosos de vivienda de bajo costo. Los comités de vivienda establecerían además los niveles mínimos de casas para personas solas, para las familias grandes y para los que deseen vivir comunitariamente. Las personas que lo deseen pueden trabajar más para comprar viviendas más grandes y mejores. Pero todos tendrían garantizada una vivienda adecuada de mínima calidad.

Aumento en el poder adquisitivo de la gente

A pesar de casi tres décadas de crecimiento económico en EE. UU., los verdaderos salarios y el poder adquisitivo de la población han ido cayendo. El salario mínimo al ajustarse a la inflación y calcularse en dólares de 2009, cayó del pico de 10 dólares la hora en 1969 a menos de 7 en 2010.[8] El empleado promedio estadounidense trabaja más horas y más arduamente, para cobrar un menor salario. El crecimiento económico constante se ha logrado por medio de la explotación de los trabajadores.

Prout mide la salud y la vitalidad económica de manera muy distinta: al evaluar el poder adquisitivo de la población y su nivel de vida. Los economistas proutistas determinarán el salario mínimo suficiente para cubrir todos los bienes y servicios esenciales como los alimentos, la vestimenta, el transporte local, la atención médica y la renta mensual para la vivienda, y las facturas de servicios públicos para una familia de cuatro integrantes.

El gobierno tiene que financiar la educación de gran calidad en todos los niveles. Una forma de financiar la asistencia médica de calidad para todos es a través de un fondo de salud al cual contribuyan mensualmente todos los trabajadores con empleo y que sea supervisado por el gobierno.

Para controlar la inflación, los verdaderos salarios de la gente se revisarán asiduamente de acuerdo al costo real de todos los productos y los servicios disponibles. Mientras en las economías capitalistas el índice de inflación fluctúa significativamente con frecuencia, en la economía basada en cooperativas, la inflación se puede mantener baja por períodos prolongados. Al garantizar los requisitos básicos de vida, el costo del capital permanecerá bajo, permitiendo que el capital se re-invierta continuamente en empresas productivas, y la riqueza generada por las cooperativas se distribuya equitativamente en toda la sociedad.

Otro método para estabilizar a corto plazo los precios es almacenar los productos claves y esenciales. Cuando la demanda excede la oferta de un producto particular tiende a subir el precio, el gobierno puede disminuir las reservas almacenadas. De modo similar, cuando hay exceso de productos el gobierno puede aumentar sus reservas. En el largo plazo, los planificadores económicos tienen que anticipar los niveles de demanda y de acuerdo a ello modificar la producción (ver la siguiente sección).

Una economía proutista garantizará a la gente un poder adquisitivo en aumento. Esto significa que todos los trabajadores tendrán ingresos en aumento progresivo con índice mayor que el índice de inflación. Así, el salario mínimo tendrá que subir gradualmente, dando a la gente la oportunidad de comprar cada vez mayor variedad de bienes y servicios.

Otra manera en que se pueden elevar los salarios es aumentando los beneficios correspondientes o mejorar las condiciones laborales. Por ejemplo, en la mayoría de los países un salario mínimo probablemente se establecería por 40 horas semanales, con una remuneración adicional por las horas de trabajo extra. Al introducir tecnología avanzada y lograr que las cooperativas sean más eficientes, eventualmente se hará posible la reducción gradual del número de horas de trabajo semanales. Mientras se mantenga el mismo nivel de productividad, todos los trabajadores pueden recibir los mismos salarios trabajando, digamos, 38 horas semanales. Esta reducción gradual de las horas laborales proporcionará a todos más tiempo para dedicarse a actividades culturales, complementar la educación, practicar deportes y otros pasatiempos.

Se estimularía a las cooperativas a ofrecer a sus miembros horarios flexibles que les permitan dentro de ciertos límites, ajustar las horas de trabajo y actividades para planificar actividades familiares y otros compromisos.

Será ilegal que los menores de 14 años trabajen como personal de planta. Los jóvenes de 14 a 16 años se deben limitar a trabajar un máximo de 20 horas semanales y se les debe pagar en conformidad con el salario mínimo justo, según el número de horas trabajadas, a menos que el trabajo forme parte de entrenamiento escolar.

La descentralización económica y las regiones socioeconómicas

Prout propone la formación de regiones económicamente autosuficientes, basadas en la similitud de sus problemas económicos y sociales, de potencialidades geográficas, y el legado cultural e idioma. El término "región" se utiliza en esta instancia en sentido general. La mayoría de los países de Europa se considerarían como regiones socioeconómicas separadas. Lo más importante es que las regiones se deben definir de modo que promuevan un espíritu cooperativo y autosuficiente que lleve a la fuerza de la unidad y la cultura.

A fin de planificar, cada unidad socioeconómica se dividiría a su vez en distritos y "bloques", a partir de consideraciones económicas, geográficas y poblacionales. Cada bloque debe tener una población de hasta 100.000 habitantes, o menor en áreas escasamente pobladas. En la planificación económica de Prout, el bloque es la unidad territorial más importante, porque representa el nivel de base.

En una economía descentralizada, cada país se esforzará en lograr autosuficiencia, y dentro de cada país, cada región, distrito y aun bloque se esforzará igualmente, tanto como sea posible, en alcanzar la autosuficiencia. No se trata de una sombría planificación centralizada de arriba hacia abajo, sino de un proceso comunitario vibrante. (Al final del capítulo 6 está un ejercicio de planificación a nivel bloque.)

La Unión Europea, cuya constitución promueve el capitalismo global, es problemática porque impone el comercio libre en países económicamente desiguales, y favorece a las corporaciones internacionales a costa de la agricultura e industria locales. Prout promueve el comercio justo entre las regiones y países igualmente desarrollados, y eventualmente su futura fusión en confederaciones cada vez más grandes.

Uno de los mayores defectos del capitalismo sin control es la apropiación de materia prima y capital de las áreas subdesarrolladas, para beneficiar a los dueños que viven en otro lugar. Las economías centralizadas conducen a una alta concentración urbana e industrial y excesiva acumulación de riqueza.

La economía descentralizada produce el efecto contrario al atraer a los habitantes de las grandes urbes a nuevas oportunidades de trabajo, creando un nivel más elevado y mejor calidad de vida en poblaciones pequeñas y áreas rurales. También elimina la necesidad de la migración de la población de trabajadores agrícolas a viajar durante cada estación, de región en región, para recoger las cosechas. Se optimiza el control económico local, permitiendo que cada localidad desarrolle planes adecuados para lograr la autosuficiencia económica y el desarrollo al tiempo que protege al medio ambiente natural.

El racismo, la discriminación y los crímenes marcados por el odio han atormentado históricamente a los movimientos a favor de la autonomía local. Con frecuencia, las personas desempleadas o subempleadas de una localidad se molestan contra los trabajadores extranjeros, así como contra los terratenientes y capitalistas llegados de otras regiones o países, con otra cultura o religiones distintas. La principal causa subyacente de tal intolerancia, que muchas veces conduce a la violencia, ha sido siempre la explotación económica. Los líderes políticos se aprovechan del clima general de frustración, encono y resentimiento, arrojando más leña al odio para obtener popularidad y poder.

Prout supera este malestar al insistir en que cualquiera se puede establecer en cualquier región, con tal de que fusione su interés económico con ella. Las ganancias no se pueden exportar a ningún lugar. Cuando estén garantizadas, a través del pleno empleo, las necesidades mínimas de todos y cuando se haya establecido un tope razonable a los salarios y a la riqueza personal, naturalmente decrecerán el enojo y la intolerancia a los extranjeros. Las escuelas, la educación popular y los medios de comunicación también cooperarán para estimular el espíritu del universalismo.

Comparación entre la economía del bienestar de Amartya Sen con el sistema Prout de Sarkar

Amartya Sen, economista de Calcuta, fue galardonado en 1998 con el Premio Nobel en Economía, Magíster del Trinity College, Universidad de Cambridge, Reino Unido, y actualmente profesor de la Universidad de Harvard, EE.UU. La Real Academia de las Ciencias de Suecia mencionó que Amartyan Sen había "restaurado una dimensión ética en la discusión de los problemas económicos vitales". Sen es un pionero principal en lo que se conoce actualmente como la economía del bienestar social. Sus obras, de amplio espectro, se centran en asuntos de desigualdad, la medición de la pobreza, y de cómo las sociedades realizan selecciones que sean justas y a la vez eficientes.

En su infancia, durante la gran hambruna en Bengala de 1943, en la que perecieron cinco millones de personas, Sen distribuyó pequeñas latas de arroz a los hambrientos refugiados que pasaban por la casa de su abuelo. Treinta años después, aún impresionado por tales imágenes, sus investigaciones revelaron que las reservas de alimentos de la India en esa época no eran excepcionalmente bajas, por el contrario, la hambruna resultó del desproporcionado encarecimiento de los alimentos, provocado por el pánico de la guerra y la manipulación de los especuladores. Los gobernantes coloniales británicos, inmunes a las presiones democráticas, simplemente se mantuvieron al margen del problema.

En su notable estudio sobre las causas de la hambruna, *Pobreza y Hambrunas,* Sen demuestra que las hambrunas no son solo la conse cuencia de fenómenos naturales, como sequías o inundaciones que con frecuencia les preceden, sino que son catástrofes económicas y políticas evitables, en las que los más pobres no se pueden permitir comprar alimentos, bien sea porque perdieron el trabajo o bien porque los precios de los alimentos se encarecieron drásticamente. El periódico *The New York Times* atribuye a su investigación el haber salvado muchas vidas. Como resultado de su estudio, los gobiernos y las organizaciones de ayuda humanitaria ponen hoy en día menos énfasis en la distribución directa de comida a los pobres, y en cambio enfocan más su atención en restablecer los ingresos personales a través de programas tales como proyectos de obras públicas.[9]

Sarkar, contemporáneo de Sen, que también fue testigo de esa terrible hambruna, señaló igualmente a una de las mismas causas cuando en 1959 escribió: "A través de la historia, millones de personas han muerto debido a hambrunas artificiales creadas por otros seres humanos que por acaparar cereales, causan escasez artificial".[10]

En sus otras obras, Sen pone de relieve que el bienestar en realidad no depende de los bienes materiales, sino de la actividad para la que son adquiridos. Según su punto de vista, la importancia del ingreso monetario radica en las oportunidades o capacidades que genera. La salud, al igual que otros factores, debe ser considerada en la medición del bienestar.

Sarkar va más allá de Sen al afirmar que la excesiva acumulación de riqueza y la falta de circulación de inversiones productivas reduce las actividades de la gente común para adquirir bienes, y por consiguiente se reduce su poder adquisitivo. Prout incluye la atención médica como una necesidad básica que debe estar al alcance de todas las personas mediante el pleno empleo y suficiente poder adquisitivo.

Otra de las principales ideas de Sen es que todos los principios éticos bien fundados asumen que los seres humanos son fundamentalmente iguales, y por consiguiente deben tener iguales oportunidades y derechos humanos. Él reconoce que distintos individuos tienen diferentes capacidades al utilizar las mismas oportunidades, y concluye que el problema de la distribución nunca se puede resolver completamente; la igualdad en algunas dimensiones implica necesariamente la desigualdad en otras. Sen no dice en qué dimensiones se debe defender la igualdad y en cuáles se debe aceptar la desigualdad.

Sarkar ofrece una perspectiva filosófica frente a este dilema en su concepto del principio del placer egoísta (la base del capitalismo), que afirma perjudica el interés colectivo y finalmente conduce también a la degeneración de la conciencia individual. Para evitarlo, exhorta a la sociedad a adoptar el principio de la igualdad social. Prout lo logra al colocar el suministro de necesidades mínimas para todos, como la base para la igualdad económica, y al insistir en que a nadie se le niegue el acceso a las oportunidades sociales. El principio de la igualdad social beneficiará a las personas tanto individual como colectivamente.[11]

Finalmente, Prout resuelve la cuestión de la desigualdad con servicios especiales a las personas meritorias que contribuyan a la sociedad. Al reducir la brecha entre las necesidades mínimas y máximas, o servicios especiales, pero sin jamás cerrarlo del todo, la sociedad proutista va a elevar continuamente el nivel de vida, proveer incentivos al comportamiento progresivo y va a mejorar la calidad de vida de todos.

El trueque

El comercio de trueque es un método de intercambio en el cual se canjea directamente mercadería o servicios por otros artículos o servicios. Cuando dos socios mercantes se ponen de acuerdo en permutar algo que el otro necesita, los economistas lo llaman "la doble coincidencia de deseos," que es un interés recíproco en el producto que el otro comercia. Sin embargo, la coincidencia exacta de necesidades solo ocurre raramente, lo que dio lugar al dinero, al permitir a un vendedor intercambiar bienes por una prenda ampliamente aceptada. Por lo tanto el dinero es un medio de trueque, además de ser una reserva de valores, y una unidad para el mantenimiento de una contabilidad.

En épocas de recesión económica o de disturbios, cuando el dinero es escaso, el trueque se vuelve popular. Durante la transición rusa de la economía comunista planificada a la de mercado libre durante la década del 1990, la inflación y el desempleo se dispararon, y se usó el trueque en la mitad de todo el comercio industrial por 1997.[12] Cuando Argentina estaba sumergida en severa recesión en 1999 debido a los métodos de ajuste estructural del Fondo Monetario Internacional, "los clubes de trueque" atrajeron a miles y finalmente a millones de "prosumidores" (productores y consumidores) que se reunían en las ferias vecinales a través del país para comercializar artículos. Se creó una unidad de comercio en papel llamado "crédito", pero a medida que creció la red, cayó víctima de falsificación e hiper-inflación.[13] Aún así, los clubes locales de trueque continúan hasta hoy en Argentina y a lo largo de gran parte de América Latina.

Hoy en día muchas cooperativas y pequeños negocios utilizan el trueque muy efectivamente para aumentar la eficiencia al comercializar su capacidad no utilizada o el exceso del inventario. Se puede hacer trueque con lugares vacíos en el restaurante, teatro o vuelos comerciales por publicidad, o servicios de contabilidad o plomería. Una agencia de trueque es una organización comercial que provee una plataforma mercantil y un sistema de teneduría de libros para sus miembros o clientes. Las compañías miembros compran y venden productos y servicios entre ellos utilizando una moneda interna conocida como dólares de trueque o comerciales. Hay aproximadamente 600 agencias de trueque comerciales y corporativas que sirven en todas partes del mundo.[14] El periódico *Wall Street Journal* informa que 250.000 compañías estadounidenses comercializaron en 2008 el valor de 16 mil millones de dólares en artículos de trueque. La Organización Mundial del Comercio, OMC, estima que 843 mil millones de dólares, que equivalen al 15% de todo el comercio internacional, se conduce sobre una base distinta al efectivo.[15]

En principio, Prout apoya el libre comercio. Sin embargo, el comercio entre países debe tener lugar cuando todos los países interesados gocen de paridad económica; de lo contrario, los países ricos y poderosos tienden a explotar a los países más pobres. Por ejemplo, El Tratado de Libre Comercio de América del Norte (NAFTA) ratificado en 1994, ha sido muy lucrativo para las compañías estadounidenses y para los inversores, pero causó que los extranjeros tomaran control de más de 10.000 compañías canadienses,[16] y que habría una pérdida neta de 879.280 empleos en EE. UU. que fueron a parar a maquiladoras mexicanas donde los salarios se mantienen bajos.[17]

Es necesario establecer directrices claras para asegurar que el comercio sea beneficioso para todas las partes involucradas. En la democracia económica, los recursos se consideran patrimonio común de todos los habitantes de la región. Por consiguiente, la refinación y la fabricación deben tener lugar lo más cerca posible de la fuente de materia prima.

Una vez que la economía local pueda satisfacer las necesidades básicas de la población, se pueden importar productos terminados o a medio terminar, en caso de que no haya disponibilidad ni se puedan fabricar ni conseguir con facilidad, siempre y cuando no se debilite el mercado de los productos locales.

La mejor forma de comercio entre las regiones y los países es el trueque o los acuerdos bilaterales, porque con ello se evita la necesidad de pagar en moneda extranjera. Ambos países se benefician satisfaciendo necesidades al intercambiar el excedente de producción. El presidente de Venezuela, Hugo Chávez, fue pionero en el negocio del trueque al firmar acuerdos de trueque bilaterales con países en desarrollo, intercambiando petróleo venezolano por otros productos o servicios que necesita el país, incluyendo 50.000 médicos y dentistas cubanos que prestan atención médica en clínicas de los barrios pobres y los pueblos rurales remotos. Hazel Henderson estima que el 25% del comercio mundial se conduce por medio del trueque, pero el PIB lo pasa por alto al considerar solamente las transacciones monetarias.[18]

Con el auge del comercio, una mayor variedad de artículos estará a disposición de la gente, lo que desarrollará la prosperidad y la paridad económica entre las regiones socioeconómicas. Gradualmente, se fusionarán las regiones socioeconómicas vecinas, y se crearán zonas de libre comercio basadas en la justicia y la democracia económica.

Sistema monetario de Prout

El dinero es una herramienta social que facilita la actividad económica de una comunidad. Su valor aumenta con su movilidad, porque cuanto más circule de mano en mano, más beneficiará a la gente.

En 1931 en Worgl, Austria tuvo lugar un ejemplo interesante de moneda local. En ese entonces, en esta ciudad como en el resto de Europa y de las Américas, se sufría la Gran Depresión. El desempleo era muy elevado, las carreteras y los puentes necesitaban reparación, y las arcas del fisco estaban vacías porque la gente no podía pagar impuestos. El alcalde, al observar que el único problema era la falta de dinero, decidió expedir "certificados de trabajo" respaldados por una reserva de dinero austríaco en el banco local. Casi inmediatamente la economía de la ciudad respondió positivamente, y en dos años Worgl era la ciudad más próspera de Austria. Fue tal el éxito del plan que más de 300 ciudades comenzaron a emitir también sus propias monedas, a cuyo efecto el Banco Nacional de Austria, viendo en peligro su monopolio, forzó al gobierno a declarar ilegales dichas monedas locales.[19]

En 1983 se estableció en Canadá el Sistema de Cambio Local (LETS por sus siglas en inglés) como un sistema contable que registra todas las transacciones entre los socios participantes sin necesidad de inscripción. Ahora hay más de 2.500 diferentes sistemas de cambio locales operando en los países del mundo.[20]

El mayor defecto de los esquemas locales de cambio son los límites de la moneda usada: el lugar donde se aceptan (generalmente solo en la comunidad local), y los productos y servicios que se pueden adquirir. De ahí que Prout aboga por la necesidad de una moneda nacional convertible con un valor estable para evitar la inflación. Esto se puede lograr manteniendo las reservas de oro u otros productos de base estables, equivalentes al valor de la moneda impresa.

Un sistema progresivo de impuestos[21]

Los impuestos son el reclamo del gobierno de una porción de la riqueza producida en la comunidad. Hay tres razones primarias para que los gobiernos recauden impuestos:

1. Para proveer bienes y servicios públicos, como policía, cortes de justicia, escuelas, caminos, recolección de la basura, etc.
2. Para pagar esquemas de seguro público como jubilaciones, pensiones, seguros de salud y de accidente.
3. Para promover una distribución más equitativa, como subsidio de desempleo, pagos del plan de bienestar y vales para alimentos. Algunos gobiernos, como los de Escandinavia, están interesados en reducir la brecha entre ricos y pobres, a diferencia de EE.UU. En 2001 y 2003, el Presidente George W. Bush impulsó la legislación que cortaba los impuestos personales a los ingresos, cortaba el índice de impuestos a la ganancia y dividendos al capital, y cortaba los impuestos federales de herencia a los multi-millonarios. Los ahorros de estos cortes, que le costaron al gobierno 2,5 billones de dólares para fines de 2010, fueron para las familias más acaudaladas.[22]

La mayoría de los presupuestos de gobierno, sea en el Reino Unido, Polonia o Nueva Zelanda, equivalen a alrededor de 40% del 3, pero la mitad de ellos son transferencias de pagos a pensiones y subsidio de desempleo. Los gobiernos deben establecer niveles de impuestos suficientes para financiar su gasto sin pedir préstamos, excepto en circunstancias extraordinarias, como en la recuperación de desastres naturales.

¿Cuál es un impuesto efectivo? Los economistas evalúan los impuestos de acuerdo a tres criterios:

1. *Equidad o justicia*: en efecto hay dos tipos de equidad que no necesariamente son consistentes el uno con el otro. Primero es el principio del beneficio: los que se benefician del servicio que proveen los impuestos lo deben pagar. Por ejemplo, los

automovilistas pagan impuestos para mantener las autopistas, los pasajeros de aviones pagan impuestos en los aeropuertos. Segundo es el principio de la capacidad de pagar, lo que significa que los que son más adinerados deben pagar más. Así, el impuesto a los ingresos es progresivo si los ricos pagan un porcentaje más elevado; mientras que la mayoría de los impuestos de venta son regresivos, y causan que las clases pobre y media paguen un porcentaje mucho más alto de sus ingresos que las personas ricas que compran el mismo artículo.
2. *Eficiencia*: los impuestos no deben causar un comportamiento indeseable ni ningún tipo de distorsión, como el contrabando o el mercado negro, que son controlados por criminales.
3. *Sencillez*: los impuestos simples son de poco costo en la recaudación y en la administración. Un ejemplo de impuesto que no es simple de cobrar es el impuesto a los ingresos de EE.UU., que cuesta a la Hacienda Pública 12 mil millones de dólares anuales, y para cumplir con ello le cuesta a los ciudadanos más de 6 mil millones de horas y 200 mil millones de dólares por año;[23] ¡las instrucciones del código federal en 2010 fueron 71.684 páginas!

Aunque Sarkar no dijo mucho sobre impuestos, y no todos los economistas proutistas estén de acuerdo, surgen ciertas propuestas de la perspectiva de Prout. A continuación hay ocho tipos comunes de impuestos:

1. *Impuestos personales de ingreso:* además de la complejidad y de la costosa ejecución y de los costos de cumplimiento ya mencionados, los impuestos a los ingresos causan un alto porcentaje de errores, impiden la toma de decisiones económicas, llevan a un tratamiento desigual de los ciudadanos y promueven la evasión de los impuestos, además de una economía clandestina. Es mala psicología dar dinero e inmediatamente sacarlo. En vez de abolir de inmediato este enfoque, podría ser más sensato asignar gradualmente niveles libres de impuestos, liberando a las clases trabajadoras de esta carga, a la vez que se aumentan los impuestos a los niveles de ingresos más elevados para promover la equidad.
2. *Impuestos de ingresos corporativos:* la economía de Prout no acepta las grandes corporaciones privadas ni públicas. Sin embargo, ¿qué sucede si una cooperativa de Prout llega a tener

mucho éxito y a tener grandes ganancias? Sería una señal para el resto de la economía de que hay disponible una buena oportunidad de negocio —en diferentes lugares se reproducirían con éxito nuevas cooperativas. Si estas llegaran a ser demasiado grandes, tendrían que dividirse o convertirse en compañías públicas. En vez de que los gobiernos aprovechen las ganancias excesivas, se podrían dirigir a los proyectos de responsabilidad social o de caridades locales. Por ejemplo, todas las cooperativas en Mondragón, España, donarían el 10% de las ganancias a estos fines.

3. *Impuestos al consumo personal* (impuesto a las ventas e IVA): los productos esenciales como los alimentos y medicinas, estarán exentos de impuestos. Los artículos y servicios semi-esenciales deben tener impuesto y los no esenciales y de lujo tendrían impuestos al índice más elevado. Un simple impuesto de venta se cobra en el punto de venta final y el Impuesto al Valor Agregado, IVA, se muestra igual al comprador. Pero de hecho el IVA cobra un impuesto en cada etapa de la cadena de producción, de modo que los cobros, las remesas al gobierno, y los créditos para los impuestos ya pagados se producen cada vez que un negocio en la cadena adquiere productos de otro negocio. Sarkar dijo: "los impuestos se deben recaudar al inicio de la producción".[24] y algunos economistas proutistas consideran al IVA como el método más lógico para hacerlo, aunque tenga costos administrativos y de cumplimiento más elevados que un simple impuesto de ventas.
4. *Aranceles de importación:* Prout recomienda establecer aranceles de importación para proteger a los nuevos negocios locales y a los productos y servicios esenciales de la injusta competencia extranjera. Sin embargo, a largo plazo, los impuestos de importación pueden esconder ineficacias y mantener alto los costos. Sarkar sugirió que las cooperativas jóvenes que produzcan artículos y servicios esenciales requerirían de una "armadura protectora" en la forma de "exenciones de impuestos de compra, derechos, etc". Tales sistemas de protección "se deberán retirar lentamente".[25]
5. *Impuestos a los recursos ambientales:* los impuestos a los recursos naturales son un punto importante, en un gobierno proutista, para estimular el uso de algunos recursos y desalentar el uso de

otros, y de financiar la investigación de tecnologías alternativas. El gravamen de cada recurso debería ajustarse para reflejar las reservas, así como a todos los costos sociales y ambientales. Holanda y Escandinavia son pioneros en impuestos 'eco' o 'impuestos verdes' que promueven protección ambiental. Los impuestos de recursos incluirían el agua, el aire, los bosques, los minerales, los recursos oceánicos y las bandas de satélite. Estas áreas requieren monitoreo constante y continua investigación científica y económica para evaluar y ajustar efectivamente el impacto de la sociedad en el medio ambiente.

6. *Impuesto a la riqueza y a la herencia:* una de las principales causas de injusticia social es la extrema concentración de la riqueza, la brecha entre ricos y pobres. Los impuestos a la riqueza en Austria, Dinamarca, Finlandia, Alemania, Luxemburgo, Holanda, Noruega, España, Suecia y Suiza, fluctúan entre 0,5 a 2,5%. El economista proutista Ravi Batra recomienda un impuesto progresivo a la riqueza, en la transición de una economía capitalista a una cooperativista, para cambiar la posesión de la riqueza. Los ricos tendrían que vender algunas posesiones para pagar los impuestos. Los EE.UU. gravan ahora 35% de la riqueza que pasa a los descendientes.
7. *Impuesto a la tierra:* es muy sencillo y eficiente con bajo costo administrativo. La tierra no se puede esconder, se puede establecer fácilmente la propiedad y el impuesto a la tierra genera ingresos regulares. El impuesto a la tierra debe ser progresivo, porque la gente acaudalada posee más tierra valiosa y debe pagar más impuestos. (Pero en el Reino Unido, los terratenientes mayores, que poseen más de 50.000 hectáreas de tierra cada uno, no pagan ningún impuesto, en cambio ¡el gobierno británico les paga el dinero de los que pagan impuestos para que mantengan la tierra![26]). El aumento en impuestos de la tierra que no se utiliza en una transición del capitalismo a una economía cooperativa podría revertir la propiedad de la tierra y desincentivar la especulación, reduciendo la demanda y bajando los precios. Las cooperativas de campesinos deberían pagar impuestos, un porcentaje fijo de su cosecha, para reflejar las condiciones de la estación.
8. *Impuestos para propósitos especiales:* el propósito de estos son los diferentes tipos de comportamiento económico. Por ejemplo,

los artículos dañinos a la salud de la gente, como los cigarrillos y el alcohol, se deben gravar a índices significativamente más altos que los impuestos normales de venta. A veces se los cataloga de "impuestos pecaminosos". Bajo Prout, no se permitirá ni a los productores ni a los vendedores de estos artículos realizar ninguna propaganda ni tener ganancia con sus ventas, y el ingreso de tales impuestos irá a financiar el sistema de atención a la salud.

Los diferentes niveles del gobierno deben llevar a cabo la recaudación de impuestos. Si el gobierno nacional recaudara todos los impuestos y distribuyera el dinero a las regiones, las regiones tendrían mínimo poder económico. Los impuestos que se comparten entre los diferentes niveles del gobierno se tienen que negociar anualmente. Sarkar dijo:

> Prout recomienda la abolición del impuesto al ingreso. Actualmente, si en la India se deroga el impuesto a los ingresos y los impuestos sobre materias primas producidas dentro del país se aumentaran solo diez por ciento, no habría pérdida en el ingreso del gobierno. Si no hay impuesto a los ingresos nadie va a tratar de acumular dinero escondido. Se declarará todo el dinero. Como resultado habrá solidaridad económica, un aumento en el intercambio y el comercio, más inversiones, más empleo y mejora en la posición de la divisa local. Los intelectuales deben exigir la abolición del impuesto al ingreso.[27]

Un gobierno proutista establecido probablemente obtenga dinero del impuesto a los recursos, al consumo, de los aranceles de importación y de la tierra. Se podrían fijar una variedad de impuestos al uso, impuestos punitivos y otros impuestos de propósito especial, de acuerdo a los métodos sociales y económicos. Finalmente, la tributación proutista depende del momento, el lugar y la persona, y siempre se esfuerza por la máxima utilización y la distribución racional para el bienestar de todos.

Los derechos del planeta y la recuperación de la plusvalía de la tierra

De acuerdo al Programa de Naciones Unidas para el Medio Ambiente: "La falta de incorporar, en todos los niveles, adecuadas políticas de tierra urbana y rural, además de prácticas de administración territorial sigue siendo la primera causa de pobreza y desigualdad. También es la causa del aumento en el costo de vida, la ocupación de terrenos propensos a amenaza, la degradación ambiental y el aumento en la vulnerabilidad de los habitantes urbanos y rurales que afecta a todos, especialmente a los grupos en desventaja y endebles, que viven en pobreza e ingresos bajos".[28]

La proutista Alanna Hartzok, autora de *La Tierra pertenece a todos* y codirectora del Instituto para los Derechos de la Tierra, en Pennsylvania, EE.UU., está ayudando a dirigir un movimiento de reforma tributaria progresista basada en el uso de la tierra. Inspirada en el economista clásico Henry George (1839-1897) y su libro *Progreso y pobreza,* señala a la especulación y al lucro derivado del alquiler de la tierra como la mayor fuente de ganancias no devengadas en el capitalismo, y una de las principales causas de la pobreza.

"La recuperación de la plusvalía de la tierra" es una forma de construir una economía justa por medio de un enfoque práctico de la política financiera pública. Sencillamente, la recuperación de la plusvalía de la tierra regresa equitativamente a todos el valor —la "renta de la tierra"— que se adjunta a la tierra debido a las oportunidades naturales y a las contribuciones de la sociedad como un todo. El algunas veces llamado "impuesto sobre el valor del suelo" no es un impuesto que obstruya las actividades productivas; por el contrario, es un tipo de impuesto de la propiedad enfocado solamente en el valor de los lugares y recursos naturales. Los impuestos del ingreso y actividades productivas pueden ser reducidos o idealmente eliminados enteramente.

Cuando el arrendamiento de la tierra es captado para propósitos y necesidades sociales, deja de ser una ganancia obtenida por medio de la retención improductiva de tierra para la especulación o la inversión inmobiliaria. A este punto la tierra ya no es un artículo cuyo fin es la obtención de ganancia, sino lo que originalmente era o debería ser "en común", esto es, de propiedad colectiva o compartida por la población.

Los impuestos a la propiedad en EE.UU., India y muchos otros países incluyen un imponible tanto del valor de venta del terreno como del valor de cualquier edificación en el terreno. Por lo tanto los impuestos aumentan cuando se construye un edificio o se repara, lo que desalienta las mejoras. Sin embargo el impuesto al valor de la tierra elimina los impuestos a las casas y edificios, y cambia los impuestos al valor de los terrenos.

Quince ciudades del estado de Pennsylvania, EE.UU., implementaron una reforma parcial llamada impuesto a la propiedad de "dos tasas" o "tasa dividida": al bajar los impuestos a los edificios, se estimulan mejoras y renovaciones, a la vez que se elevan los valores de impuestos a la tierra, desalentando las especulaciones con la tierra.[29]

"Que paguen impuestos los productos nocivos y no los beneficiosos" ["tax bads, not goods"] es el lema del Proyecto Impuestos Verdes y de Activos Comunes y la Maestría de Administración Pública de la Universidad de Vermont. Informan: "Si se grava menos el trabajo, los ingresos, los sueldos y las inversiones en las actividades productivas, se estarán estimulando estas funciones. Si se grava más la utilización de los recursos, los terrenos, y la contaminación, se conservarán los recursos, los terrenos se utilizarán eficientemente, y la industria evitará la contaminación".[30]

Hartzok dijo:

> Nosotros vemos la misma situación por todo el mundo: la gente trabaja más horas y más arduamente, y aun así es incapaz de comprarse una casa a precios accesibles, lo que es una necesidad básica de vida. Los impuestos tradicionales sobre la propiedad penalizan las mejoras de las viviendas de los pequeños propietarios. Los precios elevados de los alquileres y los altos intereses de los préstamos e hipotecas, retrasan cada vez más el avance de la gente.
>
> Necesitamos detener el impuesto al trabajo para incrementar el poder adquisitivo de las personas con ingresos bajos y medianos. Se debe comprender el impuesto al valor de la tierra o al uso de los recursos naturales como un gravamen sobre las no cultivadas ganancias de miles de millones de dólares de ingresos que unos pocos capitalistas cosechan de los dones de la naturaleza. Este sistema es similar al gravamen llamado "impuesto de contaminación", el cual ha reducido drásticamente la contaminación del aire y del agua en los países donde se aplica. Estas ganancias inmerecidas necesitan compartirse equitativamente para beneficiar a toda la comunidad.[31]

Una respuesta proutista a la recuperación de la plusvalía de la tierra

Por el Dr. John Gross, Departamento de Economía de la Universidad de Duke

Los impuestos al valor de la tierra o geo-impuestos, basados en las ideas de Henry George, tienen una valiosa participación cuando son aplicados adecuadamente en la economía capitalista, o en cualquier sistema económico en el cual una pequeña porción de la población controla la mayoría de la tierra y de sus recursos. Muchos de los beneficios de tal sistema de impuestos con esta configuración se explica arriba.

Una economía proutista, sin embargo, es muy diferente de la economía capitalista, y las políticas que son totalmente claras en el capitalismo pueden producir consecuencias pobres o incluso no intencionadas cuando se aplican en el contexto de Prout.

Dos supuestos, normalmente entre líneas, son fundamentales para el impuesto a la tierra: los poseedores de tierra y recursos son maximizadores de la ganancia y que la maximización de la ganancia es bien recibida.

Estos supuestos están tan arraigados en la teoría neoclásica que la mayoría de los economistas describirían cualquier otro comportamiento como ya sea irracional o insostenible. Los impuestos al valor de la tierra se calculan como una proporción de la ganancia (frecuentemente llamada plusvalor o renta) que se puede obtener sobre cualquier porción de tierra bajo el supuesto de que el propietario la usa en la forma productiva más rentable mientras actúa como un maximizador de la ganancia. De esta forma, cualquier propietario de tierra que haga algo diferente de esto enfrentará dificultades para pagar los impuestos y tendrá un incentivo para venderla.

Prout, sin embargo, rechaza la maximización de la ganancia en favor de la maximización de la producción económica o del consumo. De hecho, de acuerdo con P.R. Sarkar, el sistema de Prout de producción cooperativa para el propósito del consumo minimiza la ganancia.[32]

En Prout, la producción llevará a una mayor cantidad de mercaderías y a bajar los precios que lo ocurrido en el capitalismo, debido a que el grado cooperativo óptimo de producción se daría donde el precio se iguala con el costo marginal, siempre y cuando sea suficiente para cubrir los costos de producción. De otra manera, el precio se establecería sobre o apenas sobre el costo promedio. En ambos casos, la mercadería sería más y los precios más bajos que cuando las ganancias son maximizadas.[33]

Si se imponen impuestos al valor de la tierra, a las cooperativas se les requeriría reducir su mercadería e incrementar el precio a fin de ganar suficiente ingreso para pagar sus impuestos. En otras palabras, se verían obligados por los impuestos a convertirse en maximizadores de ganancia. El incremento en el precio y la reducción de la producción significa también pérdida de eficiencia.[34]

Los impuestos al valor de la tierra buscan captar el plusvalor que existe en las economías capitalistas por causa de la maximización de la ganancia. Sin embargo, en Prout, más que maximizar la ganancia, las cooperativas usan este plusvalor para producir bienes y servicios adicionales ofertados a precios más bajos. Por ende, la imposición de este impuesto tendría la indeseada y no intencionada consecuencia de elevar los precios y reducir la producción de bienes y servicios producidos por las cooperativas, anulando una de las mejores características de la producción cooperativa de Prout.

Capítulo 5
Las cooperativas que mejoran el mundo

> Prout apoya la implementación del sistema cooperativo porque su esencia interna es la de una cooperación coordinada. Sólo el sistema cooperativo puede asegurar el progreso saludable e integrado de la humanidad, y establecer la unidad completa y perdurable de la raza humana.[1]
>
> — P.R. Sarkar

¿Es la naturaleza humana competitiva o cooperativa?[2]

El biólogo inglés Thomas Henry Huxley (1825-1895), que popularizó las ideas de Charles Darwin sobre la evolución, declaró: "El mundo animal se encuentra en el nivel de una lucha de gladiadores... en el que el más fuerte, el más rápido y el más astuto vive para volver a luchar otro día".[3] Otro científico victoriano, Herbert Spencer, creó el término "la sobrevivencia del más apto" y la aplicó a la sociedad humana, afirmando que la competencia es nuestra naturaleza fundamental. Esta creencia se dio a conocer como el darwinismo social y por más de un siglo conformó la opinión pública y las políticas en Gran Bretaña y en los Estados Unidos.

En 1966 el etnólogo austríaco Konrad Lorenz publicó un best-seller llamado *Sobre la agresión*, en el que argumentó que los seres humanos innatamente son agresivos, competitivos, posesivos y violentos. Su obra tuvo un impacto significativo en las ciencias sociales y biológicas. Una década después el biólogo evolucionista Richard Dawkins publicó *El gen egoísta*, sobre el instinto humano de auto-conservación que vendió más de un millón de copias, y se tradujo a más de 25 idiomas. Estos científicos popularizaron la idea de que nuestro éxito evolutivo depende de qué tanto cada persona esté preocupada de sí misma, de manera egoísta.

Hollywood y los medios masivos estadounidenses simplificaron estas teorías, reduciéndolas a la noción de que la gente es fundamentalmente individualista, egoísta y competitiva, impulsada por el deseo de avanzar por cualquier medio que sea necesario. La refuerzan expresiones populares como "la ley de la selva", "sálvese quien pueda", "perro come perro", que hacen hincapié en que hay que ganar a toda costa. Estos conceptos de innata agresión y genes egoístas ayudaron a estimular nuestra cultura individualista, consumista, influyendo en la manera de pensar de la gente en todo el mundo.

Debido a que los científicos destacados han declarado que así es como somos, los economistas y los oficiales del gobierno crean políticas para beneficiar y ayudar a que sobrevivan las compañías más grandes y más "eficaces". "Demasiado grandes para caer en la quiebra" fue la justificación de los gobiernos para rescatar a los grandes bancos durante la crisis financiera del 2008, rescates que no se ofrecieron a las compañías pequeñas ni medianas.

Los que argumentan que "no se puede cambiar la naturaleza humana" cometen el error de asumir que porque la gente tiende a comportarse de cierto modo en una sociedad capitalista, ese comportamiento refleja la naturaleza esencial de los seres humanos. El capitalismo premia el egoísmo y la codicia al instar a ganar sea como sea, por las buenas o las malas. Por eso concluyen que ese comportamiento es natural a todos los seres humanos y que es imposible establecer una sociedad basada en nada que no sea una lucha competitiva para obtener la ganancia privada.

Muchos nuevos estudios, sin embargo, llevan a conclusiones muy distintas. Robert Augros y George Stanciu en su libro *La nueva biología: descubriendo la sabiduría de la naturaleza,*[4] encontraron que la cooperación y no la competencia es la norma en la naturaleza, por su rendimiento energético y porque los depredadores y su presa mantienen una cierta coexistencia equilibrada. Encontraron que "la naturaleza utiliza extraordinariamente ingeniosas técnicas para evitar el conflicto y la competencia, y que esa cooperación está extraordinariamente generalizada a través de toda la naturaleza".[5]

Hoy en día la mayoría de los antropólogos y psicólogos afirman que los temas de la naturaleza y la educación no se pueden ver de manera parcial, sino como una inter-relación de ambos.[6] Nacemos con ciertos instintos y tendencias, pero por medio de la educación y nuestras propias opciones conscientes, podemos transformar nuestra conducta, naturaleza y personalidad.

En el presente las investigaciones indican la existencia de "genes no egoístas" —el código genético que favorece la cooperación, la amabilidad, la generosidad y el heroísmo. Sin duda es poco común encontrar personas que arriesgan la vida por extraños. Los bomberos, los soldados, los que abogan por los derechos humanos y los héroes accidentales pueden arriesgar la vida y hasta sacrificarla para salvar a otros. Además, este mundo está repleto de incontables actos de benevolencia: al ceder el asiento en un tren, al devolver una billetera perdida con dinero. Ahora los biólogos dicen que estos impulsos son tan primordiales como la agresión, la codicia y la lujuria. Más aun, tienen un poderoso rol en la sobrevivencia de las especies y el bienestar de los seres.[7]

Las "neuronas espejo", descritas por primera vez en 1992 por los neuro-fisiólogos de la Universidad de Parma, Italia, se activan no solo cuando experimentamos algo nosotros mismos, sino también cuando observamos la experiencia de otros.[8] Por ejemplo, el presenciar una lesión grave va a causar reacciones traumáticas en el espectador, o el ver personas riéndose o amándose nos alegra el día. Estos son mecanismos neurológicos que desarrollan empatía por los demás, la cual genera confianza, ingrediente necesario para la cooperación.

Otro factor biológico relacionado con la cooperación es la oxytocina, un neuropéptido que afecta al apego y la afiliación social. Es la llave de unión entre la madre y el niño, entre los amantes, y aun entre amigos. Cuando se activa, reduce el miedo y aumenta la confianza y la empatía, —lo que conduce a un comportamiento más cooperativo.[9]

Alfie Kohn pasó siete años examinando más de 400 estudios de investigación que tratan de la competencia y la cooperación. En su obra clásica, *Sin disputa: el caso en contra de la competencia*, llegó a la conclusión de que "la medida ideal de competencia... en cualquier ambiente, el salón de clase, el lugar de trabajo, la familia, el campo de juego, es cero... [La competencia] siempre es destructiva".[10]

Incluso el comité de selección del Premio Nobel en Economía empieza a reconocer la cooperación, después de cuatro décadas de honrar a los impulsores del capitalismo del mercado libre. En 2009 Elinor Ostrom de la Universidad de Indiana recibió este premio, la primera mujer en recibirlo de manera compartida, por su trabajo centrado en qué tan bien los grupos administran sus recursos naturales como propiedad común. El punto de vista tradicional es que la propiedad común trae consigo excesiva explotación de los recursos, como cuando los pescadores abusan de la pesca en un estanque en común, y la única solución radica en los impuestos o cuotas que impone el gobierno. Sin embargo la investigación empírica de la Sra. Ostrom sobre los recursos naturales administrados en colectivo alrededor del mundo muestra que esta explicación es "exageradamente simplista". Hay muchos casos en los que la propiedad común es "sorprendentemente bien administrada" de manera cooperativa, con frecuencia mejor que bajo el socialismo o las privatizaciones.[11]

Como parte de la ciencia del yoga, relevante a la idea de lograr una mejora en el comportamiento humano, Sarkar utilizó el término "biopsicología" para describir cómo las glándulas, los nervios y el cerebro afectan a nuestros comportamientos, pensamientos y sentimientos. Él afirmó que todos los seres humanos tienen los mismos instintos básicos, tanto los negativos como el enojo, el odio y la codicia, como los positivos: la esperanza, la conciencia y el arrepentimiento. Las posturas de yoga, una dieta vegetariana y la meditación, son todas técnicas antiguas para superar el egoísmo, los instintos negativos y canalizar la mente en dirección positiva. A nivel social, Sarkar propone que la sociedad debe promover la cooperación para obtener el éxito económico y el crecimiento de la comunidad. Y las cooperativas, sugirió, son las empresas mejor dotadas para lograrlo.[12]

Las cooperativas exitosas

Las cooperativas en lo general, han sido invisibles a través del siglo XX y hasta hoy día. Los medios masivos y los dirigentes políticos, más interesados en el poder, la fama y el control, las ignoraron. Y aun así, más de mil millones de personas, un sexto de la población mundial, son miembros de cooperativas y disfrutan de un rol económico y social significativo en su comunidad. La organización no gubernamental más grande del mundo es la Alianza Cooperativa Internacional (ACI), que representa a más de 246 organizaciones nacionales e internacionales.[13]

La ACI la define así: "Una cooperativa es una asociación autónoma de personas unidas voluntariamente para lograr satisfacer sus necesidades y aspiraciones económicas y sociales por medio de una empresa de propiedad conjunta y de control democrático".[14]

En Bolivia, Noruega, Francia, Japón, Canadá y Honduras, una de cada tres personas es miembro de una cooperativa. Las cooperativas administran el 99% de la producción de lácteos de Suecia, el 99% de la pesca y el 95% del arroz de Japón, el 75% de los granos y semillas oleaginosas del oeste de Canadá y el 60% de la producción de vino de Italia. Algunos de los mayores bancos comerciales europeos son de propiedad cooperativa o se organizan cooperativamente, incluidos el Banco DZ de Alemania (Banco de la Cooperativa Central Alemana), el Rabobank de Holanda y el Crédito Agrícola, Groupe Caisse d´Epargne y la Confederación Nacional del Crédito Mutual de Francia.[15] En Quebec, Canadá, la mayor y más acreditada institución de servicios financieros es la cooperativa de créditos al consumidor Désjardins.

En la India las cooperativas han empoderado a mucha gente que eran marginales o excluidos. AMUL es una cooperativa de productos lácteos, propiedad conjunta de 2,8 millones de productores lecheros en el estado de Gujarat. Fundada en 1946, los ingresos en 2009 fueron de 1.300 millones de dólares (Rs. 67.000 millones de rupias).[16] El gobierno nacional puso en marcha la Operación Inundación desde 1970 hasta 1996 para producir, distribuir y vender a bajo precio una "inundación de leche" por toda India. Libres de la explotación se asistió a 72.000 cooperativas de productores lecheros rurales con infraestructura y sistemas de transporte que al día de hoy aún continúan.[17]

En el estado hindú de Andhra Pradesh en los ochenta, los *dalits* (llamados casta inferior), por mucho tiempo impedidos de participar en la economía formal, empezaron una cooperativa de consumo de alimentos llamada ASP (Ankuram-Sangaman-Poram). Le incorporaron luego cooperativas de banca, de artículos tejidos y de teléfonos celulares, y ahora abastecen a un total de 150.000 miembros.[18] En el estado de Kerala, la Federación India Sureña de Sociedades de Pescadores (SIFFS) benefició a más 50.000 pescadores con sus servicios cooperativos. Vendedores contratados venden de manera sistemática cada día la pesca de cada bote al mejor postor, con un aumento significativo de ingresos. 3% de ellos es destinado a la administración y 2% a cuentas de ahorro de sus agremiados. Cuando el tsunami de 2004 destruyó cada uno de los botes de la cosa sureña de la India, SIFFS utilizó estos ahorros para remplazar los botes, motores y redes de sus miembros, mientras la mayor parte de los pescadores privados y comerciales no pudieron hacerlo.[19]

Las cooperativas proveen más de 100 millones de empleos alrededor del mundo, 20% más que las empresas multinacionales. Las cooperativas tienen también más probabilidad de éxito que las compañías privadas. En EE.UU. entre el 60 al 80% de las compañías quiebran el primer año, mientras solo el 10% de las cooperativas quiebran durante ese período. Después de los cinco años, solo entre 3 a 5% de las nuevas compañías estadounidenses aun están en pie, mientras que cerca del 90% de las cooperativas permanece viable.[20]

En América del Norte las cooperativas más grandes son de servicio agrícola o de comercialización, como Sunkist (6.000 miembros productores) y Ocean Spray (750 miembros productores, 2.000 empleados, ventas de 1.400 millones de dólares en 2005). Productores Calavo de California se formó en 1924 para difundir el consumo de aguacate, y tuvieron tal éxito que para 1990 las ventas brutas ascendían a más de 150 millones de dólares. Lamentablemente, por haberse expandido a México, las tarifas del llamado "libre comercio" a las operaciones internacionales de cooperativas fueron tan elevadas que los miembros votaron en 2001 transformarse en una sociedad anónima multinacional.[21]

El acuerdo de NAFTA/TLC, Tratado de Libre Comercio de América del Norte, de 1994 causó que México cobrara el doble en tarifas a las cooperativas de lo que le cobran a las compañías privadas, y requirió que cada miembro tuviera seguros de vida muy costosos —triplicando el total de su carga tributaria. Desde entonces el estado legal de las cooperativas en México cambia continuamente, a veces anualmente. NAFTA/TLC no permite que México subsidie a los productores de café ni de maíz, aun cuando el gobierno de EE.UU. subsidia a sus productores de maíz y a sus productores de café en Vietnam.[22] Brasil requiere un mínimo de 25 miembros para legalizar a una cooperativa, mientras Venezuela solo requiere cinco miembros. En los países que tienen estructuras legales discriminatorias, la mayoría de las organizaciones que podrían ser cooperativas se ven forzadas a registrarse como asociación, "sociedad civil" o de alguna otra forma, sin protección legal.

Varios tipos de problemas han plagado a las cooperativas en África, Asia y el Pacífico, donde muchos países con recientes movimientos independentistas y en vías de desarrollo trataron de establecer cooperativas por medio de políticas gubernamentales. Muchas fallaron porque no fueron organizadas por las mismas comunidades desde sus bases. Los subsidios gubernamentales fueron otorgados por lo general para rescatarlas, minando su espíritu independiente. Con demasiada frecuencia los líderes deshonestos robaban el dinero. Debido a estos problemas, desafortunadamente las cooperativas se han ganado mala reputación en muchos países.

Las cooperativas de Mondragón

El grupo de cooperativas de Mondragón en la región vasca del norte de España se considera generalmente como el modelo cooperativo mejor desarrollado del mundo. José María Arizmendiarrieta, un sacerdote obrero católico, llegó a aquella región en los años de 1940 cuando estaba aun devastada por la Guerra Civil Española. Buscando una manera práctica de mejorar la vida de los pobladores por medio de la creación de empleos, estudió los movimientos cooperativos en Gran Bretaña e Italia. Encontró en ellos una manera no violenta de unir a trabajadores y propietarios.

En la escuela católica que dirigía, Arizmendiarrieta con gran fervor adentró a sus alumnos en el estudio de las cooperativas. En 1956 algunos de los graduados fueron pioneros de la primera cooperativa industrial de la región, fabricando electrodomésticos y herramientas para maquinaria de alta calidad. Los vascos, con su profunda conciencia y nacionalismo, apoyaron desde el principio la iniciativa. La compañía creció de manera estable, ramificándose en nuevas cooperativas.

Arizmendiarrieta comprendió que la llave esencial al éxito sería un banco cooperativo. La Caja Laboral, una unión de crédito, comenzó a financiar el movimiento en 1959. Para los años 1970 la Cooperativa Fagor Electrodomésticos se había convertido en una de las 10 principales empresas de España y la cooperativa con mayor éxito del mundo.

El mayor desafío para Mondragón ocurrió en 1986 cuando España se integró a la Unión Europea. De repente los impuestos que se cobraban a las importaciones extranjeras del 18 al 35% desaparecieron, y los productos de las corporaciones multinacionales inundaron el mercado de España, llevando a la bancarrota a muchas pequeñas industrias. En respuesta a este peligro, los obreros eligieron centralizar la administración y formaron la Corporación Mondragón para competir agresivamente en el mercado mundial. La corporación abrió fábricas en el exterior y para fines de 2009 empleaba más de 85.000 personas y tenía un capital activo de 33.300 millones de euros (45.600 millones de dólares).[23]

Hoy en día el salario inicial anual en todas las cooperativas Mondragón es casi 14.000 euros (aproximadamente 19.000 dólares). Todos los nuevos empleados empiezan en un período de prueba de seis a doce meses. Si demuestran competencia y aceptan el sistema cooperativo, se pueden convertir en miembros invirtiendo un año de salario —cantidad que pueden obtener en préstamo de la Caja Laboral a pagar en 36 meses a 3,7% de interés.[24]

Los beneficios de ser miembro cooperativo son impresionantes. Por 30 euros al mes todo miembro y su familia obtienen una total cobertura de salud. Por 15 euros al mes, los miembros pueden enviar los hijos a la mejor escuela privada, también administrada como cooperativa. Hay viviendas subsidiadas y, lo más importante, los miembros tienen seguridad laboral de por vida. Si por alguna razón su cooperativa necesitara despedir trabajadores, se les transfiere a otra cooperativa. De las 120 cooperativas, solo 12 perdieron dinero en el año 2005, y un total de 110 trabajadores tuvieron que reubicarse en otras cooperativas.

Uno a tres salarios diferenciales en el sueldo de los trabajadores duró más de veinte años. Sin embargo para evitar perder sus cuadros de alto nivel por las ofertas de las compañías privadas, la Corporación Mondragón elevó los salarios superiores 4,5 veces más que el mínimo en la mayoría de las cooperativas, y el Presidente del Consejo General de la Corporación Mondragón obtiene 9 veces más, o 126.000 euros (173.000 dólares) por año, una pequeña fracción de la que obtienen directores ejecutivos en otras corporaciones.

La educación, la investigación y la innovación siempre han sido esenciales en el crecimiento de la corporación. En 2009 se invirtieron más de 140 millones de euros (193 millones de dólares) en investigación y desarrollo; también fundaron la Universidad de Mondragón y otras siete escuelas cooperativas con un total de más de 8.500 alumnos. Once cooperativas de investigación y desarrollo obtuvieron fama en la red cooperativa por el elevado nivel de sofisticación tecnológica. Veinte por ciento de las ventas de los cientos de productos industriales que fabricaron las cooperativas en 2009 incluyeron nuevos productos no existentes cinco años antes.[25]

Sólo hay cuatro cooperativas agrícolas, y algunas de ellas son muy pequeñas. El 43,7% de la plantilla de socios de las cooperativas de Mondragón son mujeres.

Cada cooperativa tiene una asamblea general de todos los miembros que decide los métodos generales y las estrategias de la cooperativa y designa y retira por voto secreto a los miembros del consejo de la dirección y la auditoría interna. El consejo directivo a su vez designa al director ejecutivo y a otros miembros del personal.

Las cooperativas Mondragón han tenido muy pocos problemas de deshonestidad o corrupción. Mikel Lezamiz, el director de Difusión Cooperativa, dijo:

> Cada cooperativa tiene auditoría interna y externa. Además hay un fuerte control social, lo que significa que nuestra cultura vasca y el espíritu cooperativo que se desarrolló en estos 50 años estimulan la confianza del grupo y la solidaridad. Hasta donde sé, solo se han presentado tres casos en que miembros robaron en una cooperativa. Ninguno de ellos tenía nivel gerencial; en cada caso se descubrió el problema con relativa rapidez. Los tres fueron despedidos de sus respectivas cooperativas en la asamblea general.[26]

Lamentablemente los aspectos consumistas y materialistas empezaron a afectar a los obreros cooperativos, tal como les ocurre a los obreros en el resto del mundo. El presidente de la Corporación Mondragón, José María Aldecoa, en su informe anual del 2009, indicó que hay "una crisis de valores bastante profunda, con indudable apariencia de decadencia en la responsabilidad, en el trabajo bien hecho, en el esfuerzo, en la solidaridad, en el avance colectivo quedando en su lugar otros valores que nos han invadido".

Tristemente, la expansión de Mondragón en el extranjero no refleja sus principios cooperativos. Ninguna de las 75 fábricas e instalaciones en el extranjero que emplean a 13.400 obreros, se administran como cooperativas.

En marzo del 2007 la Fundación Mundukide y el Instituto de Estudios Cooperativos Lanki seleccionaron 11 cooperativistas sudamericanos, incluyendo a José Albarrán, entonces presidente del Instituto Venezolano de Investigación de Prout, para estudiar por un mes y en toda su magnitud, a las cooperativas Mondragón. Él escribió:

> Entrevistamos a los dirigentes de la universidad, de los colegios técnicos, de los centros de investigación y de las cooperativas, incluyendo a algunos que no son parte de la corporación, y observé siete aspectos que considero clave al éxito tanto de la experiencia de la cooperativa Mondragón como de las cooperativas en Venezuela y el resto de América Latina. Consisten en: un sentimiento profundo de necesidad de cambio, firme compromiso y determinación, valores éticos claros, apertura a la crítica constructiva, una administración práctica y desarrollo, compromiso social, inter-cooperación entre las cooperativas y la comunidad.[27]

En una carta al autor, Lezamiz dijo:

> Creo que existe mucha similitud entre la filosofía de nuestra Experiencia Cooperativa de Mondragón y la del Prout. Por ejemplo, la importancia de la descentralización económica (en la Corporación Mondragón cada cooperativa es independiente y mantiene su propia autonomía), la democracia participativa, el equilibrio entre lo social y lo económico, etc... Quizás la mayor diferencia que exista entre ustedes y nosotros, es que siempre hemos evitado ser demasiado beligerantes con los sistemas económicos cercanos (capitalista y comunista) para evitar despertar sospechas y forjar nuestro propio camino... Otra diferencia significativa podría ser que nuestro cooperativismo está más dirigido al nivel laboral. Fuera de la empresa no somos demasiado sensibles a la vida espiritual (aunque nos esforzamos en la transformación social dirigida a una sociedad más justa, equitativa y solidaria). Creo que ustedes son más espirituales que nosotros y que su filosofía de vida y la práctica de esta es muy consistente con los valores que transmiten. Diría que ustedes demuestran el cooperativismo las 24 horas del día y nosotros sólo durante las 8 horas laborales.[28]

Cooperativas de trabajadores

De los tres niveles de la economía proutista —empresas privadas a pequeña escala, cooperativas e industrias estratégicas a gran escala— las cooperativas emplearán el mayor porcentaje de la población. Estas empresas cooperativas —industriales, agrícolas, de servicios, de consumidores y de crédito— van a formar el núcleo de una sociedad proutista. Animan a los seres humanos a trabajar juntos, una aspiración clave para Prout.

Un requisito vital para lograr el éxito de las cooperativas es el liderazgo moral. Un elevado grado de integridad es esencial para lograr la efectividad en la administración. Una contabilidad estricta y normas organizacionales aplicadas por gerentes honestos traerán confianza entre los miembros de la cooperativa y en comunidad.

Sarkar afirmó:

> La sociedad humana es una e indivisible. El ser humano no puede vivir solo. En la sociedad los seres humanos tienen que

> trabajar en común con otros para que todos puedan avanzar colectivamente... Cuando predomina la individualidad en la vida humana, el medio ambiente, el bienestar de grupos diferentes e incluso la existencia de la humanidad pueden ser adversamente afectados.[29]

Las cooperativas que tienen éxito crecen con la energía y el compromiso de la gente local. El establecimiento del sistema cooperativo se apoya en la "cooperación coordinada," en la que seres humanos libres, con los mismos derechos y respeto mutuo, trabajan juntos para satisfacer una necesidad común, por el beneficio mutuo.

Las cooperativas son diferentes de las empresas capitalistas tradicionales y de las comunas socialistas formadas a través de la colectivización forzada. Estos dos sistemas se administran a través de la "cooperación subordinada", en la que los gerentes supervisan y dan las órdenes a los trabajadores. Por otro lado las cooperativas integran los objetivos económicos y sociales, reparten la riqueza y el poder a todos los miembros por igual.

Las cooperativas aventajan competitivamente a las empresas privadas y a las públicas porque los miembros tienen un interés personal en el éxito de la cooperativa. Ellos son los dueños de la cooperativa; por lo tanto, es más probable que compren y usen sus productos y servicios. En las cooperativas las acciones no se comercian públicamente, porque los miembros son los dueños de las acciones. Ellos mismos deciden cómo se van a distribuir las ganancias de la cooperativa.

Hoy en día, muchas cooperativas en países capitalistas implican la recaudación de dinero para la inversión y luego comparten las ganancias; en Prout, solo los bancos cooperativos y las cooperativas de consumo funcionan de ese modo. En todas las otras cooperativas, todos los miembros trabajan activamente para la empresa. Esto conduce a un mejor ambiente laboral y mayor productividad. En tales cooperativas, el trabajo contrata al capital en vez de ser al contrario, como lo es en el capitalismo. Con el trabajo al timón y sin estar sujeto ya a los dictados del capital, se recupera la autoestima de la gente y la comunidad es fortalecida.

Adicionalmente, en contraste con el capitalismo, la productividad de la cooperativa se mide no sólo en términos del rendimiento y de los ingresos, sino también en términos de la seguridad laboral y de la felicidad.

Cómo funcionan las cooperativas de trabajadores

En una cooperativa de trabajadores sólo pueden ser miembros aquellos que trabajan en ella. Los nuevos trabajadores entran en la cooperativa por un periodo de prueba antes de convertirse en miembros con pleno derecho. El control de la empresa y el derecho a cualquier recurso residual y a las ganancias se basan en la contribución laboral y no en el valor del capital o en la propiedad de las acciones.

La dirección descansa en el principio de un miembro un voto, y no en el número de acciones o en el importe de la inversión de una persona a la cooperativa. Si se permitiera que accionistas que no son trabajadores se hicieran miembros, se producirían conflictos de intereses que podrían diluir el sistema de incentivos de los trabajadores. El financiamiento sólo se puede aceptar si no trae consigo el poder de influir en la toma de decisiones.

El sistema de incentivos de los salarios y el reparto de las ganancias tiene que ser justo y atractivo para que las personas competentes tengan el deseo de unirse. Prout aboga por recompensar la actividad de los trabajadores según su habilidad y contribución, pero dentro de un margen de ingresos mínimos y máximos. En la economía Proutista la relación entre los salarios más bajos y los más altos se determina según el momento y el lugar, pero la diferencia disminuirá naturalmente al aumentar el nivel general de vida. También se pueden incentivar en otras formas que aumenten la productividad y la satisfacción de los trabajadores, tales como el mejorar los equipos, la educación y el entrenamiento, asignando más trabajadores para ayudar en una unidad, y subsidios para viajes relacionados con el trabajo.

La empresa privada tradicional utiliza el dinero para exigir altos niveles de entrenamiento personal y de desarrollo. Sin embargo, las cooperativas requieren niveles aún más elevados de iniciativa, de comunicación y de disciplina interpersonal. La importancia de invertir en capacitación continua para el trabajo con el objeto de fomentar las habilidades interpersonales y de administración no puede sobrestimarse. Se debe animar a cada miembro a continuar educándose, a mantenerse al día en los desarrollos tecnológicos de su campo y a compartir su conocimiento con los demás. De ese modo aumentará la habilidad de los miembros para contribuir con la empresa y, junto con ello, su autoestima. De esta manera mejorarán la cooperativa y las condiciones de trabajo para todos.

El compartir los valores cooperativos y el esfuerzo sincero de practicarlos permite que la gente integre la vida social y económica con sus creencias. Esto puede conducir a un sentido más profundo de satisfacción laboral, de lealtad y de compromiso con el cuerpo colectivo.

El grado de la toma de decisiones colectivas depende del tamaño de la cooperativa. En grupos pequeños, todos los miembros toman juntos las decisiones esenciales. Las cooperativas más grandes eligen generalmente comités para tomar las decisiones sobre la política de la cooperativa. Los comités seleccionan a un gerente, que es un miembro de la cooperativa, para encargarse de las operaciones diarias. Cada cooperativa, según las realidades de su negocio, tiene que decidir cuáles decisiones tomará el gerente, la comisión o la asamblea de miembros. Las pautas se determinan con base en las experiencias de otras cooperativas.

La cooperación coordinada requiere que los miembros y la dirección tengan respeto y confianza mutua. La experiencia ha mostrado la importancia de enseñar valores éticos a los trabajadores para que desarrollen la capacidad de participar en el control de sus empresas. En donde las cooperativas han sido más exitosas, los gerentes también son educadores, y despiertan en los trabajadores un entendimiento de la cooperativa y de cómo funciona.

La experiencia muestra que además de los sueldos, los trabajadores tienen que participar en el crecimiento o contracción de la empresa para tener suficiente incentivo en la inversión a largo plazo. Sin que por ello requieran tener la total propiedad o el control de los activos.

El modelo Mondragón de propiedad colectiva se basa en un equilibrio de incentivos. El sistema innovador de contabilidad distribuye las ganancias o las pérdidas del valor neto de la cooperativa a las cuentas individuales de los trabajadores. La cooperativa restringe a los trabajadores de retirar sus saldos a voluntad, de modo que los recursos se puedan usar para la reinversión en la cooperativa. Se paga interés anual en cada cuenta. Los saldos de la cuenta de cada miembro se pagan eventualmente según un período designado, como el de cinco años, o cuando el trabajador decide irse de la cooperativa.

Sin una buena dirección y una estructura cooperativa sensata, los trabajadores pueden, a veces, decidir de forma equivcada. Por ejemplo, en la mina de carbón de Vakhrusheva en la región de Khabarovsk del este de Rusia, los trabajadores prefirieron dividendos inmediatos, sueldos altos y acceso a géneros importados, antes que reinvertir sus ganancias en el desarrollo y el futuro a largo plazo de la cooperativa. Hoy esta mina pertenece a una compañía privada.[30]

Las cooperativas brindan mayor seguridad laboral que las empresas privadas, que no benefician a la comunidad y cuyas administraciones pueden optar por mudarse donde los costos de mano de obra sean más bajos. En las cooperativas, el trabajo se considera un costo fijo en lugar de un costo variable en el corto plazo. Esto significa que los trabajadores no corren el riesgo de que los despidan inmediatamente cuando se reduce la producción. Las alternativas viables a los despidos incluyen la disminución de las horas de trabajo de todos los miembros, la apertura de nuevas líneas de producción o de servicios, o el readiestramiento de los trabajadores, además de la transferencia de los miembros a otras cooperativas.

Una infraestructura de apoyo

En la economía capitalista es muy difícil que una cooperativa sobreviva como empresa aislada. Como observa Sarkar, es un requisito para el éxito que el público acepte sinceramente el sistema cooperativo.

Las cooperativas tienden a ser relativamente pequeñas para poder funcionar democráticamente. La única manera de que se puedan permitir el lujo de algunos servicios es a través del apoyo mutuo. Juntas, varias cooperativas pueden formar una infraestructura de apoyo que aporte ayuda financiera, técnica y administrativa, comercialización y compra de suministros y servicios, investigación y desarrollo de nuevos productos, educación y entrenamiento cooperativo, y servicios de gestión y de relaciones públicas conjuntos. Cuando las cooperativas tienen acceso a estos tipos de apoyo, con frecuencia funcionan mejor que las empresas privadas convencionales.

El acceso al financiamiento adecuado por parte de un banco o unión de crédito es decisivo para el éxito. En el grupo de cooperativas de Mondragón, el banco cooperativo Caja Laboral proporciona el financiamiento necesario para crecer y superar varias dificultades. El informe consultor independiente Stiga de 2009 estimó la Caja Laboral como la primera, entre 105 instituciones financieras de España, en términos de excelencia en el servicio.[31]

Las cooperativas de ahorro y crédito son bancos cooperativos, propiedad de sus miembros y administradas democráticamente por ellos, las cuales dan préstamos a menor interés que los bancos privados. En los

Estados Unidos hay 7.339 cooperativas de ahorro y crédito aseguradas federalmente, con 90,5 millones de miembros y activos totales de 914.500 millones de dólares. Las cooperativas de ahorro y crédito han resistido mucho mejor que otras instituciones financieras en años recientes, con solamente una tasa de morosidad de 1,74% en préstamos de 564.000 millones de dólares. En 2010, solamente 28 de las cooperativas de ahorro y crédito al por menor quebraron, resultando pérdidas de 221 millones de dólares con cargo al Fondo Nacional de Seguro de Cooperativas de Crédito nacional (NCUSIF, National Credit Union Share Insurance Fund), pero sin pérdida alguna para ningún cuenta habiente.[32]

Existen varias razones por las que las uniones de crédito son más exitosas que la banca corporativa. Primeramente porque son legalmente incorporadas como corporativas sin fines de lucro, las ganancias no se dan a los socios accionistas. Segundo, las uniones de crédito no especulan con su dinero en inversiones de alto riesgo porque su finalidad no es la ganancia. Tercero, las uniones de crédito en los EE.UU. han sido exoneradas de pagar impuestos desde el año 1937, debido a que son propiedad de sus miembros, son operadas democráticamente, con la misión específica de satisfacer las necesidades de crédito y ahorro de sus consumidores que cuentan con recursos modestos. Cuarto, los miembros del consejo directivo de cada unión de crédito son voluntarios. Finalmente, las uniones de crédito son gente ayudando a gente, trabajando duro por medio de la educación y del servicio comunitario para beneficiar a todos.

La recuperación de empresas capitalistas en quiebra por parte de los trabajadores o la comunidad tienen un tremendo potencial, como lo explica Noam Chomsky en el capítulo 13. Argentina tiene el mayor número de estos ejemplos; en respuesta a la crisis económica nacional del país en 2001, los trabajadores ocuparon las fábricas y las administraron colectivamente. Esta táctica, con el nombre de movimiento de "Fábricas Recuperadas", se expandió a otras empresas, tales como el Hotel Bauen en Buenos Aires. Las comunidades se manifestaron para defender estas iniciativas donde la policía intentó desalojar a los trabajadores.

Los negocios reclamados funcionan de manera cooperativa, con las decisiones importantes tomadas democráticamente por medio de una asamblea general de trabajadores; por lo general, todos los trabajadores reciben el mismo salario. Para el año 2005, alrededor de 13.000 trabajadores argentinos operaban 250 empresas recuperadas[33], y de manera sorprendente, solamente dos de ellas han quebrado.[34] Para el 2011 el movimiento había dado lugar a la firma de una nueva ley de quiebra que facilita la compra por parte de los trabajadores.[35] En Brasil en 2005, había un total de 174 empresas tomadas por los trabajadores que también las administraban como parte de la economía solidaria.[36]

Los beneficios de la administración de los trabajadores incluyen un mayor nivel de lealtad y compromiso por parte de los trabajadores, mayor apoyo de la comunidad y menos responsabilidad financiera o estrés en los hombros de un solo director ejecutivo o dueño. Los más grandes obstáculos a enfrentar son algunas veces los desacuerdos internos y frecuentes dificultades para obtener crédito para operaciones, porque los bancos comerciales son cautelosos para prestar a nuevas empresas administradas cooperativamente, en particular a aquellas con antecedentes de problemas financieros. En Argentina, las fábricas recuperadas encontraron más simple el colaborar con otras empresas administradas por los trabajadores para lograr un tamaño crítico y el poder que les facilitara la negociación exitosa con los bancos.

Las cooperativas tienen un tremendo potencial para expandir la oportunidad económica y la generación de riqueza para las comunidades pobres. En 2008 un grupo de organizadores comunitarios en los vecindarios predominantemente afro-americanos de Cleveland, Ohio, iniciaron la Cooperativa Evergreen para crear trabajos y riqueza por medio de una red de cooperativas de base comunitaria y ecológica. En un área conocida como "Greater University Circle" donde 43.000 residentes tienen ingresos medios por debajo de 18.500 dólares, y donde más del 25 por ciento de la población económicamente activa es desempleada, ellos utilizaron el modelo de la experiencia de la Cooperativa Mondragón para crear su propia red de empresas propiedad de los trabajadores. Una organización sin fines de lucro las agrupa, con un fondo revolvente de forma que el 10 por ciento del ingreso generado se usa para comenzar nuevas cooperativas.

La cooperativa "Green City Growers" es un invernadero de producción de alimentos hidropónicos. En solamente dos hectáreas de tierra, 40 empleados propietarios están produciendo tres millones de piezas de lechuga por año, y 300.000 libras de hierbas anuales para el mercado local. La Cooperativa Evergreen de Lavandería "The Evergreen Cooperative Laundry" es una lavandería en escala industrial de alta tecnología con 50 trabajadores que usa solamente una tercera parte del agua y el calor de las lavanderías tradicionales para atender a hospitales y asilos de ancianos en el área. La "Ohio Cooperative Solar" emplea trabajadores que "enfrentan las barreras del desempleo" para instalar paneles solares en Cleveland en espacios institucionales, de gobierno y edificios comerciales. La empresa se hizo rentable en los primeros cinco meses de operación; en temporada baja la cooperativa ayuda a climatizar viviendas de bajos ingresos en el área. Estas y otras muchas cooperativas pequeñas y de rápido crecimiento se enfocan en la inclusión económica y en construir una economía local que crezca desde la base.[37]

Las leyes en materia de cooperativas son distintas en cada país; de hecho algunas leyes se escribieron para obstaculizar y bloquear a las cooperativas. Aquellos que desean empezar una cooperativa primero deben consultar la asociación nacional de cooperativas y visitar cooperativas exitosas, idealmente en el mismo sector, para aprender tanto como sea posible de la experiencia de otros. Estos trabajadores experimentados en las cooperativas pueden aconsejar las formas psicológicas para ganar el apoyo de la gente de la localidad.

Las cooperativas benefician a la comunidad en su conjunto al crear empleo, conservar la riqueza y acrecentar las conexiones entre los habitantes. La práctica de la democracia económica en las cooperativas despierta la conciencia en los asuntos democráticos entre los trabajadores así como también en la comunidad en general.

¿Qué hace que las cooperativas sean exitosas?

R. M. Baseman, un investigador asociado y consejero del Instituto Venezolano de Investigación de Prout realizó una encuesta pasiva en internet para encontrar consenso mundial sobre el qué trae el éxito en las cooperativas. Primero encontró artículos y publicaciones de primera fuente que expresaban opiniones y conclusiones sobre el éxito y el fracaso de las cooperativas. Las fuentes de los artículos reflejaban la experiencia en todos los continentes y en más de 10 países, incluyendo artículos de la Organización Internacional del Trabajo, la Alianza Internacional Cooperativa y las Naciones Unidas. Al estudiarlas localizó 175 factores de éxito y los agrupó y priorizó en 13 categorías en este orden:

1. Ambiente solidario.
2. Planificación previa sólida.
3. Verdadero beneficio económico para los miembros.
4. Dirección calificada.
5. Estar convencidos de los conceptos de cooperativismo.

6. Desarrollo de la base y liderazgo.
7. Sustentabilidad financiera.
8. Innovación y adaptación.
9. Estructura y operaciones efectivas.
10. Redes de trabajo con otras cooperativas.
11. Comunicaciones.
12. Intereses comunes de los miembros.
13. Educación.

Las cooperativas, mucho más que las corporaciones, reflejan íntimamente la vida y los pensamientos de los propietarios-miembros. Si los intereses comunes de los miembros y los intereses de la cooperativa se distancian, la cooperativa se muere.

Todos los factores básicos para el éxito en cualquier negocio se aplican también a las cooperativas, como sería de esperar: tiene que haber verdadera demanda del producto, los planes tienen que ser exhaustivos y realistas; y la empresa tiene que hacer dinero. También hay claras diferencias entre las cooperativas de consumidores y las de productores, por consiguiente los factores de éxito también son algo diferentes. Por ejemplo, el amplio apoyo de la comunidad a la cooperativa de alimentos es esencial, porque sin miles de clientes regulares tendría que cerrar sus puertas. Por otro lado, una cooperativa que produce soluciones automatizadas para la industria es mucho menos dependiente del apoyo de la comunidad.[38]

Ejemplos de cooperativas a pequeña escala en Maleny[39]

Maleny es un pequeño pueblo de 5.000 habitantes situado a 100 kilómetros al norte de Brisbane en la costa Sunshine de Australia. Allí funcionan 20 prósperas cooperativas que conectan todos los aspectos de la vida de la comunidad: un banco cooperativo, una cooperativa de consumo de alimentos, un club cooperativo, una cooperativa de artistas, una cooperativa de trueque, una estación de radio cooperativa, una sociedad cinematográfica cooperativa, cuatro cooperativas ambientales, y varias cooperativas de asentamientos comunales.

La Unión de Crédito de Maleny (MCU)

La Unión de Crédito de Maleny comenzó en 1984 con el objetivo de crear una institución financiera ética que promoviera la autonomía financiera regional, por medio de préstamos exclusivos a las personas y de proyectos locales. Inicialmente estaba compuesta por voluntarios que trabajaban en habitaciones alquiladas y registrando los depósitos manualmente en un diario. En el primer día de funcionamiento, las personas locales depositaron más de 25.000 dólares.

Hoy, el MCU ha crecido a más de 5.500 miembros propietarios y 52 millones de dólares en capital activo, incluyendo su propio edificio. Gente de toda Australia invierte dinero en la Unión de Crédito, y casi la mitad de sus depósitos provienen de fuera de la comunidad.

Los servicios que ofrece el MCU incluyen ahorros, cheques, créditos, tarjetas de crédito, cuentas de depósito a plazo fijo, jubilaciones y seguros éticos. Desde el inicio, la Unión de Crédito proporcionó muchos pequeños préstamos a la población local que no habría obtenido préstamos de los grandes bancos, lo que les ha ayudado a comprar tierra, a construir sus hogares o a comenzar más de 100 nuevos negocios que crean empleos. A pesar de algunas dificultades iniciales hoy el MCU es sumamente próspero, principalmente porque desarrolló el equilibrio acertado entre la pericia financiera y el espíritu cooperativo.[40]

La Cooperativa Alimentaria de Consumidores

En 1979, un pequeño grupo de personas que querían alimentos y productos integrales cultivados por los agricultores locales formaron la Cooperativa Alimentaria de la Calle Maple (Maple Street Food Cooperative). Hoy opera una distribuidora minorista de alimentos orgánicos en la calle principal de Maleny, abierta 7 días a la semana con 1.700 miembros activos. Tiene 40 empleados y su inventario es de más de 4.500 productos de salud. Aunque funciona como cooperativa de consumidores, también vende al público.[41]

La mayor prioridad de la cooperativa es proveer alimentos orgánicos, especialmente los producidos localmente; y si no es posible, los cultivados en otras regiones de Australia. La cooperativa se niega a abastecerse de cualquier producto que contenga materiales genéticamente modificados, o de productos de compañías que considere que explotan a la gente o al medioambiente. Opera con el principio de la toma de decisiones por consenso.

Al principio, el trabajo en la cooperativa era voluntario, pero lentamente al prosperar, aumentó el número de trabajadores asalariados. Durante sus 32 años de operación superó varios obstáculos sustanciales.

En diversos momentos desde su existencia, la cooperativa se tuvo que enfrentar a problemas tales como la falta de un plan de negocios viable, operar con pérdidas, tomar decisiones de inversión equivocadas, falta de dirección financiera experimentada, y el dedicar demasiado tiempo a resolver las diferencias de opinión entre los miembros.

A medida que aprendía con la experiencia, la cooperativa desarrolló gradualmente un sólido plan estratégico y financiero. Durante la última década la cooperativa ha obtenido ganancias. No obstante está estructurada como organización sin fines de lucro, de forma que las ganancias se reinvierten para expandir los servicios y desarrollar la infraestructura, o se donan para actividades de la comunidad.

En 2006 la Cooperativa Maple Street optó por compartir la dirección con el Club Upfront, un restaurant, bar y lugar de entretenimiento cooperativo situado en el comercio de al lado. El club aún opera como el amistoso y acogedor "corazón social" de Maleny. Con regularidad por las noches ofrecen películas, micrófonos abiertos, exhibiciones de arte, recaudación de fondos, y al atardecer hay juegos junto a una gran variedad de música en vivo. Los voluntarios apoyan en muchas áreas del club, desde lavar la vajilla hasta planear eventos y embellecer los jardines. Juntas las dos cooperativas producen un flujo de efectivo anual de más de 2 millones de dólares australianos.

Otras cooperativas de Maleny

Maleny tiene uno de los esquemas más prósperos de Sistema de Transferencia Local de Energía (LETS) de Australia. Funciona como una cooperativa comercial sin dinero en efectivo, cuyos miembros intercambian sus productos y se proporcionan servicios unos a otros sin el uso de dinero. En su lugar usan una moneda local, el Bunya, llamada así por ser el nombre de un pino nativo. Con ello se permite que personas con poco o nada de dinero participen en la economía local.[42]

El Jardín de Niños de la Comunidad Maleny fue construido por un grupo de voluntarios de la comunidad en 1939. Aún al día de hoy continúa en funcionamiento en las mismas instalaciones con hermosos jardines frontales. El jardín de niños está administrado por un comité electo.

Maleny tiene tres cooperativas del medioambiente. Barung Landcare es uno de los varios centenares de grupos de cultivo comunitarios esparcidos por toda Australia; administra un próspero vivero que ofrece educación medioambiental y promueve la cosecha sostenible de la madera nativa. Booroobin Bush Magic administra un vivero de selva tropical, mientras que el Fondo de las Colinas Verdes (Green Hills Fund) trabaja para reforestar la región interior de Maleny.

Hay cuatro cooperativas de asentamiento comunitario en Maleny, incluyendo la Villa de Permacultura de Aguas Cristalinas (Crystal Waters Permaculture Village) con 200 residentes en lotes privados de cuatro mil metros cuadrados. Dos lotes comunales, propiedad de la cooperativa de residentes, que incluyen edificios para eventos comunales, pequeños negocios y un mercado mensual. La Cooperativa de Asentamiento Comunitario de Prout tiene 10 familias y utiliza la mitad del terreno para la Escuela Primaria River School con más de 200 estudiantes en 25 hectáreas de hermosa tierra selvática.[43]

La experiencia cooperativa venezolana

La primera cooperativa legal que se creó en Venezuela fue de ahorro y crédito formada en 1960. Para fines de 1998 había 813 cooperativas registradas con 230.000 socios. La mayoría aún están activas, sufridas y resistentes porque se formaron sin apoyo ni fondos por parte del gobierno. Por ejemplo las Cooperativas de Servicios Sociales del Estado Lara (Cecosesola) fundada en 1967 incluyen ahora cooperativas de productores y consumidores de alimentos, y sirven a 60.000 personas cada semana, uniones de crédito, clínicas de salud y una red de cooperativas fúnebres, número uno en la región occidental.[44]

Cuando el presidente Hugo Chávez asumió el cargo a principios de 1999, comenzó a promover las cooperativas para transformar la propiedad privada en formas colectivas de propiedad con administración de los trabajadores como una clave de la Revolución Bolivariana. En 2005 convocó a un "Socialismo para el siglo XXI". Su programa de entrenamiento para los desempleados, la Misión Vuelvan Caras, incluyó instrucción en el cooperativismo, además animó a todos los titulados a formar una cooperativa. La inscripción de las cooperativas fue gratis, exenta de impuestos a los ingresos; y se habilitó la disponibilidad de micro créditos. Se pasaron varias leyes dirigidas al gobierno para dar preferencia a las cooperativas en la adjudicación de contratos.

El objetivo fue transformar la economía capitalista orientada a la ganancia en una orientada al desarrollo social, endógeno y sostenible por medio de involucrar a aquellos que habían sido marginales o excluidos. El resultado fue una creación fenomenal de 262.904 cooperativas registradas para fines de 2008, pero muchas de estas nunca llegaron a activarse y colapsaron. La Superintendencia Nacional de Cooperativas, SUNACOOP, reconoció que están funcionando alrededor de 70.000 cooperativas,[45] que de cualquier forma es el mayor número de cualquier país después de China.

La mayoría de las cooperativas tienen pocos miembros que no están cualificados. A causa de percibir un alto índice de fracasos en las cooperativas registradas, en 2005 el presidente cambió el enfoque del gobierno, de cooperativas a empresas socialistas, y toma de posesión de fábricas por los trabajadores. De este modo, el gobierno paga sueldos pero mantiene la propiedad. Prout por otro lado apoya tanto la propiedad de la empresa como la administración por los trabajadores.

El Instituto Venezolano de Investigación de Prout proyectó dos encuestas, en el año 2007, y otra de seguimiento en 2010, para entender cuáles son los problemas y las necesidades de 40 cooperativas en el distrito rural de Barlovento, dos horas por automóvil al este de Caracas. Más del 90% de la población son afro-venezolanos, descendientes de ex-esclavos que históricamente sufrieron racismo y discriminación. El distrito tiene elevados niveles de pobreza y desempleo, disparidad económica y emigración a las ciudades.

El objetivo era diagnosticar los problemas y desafíos que están enfrentando las empresas que son propiedad de los trabajadores. Los resultados muestran que:

85% de las cooperativas aún están en funcionamiento tres años después del primer estudio, con poco o ningún apoyo gubernamental.

Las que cerraron, tanto como algunas de las que sobrevivieron, tuvieron administradores corruptos que las desfalcaron.

60% de los miembros de las cooperativas no han tenido entrenamiento en cooperativismo.

La mayoría de los trabajadores cree que reciben salarios iguales o más bajos de los que recibirían trabajando para compañías privadas.

Hay poca inter-cooperación entre las cooperativas, y escaso apoyo de la comunidad en Barlovento.

Las cooperativas más estables son aquellas en que los miembros suministraron por lo menos parte del capital inicial.

Es claro que las cooperativas de Venezuela necesitan entrenamiento práctico y consultores profesionales que sean sensibles a sus necesidades.

Ideas para el éxito de las cooperativas

Se ha logrado el éxito de las cooperativas de Maleny mediante grandes esfuerzos en las últimas dos décadas. Los proutistas allí, de común acuerdo con otros miembros de los comités de administración, prepararon las directrices que consideran importantes en la formación de empresas cooperativas exitosas:

1. Satisfacer una necesidad: la gente tiene que unirse para satisfacer las auténticas necesidades de la comunidad. No importa lo buena que sea una idea, si no es para satisfacer una necesidad de la comunidad, la empresa no tendrá éxito.
2. Establecer un grupo fundador: unas pocas personas comprometidas tienen que asumir la responsabilidad de desarrollar la idea inicial hasta su creación. Generalmente, sin embargo, una persona tendrá que llevar el liderazgo.
3. Comprometerse con una visión: comprometerse con los ideales y valores implícitos en las empresas cooperativas, y tratar de asegurarse de que los miembros y la administración sean honestos, dedicados y competentes.
4. Conducir un estudio de viabilidad: evaluar objetivamente la necesidad percibida y determinar si la empresa propuesta puede satisfacer esa necesidad por medio de la realización de un estudio de viabilidad.
5. Proponerse metas y objetivos claros: los miembros de cada empresa tienen que formular propósitos y objetivos claros por consenso. Con ellos se ayudará a dirigir todo, desde el enfoque inicial del grupo fundador hasta las estrategias promocionales y los procesos presupuestarios en los años próximos.
6. Desarrollar un sólido plan de negocios: la empresa requerirá de capital, tendrá que manejar sus finanzas eficientemente y, en algún momento, tendrá que tomar decisiones efectivas sobre los pagos de las deudas y la asignación de las ganancias.
7. Asegurar el apoyo y la participación de los miembros: los miembros son los dueños de la empresa; en cada paso es esencial su apoyo y compromiso.
8. Establecer una buena ubicación: asegurar un lugar de funcionamiento adecuado para la empresa, en la mejor ubicación posible de la comunidad.

9. Conseguir una administración especializada: reclutar dentro de la comunidad y traer a la empresa quienes tengan las habilidades necesarias en administración, negocios, finanzas, asuntos legales y contabilidad.
10. Educación y entrenamiento continuos: el ideal es que los miembros tengan la capacidad necesaria, particularmente la habilidad interpersonal y de comunicación, para hacer funcionar la empresa con éxito. De lo contrario, tendrán que recibir entrenamiento para desarrollar esa habilidad o incorporar a nuevos miembros que las tuvieran.

Reglas de oro para iniciar una estrategia económica comunitaria

- Comenzar en pequeño, con la habilidad y recursos disponibles dentro de la comunidad.
- Siempre que sea posible, tomar como modelo a personas con experiencia en el desarrollo comunitario.
- Asegurarse de que la empresa involucre el mayor número posible de personas.

Beneficios a la comunidad

Las empresas cooperativas benefician a la comunidad de muchas maneras. Unen a las personas, las alientan a usar sus diversos talentos y habilidades, y les proporcionan la oportunidad de desarrollar nuevas capacidades. Fortalecen a la comunidad al crear sentido de pertenencia, construyen estrechas relaciones entre distintos tipos de personas, y dan a la población el poder de tomar decisiones para el desarrollo de su comunidad.

Todo esto fomenta el espíritu de comunidad. Al trabajar juntos, una comunidad es capaz de lograr mucho más que cuando los individuos siguen sus caminos separados.

A nivel económico, las cooperativas fomentan la autosuficiencia e independencia del control externo, empoderando a la población local. Crean empleos, circulan el dinero dentro de la comunidad, y ofrecen una amplia variedad de productos y servicios. Debido a que las cooperativas son propiedad de sus propios miembros, las ganancias se quedan en el área local. Las cooperativas incrementan la riqueza y construyen la fortaleza de la comunidad.

En esencia, las empresas cooperativas exitosas transforman la comunidad al establecer la democracia económica.

La empresa cooperativa es el sistema socioeconómico del futuro. Con un capitalismo global con enfermedad terminal, el desarrollo de cooperativas como alternativas independientes cobra mucho sentido. En Mondragón, en Maleny y en Venezuela, el futuro está empezando.

Capítulo 6
Una revolución agraria y protección del medio ambiente

El sistema cooperativo es el mejor sistema de producción agrícola e industrial... Ayudará a cualquier país a lograr la autosuficiencia alimentaria y en otras cosechas comerciales, sin escasez en el suministro de alimentos.[1]

— P. R. Sarkar

La crisis de la agricultura en aumento

Durante casi 10.000 años, las sociedades humanas han practicado varios tipos de agricultura, manipulando los ecosistemas para satisfacer sus necesidades básicas: comida, medicinas, fibras para la vestimenta y materias primas para la industria. La agricultura se considera una actividad primaria porque extrae energía y recursos del medio ambiente. Cuanto mayor sea el valor de la agricultura, los recursos naturales y energéticos producidos en una región, mayor será el potencial económico del resto de esa economía.

El planeta Tierra tiene varias zonas de tierras áridas que son monumentos a las prácticas agrícolas de una visión estrecha. Los habitantes de la ciudad romana de Timgad en Túnez abandonaron su ciudad cuando la tierra, al volverse árida, no permitió cultivar más alimento. Magzalial, en el norte de Irak era un bosque frondoso; en su tierra se encuentran los rastros conocidos más antiguos de actividad agrícola sobre el planeta, y hoy en día es un completo desierto.

La civilización Sumeria, en la parte baja del río Eufrates, comenzó a formarse hace por lo menos 9.000 años, pero se derrumbó debido a la salinización del suelo. La intensa irrigación de las tierras ribereñas trasladó la sal del subsuelo a la superficie, donde se deposita y acumula. Los sumerios sabían de este peligro e incluso cómo evitarlo.[2] No obstante, la codicia y la estrechez de pensamiento por parte de los agricultores les llevó a ignorar lo que sabían que se debía hacer. El mismo fenómeno está sucediendo actualmente en el valle Industrial de Pakistán, y en Australia donde 2.5 millones de hectáreas se han salinizado desde que se implementaron los métodos de cultivo europeos.[3] Como ocurre también ahora, si los agricultores tienen la posibilidad de lograr buenas ganancias por diez o veinte años mediante el empleo de ciertas prácticas de cultivo, lo común es que lo hagan sin importarles nada el agotamiento del suelo ni el hecho de que se vean afectadas las generaciones futuras.

Durante el siglo pasado, fueron introducidas en gran escala técnicas agrícolas no sostenibles. La agricultura corporativa moderna está basada en la enorme aplicación de abonos, herbicidas y pesticidas químicos. Si bien pueden lograrse grandes cosechas en un corto plazo, esto gradualmente deteriora el humus y la estructura misma del suelo. La quema de los combustibles fósiles usados en la agricultura y la enorme cantidad de gas metano producida por la cría de animales concentrados en galpones de alimentación, así como también el envenenamiento de su agua subterránea, son factores considerados por los científicos como causa del calentamiento planetario.

Desgraciadamente, el monocultivo representa una simplificación peligrosa del ecosistema natural. Las grandes plantaciones de monocultivo son, por su misma naturaleza, mucho más vulnerables a las enfermedades y plagas que los cultivos de cosechas mixtas. La continua aplicación de los fertilizantes químicos con base de nitrato envenena el agua subterránea y contamina el ecosistema. Por ejemplo, la Gran Barrera de Arrecifes en Australia está siendo gradualmente perjudicada por los residuos de nitrato de las plantaciones de caña de azúcar. En el Golfo de México, son destruidos cada año miles de kilómetros de hábitat marino como consecuencia de los fertilizantes de nitrato que se usan en la región Centro-Occidental de los Estados Unidos.

Algunos principios científicos que son muy efectivos en la ingeniería, crean serios problemas cuando se aplican en la agricultura. Por ejemplo, en la producción de artículos inorgánicos y sintéticos, las leyes de medidas, tensión, equilibrio, fuerza y resistencia, se mantienen. Es posible producir en serie artículos estandarizados de valor y fiables de acuerdo con determinadas especificaciones técnicas, desde estructuras de acero para la construcción y hormigón armado hasta ladrillos y madera triplay.

Sin embargo, este tipo de enfoque simplista de producción, que separa los componentes como factores de una línea de producción, insumos y producto final, crea serios problemas con el paso del tiempo cuando se aplican a la agricultura. Gran parte de la fertilidad y la capacidad de recuperación de la tierra cultivable depende precisamente de su complejidad biológica y falta de uniformidad. Tratar de estandarizar la agricultura con monocultivos es peligroso para la fertilidad del suelo.

La agricultura corporativa pone igualmente en peligro la diversidad biológica. El Acuerdo General de Tarifas y Comercio, GATT, le concedió a las compañías agrícolas el derecho a patentar las semillas. Por ejemplo, la corporación Pioneer Hi-bred está actualmente protegida con los derechos de patente para las semillas seleccionadas que produce de manera masiva. Pero los pequeños agricultores en todo el mundo, que seleccionan naturalmente unas semillas y desechan otras, mejorando por miles de años la calidad genética de las plantas, no están protegidos ni reciben compensaciones por eso. Hoy, la biotecnología y la ingeniería genética han empezado a infiltrarse en los sistemas agrícolas, y los científicos no están aún seguros de cuáles puedan ser sus efectos a largo plazo.

Durante los década de los 90, el Banco Mundial y el Fondo Monetario Internacional convencieron a la India para que adoptara una liberación comercial, ajustes estructurales, y privatización. El gobierno Hindú retiró los subsidios agrícolas y abrió sus mercados a las corporaciones multinacionales, estimulando a los agricultores a cambiar de la agricultura de subsistencia a la de exportación, particularmente a la del algodón. Los agricultores compraron pesticidas y semillas modificadas genéticamente a Monsanto, pero con ello se hicieron prisioneros de la deuda y quedaron a merced de las fluctuaciones globales de precios. Más de un cuarto de millón de agricultores de la India se estima que se han suicidado de 1995 a 2011; tan sólo en 2009, 17.638 agricultores lo hicieron: un suicidio cada 30 minutos.[4]

Las corporaciones agrícolas están llevando a la quiebra a los pequeños agricultores y alejando a las personas de sus tierras. Desde 1935, el número de granjas familiares en los Estados Unidos disminuyó en más de dos tercios, y hoy menos del 1% de la población estadounidense trabaja en la agricultura.[5] Este patrón se repite en todo el mundo, y al perder las tierras los agricultores emigran a las ciudades y muchos de sus antiguos asentamientos rurales se convierten en pueblos fantasmas.

Los subsidios agrícolas son pagos directos a los agricultores por parte de los gobiernos ricos para complementar sus ingresos y proteger el abasto de alimentos del país. Mientras que este es un fin noble, el hecho es que los subsidios agrícolas van principalmente a los más grandes corporativos agrícolas, estimulando la sobreproducción y la exportación de los excedentes.

Esta situación lleva al "dumping internacional", en el cual los agricultores subsidiados "botan" sus bienes en los mercados internacionales a precios que algunas veces son menores que su costo real de producción. El "dumping" que se considerada una práctica comercial desleal de precios predatorios, promueve que los países en desarrollo compren comida a bajo precio de los países ricos en lugar de los productores locales, debilitando al sector agrícola e incluso forzando a los pequeños productores a la quiebra y pérdida de su tierra.

En 2010, la Unión Europea gastó 57.000 millones de euros en desarrollo agrícola, de los cuales 39.000 milliones fueron usados en subsidios directos.[6] Junto con los subsidios a la pesca, esto representa más del 40% del presupuesto del Unión Europea. El gobierno de EE.UU. hoy en día paga aproximadamente 20.000 millones de dólares por año en subsidios directos.[7]

Soberanía alimentaria

Via Campesina es un movimiento campesino internacional que agrupa a los millones de campesinos y campesinas, pequeños y medianos productores, pueblos sin tierra, indígenas migrantes y empleados agrícolas en 56 países para defender la soberanía alimentaria, la producción descentralizada y los derechos territoriales de los indígenas.[8] En 1996 esta alianza creó el término "soberanía alimentaria" para referirse al derecho de las sociedades para definir su propia comida, agricultura, ganadería y sistemas de pesca, en confrontación directa con el control de los agro-negocios y la manipulación corporativa para obtener ganancias.

Los siete principios de Via Campesina para la soberanía alimentaria están interrelacionados y representan una buena base desde la cual se puede lograr la democracia económica y el ideal de Prout en que cada región produce la comida para su población:

1. *El alimento es un derecho humano fundamental*: todos debemos tener acceso a comida saludable, nutritiva y culturalmente

adecuada en cantidad suficiente para mantener una vida con plena dignidad humana. Cada nación debe declarar que el acceso a la alimentación es un derecho constitucional y garantizar el desarrollo del sector primario para asegurar que este derecho fundamental sea efectivo.

2. *Reforma agraria:* una genuina reforma agraria es necesaria para que se le proporcione propiedad y control de la tierra que trabajan a los agricultores —especialmente a las mujeres— y se regresen los territorios a los indígenas. El derecho a la tierra debe estar libre de discriminación por causa de género, religión, raza, clase social o ideología; la tierra es de quienes la trabajan.
3. *Proteger los recursos naturales:* la soberanía alimentaria conlleva el cuidado sostenible y uso de sus recursos naturales, especialmente la tierra, el agua, las semillas y el ganado. La gente que trabaja la tierra tiene derecho a llevar una administración sostenible de los recursos naturales y de conservar la biodiversidad libre de derechos de propiedad intelectual restrictivos. Esto se puede hacer solamente desde una sólida base económica con seguridad de tenencia, suelos saludables y uso reducido de agroquímicos.
4. *Reorganización del comercio alimentario:* los alimentos son la primera y más importante fuente de nutrición y solamente de manera secundaria un artículo comercial. Las políticas agrícolas deben priorizar la producción para el consumo doméstico y la autosuficiencia alimentaria. Las importaciones de alimentos no deben desplazar a la producción local ni bajar los precios.
5. *Acabar con la globalización del hambre:* la soberanía alimentaria está subestimada por las instituciones multilaterales y por el capital especulativo. El creciente control de las corporaciones multinacionales respecto a las políticas agrícolas ha sido facilitado por las políticas de organizaciones multilaterales como la Organización Mundial del Comercio, el Banco Mundial y el Fondo Monetario Internacional.
6. *Paz social:* todos tenemos derecho a estar libres de la violencia. La alimentación no debe usarse como un arma. Los niveles de pobreza en aumento y la marginación del campo, junto con la creciente opresión a las minorías étnicas y poblaciones indígenas, agravan las situaciones de injusticia y de desesperación. No se puede tolerar el continuo desplazamiento, la urbanización

forzada, la opresión y la incidencia creciente del racismo contra los pequeños agricultores.

7. *Control democrático:* los pequeños agricultores deben tener una directa participación en la formulación de las políticas agrícolas en todos los niveles. Todos tenemos el derecho a la información precisa y honesta, y a una toma de decisiones democrática. Estos derechos constituyen las bases del buen gobierno, responsabilidad y participación igualitaria en la vida social, política y económica, libre de cualquier forma de discriminación. Las mujeres del campo, en lo particular, deben tener capacidad de toma de decisiones directa y activamente sobre los asuntos alimentarios y del campo.

La revolución agraria de Prout

Una de las metas de Prout es restablecer pramá, el equilibrio dinámico (explicado en el capítulo 2) en el medio ambiente. Este concepto es similar a lo que David Suzuki llama el "equilibrio sagrado".[9] Prout aboga por el uso equilibrado y renovable de los dones de la naturaleza, protegiendo los bosques y otras áreas salvajes y recuperando las áreas degradadas. La diferencia entre "utilizar" y "explotar" el medio ambiente puede compararse a la de "usar" y "abusar" de algo.

Sarkar hizo un llamado a una "revolución agraria" y consideró la agricultura como el sector más importante de la economía. Él enfatizó que toda región debería esforzarse por producir los alimentos necesarios para su población. Esta sencilla idea de abastecimiento alimenticio regional es totalmente opuesta al enfoque de la agricultura propuesta hoy por las corporaciones. ¡Los alimentos en EE.UU. viajan un promedio de 3.000 kilómetros antes de llegar a la mesa de los comensales![10]

Prout afirma que las prácticas de cultivo deberían ser sostenibles, para preservar el futuro del planeta. Con técnicas que incluyan la agricultura orgánica, la permacultura, la administración integral, el control natural de las plagas, el abono natural, la rotación de las cosechas, y los cultivos mixtos, entre otras.

Una economía proutista deberá resolver el problema de la división de la tierra. El área mínima para que una granja pueda ser considerada económicamente viable estaría determinada por el tipo y fertilidad del suelo y la disponibilidad de agua para la irrigación, conforme a la tecnología y las prácticas agrícolas locales. Tal viabilidad económica sería posible si el precio del mercadeo de los productos fuera superior al costo de producción, incluido el costo de todos los insumos. Por lo tanto, el mismo sistema de contabilidad que se aplica en el sector industrial debe aplicarse también en la agricultura. A menudo, todos los miembros de las familias de agricultores trabajan en las granjas familiares, pero el valor de su trabajo no se incluye cuando se calcula el precio final de los alimentos.

Una contabilidad apropiada en el cálculo de los costos de los productos agrícolas daría estabilidad a la vida de los agricultores y a las comunidades rurales. Aunque al inicio los precios de algunos productos se elevarían, posteriormente llegan a estabilizarse. Ello no ocasionaría ningún sufrimiento, pues un salario mínimo justo garantizado lo evitaría.

Muchos pequeños agricultores en el mundo no poseen suficiente tierra que les permita un nivel de vida razonable o incluso la misma subsistencia. Por otra parte, las enormes plantaciones dan un rendimiento de cosechas normalmente más bajo y dejan mucha tierra poco utilizada. Por consiguiente, una propiedad rural viable no debería ser demasiado pequeña, pero tampoco excesivamente grande.

Las cooperativas agrícolas

Prout reconoce al sistema de cooperativas agrícolas como la forma ideal de administración agrícola por muchas razones. Las cooperativas permiten a los agricultores mancomunar sus recursos, comprar insumos, y almacenar y transportar sus productos. Y lo más importante, eliminan los "intermediarios" que compran a los agricultores los productos a precios muy bajos y los venden posteriormente a los minoristas de las ciudades a precios altos. En cambio, en una economía proutista, las cooperativas de agricultores venderán sus productos directamente a las cooperativas de consumidores, beneficiándose ambos. Finalmente, las cooperativas agrícolas promueven la democracia económica, dando el poder a las familias del campo para decidir su propio futuro.

Las cooperativas previstas por Prout son radicalmente distintas de las comunas gestionadas por el Estado en la antigua Unión Soviética, China y otros países comunistas que, en su mayoría, han fracasado. Éstas tenían un bajo nivel de producción que provocó a menudo una drástica escasez de alimentos. Al negarse la propiedad privada y los incentivos, las cooperativas no pudieron crear en los trabajadores un sentido de compromiso. Las autoridades centrales hacían la planificación y fijaban las cuotas, y las personas locales no podían opinar sobre su propio trabajo. Se utilizaron métodos persuasivos, e incluso algunas veces de manera violenta, para implantar el sistema de las comunas.

Prout no aboga por la confiscación de las tierras ni fuerza a los agricultores a formar cooperativas. Los agricultores tradicionales tienen un intenso vínculo con la tierra que heredaron de sus antepasados y algunos preferirían morir antes que perderla.

Después de evaluar cuidadosamente el tamaño mínimo que debe tener una tierra económicamente sostenible en un área en particular, se animaría a los agricultores pequeños (o minifundistas) que poseyeran tierras insuficientes o improductivas para formar cooperativas, conservando aún la propiedad de sus tierras. Las cooperativas pagarían compensaciones equitativas tanto por la tierra como por el trabajo de manera proporcional a la propiedad poseída dentro de la cooperativa. Debería haber igualmente un sistema de bonificaciones basado en las ganancias. De aquí que no se violaría el deseo inherente de las personas de poseer propiedades y auto-determinación. Habría también un sistema de administradores elegidos, con una remuneración extra por sus habilidades especiales como incentivo por las innovaciones, la buena administración y de una mayor educación.

Un beneficio importante de este sistema es la potencialidad de compra colectiva de maquinaria agrícola, que de otro modo estaría fuera de los medios de la mayoría de los agricultores de manera individual. Más aun, en países donde la tierra cultivable es escasa y donde existe una alta densidad de población, una buena porción de tierra ser desperdicia en cercas y linderos demarcatorios, que en el caso de una cooperativa, puede utilizarse inmediatamente. Al vender directamente, los agricultores obtendrán mejores precios por sus productos.

Las propiedades muy grandes que sean improductivas serían transferidas a las cooperativas. Después de que se haya demostrado debidamente al público el éxito y los beneficios de las cooperativas agrícolas, se invitará a todos los propietarios de tierras a unirse voluntariamente a las cooperativas.

En una sociedad proutista, con un desarrollo humano integral, la propiedad de la tierra se volverá un factor cada vez menos importante a medida que se desarrolle el verdadero espíritu colectivo.

La agricultura ideal

La utilización máxima de la tierra es uno de los principales objetivos de Prout. Para ayudar a lograrlo, Sarkar abogó por tres sistemas alternativos de cultivos: cultivos mixtos, cultivos suplementarios y rotación de cultivos. Los cultivos mixtos incluyen la plantación de cosechas complementarias en el mismo terreno, por ejemplo en hileras alternadas. Esta técnica puede mejorar la utilización del terreno, reducir la erosión y conservar el agua. También utiliza la relación natural complementaria entre las plantas, por ejemplo donde una planta consume nitrógeno mientras que otra lo repone.

En la cosecha suplementaria, se puede plantar un cultivo secundario para utilizar el espacio sobrante alrededor de la cosecha principal. Por ejemplo, en un huerto se pueden plantar berenjenas debajo de los árboles de ciruela. En climas cálidos y templados, la rotación de cultivos es la plantación alternada de cosechas para las distintas estaciones de crecimiento, de tal modo que la tierra se hace productiva casi todo el año.

La agricultura integrada incorpora todo tipo de productos agrícolas sostenibles, incluyendo la apicultura, la horticultura y fruticultura, la floricultura, la sericultura (seda), los lácteos, la cría de animales, y la piscicultura. Prout sostiene que las semillas de distintas variedades de plantas deben ser recogidas y diseminadas para preservar la biodiversidad de nuestro planeta.

También se pueden desarrollar fuentes de energía renovable en las cooperativas agrícolas por medio del uso del biogás (obtenido en un tanque de descomposición de materia orgánica), de la energía solar o eólica.

La conservación del agua es un factor esencial en la sustentabilidad. Las reservas de agua subterránea son cruciales para el equilibrio ecológico de una región; por consiguiente, debería darse prioridad al uso del agua de la superficie, más que al agua de los pozos, para la irrigación y otros usos. Es importante la reforestación para aumentar las lluvias, como también la construcción de lagos y pequeños estanques para recoger el agua de lluvia. La plantación de cierto tipo de árboles que retienen el agua en sus raíces, a orillas de los lagos, ríos y estanques, ayudaría a evitar la evaporación y a conservar los niveles del agua.[11]

Cuando se aplique el espíritu del neo-humanismo en la agricultura, tendrá lugar un cambio en la cría de los animales. Siendo que los animales domésticos han contribuido a la agricultura por miles de años

—fertilizando el terreno y convirtiendo el pasto en leche, por ejemplo— las industrias actuales de ganado, ovejas y aves de corral están causando gran destrucción ecológica. Desde 1950 el número de animales de granja en el planeta ha crecido en 500%; ahora exceden a los seres humanos en una proporción de tres a uno y consumen la mitad de los cereales producidos en el mundo.[12]

Es cruel criar animales para después matarlos y, desde el punto de vista alimentario, es ineficiente. Las enormes extensiones de terreno y las grandes cantidades de agua usadas en su cría podrían alimentar a mucha más gente si se utilizaran en la plantación de cereales, frijoles y otros productos para el consumo humano directo.[13] Más aun, la industria ganadera es la principal causante de los gases invernadero y de la contaminación del agua subterránea.[14]

Existe una creciente toma de conciencia sobre los efectos nocivos para la salud de la dieta con un alto contenido de carne. Prout apoya la tendencia actual orientada hacia una dieta con un bajo contenido de carne, por razones de salud y ecológicas. Esta se debería fomentar regularmente mediante campañas regulares de educación popular.

Los beneficios de cultivar la propia comida

1. Mejora la salud de tu familia: comer frutas y verduras frescas, con sus altos contenidos de vitaminas, es una de las cosas más importantes que se pueden hacer para mantenerse saludable. Entre menos químicos tenga tu comida, más sana es. Los niños que crecen alimentados por productos de producción casera por lo regular continúan su dieta saludable cuando son adultos.
2. Ahorra dinero: aprende cómo alimentar bien a tu familia con poco dinero. Tus gastos de alimentación se reducirán cuando comiences a llenar tu cocina con productos frescos de tu jardín. Si aprendes a secar, a poner en conserva o a preservar tu cosecha, podrás alimentarte aun cuando la temporada de cultivo se acabe.
3. Reduce tu impacto ambiental: al cultivar tu comida orgánicamente, reduces la contaminación de herbicidas y pesticidas en el agua y aire. Además reducirás tu dependencia de la agricultura corporativa con su quema de combustibles fósiles para cultivar y transportar comida desde el otro lado del planeta a

tu supermercado. Cuando inspires a otros a seguir tu ejemplo, contribuirás a la construcción de un mundo mejor.

4. Ejercicio: plantar, deshierbar, regar y cosechar agregan una significativa actividad física a tu rutina. Los niños pueden unirse a ella también, y a ellos les gusta comer lo que cultivan. La jardinería es también una forma de relajarse, de liberar el estrés, de centrar la mente y de recibir aire fresco y sol. El estar conectado con la naturaleza es una medicina para el alma.
5. Disfruta de comida más sabrosa: la comida recién cosechada tiene un mucho mejor sabor que la comprada en el supermercado, que lleva mucho tiempo en camino para llegar a su punto de venta.
6. Desarrolla un sentido de logro: plantar una semilla, cuidar de ella, y más tarde cosechar sus frutos son tareas muy satisfactorias, son de las tareas que tienen más sentido hacer para los humanos en los últimos 10.000 años.
7. Evita el desperdicio: puedes hacer composta de todos tus desperdicios de la cocina y huerto y con ello obtener un maravilloso fertilizante y reducir la basura en los vertederos comunales.
8. Disfruta la sombra: plantar árboles frutales y nogales en los alrededores de tu casa o jardín proporcionará eventualmente una adorable sombra al tiempo que cosechas anuales para tu familia. Plantar árboles es invertir en el futuro de nuestro planeta.
9. Aprecia la variedad: pronto podrás cultivar más diferentes tipos y sabores de verduras. En vez de ir a la tienda porque olvidaste comprar una verdura, podrás salir al huerto de tu casa y tomar lo que desees.
10. Cultiva la comunidad: cuando comienzas a cultivar tu propia comida, puedes compartir los excedentes con la familia y los amigos. No hay nada mejor en el mundo que algo producido por tu propio sudor. Con frecuencia la gente se muestra muy agradecida al recibir comida fresca, sabrosa y "real", y de manera recíproca te ofrecen favores, de esta forma el trabajo duro se comparte y las amistades se fortalecen. Es posible que puedas inspirar a otros a unirse para hacer un huerto comunitario.

El desarrollo rural: las agroindustrias y las "agricoindustrias"

La pobreza en las áreas rurales es un problema muy serio al cual se enfrenta la mayoría de los países del mundo. El capitalismo de libre comercio ha demostrado poco interés en el desarrollo de las economías rurales. Cualquier persona que viaje una o dos horas en automóvil fuera de las grandes urbes de los países ricos, encontrará frecuentemente áreas de pobreza. La industrialización se da generalmente en los centros urbanos, donde existe una buena infraestructura, transporte y acceso a mano de obra barata. Esto tiende a drenar la población de las zonas rurales y a crear mega-ciudades en constante proceso de expansión, especialmente en los países pobres del Hemisferio Sur.

La fuente primaria de ingresos en las empobrecidas economías rurales es la agricultura y la extracción de materias primas, tales como la madera y los minerales. Prout propone que las industrias se asienten en las áreas rurales para producir los insumos que los agricultores necesitan para el cultivo y procesamiento de las cosechas. Estas industrias rurales son un aspecto importante de la democracia económica, al generar empleo y elevar el nivel de vida de la población campesina.

El término "agricoindustrias" se refiere a las industrias que preceden a la recolección de las cosechas, es decir, las que producen todos los insumos que los agricultores necesitan para su trabajo, como maquinaria, herramientas, repuestos, implementos para la tracción animal, semillas, fertilizantes, invernaderos y productos para el control de las plagas. Las agroindustrias son las industrias posteriores a las cosechas, aquellas que procesan los productos agrícolas crudos. Estas industrias incluyen la producción de harinas, aceites, textiles, fábricas de papel, conservación y procesamiento de frutas y verduras, plantas lecheras y laboratorio de hierbas medicinales.

Conjuntamente con las cooperativas agrícolas, la mejora de la educación y el avance en las comunicaciones y la iniciación de industrias caseras, dichas industrias diversificarán y vigorizarán las deprimidas economías rurales. Esto se encuentra en sincronía con el objetivo de Prout de crear polos de interés para atraer a la población urbana de las ciudades superpobladas hacia asentamientos más pequeños, humanos, y sostenibles.

Una economía equilibrada

Tanto el desarrollo excesivo como el subdesarrollo ocasionan desequilibrios económicos y políticos. Este trastorno bloquea el progreso de las personas y tiene a menudo efectos catastróficos para el medio ambiente.

En muchas partes del mundo en vías de desarrollo, incluyendo India, África y China, la proporción de las personas empleadas en la agricultura es muy elevada. Cuando más del 40% de la población depende directamente de la agricultura para su sustento, la agricultura subsistente ejerce excesiva presión sobre el uso de la tierra. Por otra parte, los países demasiado industrializados tratan por lo general de tener bajo su influencia a los países agrícolas, usándolos como fuente suministradora de productos agrícolas a bajo costo, y como mercados receptores para sus bienes de consumo.

Prout sostiene que para reducir las fricciones comerciales y lograr un sano equilibrio económico, cada región necesita tener una fuente fija y fiable de alimentos nutritivos, así como un sector industrial desarrollado. Para conseguir esto, la población activa de una región debería idealmente estar dividida del siguiente modo: del 20 al 40% de la población debería emplearse en la agricultura (incluyendo la extracción y preservación de los recursos naturales); del 10 al 20% en las agroindustrias; del 10 al 20% en las agricoindustrias, el 10% en comercio, en general; el 10% en el sector de servicios, administración, dirección y servicios públicos; y del 20 al 30% en otro tipo de industrias no agrícolas.

Estos porcentajes son asombrosamente distintos de los niveles existentes actualmente en la mayoría de países. En Estados Unidos menos del 1% de la población trabaja en la agricultura, el 26% en la industria y el 72% en los servicios y el comercio. En Brasil el 26% trabaja en la agricultura, el 23% en la industria, el 13% en el comercio y el 36% en el sector de los servicios.[15]

Sarkar advierte que si el número de personas ocupadas en la agricultura se sitúa por debajo del 20%, este importante sector de la economía será descuidado. Esto está sucediendo hoy en día en Japón donde solamente el 4% de la población trabaja en la agricultura, y la autosuficiencia nacional en materia alimentaria fue estimada en un 30% y en proceso de reducción.

Además de la amenaza a la seguridad alimenticia de una región, los seres humanos necesitan mantener un vínculo con la naturaleza. Cuando tantas personas se alejan del contacto con la tierra y de la experiencia de vivir y trabajar en la naturaleza, tiene lugar una ruptura y enajenación colectiva. Los pueblos indígenas sugieren, al igual que los psicólogos ecologistas, que muchos de los males que aquejan a las sociedades industrializadas están ocasionados por esta separación de la madre Tierra. Sarkar advirtió que "las consecuencias perjudiciales internas de la industrialización excesiva no sólo afectan a la salud personal, social y nacional de los pueblos, sino que también precipitan la gradual degeneración psíquica, tanto individual como colectiva".[16]

En los países desarrollados del mundo existe una creciente demanda de alimentos orgánicos que los agricultores locales no pueden satisfacer. Sorprendentemente, en muchos países tropicales en vías de desarrollo, inclusive en las áreas rurales, la gente se queja a menudo del alto costo de las frutas y verduras, por el simple hecho de que muchos de esos productos no son cultivados en la zona. Las cooperativas agrícolas pueden ayudar a resolver estos problemas, tanto en los países desarrollados como en los países en vías de desarrollo, ofreciéndoles a los desempleados capacitación, apoyo, beneficios y condiciones de trabajo eficientes.

Existe un precedente histórico ocurrido en Japón al finalizar la Segunda Guerra Mundial, cuando el gobierno japonés hizo un gran esfuerzo para desarrollar la agricultura. El país absorbió con éxito el trabajo de miles de exsoldados desempleados y emigrantes que regresaban del extranjero.

El trabajo en la mayor parte de las granjas pequeñas es agotador y casi todas las personas lo encuentran poco atractivo. Ésta es una de las razones por la que los jóvenes abandonan las áreas rurales. Para atraer de nuevo a la gente a la vida rural, se le debería dar a la agricultura el mismo tratamiento que se le da a la industria manufacturera para hacerla más eficiente. Junto a la revitalización de las industrias rurales, la reducción del número de horas laborables, las investigaciones y el desarrollo vital, las cooperativas agrícolas pueden utilizar todas las habilidades técnicas, administrativas e intelectuales concentradas hoy en la industria manufacturera, para hacer que la vida del campo se vuelva más amena y atractiva.

Beneficios de una transición hacia una economía equilibrada[17]

Son varios los beneficios que una nación puede obtener al iniciar una revolución agrícola basada en los conceptos de Prout:

- Reducción de las disputas comerciales, al volverse el país menos dependiente de las importaciones y exportaciones.
- Creación de empleos nuevos y más estables, en función de la demanda local.
- Salvaguarda de la seguridad nacional al aumentar la autosuficiencia alimentaria.
- Liberación de la presión sobre el país que los organismos financieros internacionales ejercen, y permitiendo a la población local tomar las decisiones de acuerdo con sus necesidades locales.
- Menor vulnerabilidad respecto a las fluctuaciones financieras internacionales y otros eventos imprevistos, con una mayor dependencia en el consumo interno.
- Reducción del número de residentes urbanos al atraer a la población de las grandes ciudades para mudarse a las zonas rurales, donde pueden hallar empleo en las cooperativas agrícolas, las agroindustrias y las agricoindustrias.
- Estímulo de la economía y revitalización de la cultura en las áreas rurales, posibilitando a toda la población un estilo de vida más acorde con la naturaleza.
- La migración rural fomentará la construcción y renovación de más y mejores hogares, lo que a la vez estimulará al sector de la construcción, y a las industrias de muebles y electrodomésticos.
- Mejora del medio ambiente al cambiar de los monocultivos a la agricultura orgánica, así como la reducción de la contaminación industrial y urbana.

La Unidad Maestra de Prout

Sarkar dio gran importancia a la necesidad de establecer "centros rurales modelo para el desarrollo de múltiples propósitos," ejemplos de Prout que él llamó Unidades Maestras. Él los encaminó para extenderlos a todos los servicios posibles en los campos de la educación, la cultura, economía y elevación espiritual, diciendo que deben ser los "centros nerviosos de la sociedad". Indicó que el tamaño mínimo para la Unidad Maestra es de 3 hectáreas, sin embargo visualizó que se expandirían gradualmente, involucrando a una cada vez mayor parte de la población. Estas entidades deben ser económicamente sostenibles en todos los sentidos.[18]

Sarkar listó los requisitos primordiales de una Unidad Maestra Ideal para "corresponder a las cinco necesidades mínimas de Prout":

1. Cultivar alimentos orgánicos y materias primas para las agroindustrias.
2. Producir fibras y telas para ropa.
3. Abrir escuelas primarias y secundarias.
4. Abrir unidades médicas que den importancia a enfaticen tratamientos alternativos.
5. Construir casas para gente extremadamente pobre.[19]

Sarkar recomendó la agricultura intensiva de gran diversidad con todas las variedades de la agricultura integrada ideal (listadas en una sección anterior). Además estableció que una Unidad Maestra debe tener, a ser posible, energía renovable, semilleros, viveros, centro de capacitación agrícola, un santuario de vida silvestre, y agroindustrias para comprar y procesar el producto de los agricultores vecinos, tales como un molino, panadería o productos lácteos.

Una Unidad Maestra es una comunidad, una ecoaldea, de forma que cuanta más gente llegue a vivir o a participar de alguna manera, más saludable será el proyecto. Cuanto más genuino sea el servicio que provea la Unidad Maestra, mayor buena voluntad creará. Existen tres categorías de proyectos de servicio en la Unidad Maestra:

1. Servicio a vecinos: este puede incluir tratamientos de enfermedades con medicinas homeopáticas, abrir una escuela, organizar cooperativas, proporcionar empleo, compartir equipo agrícola, organizar actividades y festivales comunitarios, enseñanza de yoga y meditación.
2. Programas de servicio residencial: los usuarios de estos programas viven en la Unidad Maestra durante varios meses o más tiempo. En la Unidad Maestra de Anandanagar en India, por ejemplo, hay estudios universitarios y un instituto de ingeniería con alojamiento para quien viene de lejos. Otros programas residenciales pueden incluir: hogares para mujeres embarazadas, discapacitados mentales, quienes se están desintoxicando del alcohol o rehabilitando del uso de drogas y para prisioneros recién puestos en libertad.
3. Servicios especiales de educación y salud para visitantes: los usuarios de estos programas vienen desde alguna distancia para atender a cursos especiales y permanecer por un fin de semana o más. Por ejemplo a cursos de biopsicología, bienestar,

naturismo, ayurveda, yoga y meditación, ayuno y cocina vegetariana. Otro excelente servicio es el de albergar visitas de un día para grupos escolares permitiendo a los estudiantes ver y experimentar la granja.

Agricultura con apoyo comunitario (CSA)

Existe una iniciativa creciente en Japón, Europa y Norte América que se conoce con el nombre de granjas de Agricultura con apoyo de la comunidad. En EE.UU. se les llama granjas CSA, y en Japón se llaman "agricultura con rostro". Los consumidores se unen a los agricultores de la zona para cultivar alimentos orgánicos de la estación y sin pesticidas. Cada primavera, los consumidores pagan una cuota por adelantado, para ayudar a los agricultores con los gastos de la cosecha, evitando de este modo que recurran a los préstamos bancarios con altos intereses. A cambio de esta inversión, los consumidores reciben semanalmente, y durante toda la estación, una provisión de alimentos frescos. Las granjas CSA apoyan la agricultura local autosostenible y alientan a los consumidores de la ciudad a visitar las granjas y ayudar con las faenas durante el tiempo de la cosecha. Existen hoy miles de este tipo de granjas, que son un ejemplo maravilloso del beneficio económico mutuo que obtienen las cooperativas de productores vendiendo directamente a las cooperativas de consumidores, al tiempo que estimulan a los residentes de las ciudades a pasar más tiempo en el campo.[20]

CSA se ha convertido en una forma muy popular para que los consumidores compren comida de temporada y local directamente de los productores. Se le puede encontrar combinando una cooperativa de consumidores con una de productores en una sola. La idea detrás de CSA es que la tierra de cultivo se convierta en la tierra de la comunidad. Productores y consumidores se apoyan mutuamente y comparten los riesgos y los beneficios de la producción de alimentos. Este acuerdo amplía los "sistemas de entregas de vegetales", en que los consumidores se inscriben con una granja para recibir semanalmente una variedad de vegetales estacionales u otros productos de la granja.

CSA no es un sistema rígido, por ello existen variantes locales. Una organización CSA normalmente incluiría la existencia de un presupuesto transparente para la granja CSA por el año siguiente. Los consumidores pagan por adelantado por el periodo siguiente de productividad y en cambio reciben el producto de temporada. Así ellos participan en el ciclo completo del valor anual de la producción agrícola.

Los sistemas CSA tienen el poder de acelerar la producción de alimentos para lograr modelos económicos sostenibles. Aunque no estrictamente, las organizaciones CSA adoptan por lo general a la agricultura orgánica. Ellas fomentan el abasto local de alimentos saludables y tienden a conservar la fertilidad del suelo y la biodiversidad. Al evitar intermediarios, los productores reciben un mayor ingreso, mientras que los consumidores pagan menos. Los campesinos cobran por anticipado, asegurando una venta garantizada y una utilidad justa; los consumidores comparten el riesgo y como consecuencia se enlazan a los ciclos e imprevistos de la naturaleza. Además, el dinero pagado por comida se mantiene en la comunidad local, en contraste con el gastado en los supermercados, que los capitalistas, por lo general, se lo llevan a sus oficinas centrales o a los mercados globales.

Más aun, una característica fundamental de la CSA es que atiende el propósito social de acercar a los consumidores y ponerlos en contacto con los productores. Con frecuencia, las granjas CSA organizan eventos y ferias; algunas granjas ofrecen a los consumidores posibilidades de encuentros recreativos y educativos al invitar a gente de todas las edades a recorridos, días de trabajo o cursos en la granja, fortaleciendo así los lazos de unión entre los miembros. Algunas granjas incluso ofrecen a los consumidores pagar con trabajo en lugar de efectivo. América del Norte tiene hoy en día más de 13.000 granjas CSA. Estas entidades productivas pueden contribuir a la democracia económica al unir los espacios, la cultura y la gente en el campo y en la ciudad y crear un ecosistema de apoyo mutuo, comprensión e interdependencia.

Alimentos, Granjas y Empleos

El estado de Illinois en el centro de EE.UU. es agrícola y produce tanta soya y maíz para cría de animales, con su posterior procesamiento y exportación, que con frecuencia se ubica entre el primero o segundo con la mayor producción en este país. No obstante las enormes cantidades de cereales y animales y producidos, más del 95% del gasto anual de sus habitantes en alimentos, 48.000 millones de dólares americanos, se dedica a alimentos importados y sale del estado.[21] Debido a que la mayor parte de la agricultura es a gran escala, solamente un pequeño porcentaje de la población se emplea en este sector, y en marzo de 2010, el desempleo de este estado llegaba al 11,5%.[22]

En 2007 se creó la ley Alimentos, Granjas y Empleos Locales del Estado de Illinois, que dio origen a la creación de un comité de trabajo para facilitar mecanismos por medio de los cuales la amplia demanda de alimentos no cubierta por la producción local pudiera ser atendida por los granjeros locales con sus ricas y productivas tierras. Desde hace mucho tiempo el proutista, Charles Paprocki, que produce toneladas de productos agrícolas en un pequeño huerto comunitario, se unió a este comité al tiempo que la crisis financiera comenzaba. La seriedad de su impacto en la economía estatal hizo que este grupo se hiciera más receptivo a algunas de las propuestas radicales de Prout que él sugería.

El lema que escogieron fue "Cultivando la Economía de Illinois", y su misión era:

> Facilitar el crecimiento de una economía de granjas locales y productos alimenticios en Illinois que diera nueva vida a las comunidades urbanas y rurales, promoviera la alimentación saludable con acceso a alimentos frescos, creara empleos, asegurara un suministro disponible, de alimentos seguros en una situación de emergencia, y apoyara el crecimiento económico como medio de lograr que los productos del campo fueran accesibles a todos los ciudadanos de Illinois.[23]

En 2009 el comité convenció a los dos partidos políticos de la legislatura local para aprobar la ley que proponían. Esta recomienda que para 2020 todas las instituciones del estado que sirvan comida, incluyendo universidades, escuelas, hospitales y prisiones, deben comprar 20% de su comida a los productores del propio estado. También creó un Consejo de 35 miembros designados por el gobernador.

La demanda de alimentos locales crece cada año. El estado tiene el segundo lugar en mercados de agricultores a nivel nacional, y habría más si hubiera más agricultores que los surtieran. Debido a esta demanda de alimentos locales, la legislatura de Illinois se encuentra detrás de esta iniciativa. Muchas otras agencias de gobierno también la apoyan, incluyendo la más grande, la del Departamento de Servicios Sociales. Ellos le ponen mucha atención, porque se dan cuenta de que el tipo de alimentos que han abastecido a los beneficiarios de apoyos alimentarios en las comunidades pobres ha contribuido al incremento de los niveles de obesidad y diabetes.

Los oficiales de la Agencia Estatal para la Gestión de las Situaciones de Emergencia están también interesados en los alimentos de origen local. La mayoría de los analistas a nivel nacional estiman que solamente existe un abasto de tres a cinco días de alimentos, combinando todas las existencias de los hogares, supermercados y sus bodegas. Si cualquier desastre de origen natural o humano perturbara el transporte de larga distancia, la gente padecería hambre muy rápidamente. El estado de Illinois es el primer estado en su país que incluye la alimentación local en su plan de contingencias en caso de emergencia. Otros estados no han visto aún lo precario de su abasto alimentario.

Jim Braun, otro miembro de este Consejo explicó los considerables obstáculos a los que se enfrenta esta iniciativa:

> La edad promedio del granjero hoy en día en Illinois es de casi 60. La mayoría de ellos encuentran difícil dejar sus tractores y desempeñar el duro trabajo físico que requiere y producir una variedad normal de alimentos para el consumo humano
>
> La comunidades rurales son muy unidas, y cualquiera que cultive otra cosa que no sea maíz y soya se considera tonto, radical y raro, o peor. Se requieren años de educación sutil para cambiar las normas comunales rurales, para que se acepte a los granjeros que produzcan la variedad de alimentos que se requiere para abastecer el consumo local. De manera simultánea, los nuevos granjeros deben aprender a cultivar la comida para las mesas, se debe construir un sistema de apoyo que les ayude a superar los problemas únicos de la producción local, se deben importar o desarrollar nuevos tipos de herramientas y equipo, y obtener fuentes de capital de inversión. Este tipo de empresa de cultivo es tan "extraña" para la cultura que los bancos tienen reservas para prestar el dinero que requieren los granjeros que quieren cultivar el alimento de la mesa.
>
> Un amigo agricultor de productos básicos del estado de Iowa tomó hace dos años la decisión de transformar 80 hectáreas de maíz para cría de animales, (para ser exportado) a maíz para el consumo humano. Él hizo acuerdos verbales con los tenderos locales para su compra. Sin embargo, cuando el grano maduró, ellos se negaron a comprarlo debido a una superabundancia de maíz dulce importado de bajo precio. Pudo encontrar mercado a 200 millas de distancia, pero no era costeable su transportación

a esa distancia. Al final, aró la tierra con el maíz ¡sin haber cosechado una sola mazorca de ese maíz dulce!

Mi amigo tuvo una gran idea, pero no tuvo las condiciones sólidas que se requieren para alcanzar el éxito. No debemos permitir que esto ocurra en Illinois, porque no solamente los agricultores, sino todos sus vecinos tendrían reservas para cultivar alimentos locales por mucho tiempo con base al miedo de que este desastre económico pueda ocurrirle a ellos también.

El programa de etiquetado y certificación "Cultivado en Illinois", también creado en 2009 por ley, está enfrentando gran resistencia. Mientras que los consumidores desean conocer el origen de su comida, los negocios que basan su ganancia en el modelo de importación-exportación a gran distancia no desean que la gente dé importancia a entender la verdadera fuente de su alimentación. He encontrado esta misma lucha a nivel federal tratando de aprobar la ley "etiqueta del país de origen".
El modelo de Illinois se puede estudiar, modificar y servir de base para crear lo que es necesario en otros lugares si la gente encuentra el valor en tal modelo. Los principios que aplicarían en cualquier estado en el país son:

1. Los alimentos locales significan desarrollo económico, creación de empleos, revitalizar los espacios urbanos y rurales, salud pública y seguridad nacional.
2. Para lograr el éxito, la gente debe querer construir un sistema de alimentación local.
3. El gobierno debe estar comprometido en el proceso y apoyarlo para su crecimiento y florecimiento.
4. Gobierno y ciudadanía deben aprender a trabajar juntos para lograr esta meta.
5. Se deben analizar y solucionar los problemas de manera responsable, conforme se vayan presentando.
6. La gente debe aprender que las vidas y comunidades vibrantes son creadas por gente generosa que trabaja colectivamente para crear comunidades y vidas saludables.[24]

Un obstáculo más que esta iniciativa enfrenta es el Sistema de Crédito Agrícola (Farm Credit System), el mayor programa federal de préstamos al campo en EE.UU., que estableció el Congreso en 1916 para facilitar los requerimientos especiales de los agricultores. Un porcentaje de su cartera de préstamos se asigna a cubrir las necesidades de los agricultores que se inician en la actividad. A pesar de esta asignación, el Sistema de Crédito Agrícola y el Banco Federal de la Tierra (Federal Land Bank) son muy reservados de prestar dinero a los agricultores de alimento local que se inician en la actividad.

Lamentablemente, el Consejo fue saboteado por unos cuantos líderes políticos en un acuerdo poco público. Calumniaron a sus miembros, les retiraron los recursos financieros que se les aprobaron y de manera secreta los asignaron a otra entidad.

Sin embargo, mucho trabajo ha sido realizado por individuos, organizaciones comunitarias y el propio Consejo de forma que este noble sueño sigue creciendo. Ver: www.foodfarmsjobs.org.

Selvas tropicales en peligro

El capitalismo global ejerce una tremenda presión sobre todos los recursos naturales, pero tal vez el efecto más insidioso es la continua destrucción de las selvas tropicales del mundo, que pone en peligro la existencia misma del planeta.

La selva tropical del Amazonas es la selva más grande del mundo, la cual cubre una gran parte de Brasil y se extiende por ocho países más, abarcando un área casi tan grande como el territorio de los Estados Unidos. La increíble variedad de animales y vida vegetal en la Amazonia es difícil de comprender. Por ejemplo, sólo un río amazónico tiene una variedad de peces mayor que toda la variedad de peces existente en todos los ríos europeos juntos. En una sola reserva, en el parque nacional El Manú, de Perú, hay más especies de aves de las que existen en todo el territorio de los EE.UU. Una de cada 10 especies conocidas en el mundo vive en la selva del Amazonas.[25]

Los científicos estiman que El Amazonas tiene el 20% de toda el agua dulce del planeta.[26] Cuando se evapora, las nubes provocan el movimiento por toda América del Sur y demás lugares, determinando la cantidad de precipitación pluvial incluso en otros continentes. Esto es fundamental para Brasil, que depende casi exclusivamente de la energía generada por plantas hidroeléctricas, que requieren grandes reservas de agua de lluvia. Más aun, se sabe que las condiciones climáticas del continente entero, que afectan a la producción de alimentos, están fuertemente influenciadas por el Amazonas. Se cree que la biomasa del

Amazonas es la más importante en cuanto a su producción de oxígeno, filtrando los contaminantes del aire y absorbiendo el dióxido de carbono, el gas principal causante del calentamiento global. Se estima que la Selva Amazónica almacena entre 80 y 120 mil millones de toneladas de carbón, equivalente a una década de emisiones de gas invernadero por la humanidad de acuerdo a los parámetros actuales.[27]

Los científicos calculan que la selva amazónica produce cerca del 20% del oxígeno de todo el mundo por medio de la fotosíntesis y la respiración.[28] Sarkar llamó a la Amazonia "los pulmones del planeta" y apremió a los proutistas a luchar para salvarla.

Durante la dictadura militar en Brasil (1964-1985), el gobierno inició grandes proyectos para desarrollar el Amazonas y atraer la migración. Desde entonces, numerosos individuos y compañías se han mudado allá con el fin de adquirir tierras y dinero, muchos de ellos movidos por un intenso materialismo y corrupción.

La mayoría de los suelos amazónicos tienen una fertilidad que va desde mediana hasta baja. En el nombre de una llamada "reforma agraria", los gobiernos adjudican algunos de tales terrenos a familias de pequeños agricultores. Después de derribar y quemar los árboles comienzan a sembrar café y otras cosechas. En sólo unos pocos años, el frágil y delgado suelo se agota completamente, obligando a los agricultores a abandonar las tierras para ir en busca de nuevos terrenos que limpiar. Los ganaderos les compran entonces las tierras para destinarlas a vastos pastizales. De acuerdo a estadísticas del Ministerio de Agricultura, en 2005 había un total de 74,5 millones de cabezas de ganado en los nueve estados del Amazonas, la mitad del total de Brasil y con una población de 23 millones de personas.[29]

La madera es la materia prima más codiciada en el Amazonas. El flujo incesante de grandes camiones transportando enormes troncos de madera es muy común en la región. Las fotos tomadas por los satélites muestran que el 20% del área (700.000 kilómetros cuadrados, superficie mayor que la de Francia) ha sido desforestada y sustituida por pastizales.[30] Las compañías madereras no solamente desmantelan las áreas permitidas legalmente, que se encuentran prácticamente agotadas, sino también de manera ilegal en las reservas protegidas. La población indígena y las comunidades extractivas que recolectan los árboles de caucho, nueces y frutas, están en peligro. Apoyar a estas comunidades y detener la deforestación de la selva amazónica es la mayor contribución que Brasil pueda dar para la estabilidad del planeta.

Estrategias para la protección de la selva

Hay varios tipos de áreas forestales protegidas en el Brasil de hoy. Las áreas de preservación permanente son aquéllas que nunca se deben deforestar por su frágil ecosistema o importancia social. Entre ellas se encuentran las reservas destinadas a la investigación biológica, y los parques estatales y federales que promueven el ecoturismo. Las selvas son muy ricas en manantiales, cañadas, arroyos, ríos e islas. El Código Forestal Brasileño protege 100 metros de selva a ambos lados de ésas áreas de la cuenca que contienen ecosistemas frágiles y de gran importancia.

Las reservas indígenas también están protegidas. Desgraciadamente en Brasil, y contrariamente a las leyes internacionales, los indígenas son considerados inferiores y sus comunidades no tienen derecho a ser propietarias de la tierra donde viven. Las reservas son propiedad del Estado y pueden ser reducidas o revocadas en cualquier momento.

Existen también las reservas de extracción, donde se permite a las personas vivir y extraer savia de los árboles de caucho, además de nueces, frutas, plantas medicinales, etc., así como cazar y pescar, pero sin derribar los árboles. Los intereses creados tratan a menudo de sacar a los residentes fuera de las reservas de extracción, y en 1988 el ecologista Chico Mendes fue asesinado por defender a sus pobladores. Al promover la cooperación con los habitantes de las selvas, el gobierno encontró que ellos eran hábiles protectores de la tierra. Desgraciadamente, muchas comunidades están afrontando actualmente diversas dificultades debido a los bajos precios de sus productos en el mercado; las comunidades que se encuentran mejor son las que han podido organizarse en cooperativas y están vendiendo a mejores precios sus productos.

Existen gobiernos locales que están ayudando, es el caso del estado de Acre, donde las fábricas se establecieron para procesar látex, nuez de castaña, y otros productos de la selva. Estas acciones representan una esperanza en la búsqueda de la "sustentabilidad". Sin embargo, existe una bien conocida paradoja en el concepto de "desarrollo sostenible", La historia reciente del Amazonas ha mostrado que el "desarrollo" sigue una dirección contraria a lo que se entiende por "sustentabilidad", haciéndolo un concepto muy frágil que se acerca a la utopía.

Algunos capitalistas sin escrúpulos están ejerciendo una tremenda presión sobre todos los tipos de reservas forestales. Una invasión de mineros y leñadores ilegales llega constantemente a los límites de las reservas.

Otros explotadores traman elaboradas estrategias legales para derribar más árboles. Funcionarios gubernamentales corruptos, junto con expertos forestales deshonestos preparan elaborados proyectos que en apariencia son legalmente correctos, pero que en realidad autorizan a las compañías madereras a deforestar las áreas protegidas. Algunos políticos estatales son propietarios de grandes campos de pastizales para el ganado, y son tan poderosos que con toda impunidad violan las leyes ambientales. Todo esto hecho en nombre del "desarrollo".

Conscientes de que la madera es el recurso forestal con mejor pago y un mercado garantizado, algunas comunidades de extracción forestal y tribus indígenas, con el apoyo de algunas ONGs (Organizaciones No Gubernamentales) nacionales e internacionales, han comenzado a invertir en un proyecto alternativo de explotación maderera conocido como Plan de Gestión Forestal Sostenible, que representa un conjunto de técnicas de ingeniería forestal para extraer la madera sin degradar la selva. Esta estrategia tiene como prioridad la máxima utilización de los recursos forestales de un modo sostenible y con un mínimo impacto pernicioso. Además, el plan disminuye la extracción ilegal de la madera.

El Código Forestal de Brasil exige que todas las propiedades rurales de la región amazónica deban tener como mínimo un 80% de su área cubierta de bosques. Los consultores forestales están aconsejando a los pequeños productores rurales a juntar sus áreas forestales para conformar un área única y aplicar el Plan de Gestión Forestal Sostenible. Las ganancias obtenidas se invierten en la compra de maquinaria, implementos agrícolas y en agroindustrias de propiedad cooperativa.

Edemilson Santos, proutista e ingeniero forestal, ha trabajado en la selva del Amazonas desde 1999. Dice: "El principal reto para proteger el Amazonas es la necesidad de despertar la consciencia humana sobre la importancia de la conservación de la selva para el futuro del planeta tierra. Y este despertar está ocurriendo, desde pequeñas acciones realizadas por los habitantes de la selva, y por aquellos comprometidos en cambiar al mundo".[31]

El conocimiento tribal de las plantas medicinales

En la Amazonia crecen cerca de 60.000 plantas medicinales. Los indígenas que habitan en la selva desarrollaron por milenios un enorme conocimiento de las miles de plantas que tienen un valor curativo. Sin embargo, el hábitat forestal está siendo destruido y las tribus y sus culturas están desapareciendo rápidamente.

Existe suficiente documentación que prueba cómo algunas misiones evangélicas norteamericanas están contribuyendo a la extinción de las tribus indígenas. Predicando la inminente segunda venida de Jesucristo y la destrucción del planeta, tratan de bautizar y salvar a las almas antes de que llegue el fatídico día. No tienen ningún interés en ayudar a la comunidad en su transición al mundo moderno. Durante las cuatro últimas décadas, docenas de tribus en remotas partes de Centro y Sud América han desaparecido debido al trabajo de la Misión de las Tribus Nuevas y al Instituto Lingüístico de Verano. Estos grupos primero ofrecen a los indios bienes materiales, y luego les enseñan que las costumbres de vida de la tribu son pecaminosas. Dividen a la comunidad intencionalmente con el fin de debilitar la influencia de los ancianos. Como resultado, los indígenas sufren de depresión, malnutrición, enfermedades y pensamientos de suicidio.[32]

Como consecuencia del contacto con tales misioneros y de la fascinación por el materialismo occidental, la mayoría de los jóvenes indígenas no tienen ningún interés en aprender el conocimiento de la selva. Se dice que cuando muere un chamán sin que haya nadie entrenado para remplazarle, una enciclopedia completa de conocimientos para la humanidad que se pierde para siempre.

Las multinacionales farmacéuticas obtienen cientos de millones de dólares de ganancias con la venta de medicinas maravillosas derivadas de las plantas de la selva, sin que reembolsen nada a los pueblos indígenas que les mostraron por vez primera las plantas y sus efectos curativos.

Gradualmente, esta biopiratería está comenzando a cambiar. El etnobiólogo Mark J. Plotkin vivió varios años con la tribu amazónica de los Tiriós, en el sur de Surinam, aprendiendo acerca de sus plantas medicinales. Después les ayudó a establecer El Equipo de Conservación del Amazonas "ACT",[33] la organización sin fines de lucro que trabaja en alianza con los indígenas de América tropical en conservar la biodiversidad de la selva del Amazonas así como la cultura y la tierra de su gente. Además, Plotkin tradujo sus descubrimientos al lenguaje tirió y publicó el *Manual Tirió de plantas medicinales.* Antes de esto, la tribu tenía sólo un libro escrito en su propia lengua: la Biblia.[34] ACT trabaja con grupos tribales en los Andes colombianos del este y en el interior de Surinam en un intento para preservar, fortalecer y perpetuar su saber en etnobotánica e inspirar a jóvenes de cada tribu a volverse aprendices y a estudiar, teniendo como profesores a los chamanes mayores.

Este tipo de colaboración entre la cultura occidental y la indígena, compartiendo los beneficios materiales de sus conocimientos, ha demostrado a la gente de las tribus el enorme valor y la potencial importancia global de su cultura.

Estas iniciativas coinciden con la visión ecológica de Prout para preservar las selvas tropicales, reforestar las áreas degradadas, respetar cada cultura y lengua, intercambiar conocimientos con los habitantes de la selva, y establecer cooperativas para el beneficio de sus comunidades. Sin embargo, hasta que no termine el capitalismo global, la destrucción continuará.

El Parque Ecológico "Visión Futura"

El éxodo de la gente del campo a los centros urbanos en busca de empleo y oportunidades educativas está creando un profundo desequilibrio tanto en los países desarrollados como en los que están en vías de desarrollo. Brasil es un caso extremo: en 1960, 55% de la población vivía en las áreas rurales, pero en 2005, solamente quedaba el 15%. La miseria, el alcoholismo y el suicidio plagaban a la pobre población rural, mientras que quienes se mudaban a los barrios marginados de la ciudad enfrentaban alto desempleo, drogadicción, crimen y violencia.

En 1992, la doctora Susan Andrews se mudó a una pequeña propiedad cerca del poblado de Porangaba, en el estado de Sao Paulo, Brasil. Ella es una conferencista mundialmente famosa y autora de más de 12 libros de educación, psicología, salud, yoga, meditación, nutrición y ecología que han sido traducidos a varios idiomas; su meta era crear una villa ecológica que mostrara cómo esta situación podría ser revertida. Andrews, quien fuera becaria del programa Fulbright de la Universidad de Harvard, conoció a P.R. Sarkar en 1969 y fue inspirada para dedicar su vida a desarrollar y compartir sus ideas con el mundo. Fundó el Parque Ecológico Visión como un modelo del desarrollo rural basado en la visión de Sarkar. Con ayuda de muchos simpatizantes, donativos y el incansable trabajo de docenas de voluntarios de todo el mundo, el sueño se ha convertido en realidad.

A dos horas de viaje por carretera desde la ciudad de Sao Paulo, las 100 hectáreas ahora proveen las necesidades básicas de los miembros de la comunidad con pocos insumos del exterior y sin crear desperdicio, "cerrando los ciclos" de los sistemas naturales. El proyecto entero está basado en el concepto de "bio-economía", aplicando los principios operativos de los sistemas biológicos naturales tanto a la economía como a la sociedad. El objetivo es cubrir las necesidades básicas de la vida (alimentación, vestido, educación, atención médica, vivienda y energía) por medio de cooperativas auto-organizadas y auto-sostenibles, y con mínimo desorden, logrando la máxima utilización de los recursos naturales.

En Visión Futura, los paneles solares proporcionan electricidad y calentadores solares, agua caliente. Se utilizan bombas de agua de energía eólica y solar para la irrigación y uso doméstico, al tiempo que se almacena en estanques el agua de lluvia para restaurar los ciclos hidrológicos. Árboles y plantas alrededor de los estanques previenen la erosión y reducen la evaporación. "Humedales Gestionados" —sistemas biológicos de plantas acuáticas para el tratamiento de agua— retienen los nutrientes en el agua de desperdicio y los regresan al suelo. Este sistema incluso llega a purificar el agua del drenaje de los baños para ser usada en la irrigación, así no se desperdicia ni una sola gota de agua. El desperdicio orgánico se usa en composta para producir fertilizantes para los huertos.

Una agricultura orgánica extensiva proporciona la mayor parte del alimento para la comunidad, incluyendo arroz, frijol, maíz, verduras, frutas, especias e infusiones. Los productos también se venden en los mercados cercanos, generando ingreso para la población rural. La hierbas medicinales del huerto, plantadas en formas geométricas de mandalas, se procesan en un laboratorio para producir medicinas naturales, champú, jabones, y cosméticos, creando más empleo y contribuyendo a la autosuficiencia médica en la comunidad. Un centro ayurvédico proporciona cuidados alternativos de salud incluyendo naturismo, herbolaria y tratamientos yoguis.

Se hornean deliciosos panes integrales, tartas y pasteles para la comunidad y para la venta.

El Parque Ecológico se vincula a los vecinos de otras formas. Un preescolar ofrece a los niños un ambiente educativo muy rico en lo cultural y artístico basado en la educación neo-humanista, diseñada para desarrollar la autoestima, la dignidad, los valores éticos, la creatividad y una actitud amorosa para todos los seres.

Loa programas más conocidos del Parque Ecológico son los cursos de biopsicología de la Dra. Andrews. Más de 100 participantes llegan cada fin de semana, un total de 9.000 cada año, para descubrir cómo el antiguo saber del Yoga Tantra se combina con las últimas investigaciones sobre la medicina del cuerpo y la mente a fin de promover un desarrollo del ser humano integral, físico, mental y espiritual. Los cursos iniciales, intermedios y avanzados incluyen la visualización, la respiración profunda, dinámicas de grupo, posturas de yoga, terapia de arte, psicodrama, meditación y nutrición. La biopsicología enseña el control de las emociones negativas que dañan nuestra salud y nuestra vida. Las técnicas prácticas armonizan las glándulas endocrinas y sus hormonas, que corresponden a los centros de energía psíquica sutil o chakras.

Amplias habitaciones de huéspedes, dormitorios, teatros, cafeterías y salas de reunión proporcionan un ambiente confortable para los visitantes, inmersos en la naturaleza, el arte, la salud y la paz. Situados a 700 metros sobre el nivel del mar con amplias vistas de los campos aledaños, los visitantes están rodeados de hermosos jardines y los suaves sonidos del pasar del agua y de las aves. Todo en la ecoaldea fue diseñado cuidadosamente para estar en armonía con la naturaleza: la arquitectura creativa en forma de geometría sagrada, los hermosos murales, las flores de los jardines, la sala de meditación, los lagos, senderos del bosque, y los centros de música y arte, y especialmente la deliciosa comida, preparada con amor. De hecho, la consciencia y el amor son los principios fundamentales que guían todos los aspectos del centro, incluyendo el enfoque en arte, obras de teatro, rituales y talleres de arte para niños y jóvenes en el vecindario están basados en el tema de Sarkar: "Arte para el servicio y la felicidad".

El Parque Ecológico es además un centro catalizador para activistas, diseñado para inspirar la transformación personal y cultivar la energía para poner en práctica un nuevo paradigma de ética, conciencia del medio ambiente y cooperación. Al depender más de sus productos locales para cubrir sus necesidades, el centro reduce la importancia del dinero, reconstruyendo el tejido social de las comunidades donde las relaciones profundas y duraderas son definidas por el amor, la generosidad y el compañerismo.

La felicidad nacional bruta (FBI) es un indicador que originalmente se desarrolló en el Reino de Bhután para medir el progreso de una comunidad o nación; está basado en el supuesto de que el cálculo de la "riqueza" debe considerar otros aspectos aparte del desarrollo económico. La FBI es centro de atención en conferencias y programas organizados por el Parque Ecológico y una meta de su comunidad, cuyos miembros buscan integrar el desarrollo material con los aspectos psicológicos, culturales y espirituales, todos ellos en armonía con el Planeta Tierra.

Los cuatro pilares de la FBI son:

1. La promoción de un desarrollo económico y social equitativo y sostenible.
2. La preservación y promoción de los valores culturales.
3. La conservación del ambiente natural.
4. El establecimiento de la buena gobernanza.[35]

En el Parque Ecológico Visión Futura, los planes se hacen de manera cooperativa, las decisiones se toman de manera colectiva y los recursos financieros se utilizan eficientemente, con una distribución justa del ingreso para todos. Este es un modelo rural holístico que se puede reproducir no solamente en Brasil, sino por todo el mundo.[36]

Un ejercicio de planificación de bloque

La imaginaria "República de los Estados Inflacionarios" es un país capitalista con alta inflación y crecimiento estancado. El producto interno bruto per cápita es de 750 dólares. La mitad de las exportaciones del país son materias primas agrícolas. La mayor parte de la industria es propiedad de compañías extranjeras que usan la fuerza de trabajo de bajo costo para ensamblar productos electrónicos destinados a la exportación. El gobierno está fuertemente endeudado y se encuentra forzado por el Fondo Monetario Internacional para liberalizar el comercio y abrir sus mercados. La mayoría de las industrias locales han sido destruidas por las importaciones de bajo costo y los alimentos baratos producidos en EE.UU., e importados con subsidios gubernamentales destruyen a los productores locales. Este ejercicio se centrará en el bloque imaginario de "Posible":

La población es de 120.000 personas con tasa de natalidad de 1,8% anual.

La mortalidad infantil es de 57 por cada 1.000 nacimientos (45 es el promedio nacional). Uno de cada tres niños padece malnutrición.

El analfabetismo es del 15%. No existen estadísticas educativas, pero la investigación de campo indica que no todos los niños van a la primaria y el nivel de educación secundaria y superior es, por lo general, muy bajo.

Empleo: cerca del 75% de la población trabaja en la agricultura, de los cuales un 5 a 10% son pescadores. El índice de desempleo oficial es de solamente 5,3%, pero el porcentaje de aquellos con ingreso insuficiente o sin un salario regular es mucho mayor. Las familias gastan un promedio de 50 a 60% de su ingreso en alimentos, 25% en renta y servicios de vivienda y el restante 15 a 25% en salud, vestido, educación, transporte, recreación y todos los demás gastos. (en Gran Bretaña, una familia promedio gasta 12% en alimentación, 17% en vivienda, 71% en otro gastos). 80% viven en pobreza extrema. Hay pocas oportunidades de empleo para egresados de bachillerato y universidad, por lo que la mayoría deja el área para encontrar trabajo en las ciudades.

Agricultura: 72% de la tierra cultivable es utilizada. Existen 5.322 granjas en Posible, de las cuales 83% se dedican a la siembra de arroz. La mayoría de las parcelas son de una a tres hectáreas, pero solamente un tercio de ellas son propiedad de quien la trabaja. Los otros dos tercios son trabajados por aparceros o arrendatarios. La cría de aves es común pero solamente para el autoconsumo. El maíz y los cocos son también productos de la zona junto al ganado. No hay minería ni explotación forestal.

Geografía: Posible tiene una superficie de 250 kilómetros cuadrados, con una densidad de población de 480 habitantes por km2. Con un clima tropical, tiene un buen y fértil suelo arcilloso que es bueno para sembrar casi cualquier cosa. Está situado en la costa, en una planicie con poco relieve. Las montañas cercanas nutren tres ríos que están secos en la temporada árida. Normalmente se pueden obtener dos cosechas por año. No hay grandes industrias, solamente de fabricación casera, talleres mecánicos, carpintería, etc. No hay turismo. Las importaciones principales son de alimentos, manufacturas terminadas y gasolina. Posible tiene buenos depósitos de piedra caliza (para fabricar cemento). No se sabe de algún otro mineral en la zona.

Vivienda, agua y electricidad: la mayoría de esta gente de campo vive en casas construidas con materiales disponibles en el lugar. El agua para beber se obtiene principalmente de pozos, arroyos y manantiales. 50% de las casas tiene electricidad.

Problemas: desde que la "Revolución Verde" introdujo nuevas semillas híbridas que requieren grandes cantidades de fertilizantes y pesticidas, resulta muy caro el cultivo de arroz por hectárea. La mayoría de los agricultores están muy endeudados y necesitan pedir prestado al momento de plantar con 10% de interés mensual. Durante la cosecha, el precio del arroz baja 30%, pero los granjeros normalmente se ven forzados a vender para pagar sus deudas. Todos los miembros de la familia se ven obligados a trabajar sin pago para ahorrar costos. Dos cosechas exitosas en un año en una superficie de dos y media hectáreas darían un ingreso anual de 1.667 dólares, esto es 139 al mes. Sin embargo, muchas familias no son dueñas de la tierra, o poseen menos de dos hectáreas y media. Sin transporte ni acceso a los mercados más grandes, los productores no pueden vender las frutas y verduras que se descomponen rápidamente. La pesca ha caído en 40% en los últimos diez años debido a barcos de pesca de arrastre muy cercanos a la costa, y a la pesca con dinamita ilegal que daña los arrecifes de coral, donde los peces desovan.

El transporte y la comunicación son también problemas, porque los caminos, los envíos, los teléfonos y la infraestructura básica son inadecuados. El gobierno municipal gasta 80% de sus ingresos para el pago de maestros y otros empleos por lo que hay muy poco dinero para el desarrollo.

Objetivo: formular un plan realista y detallado de cómo incrementar el poder adquisitivo y la calidad de vida de la gente de Posible. Después de anotar todas tus ideas, ver la solución en el Apéndice D.

Capítulo 7
Una nueva mirada a las clases sociales y a las revoluciones

> Desde el comienzo de este mundo, el poder de gobernar ha estado en las manos de una clase u otra. Muchísimo tiempo atrás... sólo la fuerza bruta determinaba la capacidad de un grupo para gobernar... Aun después del advenimiento de las primeras civilizaciones, los rajás, los reyes y los maharajás dependían y gobernaban apoyados en su fuerza física... Con el paso del tiempo, al desarrollarse las facultades mentales, la fuerza física fue sustituida por la capacidad mental (la capacidad de planear y de prever, etc.) como el requisito esencial para gobernar a los demás. Con el posterior desarrollo económico, el dinero adquirió importancia. Aquellos que poseían dinero controlaban el conocimiento de los eruditos, así como la energía, el coraje y fuerza de los valientes. De ahí que la autoridad para gobernar pasara a la clase adinerada, a los capitalistas.[1]
>
> — P. R. Sarkar

Las clases sociales en la psicología social

Las clases sociales son formas de "estratificación social". Los sociólogos normalmente diferencian tres categorías principales: la clase alta o élite, la clase media, y la clase más baja. Los principales determinantes de clase son la familia de origen, la riqueza, el ingreso, la influencia, el poder, la educación adquirida y el prestigio profesional. En América Latina, por ejemplo, la raza y el grupo étnico han sido hasta hoy en día los principales determinantes, con las élites coloniales de piel clara reclamando privilegios y las varias mezclas de descendientes africanos o indígenas que tenían muchos menos privilegios.

En la teoría marxista, solamente dos clases existen: la burguesía, que es dueña de los medios de producción, y el proletariado, que solamente posee su fuerza de trabajo para venderla a cambio de un salario.

P.R. Sarkar presenta una perspectiva de las clases sociales completamente distinta. Basándose en la observación de cómo los seres humanos se relacionan con su medio ambiente natural y social, Sarkar identifica cuatro categorías básicas. En sánscrito estos grupos se conocen como *varnas,* que quiere decir "colores mentales". El concepto de varna ofrece un valioso modelo para el análisis de la dinámica de clases. Como los arquetipos, estas clasificaciones son útiles en la identificación de las fuerzas poderosas que influencian a las sociedades, más que en la comprensión de la psicología de los individuos, donde existen otros factores complejos.[2]

El concepto de varnas genera un modelo de dinámica social y análisis histórico único de Prout. La teoría sostiene que una sociedad, en un determinado período histórico, está dominada por la psicología y la administración de un varna particular. Más adelante sugiere que el cambio social ocurre en ciclos. Estas ideas combinadas forman la Teoría del ciclo social, la cual describe que los cambios en una sociedad ocurren cuando los valores dominantes y los pilares de poder cambian de un varna a otro de manera cíclica.

Los cuatro varnas son: *shudras,* obreros; *ksattriyas,* guerreros; *vipras,* intelectuales; y *vaeshyas,* comerciantes.

La teoría de Prout sobre las clases es diferente del sistema de castas de la India, que usa los mismos términos pero encierra y discrimina a las personas desde su nacimiento dentro de la estructura de una casta. P. R. Sarkar con vehemencia se opuso al sistema de castas. Su visión entiende a un varna como una tendencia psicológica que se manifiesta en un estilo particular de supervivencia y desarrollo en un ambiente específico.

A nivel individual, toda persona posee una combinación y un potencial de todos los varnas, aunque normalmente una de las tendencias tiende a predominar sobre las otras. Por medio de la educación, capacitación y el ambiente social, una persona puede desarrollar cualquiera de estas tendencias o incluso las cuatro de manera simultánea. Cada varna tiene características positivas y negativas.

Shudras (obreros)

La primera clase está caracterizada por una mente mucho más simple de la que poseen las otras clases, y está guiada por los instintos básicos e influenciada por el ambiente material y social. Con frecuencia trabajan duro para sobrevivir y obtener los placeres mundanos, por ejemplo relajarse con una cerveza en frente del televisor. La mente shudra busca la seguridad, estabilidad y bienes y servicios modernos, y carece de aspiraciones más elevadas y de dinamismo. Son seguidores, no son líderes. Claro, los shudras de la actualidad son mucho más desarrollados que los del pasado. Viven de acuerdo con las tendencias de la psicología colectiva dominante. Esta clase refleja en esencia la psicología de la masa.

En general, quienes tienen estas características son gente común que no ha desarrollado conciencia política ni espíritu de lucha por la justicia social. Sin embargo, la mentalidad de los trabajadores y desempleados cambia cuando crece su conciencia, cuando comienzan a defender sus propios derechos y los derechos de otros. En la medida en que sus mentes se expanden y adquieren nuevas habilidades y perspectivas, su *varna* comienza a cambiar.

Ksattriyas (guerreros)

El segundo varna está conformado por aquéllos que poseen mentalidad guerrera, que se enfrentan al medio ambiente con su fuerza física y espíritu de lucha. Las personas con esta mentalidad se orientan hacia los deportes, las artes marciales, el ejército, la policía, los bomberos, marina y a las escuadras de socorro. Buscan el auto-dominio por medio de su fuerza de voluntad, su paciencia y el trabajo duro. Están dispuestos a tomar riesgos calculados y lograr metas nobles, están dispuestos a morir con tal de mantener una promesa o juramento. Estoicos por lo regular, le dan gran importancia a la lealtad, el honor, la integridad, la cortesía, la disciplina, y el auto-sacrificio por otros, con tal de proteger al débil.

Sin embargo, en su lado negativo, pueden también optar por la agresión violenta, la obediencia ciega, el machismo, la crueldad y la competencia despiadada. Pueden ser entrenados para matar, torturar, cometer crímenes de guerra y crímenes contra la humanidad. Los imperios nazi y japonés que cometieron crímenes contra la humanidad fueron sociedades ksattriya fuera de control.

Vipras (intelectuales)

Los vipras son aquellos que poseen un intelecto desarrollado y buscan influenciar el rumbo de la sociedad usando sus facultades mentales. Sus características positivas incluyen un pensamiento crítico, curiosidad intelectual y escepticismo. Pueden pensar de manera independiente, imparten saber y comunican ideas, conceptos, argumentos y explicaciones. Los vipras ejercen presión sobre límites científicos, religiosos y culturales, cuestionando los supuestos y haciendo investigación original y creativa. Pueden usar sus mentes dotadas para inspirar y capacitar a otros, de manera ideal, desarrollando la humildad, la intuición y la sabiduría.

Pero los vipras pueden desarrollar también su lado oscuro. Los intelectuales teóricos, imprácticos e irrelevantes pueden desperdiciar su tiempo en proyectos que no beneficien a nadie. Pueden ser arrogantes, cínicos y argumentales. Pueden criticar, insultar y condenar a sus oponentes. Ocultando su fea naturaleza con la hipocresía y las mentiras astutas, pueden imponer dogmas, miedo y complejo de inferioridad en la gente de mentalidad simple. Pueden crear la discordia con reglas y políticas para sus fines egoístas, pueden manipular, dominar y torturar verbalmente a otros.

Vaeshyas (comerciantes)

El cuarto varna o clase social es el de los vaeshyas, una clase mercantil o empresarial, que se distingue por la acumulación y administración de los recursos. Un empresario es el que toma riesgos y busca nuevas ideas y oportunidades de hacer dinero y hace entonces un plan para aplicarlas en el mercado. Orientados al logro de resultados, son eficientes y efectivos, organizan y administran de manera estratégica a grandes cantidades de gente para lograr las tareas. Son imaginativos, ambiciosos, innovadores, persistentes y rechazan aceptar la idea de que algo es imposible. Generan riqueza y pueden enriquecer a las comunidades, beneficiando a miles de individuos con productos, servicios y empleo creativos.

Desafortunadamente, la gente con una mentalidad capitalista puede también ser desalmada y explotadora de los demás. Avaricia para poseer todo, ellos sin piedad pueden llevar a la quiebra a sus competidores. La búsqueda de más riqueza puede llevarles a la degeneración, explotando los mercados de la pornografía, la prostitución, las drogas y el crimen organizado.

La historia y el ciclo social

El ciclo social se desarrolla en una secuencia natural de etapas de historia desde la sociedad shudra (obrero) a la sociedad ksattriyas (guerrero), seguida por la vipra (intelectual) y la vaeshya (comerciante). Subsecuentemente, un nuevo ciclo comienza. Este enfoque cíclico de la historia no implica que la sociedad se mueva en círculos. Su movimiento es una espiral expansiva hacia una mayor conciencia humana.

El inicio de cada era se caracteriza por un gran dinamismo en todos los niveles: político, cultural y económico. Esto sucede porque los nuevos líderes sobresalen y liberan al pueblo de las instituciones opresivas del antiguo orden. Esta tendencia optimista llega a su punto más alto cuando la nueva clase consolida su control sobre la sociedad. Eventualmente la decadencia social ocurre cuando la clase dominante lucha por extender su poder a costa de las necesidades básicas de la gente. Surge el descontento social.

Desde el período en que vivieron los primeros seres humanos, que se organizaban en clanes o tribus para su protección mutua, los shudras lucharon para sobrevivir en medio de las fuerzas adversas de la naturaleza. A través de choques con el medio ambiente hostil y los conflictos interhumanos por la comida y otros recursos, la mente humana se desarrolló lentamente, adquiriendo complejidad y fortaleza. De este modo, algunos seres humanos desarrollaron confianza, coraje y capacidad de dominar y gobernar a otros tanto como su medio ambiente. Fue así como surgió la psicología de los ksattriya.

Estos guerreros de la Edad de Piedra fueron ganando aceptación como símbolos de la unidad tribal en el verdadero comienzo de la sociedad humana en su más elemental forma. La unidad, la disciplina y un sentido de responsabilidad social fueron lentamente desarrollándose en estos clanes. La lucha por el prestigio y la supremacía se extendieron a diferentes clanes en la era de los ksattriyas, y la gente desarrolló profundos sentimientos de lealtad y orgullo respecto a su clan. Las primeras sociedades ksattriyas fueron matriarcales (detalladas en este capítulo).

La era dorada de los ksattriyas fue una de expansión y conquistas, data desde la era prehistórica, pasando por los grandes imperios de la historia antigua hasta el final del Imperio Romano, la Dinastía Chin y la expansión Indo-Aria. Los ksattriyas consideraban muy importantes las cualidades del coraje, el honor, la disciplina y la responsabilidad, por lo que formaban sociedades muy bien organizadas y unidas.

En la lucha entre unas sociedades guerreras con otras, el poder intelectual del hombre comenzó a desarrollarse. El ingenio de los vipras emergentes trajo como resultado los primeros logros científicos. Al tiempo que la guerra se hacía más compleja, las armas superiores, la estrategia y la logística se hicieron tan importantes como la fuerza y la destreza. Sin mentes agudas que idearan tácticas, la victoria en la guerra se convirtió en un imposible. La sociedad fue haciéndose cada vez más compleja; su administración por diestros ministros se hizo esencial. Así, los vipras se fueron convirtiendo gradualmente en los más valiosos recursos de los líderes ksattriyas.

Con el paso del tiempo, los ministros intelectuales adquirieron más poder que los reyes guerreros. Al mismo tiempo, la religión organizada asumió el rol antes propio de los chamanes. Las sociedades hindú y budista de Asia fueron guiadas por vipras, al igual que lo fue la Iglesia Católica, que ganó mayor poder que toda la aristocracia europea. Al mismo tiempo el Islamismo se diseminó por todo el Medio Oriente, norte de África y Asia. En el Tíbet, los monjes y los lamas asumieron tanto el poder político como el religioso. Con la llegada de la era vipra la autoridad personal de los reyes guerreros se hizo menos importante al tiempo que se desarrollaba la administración social con base en las escrituras y las leyes. Por medio de diversos mandatos religiosos, sociales y judiciales, los intelectuales en los papeles de ministros, sacerdotes, abogados y consejeros comenzaron a regir la sociedad y a darle forma a su desarrollo.

La etapa vipra del ciclo social disfrutó de una educación y cultura florecientes. Los seres humanos alcanzaron nuevas alturas de su desarrollo mental y conciencia. Las instituciones culturales, religiosas y de gobierno se fortalecieron durante la era de los vipra. Bajo los auspicios de estas instituciones, la ciencia, el arte y otras ramas del conocimiento florecieron. Las primeras etapas del budismo en India, China y el sudeste asiático fueron representantes de esta tendencia, al igual que los centros monásticos de aprendizaje en la Edad Media de Europa. Algunos gobernantes, como el rey Federico el Grande, se convirtieron en grandes defensores de la ciencia y el aprendizaje, en esos periodos del desarrollo humano.

Con el tiempo, claro está, la clase de los vipra se volvió opresiva, más enfocada en la permanencia de sus privilegios materiales y sociales. Para mantener su dominio, se valieron de una creciente hipocresía, inyectando supersticiones, dogmas y complejos psíquicos en las mentes de las otras clases.

Gradualmente, su preocupación por el confort y el privilegio llevaron a los vipras a convertirse en seguidores ciegos de los poseedores de la riqueza, los vaeshyas, quienes a cambio desarrollaron la capacidad de comprar la tierra de los vipras y emplearlos a su servicio. De esta forma, la clase de los comerciantes fue lentamente creciendo en tamaño e influencia, dando a las sociedades que habían sufrido la corrupción de los vipras un nuevo dinamismo. Los diestros y prácticos vaeshyas (que dirigieron los grandes viajes marítimos que descubrieron el planeta en ese tiempo) superaron la superstición y la decadencia de la última etapa de la era vipra. A medida que su poder crecía, fueron creando nuevos sistemas financieros, políticos y sociales.

Cuando los colonizadores y conquistadores llegaron por primera vez al Continente Americano, España, Portugal, Francia e Reino Unido se encontraban en la transición de una sociedad vipra —dominada por la familia real, ministros de su corte y la Iglesia— hacia una de vaeshyas. Estos últimos emplearon a la clase guerrera y sus armas superiores para invadir y colonizar el mundo en un esfuerzo por extraer sus recursos, incluyendo esclavos. La mayoría de las tribus indígenas de América y África que encontraron estaban dirigidas por guerreros (ksattriyas), aunque es posible que también hayan estado dirigidas por "chamanes" intelectuales (vipras). Las inmensas fortunas que se hicieron en las colonias y por medio de la esclavitud ayudaron al establecimiento de élites ricas como los nuevos agentes de poder.

En América Latina, África y resto del mundo, los capitalistas europeos motivaban a los sacerdotes y clérigos por igual para que convirtieran a la gente al cristianismo. Donde fuera que tenían éxito se imponían complejos de inferioridad y la población se tornaba más dócil. Leonardo Boff y otros han argumentado que en América Latina hubo dos Iglesias Católicas: la de los ricos y la de los pobres. La de los ricos y militares ha servido a los intereses financieros de los capitalistas.

Los movimientos democráticos llevaron a la creación de la Casa de los Comunes en Reino Unido, a las revoluciones de EE.UU. y de Francia, y al gradual incremento en la igualdad de género. Los grandes avances en las artes y ciencias fueron también estimulados bajo el patrocinio de la clase comercial.

Los capitalistas tienden a ver a todas las cosas y seres vivos, incluyendo a los humanos, como fuentes de ganancia. La clase comerciante construyó las naciones industrializadas por medio de la explotación del trabajo humano y los recursos del resto del mundo. En las eras capitalistas, los líderes de negocios y los directores corporativos son descritos como héroes. La riqueza y el poder son consideradas como cualidades de la grandeza humana.

El régimen político está también determinado por los capitalistas detrás de escena que compran y venden políticos y ejercen el verdadero poder. Todas las sociedades capitalistas se encuentran en estas condiciones hoy en día, tal como lo ilustra la dependencia de los líderes políticos en la mayoría de los países por los "Grandes Capitales" para financiar sus campañas. A pesar de que la democracia constitucional significó un avance positivo de la sociedad de los comerciantes, la forma en que en la actualidad se desempeña resulta una herramienta de los financieramente poderosos para controlar las economías nacionales.

Los intelectuales y los guerreros son también comprados por los capitalistas para hacer sus ofertas. La mayoría de la investigación científica está financiada para beneficio de las corporaciones. Las fuerzas armadas de EE.UU. establecen sus bases militares en otros países y hacen la guerra para proteger los intereses corporativos de su nación.

En la actualidad, la era capitalista está en decadencia. El hambre, la pobreza y el desempleo generan miseria creciente y afectan a más gente que nunca antes. La decadencia y degradación del espíritu humano son extremas. La brecha entre el rico y el pobre se incrementa intensamente. El dinero es acumulado y retenido por los ricos, y por tanto circulando menos en la economía. La mayoría de los intelectuales y los guerreros están siendo reducidos a las condiciones económicas de los shudras. Cada vez menos gente se está beneficiando del capitalismo. Estos son claros indicadores de la extrema explotación de los capitalistas a las otras clases.

La revolución shudra y el inicio de un nuevo ciclo

De acuerdo con la teoría del ciclo social de Prout, a causa de la creciente explotación y a los eventuales fracasos de los mercados financieros, las masas —bajo el liderazgo de los disgustados intelectuales y guerreros— se levantarán eventualmente en una revuelta y tomarán el poder económico y social. Esta revolución shudra marcará el final de la era del comerciante *vaeshya* y será el inicio del comienzo de un nuevo ciclo. Sarkar mencionó:

> Llega el día en que algunos con inteligencia sobresalen de las masas explotadas habiendo detectado las técnicas de los

> explotadores para embaucar a la gente, a pesar de que los medios estén controlados. En este punto los explotadores se activan intelectualmente para prevenir que la semilla de liberación germine. Toman control del sistema educativo, de la prensa y de las agencias propagandísticas en un último y desesperado intento por levantar los diques para mantener la repentina marea del descontento público. Pero poco después llega el día del cambio cuando los viksubdha shudras (la masa descontenta) se rebela y los altos diques de arena se desvanecen por las inundaciones de la revolución.[3]

Aunque técnicamente hablando los shudras deben liderar la sociedad tras el derrocamiento del orden de los vaeshya, el periodo shudra es en esencia un breve periodo de anarquía, que dura el tiempo que toma a los ksattriyas tomar el liderazgo de la revolución para consolidar su poder. Las revoluciones de los trabajadores de los países comunistas, comenzando con Rusia en 1917, son una muestra: el régimen vaeshya terminó por medio de una revolución shudra, dando como resultado una nueva sociedad dominada por los ksattriya.

El ciclo social tiene un movimiento perpetuo. Basado en las características de las diferentes clases, varnas, es posible detectar distintas edades en la historia de diferentes sociedades. El dominio social y administrativo de una de las clases caracteriza a cada edad y determina los valores dominantes y la psicología social de la sociedad. Por regla general, en cualquier momento dado del pasado, de una particular sociedad, solamente una clase es la dominante.

Las cuatro edades shudra, ksattriya, vipra y vaeshya juntas constituyen una espiral completa del ciclo social.

Al interior de cada espiral existe un movimiento dialéctico que comprende nacimiento, madurez y muerte de una etapa, dando origen al nacimiento, madurez y muerte de la siguiente.

En realidad, el ciclo social no siempre se mueve hacia adelante con suavidad, sino más bien se expande, y después pausa, seguida de una contracción. Hay periodos de intenso movimiento social seguidos por periodos de relativa pausa.

Cuando una idea inspira un movimiento a cambiar la sociedad, se le llama ”antítesis”. Al tiempo que toma dinamismo y fuerza, crea un “movimiento tangible”. Cuando finalmente tiene éxito, cambia en lo fundamental la estructura social existente y crea una nueva síntesis.

Esto se le llama el estado de la "pausa tangible". Esta pausa es el vértice del movimiento social, el periodo de mayor vitalidad. La fuerza de esta síntesis se apoya en la fuerza de las ideas sobre las cuales está fundada.

Sin embargo, eventualmente el nuevo orden comienza a deteriorarse y contraer porque la clase dominante oprime y explota a las otras clases. Cuando la sociedad finalmente degenera a un estado de estancamiento, con poca vitalidad o dinamismo, se le llama "pausa sistólica". En este momento, debido al sufrimiento creciente de la gente, nuevas ideas y nueva inspiración surgen, una nueva "antítesis" en oposición al orden estancado del momento.

Así, cada etapa del ciclo social comienza con una fase formativa dinámica, en la cual se infunde una nueva vitalidad hacia la estructura social. La sociedad entonces alcanza un pico continuo seguido por el descenso y la inmovilidad, usualmente acompañado de una explotación en constante aumento. La antítesis del estado de pausa sistólica surge entonces de la varna que va a liderar la próxima fase del ciclo social.

Tipos de movimientos sociales

Dentro de este patrón general, hay varios tipos de movimientos. El movimiento normal incluye cambios y conflictos que no alteran sustancialmente la base del poder de la sociedad.

La *evolución* se refiere a periodos dinámicos de cambio social progresivo, siguiendo el flujo del ciclo social. El colapso del comunismo en Europa del Este y la antigua Unión Soviética ilustran la evolución social.

La *contra-evolución* es una fuerza de reacción regresiva, que contrae la espiral del ciclo social en lugar de expandirla.

La *revolución* es un periodo de cambio dramático caracterizado por la aplicación de una fuerza tremenda para la expansión de la espiral del ciclo social. Las revoluciones de los trabajadores comunistas, en Rusia en 1917, en China en 1947, en Cuba en 1959, son ejemplos de las revoluciones shudra que derrocan a la clase explotadora de los vaeshya y cambian radicalmente la sociedad en todos los sentidos.

La *contra-revolución* es cuando se aplica una tremenda fuerza para revertir el ciclo social al régimen de la varna anterior. Un intento de contra-revolución fue la invasión de la Bahía de Cochinos en abril de 1961, cuando una fuerza de 1.500 exiliados cubanos, entrenados y armados por la CIA, atacó el sur de Cuba en un intento de derrocar al gobierno comunista y restablecer el régimen capitalista. Fallaron y antes de tres días todos los sobrevivientes se rindieron.

Las contra-evoluciones y las contra-revoluciones solamente sobreviven poco tiempo, el movimiento natural del ciclo social no puede ser contenido indefinidamente. Las tendencias contra el movimiento siempre son regresivas, en tanto que revierten a la sociedad a un estado del ciclo social que ya había alcanzado el punto de estancamiento o degeneración.

En 1964 en Brasil, los movimientos de base de la izquierda ganaron fuerza y se encaminaban hacia una revolución shudra. Este movimiento fue reprimido brutalmente por los militares, ksattriyas, que tomaron control del gobierno e impusieron la ley marcial. De acuerdo con la teoría del ciclo social, si esta hubiera sido una contra-revolución, la dictadura habría durado solamente poco tiempo antes de que las masas recuperaran el poder. De hecho, el régimen militar en Brasil duró 22 años, y cuando terminó se restableció la democracia controlada por el capitalismo. En todas las dictaduras militares de América Latina en ese periodo, la élite capitalista gobernante (vaeshya) continuó controlando y financiando a los generales por debajo de la mesa.

La revolución incruenta y la lucha armada

En su libro *La liberación del intelecto: neo-humanismo*, Sarkar explica que los reaccionarios apoyan la explotación porque ellos de manera personal se benefician de la injusticia. Los reformistas desean el cambio, pero creen que debe ser gradual, y así apoyan una mezcolanza de mejoras. Sarkar critica a los reformistas que temen el cambio radical que pueda costarles su confort personal. La apatía retrasa la revolución que podría beneficiar a todos.

De acuerdo con Sarkar, la muerte estructural de un sistema social no necesariamente requiere de una lucha armada. Es posible tener una revolución sin sangre en la que un sistema completamente nuevo surja de la caída del orden anterior. Esto pasaría si existiera un número suficiente de intelectuales dedicados que no tuvieran miedo de la tremenda fuerza de una revolución. Ellos pueden inspirar y guiar a la gente a usar el inmenso poder que les da su número para derribar a la corrupta clase capitalista e instaurar una nueva sociedad. Su participación y liderazgo pueden disminuir el nivel de derramamiento de sangre.

Se debe recordar que el uso de tácticas no violentas, como las de los movimientos del "poder popular" que movilizan miles de personas para protestar por la injusticia, no quiere decir que no ocurra violencia. El capitalismo global provoca sufrimiento innecesario, hambre y muerte, esto es, violencia estructural o institucional todos los días. Es cierto también que cuando los movimientos populares contra la explotación comienzan, el gobierno dirige sus fuerzas policiacas y militares para reprimirlas violentamente.

Las fuerzas en el poder son las que determinan si un movimiento revolucionario tendrá que usar o no armas. En los primeros años de los movimientos de derechos civiles en África del Sur contra el apartheid, la aportación de Nelson Mandela fue como abogado y líder del Congreso Nacional Africano. Pero cuando el violento régimen racista prohibió todo tipo de protesta y puso en prisión o exilió a todos los miembros conocidos del movimiento, aceptó finalmente el papel de jefe del brazo armado del movimiento de liberación.

En palabras del activista brasileño Frei Betto, "Es curioso que quienes deciden los métodos de lucha que usamos no somos nosotros, y más bien son los miembros de la élite que gobierna Brasil. Podemos y debemos luchar legal y legítimamente, y debemos agotar todas esas formas de lucha. Pero ¿qué determina si, en un momento específico, estas formas de lucha ya no son posibles? El gobierno y la élite son los que controlan este país".[4]

Una nueva visión de la historia

Mientras la teoría del ciclo social es muy prometedora en la articulación del movimiento de la sociedad humana, aún requiere mucha investigación. El fenómeno social y las tendencias históricas son diversos y complejos en su expresión. El arte, la política, la economía, la religión, la filosofía, la ciencia, la tecnología, la música, la vestimenta y las costumbres se deben integrar todas en una visión holística y entender como expresiones de la psicología social dominante.

En este proceso pueden surgir desacuerdos entre historiadores de Prout, en parte porque no siempre existe armonía ni consonancia en estas diferentes expresiones humanas. Usualmente aparece una nueva psicología social primeramente en los campos sutiles del arte, la cultura y la ciencia mientras que en los campos de la economía y política una psicología de más edad puede persistir, dominando la estructura social hasta que la transformación sea completa.

De aquí que en periodos de transición no es fácil identificar si una cierta era está dominada por la anterior psicología o por una nueva. Las expresiones que caracterizan la psicología de una cierta clase (varna) pueden ser muy diferentes en su comienzo, en su juventud, en su madurez y en su edad avanzada o en un periodo de degeneración.

Nuestros registros históricos son desproporcionados, elogiando a los reyes gobernantes, ministros y líderes políticos, mientras que dan poca atención a la forma de vida que tiene la gente normal. Adicionalmente, las dinámicas internas de la clase gobernante solo se pueden comprender parcialmente.

Es importante recordar que las cuatro clases existen en cada sociedad. Por ejemplo, en los EE.UU., si uno lee las revistas *Soldier of Fortune* (para militares), *Police Magazine* (para policía), *Field &Stream* (para cazadores y pescadores), o revistas de artes marciales, se vería inmerso en el mundo los agresivos valores de los ksattriya y de la aventura. En el mismo país hay cientos de revistas académicas que influencian el pensamiento de los intelectuales; las publicaciones *The Wall Street Journal, Forbes Magazine* y otras, inspiran a los inversionistas capitalistas. Hay además millones de pobres de la clase trabajadora, de gente desempleada y sin hogar que simplemente están tratando de sobrevivir. Todas las cuatro clases viven en el mismo país, pero tienen poco contacto entre ellas. ¿Cuál varna es más numerosa? Los shudras. Sin embargo, las que llevan la dirección, compran a los políticos, controlan los medios y la publicidad, pagan a los militares y a las universidades (con el dinero de quienes pagan impuestos) son los capitalistas. Ellos son probablemente la clase menos numerosa y, a pesar de serlo, controlan a la sociedad imponiendo con éxito, a casi todos, una mentalidad de consumo y valores capitalistas.

Una herramienta para entender el cambio social

A pesar de las complicaciones inherentes al análisis histórico, la teoría del ciclo social es una poderosa herramienta para comprender las fuerzas que generan conflicto en las sociedades actuales y para entender cómo poder trabajar mejor para su eventual resolución. Por ejemplo, por más de 70 años, los EE.UU., con ayuda de la alianza de la OTAN, aplicaron su fuerza militar, política y económica para fracturar, sin éxito, la Unión Soviética. Fueron los intelectuales disidentes y los estudiantes quienes se levantaron para derrocar la dictadura militar del Partido Comunista en solamente tres días. La misma dinámica había tenido lugar unos meses antes con las naciones de Europa del Este.

La República Popular de China es un ejemplo fascinante de cómo diferentes varnas interactúan. Muchos de los soldados ksattriya que sobrevivieron la épica "Larga Marcha" y la guerra civil se convirtieron en líderes del Partido Comunista bajo Mao Zedong, gobernando al país con mano de hierro. Cuando el movimiento de democracia estudiantil floreció en la plaza de Tiananmen en Beijing en 1989, los tanques y soldados del Ejército Popular de Liberación tuvieron la orden de atacarlo.

En 2012 había 95 millonarios en China, de acuerdo con *Forbes Magazine,* cada uno con una fortuna estimada entre 1.000 y 10.200 millones de dólares.[5] Hay una tremenda energía en esa economía, la segunda más grande del mundo, y que muestra un incremento de seis veces del producto interno bruto desde 1978. La economía funciona casi como una corporación multinacional descentralizada, o un "sindicato socialista". Aún así, los capitalistas chinos no controlan a la sociedad del mismo modo que lo hacen en los países capitalistas.

El politólogo y especialista en China Dr. Szu-chien Hsu explicó esta dinámica:

> El Partido Comunista es centralizado y controlador. Sus líderes creen en el Comunismo, materialismo histórico, nacionalismo y poder material, estas son las únicas cosas en que ellos confían. Es un gran honor ser miembro del Partido, entonces los capitalistas tratan de comprar un pase para ganar influencia y sobornar a los jefes del Partido. Este tipo de corrupción es común. Pero es dicho, convertirse en rico atrae las miradas, el celo de otros. El partido puede decidir mandar a la bancarrota o ejecutar a quien sea, porque controlan las leyes, los medios y todo. Si eres víctima de una injusticia, ¿a quién le contarás la historia? Así que los muy ricos también están muy asustados. Pueden influenciar a la gente siempre y cuando el partido les permita hacerlo, pero nunca ellos podrán tener su propia voz.[6]

Es claro que los líderes militares ksattriya están aún al mando de China. Ellos han permitido a los capitalistas vaeshyas desarrollar la economía y obtener una significativa riqueza, pero no han cedido el control de la sociedad. Podemos prever que algún día el comunismo colapsará en China, Corea del Norte, Vietnam, Laos y Cuba por causa de una revuelta de estudiantes e intelectuales vipra.

Venezuela es ejemplo de un país que ha pasado por un cambio de varna por medio de un proceso electoral no violento. El Teniente Coronel Hugo Chávez, oficial militar de carrera, organizó 130 oficiales y cerca de 900 soldados, aproximadamente un 10% de la fuerza militar en Venezuela y en 1992 intentó un golpe de estado para derrocar al presidente dictador Carlos Andrés Pérez, y terminar con su régimen de corrupción, censura y abuso de los derechos humanos.[7] A pesar de haber fallado, Chávez se convirtió en un héroe popular.[8] Después de dos años en prisión recibió amnistía y comenzó una campaña electoral entre los pobres que lo llevó a ganar la presidencia a finales de 1998. Para diciembre de 2012, su coalición ha ganado 16 de 17 elecciones nacionales debido a su exitosa acción por concientizar y politizar a las masas.[9]

La oposición, dirigida por los capitalistas, intentó derrocarlo militarmente en 2002 con el conocimiento y apoyo del gobierno de EE.UU.; dos días más tarde las masas y el ejército unidos lo regresaron de la isla naval donde se encontraba como prisionero. Después de ello, Chávez se tornó más enérgico en su discurso, en su lucha contra la oligarquía, llamándolos "escuálidos". Los valores militares y socialistas han influido en las masas de manera notable en términos de la democracia participativa, consejos comunales de base, frecuentes desfiles militares, la nueva policía nacional y otras iniciativas.

Las cabezas del Banco Central de Venezuela y el ministerio de economía no son banqueros, sino revolucionarios, orquestando compras de industrias claves en un muy corto periodo de tiempo, con más de 200 expropiaciones de empresas privadas tan sólo en 2010. Chávez anunció que estaba comprometido con "la eliminación del capitalismo". Los medios públicos y comunitarios influencian a las masas con valores de solidaridad, poder popular, y socialismo del siglo XXI. Muchos capitalistas se han ido a vivir a Miami y a otros lugares fuera del país mientras que otros se han quedado, con frustración y nerviosismo porque ya no están en el poder.

Una ola revolucionaria sin precedentes de protestas ha asolado el Medio Oriente y el Norte de África, comenzando el 18 de diciembre de 2010 con la auto-inmolación de Mohamed Bouazizi en Túnez en protesta por la corrupción y malos tratos de la policía. En menos de dos meses, Túnez, Egipto y Libia pasaron por revoluciones de consecuencias históricas, mientras que las protestas también tocaron a Argelia, El Reino de

Bahrein, Yibuti, Irán, Irak, Jordania, Marruecos, Omán, Siria y Yemen. En la llamada "Primavera Árabe" por los medios, líderes estatales en Túnez, Egipto, Libia y Yemen fueron derrocados, y otros tres han anunciado que no aspirarán a la reelección. Estos son levantamientos masivos democráticos, que usan medios sociales tales como el Twitter y Facebook para organizarse, comunicarse y aumentar su nivel de conciencia para enfrentar la represión estatal y la censura del Internet.

En 1994 la rebelión Zapatista en el Estado de Chiapas, México, fue una revolución shudra, de campesinos, dirigida por los ksattriya. Aunque marcada por la fuerza del status quo vaeshya, su popularidad continúa creciendo en fuerza. Las revueltas contra el dominio vaeshya normalmente ocurren primero en los países menos desarrollados debido a la mayor explotación y a mayores disparidades en la riqueza.

El Movimiento de los Indignados de Nueva York (Occupy Wall Street) comenzó el 17 de septiembre de 2011, pero en menos de un mes se convirtió en un movimiento de protesta internacional contra la desigualdad económica en más de 951 ciudades en 82 países.[10] Inspirado en las protestas de la plaza egipcia de Tahrir y los Indignados de España, el movimiento ha adoptado cientos de formas diferentes. Los proutistas anticipan que más tarde o más temprano se convertirá en una revolución.

El sociodrama de Sarkar

Esta es una actividad del proceso de aprendizaje que introduce a los participantes al ciclo social y a su perspectiva integral del cambio social. Fue creado por Peter Hayward y Joseph Voros de la escuela "Strategic Foresight Institute at Swinburne University of Technology" en Australia. Su colega, Sohail Inayatullah, ha usado esta técnica exitosamente en cientos de talleres con profesionales. En un artículo, "La creación de la experiencia del cambio social", escribieron:

> La teoría del ciclo social de Sarkar tiene que ver con la forma en que los humanos, y sus organizaciones sociales, han tratado con los problemas existenciales de cómo sus ambientes sociales se relacionan uno a otro. Su teoría de la macro-historia propone que la civilización ha cumplido ciclos de cuatro "estados" principales que son tanto estructuras materiales de poder como formas epistemológicas o paradigmáticas de la psicología colectiva e individual. Cada estado tiene una fase benéfica (vidya) y una

> fase perversa (avidya); así pues, aunque cada estado es exitoso en administrar los problemas existenciales, al mismo tiempo contiene las semillas de su propia decadencia.
>
> El ciclo social de Sarkar muestra con elegancia con qué facilidad se adoptan los "roles sociales" y cómo éstos producen una comprensión parcial y limitada del cambio y su proceso. En ambos casos, tanto como modelo macro histórico de cambio social como la expresión del proceso de construcción social, es un elemento clave de aprendizaje en el tema... Por medio de la "creación" de la experiencia del ciclo social, los estudiantes aprenden de sus propias construcciones sociales y roles. Experimentan la frustración de cómo esos roles y construcciones limitan la efectividad de sus acciones. Pueden también reconocer la diferencia cualitativa en el potencial de acciones que surgen al adoptar una postura "integral" por participar en el cambio social.[11]

Los estudiantes universitarios y otros grupos tienden a disfrutar mucho de esta actividad. El facilitador divide a los participantes en cuatro grupos; a cada grupo se le entrega un guión simple explicando el varna que representarán. Mientras una buena cantidad de risas acompañarán el improvisado acto, en el debate final y la deconstrucción de los roles se suscitan muchas perspectivas e interrogantes. Los creadores mencionan:

"El sociodrama de Sarkar permite una experiencia que atraviesa por los profundos "guiones" que todos tenemos, guiones que representan un rol, poder y relación. Nuestro proceso de sociedad ha programado esos guiones en nosotros y continúan su funcionamiento de manera inconsciente hasta que una experiencia los hace conscientes, y por tanto, accesibles a su cuestionamiento y análisis... El Sociodrama, a manera de juego, es una actividad seria. Mientras "jugamos" a aprender las consecuencias de no aprender, son sin duda serias. El ciclo social de Sarkar en su estructura dinámica inicial es revolucionario".[12]

A continuación se escriben las instrucciones que han de entregarse a cada grupo, así como las instrucciones del facilitador.

Guiones: *Grupo 1, Trabajadores:*

Sus instintos básicos los guían.
Su preocupación son los placeres mundanos y la sobrevivencia.
Desean la seguridad, la estabilidad y bienes y servicios razonables.

Desean la inspiración y la fe para aliviar el sufrimiento y el miedo a la muerte.

Sus pasatiempos comunes son la televisión, la cerveza fría, el sexo y ver deportes.

Las decisiones complicadas en lo político y social son dejadas a los líderes en quienes confían.

Cuando se sienten inspirados, son leales a los líderes de otras clases.

Si no se satisfacen sus necesidades, se pueden perturbar, crear caos o derrocar al sistema.

Su grupo comienza el juego. Preparen un simple diálogo de unos dos minutos para demostrar su naturaleza para que otros grupos puedan interactuar con ustedes. Recuerden que tienen aspectos positivos y negativos en su arquetipo. Usen su imaginación y hablen fuerte y claramente.

Grupo 2, Guerreros:

Su fuerza física y su coraje son sus mayores atributos.

Ustedes toman los retos y la lucha.

Valoran el honor, la disciplina, y el auto-sacrificio.

Sus fortalezas son la voluntad, la paciencia y el trabajo duro.

Protegen a la sociedad del peligro y del caos por medio de hacer cumplir el orden.

Los deportes y las artes marciales son sus pasatiempos.

Sin excusas obedecen y esperan que otros obedezcan a la autoridad y acaten órdenes.

Su grupo es el segundo que entra en el juego. Decidan cómo van a interactuar con el primer grupo de trabajadores. Recuerden que tienen aspectos positivos y negativos en su arquetipo. Usen su imaginación y hablen fuerte y claramente.

Grupo 3, Intelectuales:

Su mente desarrollada es su más valioso atributo.

Su propósito en la vida es la búsqueda de la verdad, quitar los errores y la confusión.

Algunos de ustedes tienen el conocimiento de la ciencia mientras que otros el de la espiritualidad.

Ustedes protegen a todos por medio de la elaboración de reglas y leyes, ordenando a los guerreros que las sigan.

Debaten intensamente para que las mejores ideas sean ganadoras.

Ustedes crean la ilustración. Las artes son sus pasatiempos.

Ustedes dirigen a otros por medio del establecimiento de su religión, su ciencia o su sistema político como la verdad.

Su grupo es el tercero en entrar al juego. Decidan cómo van a interactuar con los grupos de trabajadores y de guerreros. Recuerden que tienen aspectos positivos y negativos en su arquetipo. Usen su imaginación y hablen fuerte y claramente.

Grupo 4, Empresarios:

Ustedes hacen dinero fácilmente y lo invierten con sabiduría.

Destacan en la administración y en organización.

De manera eficiente y efectiva administran grandes cantidades de gente para producir nuevos productos y realizar tareas difíciles.

Con la riqueza y el poder pueden ayudar a todos.

Recompensan el servicio leal con salarios más elevados.

La eficiencia es muy importante.

Su grupo es el cuarto en entrar al juego. Decidan cómo van a interactuar con los grupos de trabajadores, de guerreros y de intelectuales. Recuerden que tienen aspectos positivos y negativos en su arquetipo. Usen su imaginación y hablen fuerte y claramente.

Las instrucciones del facilitador:

Divida el grupo en cuatro grupos iguales y a cada grupo su guión y algunas herramientas de ser posible: herramientas para el primer grupo, armas de juguete para el segundo, libros al tercero, y tarjetas de crédito y dinero de juego al cuarto.

En el centro del grupo explique:

"Lean su guión y desempeñen sólo ese papel. No muestren su guión a los otros grupos. Recuerden que tienen cualidades positivas y negativas en su arquetipo. Tengan eso presente al interactuar con los otros grupos. Tomen unos minutos para discutir con su grupo lo que van a hacer".

Invite a los trabajadores a empezar. Después de un par de minutos, invite a los guerreros a responder. Los otros dos grupos observan hasta ser llamados.

Cuando sienta que hay comportamiento perverso en el juego o ya es monótono, detenga el juego (con una campana, silbato, bandera roja, o cualquier cosa) y pida a los intelectuales que entren.

La dinámica tripartita continúa hasta que el comportamiento se torna perverso y se les invita a los empresarios a entrar.

El sociodrama sigue hasta que está satisfecho de que la dinámica es suficiente.

Pida a los participantes que tomen sus asientos pero que se conserven en sus grupos. Extraiga las conclusiones de cada grupo en turno, con la audiencia del grupo completo. Pida a cada miembro que lea su guión en voz alta. Después pida al grupo que describa la forma en que intentaron representar su papel, y pida opinión a los otros grupos. Resalte la forma saludable de cada tipo de organización, cómo cada grupo gana poder, y el sufrimiento inherente que cada grupo crea eventualmente.

Una vez que la naturaleza del cambio social es clara, puede presentar la idea de una quinta fuerza invisible en el salón. Consciente de las fortalezas y debilidades de cada grupo, uno puede escoger otro camino, el del revolucionario espiritual (ver capítulo 8).

La explotación de las mujeres a lo largo de la historia

Sarkar vio la dominación a la mujer como un proceso histórico gradual. Las sociedades humanas prehistóricas fueron matriarcales (dirigidas por mujeres). Mujeres valerosas y combativas eran reconocidas como las madres del clan que preservaban el linaje y la identidad de cada tribu. Siguiendo este sistema lineal materno, hombres y mujeres llevaban el nombre de la madre del clan.[13] Muchas sociedades antiguas además adoraban a diosas femeninas que representaban la fertilidad agrícola y reproductiva, en la forma de la Madre Universal.[14]

Las sociedades guerreras generalmente prohibían la matanza de mujeres, protegían a los débiles, y por lo general respetaban los derechos tanto de hombres como de mujeres. El matrimonio, que evolucionó en todas las culturas antes de que se tengan registros históricos confiables, despertó en los hombres el sentido de responsabilidad y deber hacia la mujer, a los hijos e hijas y a las relaciones familiares. Las mujeres cambiaron su independencia por la seguridad que les permitiera cuidar y educar a sus hijos. La sociedad progresó al tiempo que los infantes recibían más atención y educación. Puesto que las familias patriarcales se convirtieron en la norma con la herencia de tierras y títulos por línea paterna, las madres del clan gradualmente perdieron autoridad. El privilegio y la autoridad masculinos junto con la subordinación de la mujer gradualmente se fueron institucionalizando. Las antiguas culturas griegas, romanas, hebreas, germanas y árabes son ejemplo de cómo se dio la transición de adorar diosas a dioses, de sociedades matriarcales a patriarcales.[15]

Más tarde, cuando los vipras ganaron control de la sociedad, incrementaron su poder por medio de edictos religiosos y los llamados "divinos" mandamientos para quitarles a las mujeres sus derechos, incapacitándoles en cada esfera y convirtiéndolas en esclavas sin sueldo. Muchas sociedades prohibieron que las mujeres adquirieran educación o cualquier posición de poder. Durante la Inquisición, que duró desde el siglo XII al XVIII, la Iglesia Católica torturó, juzgó y ejecutó a mujeres sanadoras y místicas, acusándolas de ser brujas o herejes. Aproximadamente 60.000 fueron quemadas en la hoguera en Europa.[16] Los linchamientos no bien registrados en la historia de supuestas brujas han ocurrido en varios países. Muchas religiones enseñaron que la mujer era, de alguna manera, inferior espiritualmente que el hombre y prohibieron la ordenación de la mujer. El divorcio era generalmente prohibido a la mujer, pero con frecuencia aceptable socialmente para esposos e incluso sacerdotes, para ser promiscuos.

La explotación de la mujer se intensificó aún más en la edad vaeshya. El comercio de esclavos del África hizo de la mujer propiedad legal para ser violada o vendida a voluntad de los dueños. Sin un ingreso garantizado, la mayoría de las mujeres estaban obligadas a casarse tan sólo para sobrevivir. Cuando la democracia fue establecida en los países del occidente, las mujeres fueron excluidas de este proceso. Las luchas femeninas por la igualdad de derechos se intensificaron durante los siglos XIX y XX.

A pesar de esto, durante estos siglos grandes mujeres superaron la discriminación y obstáculos para contribuir al progreso humano. Innumerables inventoras, científicas, médicas, artistas, escritoras, reformadoras sociales y revolucionarias han redefinido a nuestro mundo. A pesar de su inteligencia, las mujeres independientes con frecuencia fueron ignoradas, disminuidas e incluso borradas de la historia por las sociedades patriarcales. Por siglos y hasta hoy en día, cada mujer que opta por una profesión tradicionalmente de hombres se enfrenta a la discriminación, al ridículo y a la condena. Sus historias de lucha y perseverancia raramente son narradas.

La explotación de la mujer hoy en día

En el capitalismo global, la degradación de la mujer ha empeorado, porque la industria de la publicidad usa a la mujer sexy para incrementar las ventas de casi cualquier producto. Debido a que la utilidad o "las ganancias", es el objetivo principal de una sociedad dominada por los vaeshyas, las normas de lo que es apropiado y permisible están continuamente deteriorándose, y la gente está siendo bombardeada por la cultura popular y por imágenes gráficas de sexo. A las mujeres desde temprana edad se les enseña que su valor depende de cuán bella, delgada o sexy se vean, y que comprar la ropa y productos de belleza adecuados es la clave del éxito en las relaciones humanas así como en la vida. Desórdenes alimenticios, baja autoestima y depresión azotan a muchas mujeres que no pueden lograr una imagen perfecta de belleza.[17]

Trágicamente, la avaricia por la riqueza material lleva a algunas mujeres a estar dispuestas en participar en su propia explotación. Sin embargo, la pobreza y la vulnerabilidad emocional son las causas más comunes que atrapan a la mayoría de las víctimas a tomar su parte. Tal como en la narración bíblica de la creación en que Eva fue creada de la costilla de Adán, coloca a la mujer en un papel subordinado, muchas mujeres se han socializado desde jóvenes con la creencia de que son seres incompletos y deben depender de los hombres para su validación emocional, financiera e intelectual. Psicológicamente, muchas mujeres obtienen su primera identidad de sus padres, luego de sus novios o esposos, y sienten que deben complacer a los hombres y subordinarse a ellos para poder sobrevivir.[18]

En un importante estudio longitudinal de cinco años en Harvard, las profesoras de psicología Lyn Mikel Brown y Carol Gilligan escucharon las historias de 100 jóvenes adolescentes. Encontraron que cuando las jóvenes llegan a la adolescencia en EE.UU., comienzan a recibir mensajes contradictorios sobre lo que los demás esperan de sus padres, maestros, compañeros, los medios e incluso de ellas mismas.[19] Las jóvenes luchan contra estos mensajes que les generan conflictos tratando de encontrar la forma de comportarse, cuándo hablar, y a quién complacer en sus vidas diarias. Hay intensas presiones hacia ellas, de la sociedad hacia ellas para ser bellas, deseables, pasivas y abnegadas. Muchas adolescentes tienen como respuesta hundirse en el silencio y el aislamiento.[20]

Desafortunadamente, todo esto significa que muchas mujeres son enseñadas a desconfiar y a competir con otras mujeres por la atención de los hombres. En muchas culturas las mujeres solteras son una maldición, con un estigma social para las mujeres mayores, no casadas o solteronas.[21] Otras mujeres son con frecuencia más críticas de la apariencia femenina, que los mismos hombres. Algunas mujeres incluso aprenden cómo odiarse unas a otras.

El poeta Robert Bly señala el motivo por el que muchos hombres se tornan abusivos contra las mujeres. La Revolución Industrial y el capitalismo moderno han provocado que los padres se ausenten de la casa con mayor frecuencia, por lo que los hombres jóvenes no han recibido las enseñanzas que requieren para madurar. Los sentimientos de abandono y rechazo llevan a patrones destructivos de competencia, agresión y delincuencia juvenil.[22] Igualando la sensibilidad con la debilidad, muchos hombres desarrollan actitudes sexistas hacia mujeres jóvenes y maduras, juzgándolas respecto a cuánto se acercan al ideal modelo artificial, vacío e imposible de la mujer. Adicionalmente, la pornografía es accesible libremente, saturada de imágenes de sexo sin emoción, compromiso o consecuencias. Debido a que tanto el sexo como la violencia producen muchas ganancias para los largometrajes, la televisión, los videojuegos, normalmente las imágenes de sexo se relacionan con la violencia.

¿Cuáles son los resultados del sexismo y la explotación hoy en día?

Violencia contra mujeres. Hasta un 70% de las mujeres experimenta violencia a lo largo de su vida. Una investigación del Banco Mundial muestra que las mujeres entre 15 y 44 años tienen más riesgo de violación y violencia doméstica que de cáncer, accidentes automovilísticos, guerra y malaria. La forma más común de violencia que experimenta la mujer globalmente es la que le provoca su pareja íntima, con mujeres golpeadas, obligadas al sexo o abusadas de otras formas. En Australia, Canadá, Israel, Sudáfrica, y EE.UU., 40 a 70% de las víctimas femeninas de homicidio, fueron asesinadas por sus parejas, de acuerdo con la Organización Mundial de la Salud. El daño psicológico y emocional de las parejas íntimas también se ha extendido.[23]

Trata de personas. Entre 500.000 a dos millones de personas son anualmente utilizadas en situaciones que incluyen prostitución, trabajo forzado, esclavitud o servidumbre —mujeres y niñas representan alrededor del 80% de las víctimas detectadas. Por toda Latinoamérica, niñas y mujeres pobres son entrampadas en la esclavitud nacional e internacional, seducidas por falsos anuncios de prensa, concursos de belleza, novios o "falsos esposos".[24]

Desaparición de mujeres. El premio Nobel Amartya Sen estudió la demografía estadística de la relación entre géneros en poblaciones diferentes. De manera convincente demostró que los abortos de fetos e infanticidios de bebés femeninos y la poca atención médica y alimentos reducidos a los que disponen las mujeres en comparación con los hombres, ha dado como resultado 100 millones de mujeres "desaparecidas", la mayoría de ellas en India y China como si fueran asesinadas por causa de la discriminación.[25] En el Sur de Asia, ocurre que una mujer es asesinada por su esposo, o por los familiares de él, porque su familia no puede cumplir las demandas de su dote —el pago que se hace a la familia del esposo por tomarla como esposa en su nueva familia.

Disparidad de género en la educación. La mayoría de los niños y niñas en el mundo fuera de la escuela son del sexo femenino.[26] Para eliminar esta disparidad existe un objetivo no alcanzado de las Metas del Milenio de las Naciones Unidas. Desafortunadamente, incluso las niñas que asisten a la escuela primaria y secundaria no necesariamente reciben educación de calidad con equidad de género.

Explotación económica. Hay estudios en la mayoría de los países que muestran que los hombres tienen mayores ingresos que las mujeres en todos los niveles educativos. La brecha salarial de género para las mujeres con las mismas habilidades y desempeñando el mismo trabajo que los hombres es de 15% en promedio en la Unión Europea, 17% en Reino Unido, 23% en EE.UU., 35% en Asia, 46% en África y 51% en América Latina.[27] Cuando se mide la brecha de la riqueza, con frecuencia es mucho mayor: en Alemania, 30.000 euros (42.000 dólares),[28] y en EE. UU., cerca de la mitad de las mujeres de raza negra o hispanas tienen un nivel de riqueza de cero o un factor negativo, esto es, que sus deudas están por encima de sus bienes.[29]

Con la globalización de la manufactura, los negocios internacionales buscan fuerzas laborales que puedan ser controladas en los países subdesarrollados. Por lo tanto son normalmente las mujeres quienes son explotadas en las maquiladoras. De manera similar, las mujeres son afectadas desproporcionadamente por las políticas de ajuste estructural que limitan el acceso a la educación y a la salud.

El despertar de las mujeres

A lo largo de su vida, Sarkar estuvo muy preocupado por las condiciones de las mujeres en la sociedad.[30] Él apoyó su emancipación de la violencia y de los dogmas, y reconoció que uno de sus grandes obstáculos es el complejo de inferioridad que se les ha impuesto con paso de los siglos. Él las instó a que reclamaran su autoestima como iguales en la sociedad. Él hizo un llamado a los hombres para unirse en su lucha por los derechos humanos e igualdad de oportunidades.

Sarkar delineó tres pasos para la liberación de la mujer:

1. Educación de calidad para mujeres de todas las edades.
2. Democracia económica y auto-sostenibilidad
3. Justicia social.

Educación de calidad para mujeres de todas las edades:

- Enseñar a las mujeres a fortalecer sus cuerpos, mentes y espíritus.
- Aprender la historia oculta de las grandes aportaciones de las mujeres a cada aspecto de la sociedad.
- Trascender las barreras de la superstición y los dogmas.
- Valorar la diversidad y considerar las diferencias de género, raciales y culturales entre la gente, como fortalezas de la familia humana.
- Adquirir la suficiente confianza en uno mismo para aplicar sus talentos y saberes para el beneficio de la sociedad.

Estos objetivos no deben limitarse a la escuela, sino deben comprender campañas permanentes dirigidas por organizaciones no gubernamentales y los medios.

Democracia económica y auto-sostenibilidad:

- La independencia financiera otorga a las mujeres una voz tanto para el hogar como para la sociedad: los hombres ya no podrán imponer sus caprichos a las mujeres que no están económicamente encadenadas a ellos.
- Las cooperativas les dan el poder de decidir cómo manejar su economía local.
- Las mujeres que escogen vivir en casa con sus hijos pueden empezar negocios familiares, tales como servicios del hogar, jardinería, alimentación, costura, sistemas y consultorías.
- Las estadísticas económicas deben incluir el valor del trabajo de las mujeres en el hogar. Los cuidadores deben tener apoyo del gobierno.

Justicia social para las mujeres:

- Una sociedad saludable debe proteger a las mujeres del abuso físico y/o psicológico y de la explotación.
- El sistema judicial debe garantizar a las mujeres igual trato.
- Cada trabajo debe ser accesible a las mujeres, porque con la tecnología moderna prácticamente ningún trabajo depende de la fuerza bruta.
- Igual representación en el gobierno.

Los hombres y las mujeres poseen en su particularidad cualidades físicas, intelectuales y emocionales únicas. El dominio de los hombres y la subordinación de la mujer deben terminar. Sarkar invita a la "cooperación coordinada" entre los sexos, reconociendo la importancia de las aportaciones tanto femeninas como masculinas y las visiones que se esmeran en crear una sociedad universal basada en la igualdad y el bienestar colectivo. Él escribió: "No hay oportunidad para el bienestar del mundo a menos que mejore la condición de las mujeres. No es posible para un ave volar con una sola ala".[31] También dijo: "Dejemos a las mujeres ser la vanguardia de una nueva revolución que la humanidad tiene que realizar en aras de un mañana glorioso".[32]

Análisis comparativo del concepto de clase de Sarkar y Marx[33]

Por el Dr. Ravi Batra

El Dr. Ravi Batra, nacido en India, es un reconocido economista de fama mundial y autor de más de una docena de libros, entre ellos: "La Nueva Era Dorada: La Revolución que Llega Contra la Corrupción Política y el Caos Económico" y "El Fraude de Greenspan". Ha sido un estudioso de Sarkar y Prout desde los años 60.

La filosofía marxista ha sido sometida por los críticos a un cuidadoso y minucioso estudio, pero su atractivo reside en el hecho de que, a pesar de que se han eliminado sus débiles vínculos, el punto fundamental permanece innegable, concretamente, que el capitalismo sufre de severas contradicciones. La búsqueda del lucro, la tendencia a la acumulación de riquezas deben considerarse culpables por la repetición de los ciclos económicos que durante los dos últimos siglos han sacudido muy a menudo los cimientos mismos de la civilización occidental. Inclusive hoy, la amenaza de la recesión se levanta como una espada de Damocles con dos filos sobre las débiles economías capitalistas.

Tanto Sarkar como Marx usan un método de análisis histórico. Ambos creen en lo inevitable de las pautas históricas de la evolución social, aunque no en la repetición de los mismos eventos. Ambos coinciden en que el capitalismo llegará a su fin con un tipo de revolución, que para Sarkar puede ser una revolución pacífica o sangrienta, mientras que Marx creía que sería siempre violenta. Marx la llama la revolución del proletariado, mientras que para Sarkar es la revolución social de los trabajadores. Ambos están de acuerdo en que los trabajadores son víctimas de la voracidad desenfrenada de los capitalistas y su tendencia a obtener desmesuradas riquezas, aunque para Sarkar los trabajadores son vulnerables a la explotación en cada aspecto de la civilización. Se podría decir que en varios aspectos existe una convergencia en varios puntos de Sarkar con Marx en lo referente a la descripción del capitalismo.

En una rara referencia, Sarkar vio a Marx desde una óptica nada convencional: "Un grupo de explotadores objetan ruidosamente un comentario hecho por el ilustre Karl Marx relacionado con la religión ["La religión es el opio del pueblo"]. Debería recordarse que Marx nunca se opuso a la espiritualidad, la moralidad y la conducta apropiada. El comentario que él hizo estaba dirigido directamente contra la religión de su época, porque percibió, comprendió y se dio cuenta de que la religión había paralizado y reducido a las personas al estado de impotencia, mediante la persuasión para que se rindieran a un grupo de pecadores".[34]

Sarkar mismo, mientras hacía una clara distinción entre la verdadera espiritualidad y la fe ciega en los dogmas religiosos, cree que los emisarios de la religión han explotado a la humanidad en el pasado en cada civilización, y continúan haciéndolo incluso en el presente.

El ciclo social de Prout[35]

Por el Dr. Johan Galtung

El Dr. Johan Galtung, ganador del Premio al Sustento Bien Ganado, es profesor de Estudios de la Paz en la Universidad de la Paz Europea entre otras, Director de TRASCEND (una red de paz y desarrollo: www.trascend.org*) y es autor de más de 70 libros y cientos de artículos.*

P.R. Sarkar fue un gran pensador y gran practicante. He optado por honrarle como un gran macro-historiador, enfocando la teoría de los ciclos sociales y sus implicaciones en la unidad y paz mundial... Pero, dado el etnocentrismo en EE.UU. y Europa, Sarkar no llegará fácilmente a los libros de texto o cursos sobre la civilización.

Como primer punto, el Occidente se refiere a sí mismo sobre asuntos que conciernen al Occidente, y Sarkar llega directo al centro de nuestra historia con un esquema tan simple, abiertamente universal y tan evidentemente inspirado más en la sociedad e historia de la India que en la nuestra. Él pone al mundo de cabeza: donde la India se supone ser captada, diseccionada y comprendida por nuestros paradigmas, en su lugar él nos entiende en la suya. En el trabajo de Sarkar, el Occidente ya no está al mando intelectual.

En segundo lugar, Sarkar delinea implicaciones muy concretas de su macro historia y los fundamentos filosóficos: Prout, la Teoría de la Utilización Progresiva. Esta teoría de un sistema económico y político autosuficiente que está inspirado más espiritualmente que de forma material... En este sistema el dinero ya no está al mando, tampoco los economistas. La meta no es el "crecimiento económico" y la acumulación de riqueza, sino el verdadero crecimiento humano que satisfaga las verdaderas necesidades, y el crecimiento espiritual ilimitado por encima de ello. Esto por sí solo descalifica a Sarkar como utópico, una persona para marginarla. Aún hay más...

La historia es entonces vista como una espiral, con la historia narrando el correspondiente "se acabó el tiempo" y a la siguiente en línea "es tu turno". Cuando cualquier grupo regresa al poder, la sociedad no es enteramente la misma; por tanto es una espiral, no un círculo.

Claro, esta es una reflexión de los ciclos de reencarnación para los individuos. Los puntos de vista no occidentales tienden a ser cíclicos, solamente el Occidente construye su proyecto en lo lineal y en la promesa de un, incluso inminente, estado final. Esto es además lo que hace al Occidente tan peligroso, porque alguna gente adopta la idea de que el estado final está a la vuelta de la esquina, y la tradición utópica nace. El resultado es Stalin y Hitler y su pelea por ese estado final en el siglo XX. Esa pelea fue ganada por alguien más que también clamaba "el final de la historia", con mercados globalizados y "elecciones libres y justas". Esto pronto se verá igualmente ilusorio...

Sin embargo, la historia mundial reciente ha producido fenómenos con gran potencial de sincronización, adicionalmente a la comunicación. Uno de ellos es el colonialismo... Las colonias se suponía que debían haber aceptado ser reprimidas, adoctrinadas y explotadas, tanto por los poderes coloniales como por sus élites aliadas. De hecho, la gente reaccionó, con venganza, y en la mayoría de las colonias (como Sarkar prevería) los militares tomaron el mando social y dominaron a sus propias fuerzas populistas.

Para los comerciantes, "libertad" es la libertad —como los norteamericanos dicen con su permanente capa superior/inferior de mentalidad comercial— "para usar la propiedad privada para hacer más propiedad privada". Todo el tiempo, ellos demandan su rebanada del ciclo, los occidentales entre ellos, con la normal falta de realismo. Hay solamente dos sistemas económicos, proclaman: capitalismo y socialismo; y el socialismo colapsó, por tanto el capitalismo durará por siempre.

La teoría de Sarkar ve el futuro de otra forma: una revuelta popular cuando la explotación ha llegado muy lejos. Más aún, dada la sincronización global de las fases, la revuelta —violenta o no— puede también ser bastante global. Quien viva lo verá, pero la teoría de Sarkar evidentemente tiene un poder explicativo. En cierto sentido no es tan extraña: el entendimiento del mundo en la India es mucho más antiguo...

El mensaje de Sarkar es muy claro: las élites no pueden sentarse encima de la gente sin que tarde o temprano la gente reaccione, y ellos ven las elecciones en una democracia simplemente como una rotación de élites.

¿Existen salidas al ciclo de Sarkar? Claro que las hay. Sarkar tiene una fórmula: combinar el coraje de los guerreros, la creatividad de los intelectuales, la laboriosidad de los comerciantes y el sentido común con los pies en la tierra de la gente, en una persona. Los sadvipras ven en esto que cada élite es utilizada en este proceso por sus aportes positivos... y proporciona el campo para sus sucesores cuando los aspectos negativos se tornan dominantes, tales como la represión (guerreros), el ritualismo (intelectuales) y la explotación (capitalistas). Y [la expresión destructiva] de todos los grupos de élite: la arrogancia. Los sadvipras, similares a los bodhisatvas [espiritualistas que renuncian a su liberación y pueden así reencarnar para servir a la humanidad] en algunas ramas del budismo, atienden a esta función. [Ver Capítulo 8.]

Capítulo 8
El revolucionario espiritual

> En muchos países no se puede construir una sociedad bien integrada y próspera en la fase post-revolucionaria debido a un liderazgo defectuoso. Los conceptos tales como el rey filósofo de Platón, el sabio de Confucio, el superhombre de Nietzsche, la dictadura del proletariado de Marx, etc., fueron postulados para desarrollar el liderazgo ideal, pero todos estos conceptos han fallado. Existe una amplia diferencia entre una teoría del liderazgo y las cualidades prácticas y humanas de un líder... el liderazgo Sadvipra es la forma ideal de liderazgo. Tales líderes serán aptos físicamente, desarrollados mentalmente y espiritualmente elevados. Con su ayuda y guía, la revolución será materializada.[1]
>
> — P. R. Sarkar

La visión de Sarkar del revolucionario espiritual: los sadvipras

A través de las distintas épocas, la sociedad ha estado dirigida por varias clases que pasaron de una fase progresista o dinámica, a una fase degenerativa o de explotación, debido a sus intereses egoístas como clase dominante. Debido a esta realidad, el movimiento del ciclo social no ha sido suave. Los conflictos de clase han causado revoluciones y contrarrevoluciones entre las fuerzas progresistas y las reaccionarias. Estos movimientos turbulentos y erráticos causan enorme sufrimiento y confusión, y han llevado a menudo a la sociedad al borde del desastre. ¿Está la humanidad condenada a ser dominada de manera continua por intereses de clase en confrontación?

Al tiempo que Prout ve la lucha de clases desde una óptica muy amplia, también reconoce que los individuos fuertes tienen la habilidad de influenciar y ofrecer esperanzas a la sociedad. Prout prevé la formación de líderes espirituales, intelectualmente desarrollados, a los que llama *sadvipras,* un término sánscrito que significa personas con mente sutil. Los sadvipras son aquéllos que por virtud del esfuerzo físico, mental y espiritual han logrado desarrollar las cualidades positivas de todas las clases combinadas. Asimismo poseen la fuerza moral y el coraje para luchar contra la injusticia, la explotación y proteger al débil.

Entre las cualidades de los sadvipras están la honestidad, el coraje, la dedicación y el espíritu de sacrificio por la humanidad. Están firmemente establecidos en los principios éticos universales explicados en el siguiente capítulo. Son líderes dedicados al bienestar de la sociedad. Por medio del ejemplo personal, pueden inspirar y guiar a la sociedad hacia adelante en una manera progresiva.

Durante su vida, Sarkar siempre habló del concepto de sadvipras con el más alto respeto, diciendo que representan el ideal máximo al que uno puede aspirar. Se puede entender que en la medida en que la sociedad progresa, de estos revolucionarios espirituales se puede esperar con certeza que tendrán como norma una ética acorde con este crecimiento.

Toda persona puede evolucionar para convertirse en un sadvipra. Por medio del humilde aprendizaje de los rasgos positivos de las cuatro clases y el mostrar un ejemplo personal de auto-disciplina y servicio. P. R. Sarkar escribe al respecto:

> Nuestro enfoque no tiene el propósito de calificar como malas a estas clases... [sino el de estimular a cada uno para que] practique y desarrolle las cualidades de todas ellas. Por ejemplo, la mente desarrollada requerida por un vipra para un intelectual es necesaria para todos... Bien sea un shudra o un vaeshya, o miembro de cualquier otra clase, cada persona. . . necesita esforzarse para lograr una mente desarrollada y fuerte. Cada persona tiene que trabajar para tener un cuerpo fuerte y sano. Cada persona tiene que trabajar para ganarse la vida... Trabajar como un barrendero —el trabajo de menor categoría— es mucho más respetable que el depender de otros para satisfacer las necesidades diarias de uno. Tiene importancia no solamente el ganar dinero y tener una vida económica balanceada y estable... sino que inclusive la clase social más baja, que normalmente la gente desprecia, tiene la misma importancia.

> Todos tienen que servir físicamente a los demás. Generalmente se considera que este tipo de trabajo es propio de los llamados shudras o trabajadores. Los sadvipras no podrán desarrollarse plenamente a menos que desempeñen este trabajo de manera eficiente. En pocas palabras: es necesario que cada individuo tenga el dominio de todas las características de las cuatro clases...
>
> Y no sólo es necesario tener el dominio de estas características, sino que la práctica regular de ellas es un deber esencial... De este modo, cada individuo se vuelve universalmente apto, siendo tan buen vipra como shudra. Así, no habrá ninguna posibilidad de que unos dejen rezagados a otros y formen un grupo especial.
>
> Una sociedad sin clases no es el objetivo... sino que se desarrolla por medio de la práctica.
>
> Este enfoque, acabar con una sociedad saturada de clases y sectas nunca fue imaginado antes. Las mismas clases que surgieron como un desarrollo y evolución lógicas pueden desaparecer por medio de un método aún más lógico para formar una sola sociedad sin clases…
>
> Prout no se ha formado como un resultado de cambios cíclicos en la esfera económica del mundo, como la evolución del comunismo, más bien es un parteaguas radical de todas las prácticas económicas o teorías existentes hasta ahora. Es una revolución en la esfera económica de la vida del planeta.[2]

Mientras que Sarkar ve la rotación del ciclo social como algo inevitable, él cree que estos visionarios socio-espirituales que se han esforzado para elevarse por encima de los intereses de clase pueden suavizar el progreso social. Debido a que se han colocado por encima de su identidad de clase, se sienten leales a todos, no a un grupo, partido político o nación. Son magnánimos, multiculturales, dedicados a la justicia de todos. Sus ideas son claras por no tener ambiciones personales y contar con una visión espiritual. Sarkar describe su papel como uno que trabaja en el núcleo del ciclo social, asistiendo a cada grupo para desarrollar y dirigir la sociedad en turno. Tan pronto como aparecen signos de decadencia o explotación, los sadvipras aplicarán la suficiente fuerza por medio de la movilización de la gente para acelerar la transición al varna siguiente, reduciendo así los periodos de disturbios.

El modelo proutista de liderazgo sadvipra busca emplear las fuerzas dinámicas de la humanidad de una manera positiva. Prout utiliza las potencialidades individuales y colectivas en todos los niveles —físico, psíquico, social y espiritual— y las sintetiza en un esfuerzo para crear una sociedad cada vez más progresista y vibrante.

El desarrollo del sadvipra: activismo espiritual

Sarkar escribió: "La tarea primordial de toda persona es transformarse y transformar a otros en sadvipras".[3]

Sarkar resaltó que existe un conflicto eterno en todas partes entre el bien y el mal, entre la luz y la oscuridad, entre la virtud y el vicio. La humanidad progresa por medio de este conflicto. Por medio de esta lucha por la justicia, por medio de este movimiento, los sadvipras se crean.

Sin embargo, los revolucionarios espirituales también, y de manera complementaria, desarrollan por medio de otra lucha en su universo interior. De manera simultánea a la lucha por la justicia social, se debe continuamente expandir la mente por medio de la meditación y la práctica espiritual, y aceptar al Supremo como el fin propio. Ambos aspectos son esenciales.

"El activismo sagrado" es un término creado por el teólogo Andrew Harvey que expresa la esencia del sadvipra. Escribe "del corazón del activista sagrado fluye un torrente dorado, estático de la pasión por cambiar todas las cosas por el amor para todas las cosas".[4]

Sarkar indicó que de manera adicional a la conducta personal, la moralidad y el espíritu de lucha, la visión universal de uno es también un camino para calificar si una persona es o no sadvipra. "Debido a su idealismo benevolente y desarrollo mental pueden de manera natural ver las cosas con amor y afecto. No pueden cometer injusticia alguna en cualquier era ni tampoco contra alguien en particular".[5]

Esto es interesante, porque por otra parte, el sentimiento de una persona por un grupo en particular puede ser una forma de reconocer si alguien está calificado para dirigir a la sociedad. Algunos activistas aún albergan un sentimiento inconsciente de superioridad de su país, familia, idioma, raza o clase social. Algunos hombres desconfían de las mujeres en puestos de liderazgo, y algunas mujeres sienten resentimiento contra los hombres por este motivo y por otros tantos más.

Incluso entre activistas, es muy fácil tener apego por los propios planes. Si nos negamos a escuchar a otros y a discutir otros puntos de vista, entonces nuestra racionalidad se torna menos preocupada por ser "correcta".

Todos estos sentimientos han sido desarrollados por nuestra crianza y nuestras experiencias de vida. Son el resultado natural de lo que ha pasado, y contradictoriamente nos previenen de "ver las cosas con amor y afecto". ¿Podríamos con honestidad decir que sentimos amor y afecto por cada persona que conocemos? Esforzarnos por esa, la más alta visión espiritual, y desarrollar compasión por todo forman el ideal personal del revolucionario espiritual.

Los líderes de verdad empoderan a otros a ser grandes. Ellos sinceramente escuchan las opiniones de otros, y motivan y elogian los logros de otros. Estos líderes saben que "lo que soy" no depende de los títulos o los puestos. Como padres y madres de familia estamos orgullosos de los logros de nuestros hijos, estos líderes muestran alegría cuando otros también se transforman hacia la grandeza. Debido a que la democracia económica es un asunto de empoderar a la gente y a las comunidades, los sadvipras son de manera única cualificados para facilitar este proceso.

Uno de los mejores ejemplos en mi propia vida fue el de mi entrenador, Dada Vicitrananda, que fue mi guía cuando estudiaba para convertirme en monje en 1978. Él me motivó e inspiró, me dio auto-confianza, y me empoderó para desarrollar mi propia identidad.

De cara a nuestras sombras

Un puesto de liderazgo le proporciona a uno un grado poco usual de influencia sobre los otros, pero esa influencia puede ser positiva o negativa. En estudios de empresas capitalistas se muestra que las acciones de un líder representan hasta un 70% de la forma en que los empleados perciben el clima de su organización.[6]

Los grandes líderes se forman con una gran lucha. La opresión y el encarcelamiento han ayudado a moldear algunos de los líderes contemporáneos, tales como Martin Luther King y Malcolm X en EE.UU., Andrei Sakharov en Rusia, Anwar Sadat en Egipto, Vaclav Havel en la República Checa, Aung San Suu Kyi en Birmania, Rigoberta Menchú en Guatemala, Xanana Gusmão en Timor Oriental, Lula da Silva en Brasil, Hugo Chávez en Venezuela y Nelson Mandela en Sudáfrica.

El sendero de la revolución es el más difícil de todos los senderos, y todos los que optan caminar por él enfrentarán grandes y cada vez más grandes riesgos y retos. Sin embargo, los mayores enemigos a vencer son los propios enemigos y apegos internos: nuestros propios complejos, debilidades y miedos. Por ejemplo, mucha gente teme al fracaso o a verse mal frente a otros. Los organizadores eventualmente se enfrentarán a lo que ellos temen. La clave es confrontarlos con valentía y superarlos.

El trabajo interno de los líderes es muy importante. Como seres humanos, todos deseamos el amor, la aprobación, la certidumbre, la pertenencia. Si no estamos conscientes, entonces nos inclinamos a culpar a otros por necesidades no cubiertas, normalmente a quienes se encuentran a nuestro alrededor.

El proceso de auto-análisis es fundamental para el progreso interno: evaluando cada día nuestros errores —en verdad, a cada momento— y luchando por superar cada defecto tan pronto se manifiesta.

La caída de muchos revolucionarios ha sido el deseo de un poco de comodidades y de seguridad. El poderoso espíritu de la lucha espiritual, plasmado en la ciencia antigua del Tantra Yoga (explicada en el capítulo 2), puede ayudar a superar tales deseos. Más que evitar los conflictos físicos y psíquicos, uno necesita confrontarlos y asumirlos para la transformación y desarrollo personal.

Es verdad que aquello que despreciamos de otros —las cualidades que odiamos— están en realidad en nosotros. Cada ser humano tiene la misma canasta de tendencias; las expresamos de acuerdo a nuestra tendencia particular. La gente se inclina a proyectar lo que les disgusta en ellos mismos sobre otros, viendo a aquellos que están en desacuerdo como enemigos, entrando en argumentos acalorados y amargos conflictos. La proyección es un truco de la mente para evitar enfrentar los enemigos internos.

Existe una forma de identificar esta tendencia. Piensa en alguien con quien tengas una gran diferencia de opinión. Esta persona pudo haber hecho algo malo; tú u otros pudieron haber padecido por causa de sus acciones. Pero si experimentas sentimientos de odio, enojo o superioridad en relación a esta persona, entonces ese es un problema que debes afrontar y superar. Mientras que estés en posibilidad de no estar de acuerdo con las acciones de alguien, y mientras debas de luchar contra la inmoralidad y la injusticia, no debes confundir la conducta con la persona.

Sarkar aconsejaba: "Incluso mientras se trata con personas de naturaleza hostil, uno debe mantenerse libre de odio, enojo y vanidad".[7] Se deben superar los sentimientos de celos al sobreponer la idea de amistad hacia esa persona. Se debe superar el odio por medio de la compasión y el perdón, la envidia por el elogio y el ánimo. Esto sin duda no es fácil, pero con un esfuerzo continuo cada tendencia puede eventualmente llevarse a un firme control. Esto es una práctica de continua mejora de uno mismo que puede durar toda la vida. Este esfuerzo es vital para los fundamentos éticos de la responsabilidad social.

Bondad, malicia y cómo entrenar a los héroes

Nos gusta pensar que somos muy diferentes de aquellos que cometen crímenes terribles de tortura y violencia. Sin embargo, los discursos de Sarkar sobre biopsicología y la extensa investigación científica apoya un punto de vista diferente: el potencial del bien y del mal está presente en cada uno de nosotros.

Hay una serie de famosos experimentos realizados a principios de los años 1960 para estudiar la pregunta de si la gente común puede ser obligada a participar en actos de malicia, como el del Holocausto. El psicólogo Milgram Stanley de la Universidad de Yale realizó pruebas para saber si voluntarios normales estarían dispuestos a obedecer una figura de autoridad que les indicara realizar actos que estuvieran en conflicto con su conciencia personal.

Se les pidió a los participantes jugar el papel de un "profesor", responsable de administrar descargas eléctricas al "estudiante" que se sentaba detrás de una pared en un salón contiguo cuando fallara en dar la respuesta correcta a un examen. Los participantes no sabían que el "estudiante" se encontraba trabajando en conjunto con los experimentadores como actor y no recibía en realidad ninguna descarga. Al fallar el "estudiante" más y más, el profesor era instruido para que incrementara el voltaje de las descargas —incluso cuando el estudiante comenzaba a gritar, suplicando que se detuvieran las descargas, y se llegaba a detener en dar respuestas. Con las órdenes de un hombre de apariencia seria en bata de laboratorio que les indicaba que él asumía toda la responsabilidad por las consecuencias, la mayoría de los participantes seguían induciendo descargas en constante aumento hasta que llegaron a los 300 voltios o más, descrito en el panel de control como una descarga potencialmente mortal. A su vez, la mayoría de ellos indujo la descarga máxima de 450 voltios.[8]

¿Por qué una persona normal haría tal cosa? Un amigo de la escuela preuniversitaria de Milgram era Philip Zimbardo, quien en 1971 diseñó un experimento en la Universidad de Stanford para dar respuesta a esa pregunta. Un grupo de 24 estudiantes varones universitarios fueron seleccionados al azar para ser prisioneros o guardias en una prisión simulada localizada en el sótano del edificio de psicología. El estudio planeado con duración de dos semanas en la psicología de la vida en prisión terminó tan sólo seis días después debido al trauma emocional experimentado por los participantes. Rápidamente los estudiantes comenzaron a desempeñar sus papeles, con guardias mostrándose sádicos y con prisioneros traumatizados y deprimidos.[9]

En 2004, cuando se dio a conocer la terrible historia de tortura, violación, humillación y asesinato por parte de los soldados y los contratistas norteamericanos en la prisión iraquí de Abu Ghraib, la milicia procesó a los infractores llamándoles "unas pocas manzanas malas". Mientras que cientos de guardias sabían al menos una parte de lo que estaba pasando, solamente uno, el sargento Joseph Darby, valientemente informó de ello. Zimbardo testificó para la defensa, explicando que pocos individuos pueden resistir las poderosas presiones sociales de una prisión, particularmente sin un entrenamiento y supervisión adecuada. Dijo:

> Cuando se da la unión de un grupo de condiciones laborales horrendas con factores externos, se da lugar a la creación de un recipiente malicioso. Se le puede poner a prácticamente cualquier persona en esta situación y el comportamiento malicioso se manifestará. El pentágono y la milicia dicen que el escándalo de Abu Ghraib es el resultado de unas pocas manzanas malas en un recipiente más bien bondadoso. Ese es el análisis alterno. Para mí, la psicología social, y el consenso entre muchos de mis colegas en la psicología social experimental, dice que ese análisis está equivocado. No son las manzanas malas, son los recipientes malos los que corrompen a la gente buena.[10]

La psicología reconoce una trampa que desanima a la gente a tomar acción, conocida como el "efecto espectador". Cuando mucha gente presencia una emergencia, es una tendencia común pensar, "seguramente alguien más hará algo". Esto es como "buenos guardianes" que mantienen el silencio cuando observan una mala conducta: la mayoría de nosotros se calla cuando debería hablar. Tenemos que resistirnos a la urgencia de justificar la inacción y que las malas acciones son aceptables para lograr objetivos legítimos. Los denunciantes que reportan crímenes o corrupción en el gobierno o negocios con frecuencia se enfrentan al aislamiento social, amenazas físicas y pérdida de sus trabajos. Un héroe es aquel que alza la voz e incluso desobedece a la autoridad cuando comienza a actuar inhumanamente.

De la misma forma en que la gente comúnmente cree que no puede ser maliciosa, la creencia común respecto a los héroes es que son de alguna manera superhumanos, prácticamente por encima de cualquier comparación con el resto de nosotros. De hecho, las obras heroicas son casi siempre realizadas por gente ordinaria en situaciones extraordinarias. Si pudiéramos hacer que la gente se dé cuenta de esta situación, por medio de la educación en todos los niveles, más de nosotros estaríamos en posibilidad de responder a esta situación en el momento en que ocurriera.

Por medio del estudio de las obras heroicas de la antigüedad al día de hoy, Zimbardo observa que de manera invariable el código de conducta ha servido como marco de referencia para el surgimiento de la acción heroica. Estos principios sirven como prueba de fuego para el bien y el mal y nos recuerdan, aun cuando prefiramos olvidar, que algo anda mal y que debemos hacer algo para corregirlo. (ver capítulo 9)

Líderes con inteligencia emocional

Los líderes eficaces tienen que desarrollar lo que Daniel Goleman llama la "inteligencia emocional". Este concepto explica cómo algunos individuos pueden ser intelectuales brillantes, con vasto conocimiento y habilidad, pero sin embargo incapaces de entender o ser sensibles al impacto de sus acciones sobre los demás. Aquellos que carecen de inteligencia emotiva no son conscientes del sentir de los demás. Los líderes ideales son "visionarios", "entrenadores que enseñan y motivan", "democráticos", y raramente adoptan los estilos menos efectivos de "controladores del ritmo" y "autoritarios".[11]

La mayoría de las personas se comunica más fácilmente con quienes tienen su mismo origen cultural. Pero en su esfuerzo por cambiar el mundo, los activistas tendrán que vivir y trabajar con gente de distintas razas, culturas y países. Los choques culturales, las dificultades de traducción, los malos entendidos, las discrepancias de los valores y las diferentes formas de ver el mundo, son fenómenos muy reales que los líderes tienen que afrontar cada día. El neo-humanismo enseña que uno tiene que vencer la falsa superioridad y los grupos derivados del geo-sentimiento y del socio-sentimiento (explicados en el capítulo 2). Los líderes ideales tratan a todas las personas como sus hermanos y hermanas, siendo imparciales con todos y basando sus relaciones con los demás en principios universales y en méritos individuales.

Otro aspecto importante para todos los líderes es el mostrar su ejemplo y conducta personal antes de pedir a otras personas que hagan lo mismo.

Desgraciadamente algunos líderes se vuelven arrogantes. Ellos creen que porque la causa de su lucha es grandiosa, ellos también lo son. Pero esto no es así necesariamente. Los líderes arrogantes carecen de sensibilidad y les importa poco los sentimientos y los valores de los demás.

Los verdaderos líderes, en lugar de desarrollar el ego, desarrollan la humildad. Un líder humilde despierta alegría e inspiración en otros.

Los líderes inseguros se sienten amenazados con el éxito de otros. Algunos hombres se sienten amenazados con los logros de las mujeres y pueden incluso crearles obstáculos en el camino para disminuirles el éxito. Los líderes inseguros, sean hombres o mujeres, se vuelven a menudo fieramente competitivos al ver como una humillación el éxito de los proyectos de otros. Aunque una sana competencia interna puede inspirar a la gente a trabajar con más entusiasmo, es necesario también el espíritu de una cooperación coordinada.

Los líderes inseguros tienen miedo también de perder el control. Temen oír quejas, críticas o hacer las cosas de un modo nuevo; son temerosos de los desafíos y de los cambios. Tienen miedo al fracaso. No se dan cuenta de que pueden aprender de cada fracaso, que cada esfuerzo en vano es una oportunidad para el aprendizaje y el crecimiento personal y colectivo. Ellos temen que admitir un error y disculparse por ello sea una humillación. Pero, por el contrario, una disculpa honesta aunada a la voluntad de reparación por un error cometido, ya sea consciente o inconscientemente, cicatriza los sentimientos heridos y aumenta a menudo el aprecio ante los ojos de nuestros allegados y del resto de la gente.

Cómo inspirarse a sí mismo y a los demás

La inspiración es vital para los activistas que no reciben ninguna compensación material. La inspiración es el único combustible que reciben por servir a los demás y a sacrificarse por una causa noble. Sin inspiración ellos querrán desistir.

Las preguntas comunes de los activistas incluyen ¿cómo puedo inspirar a gente nueva para que se unan a este esfuerzo? ¿Cómo puedo inspirar a los integrantes de mi equipo para que sigan adelante? Y lo más importante, ¿cómo puedo mantenerme inspirado?

Existen varios ingredientes para inspirarse:

1. Prácticas espirituales: la meditación diaria fortalece la mente y nos abre a la fuente de toda inspiración y sabiduría. Cuanto más tiempo se le dedique, más se experimentará un estado de paz y alegría. La compañía de otras personas espirituales ayuda también inmensamente a mantener la mente inspirada y en expansión.
2. Enfoque positivo: desde una perspectiva espiritual, todos los obstáculos y dificultades son una ayuda para el desarrollo personal. Tanto las personas como las organizaciones aprenden mucho cuando las cosas no salen bien. En lugar de desanimarse cuando se sufre una pérdida, se puede lograr el éxito al intentarlo de nuevo con esfuerzos redoblados. En cada crisis se halla escondida una oportunidad para crecer.
3. Entusiasmo: para poder inspirar a otros se debe ser dinámico, alegre y lleno de energía. Hablando con los demás de un modo emocionante y espectacular se puede transmitir la alegría y el optimismo del movimiento global para la construcción de un nuevo mundo. Como dice un viejo proverbio francés: "Los milagros les suceden a quienes creen en ellos". Necesitamos abrir los ojos para ver la maravillosa aventura que está teniendo lugar cada día alrededor de nosotros.
4. Informarse y difundir buenas noticias mundiales: desde los albores de nuestra especie, los seres humanos llevan consigo el deseo de pertenecer a grandes grupos. Ser parte de un movimiento popular produce un sentimiento de seguridad y éxito. Por otra parte, los modestos esfuerzos que una persona pueda realizar parecen muy insignificantes para que puedan tener un efecto importante en la comunidad local o en el mundo entero.

   Solamente cuando se expande la visión para ver todos los esfuerzos y proyectos que están siendo realizados en cada país del mundo, se puede comprender la gran fuerza con que se está consolidando el esfuerzo para construir un mundo mejor. Escuchar y contar a otros acerca del éxito de este movimiento es algo que nos inspira a todos.
5. Estimular las expresiones creativas: la lucha colectiva necesita la ayuda de todos. Reconociendo que la gente tiene diversas

experiencias y habilidades, los líderes deberían invitarle para que expresen sus talentos de una forma creativa. Cuando la gente discute de manera franca y libre, y hace preguntas sinceras y espontáneas, aprende a desarrollar más el espíritu neo-humanista.

Las ideas nuevas y las nuevas maneras de hacer las cosas, cuando se planean cuidadosamente, son aire fresco para los activistas cansados y les infunden nuevo entusiasmo. Y las nuevas experiencias traerán nuevos retos y les preparará para tomar riesgos y sobreponerse a sus temores.

6. Reír en compañía de otros: dice un proverbio inglés: "Si eres demasiado serio contigo mismo, serás el único que lo sea". Un buen sentido del humor es una de las mejores cualidades que puede tener un líder. Aquellos que tuvieron la oportunidad de estar alguna vez cerca de Sarkar, recuerdan que muy a menudo él alegraba los sentimientos de las personas a su alrededor, contando una historia jocosa o un chiste. Algunas veces él hacía reír tanto a las personas alrededor suyo que las hacía retorcerse y llorar de la risa. Sus chistes eran siempre una invitación a relajarse y a reír juntos, como una familia.

Ser un ejemplo positivo y una fuente continua de inspiración para los que le rodean debe ser la meta de todo activista.

La transformación en sadvipra

Por Satya Tanner

De manera más bien poco común, Satya Tanner combinó su estilo de vida de vegetarianismo y yoga con los 16 años de trabajo profesional como piloto e ingeniera aeroespacial en la Real Fuerza Aérea Australiana, alcanzando el grado de comandante de su escuadrón. En ese tiempo ella era una de las primeras 15 mujeres piloto de la Fuerza Aérea; apoyó las labores humanitarias después de los bombardeos de Bali en 2002; organizó competencias nacionales y dirigió equipos en eventos deportivos militares; y estudió y aplicó principios de liderazgo integral para guiar a las personas, equipos y organizaciones por el cambio personal y colectivo. Hoy en día trabaja como instructora para el desarrollo de liderazgo en organizaciones y comunidades que están en busca de un liderazgo liberador y de culturas saludables. www.revolutionaryfutures.com

Los movimientos de la Primavera Árabe y de los Indignados en 2011 dejaron ver el poder de la revolución colectiva y el papel facilitador del sadvipra. Cuando la explotación y la opresión de la clase dominante alcanzan un punto crítico de fractura, los diques se abren debido a una ola de valerosos esfuerzos orientados a restaurar el equilibrio.

Como instructora voluntaria de yoga y de meditación, he iniciado muchos de mis cursos preguntando ¿qué deseas de la vida? Algunas personas responden que algo material, mientras otras algo emocional o psicológico, como lo pueden ser las relaciones saludables, la sensación de certidumbre o ser respetado. Las respuestas tienden a confirmar la jerarquía de necesidades de Maslow. Cuando nos preguntamos ¿por qué y qué te dan esas cosas? La respuesta es, sin lugar a dudas, felicidad personal.

De regreso al ciclo social, si fuéramos a representar la felicidad de la sociedad, como lo hace la felicidad nacional bruta, en una línea de tiempo, con cada era del ciclo social, la felicidad tendría altas y bajas con las fases de beneficio y de explotación.

En una primera mirada, el ciclo social de Sarkar puede parecer demasiado predecible y derrotista —¡No más otra fase de explotación!— pero es en este punto donde se aprecia la belleza del concepto del sadvipra.

Los sadvipra se dan cuenta de la explotación tan pronto comienza y están listos para reaccionar en su contra, facilitando el cambio revolucionario de poder de una clase a otra. Ellos no deben confundirse con grupos innecesarios de desestabilización, aunque con el paso del tiempo, su saber evoluciona para discernir cuándo actuar y cuándo no.

Al desarrollarse los sadvipras, el nivel de explotación que la sociedad puede tolerar se va reduciendo. Por tanto la duración de cada fase de explotación se acortará y la felicidad total continuará incrementándose tanto en forma lineal como cíclica. Esto da a la humanidad un sentido de control sobre la propia felicidad colectiva, liberándonos de nociones fatalistas de impotencia (que se muestra a continuación).

¿Dónde encontramos estos sadvipras? Posiblemente y para nuestra sorpresa, no necesitamos buscar en otros lugares, porque se encuentran dentro de nosotros. Cada uno de nosotros tiene la capacidad y el deber de convertirse en uno. Cuanto más adoptemos la práctica espiritual (por ejemplo la meditación y otras prácticas de sabiduría interna), mayor será la conexión que sentiremos con nuestro ser interno y con aquellos a nuestro alrededor. Cuanta mayor conexión sintamos, seremos menos tolerantes con la explotación y con mayor rapidez desearemos actuar e inspirar a otros a actuar.

El trabajo interno por medio de la práctica espiritual no es el único criterio de un sadvipra, y un clara escasez de ellos en el mundo hoy en día puede hacernos pensar que este es un propósito demasiado idealista. Sin embargo, esta idealista pragmática no lo cree así. Las cualidades de los sadvipras se pueden encontrar en muchos individuos, aunque posiblemente no todas juntas en una persona en el momento histórico actual. Algunos individuos poseen un tremendo espíritu revolucionario del que podemos aprender. Algunos nos enseñan cómo liberar a los marginados del poder. Algunos nos muestran su firme fortaleza moral y servicio desinteresado. Otros muestran gran compasión, amor y sabiduría espiritual. El sadvipra en sí mismo es una colección de los mejores componentes de liderazgo y de valor moral, y nuestro movimiento sobre el camino para convertirnos en un sadvipra es un paso en nuestra evolución natural.

Aquí están algunos consejos para iniciar tu propio camino de evolución (y de revolución):

Desarrolla tu shudra interno por medio del servicio voluntario desinteresado con los indigentes, prisioneros, enfermos mentales, adictos, etc. Por medio de un escuchar atento y trabajo con aquellos que están sufriendo aprenderás a expandir tu compasión, desarrollar la humildad y darte cuenta de la importancia de los valores humanos.

Desarrolla tu ksattriya interno participando en un equipo deportivo, la práctica de artes marciales, aprendiendo primeros auxilios o rescate, o cualquier cosa que involucre trabajo de equipo, acción y superación de retos/miedos. Esto te ayudará a desarrollar el coraje y a saber trabajar en equipo.

Desarrolla tu vipra interno por medio de la refinación de tu intelecto, creatividad e intuición con el estudio, las actividades artísticas y la meditación. Esto te ayudará a ser más innovador y sabio en un mundo en constante aumento de complejidad.

Desarrolla tu vaeshya interno iniciando un pequeño negocio o cooperativa, uniéndote a un esfuerzo para recaudar fondos, o asumiendo tareas gerenciales en trabajos remunerados o ad-honorem. Esto te ayudará a movilizar recursos e ideas, habilidad necesaria para alcanzar todo tipo de metas.

Practica el comportamiento ético y el valor moral defendiendo lo que es correcto. Sin embargo, escoge con sabiduría tus batallas para evitar la fatiga.

Desarrolla la mentalidad neo-humanista desafiando tu visión del mundo eliminando tu "ismos". Encuentra oportunidades para conocer, dialogar y trabajar con gente de otras razas y culturas.

Transfórmate en un líder "menos orgulloso"[12] por medio de los principios del liderazgo de servicio, liderazgo colectivo y liderazgo de entrenador. Muy rara vez los mejores líderes son héroes visionarios de una sola mano usando su carisma para seducirnos hacia sus metas. Más bien son los que facilitan el crecimiento y el aprendizaje capacitando a otros para ser parte de un proceso revolucionario, sin importar que sea pequeño o grande.

Evita los problemas de los estereotipos del liderazgo (por ejemplo el salvador, el superhéroe, el gerente sin emociones) trascendiendo a la tradición y desarrollando un estilo que funciona tanto para ti como para quienes te rodean.

Construye tu inteligencia emocional por medio del desarrollo de las habilidades del diálogo, la solución de conflictos y el escuchar activamente. Construye tu inteligencia espiritual por medio del desarrollo de tu consciencia trascendental, la expansión del estado de la consciencia y el propósito personal de la vida y de su significado.[13]

Desarrolla habilidades de pensamiento crítico y asume el compromiso de aprender durante toda la vida por medio de entrar en un aprendizaje de acción reflexiva y auto análisis.

Cuanta más gente se comprometa con la aventura de convertirse en sadvipra (sea consciente o no), mayor será nuestra capacidad colectiva para lograr una sociedad que promueva la felicidad colectiva y la realización. Todos tenemos la capacidad de convertirnos en un sadvipra, todo lo que tienes que hacer es comenzar.

Lecciones de Prout originadas en el trabajo para el desarrollo en África Occidental.

Por Dada Daneshanananda

En junio del 2000 llegué a África Occidental para coordinar el desarrollo de proyectos de AMURT. Estos últimos doce años han sido una increíble aventura para mí, me han dado un privilegio especial para trabajar cercanamente con la gente en las poblaciones de Ghana, Burkina Faso y Nigeria. Estoy muy agradecido por tener esta oportunidad para expandir mi mente y abrir mi corazón a la belleza del espíritu humano que, a pesar de su continua lucha por sobrevivir, brilla resplandeciente en los poblados de África.

Lección 1: Clínica Seva—La comunidad debe iniciar y ser propietaria de sus proyectos.

En febrero del 2002, un grupo de líderes comunitarios en el distrito de Ghana de Mafi-Zongo nos solicitó ayudarles a iniciar una clínica de salud con servicios básicos. Convocamos una gran reunión en abril en la que 150 hombres y mujeres de 10 poblaciones atendieron la convocatoria. La discusión fue larga y animada con muchas opiniones diversas sobre dónde localizar la clínica y cómo debería ser administrada. Les aclaramos que desde el principio la comunidad sería dueña de la clínica y de su administración y no AMURT.

Al final de la reunión, las comunidades acordaron completar la construcción que se encontraba a la mitad en el poblado de Seva, enviar candidatos para ser trabajadores de salud a la clínica AMURTEL de Domeabra para entrenamiento y obtener el permiso oficial de la dependencia de salud del gobierno para abrir la clínica. Todos acordaron hacerlo antes de septiembre.

No fue sino hasta abril del 2003 que el edificio fue completado, todos los asuntos relacionados con el departamento de salud fueron resueltos y los trabajadores locales de salud estaban listos. Durante todo el mes acomodamos los muebles, el equipo, las provisiones y las medicinas. La clínica abrió sus puertas de manera discreta el 1 de mayo del 2003. Desde el primer mes la clínica fue autosuficiente en los gastos de operación y de salarios. AMURT ha mostrado su apoyo para mejorar las instalaciones y servicios disponibles a la comunidad.

AMURT ayudó a capacitar mujeres promotoras de salud y parteras tradicionales para educar y atender nacimientos en las comunidades. Las mujeres se llamabas así mismas "*Mujeres Kekeli*". Kekeli quiere decir "brillo" o "luz". En 2012 comenzamos un nuevo programa para adolescentes llamado "Las jóvenes Kekeli". En Burkina Faso, la presencia de AMURT en el Departamento de Deou data desde 1986, cuando comenzamos la construcción de un hospital. La iniciativa de una maternidad segura ha entrenado a parteras en 37 poblaciones desérticas. Hoy en día AMURT trabaja con las comunidades en modelos de cosechas de aguas superficiales para hacer posible el cultivo de más hortalizas en una región árida y semidesértica.

Estos proyectos son auto-sostenibles y apoyados por las comunidades debido a tres factores fundamentales:

1. La comunidad identificó sus propias necesidades y prioridades.
2. Tomaron la iniciativa e hicieron el compromiso de hacerlo realidad.
3. Y de manera crucial, la comunidad proporcionó el liderazgo.

En mi experiencia estos son los factores más importantes para el éxito de un proyecto de desarrollo. Aún con buenas intenciones, planificación ingeniosa y financiamiento suficiente, si las comunidades no están empoderadas desde el principio, no es muy posible lograr un verdadero desarrollo y los proyectos no durarán.

AMURT es un socio y un catalizador. Los trabajadores socorristas pueden tener un papel importante, pero nunca debemos considerarnos más importantes que la comunidad. Si lo hacemos, crearemos dependencia psicológica y financiera. Seremos copartícipes de la actitud neocolonial que debilita y la cual es precisamente la que deseamos acabar. Si no somos cuidadosos, nuestra presencia podría incluso causar más mal que bien.

Lección 2: proyecto de agua de Mafi-Zongo dejando a un lado las nociones occidentales de temporalidad y eficiencia.

En Ghana ayudamos a comenzar un gran proyecto de agua en Mafi-Zongo. Las fuentes de agua potable que usaba la gente no eran seguras, eran frecuentemente compartidas por animales y se secaban al terminar la temporada de lluvia, obligando a mujeres y niñas a trasladarse largas distancias para traer agua. Un miembro de la asamblea local de Mafi-Zongo invitó a AMURT a visitarles. Se hicieron planes para crear una reserva de tamaño medio con un sistema de filtrado lento de arena para purificar el agua. Esta simple tecnología requiere un mantenimiento de costo accesible, y la gente puede aprender a operarla por sí solos. Es además ecológica, porque no agota las reservas de agua subterránea, que ya escasean en esta parte de Ghana.

El diseño requería que la reserva se construyera en la cima de la colina Kpokope, desde donde el agua tratada fluiría por gravedad para todas las comunidades. La colina tenía una pendiente alta y subir el cemento y otros materiales de construcción era un inmenso reto logístico. Llamamos a una reunión con los representantes de todas las comunidades y les explicamos la situación. Las comunidades estuvieron de acuerdo en colectar la arena, y transportarla al pie de la montaña y subirla a la colina en tres semanas.

Tomó tres meses, con hombres y mujeres de una docena de comunidades trabajando muy duro, para traer suficiente arena al pie de la montaña. Entonces les pedimos un día de trabajo de emergencia a todas las comunidades. Ese día la colina estaba viva y aglomerada con docenas de hombres, mujeres y niños, llevando recipientes de arena, y haciéndose difícil llegar a la cima.

Este retraso se habría podido evitar si hubiéramos comprado la arena y pagado trabajadores para subirla. Pero ese habría sido un error. Los proyectos de desarrollo comunitario no son asunto de cubrir fechas límite establecidas por donantes internacionales, sino más bien de lograr la unión de toda la comunidad.

Después de eso la gente de cada comunidad escavó las zanjas y colocó tubos conectados a la presa. En total, una red de 61 kilómetros de tubería que hoy en día proporciona agua potable a 10.000 personas en 30 comunidades.

AMURT fue invitada por primera vez a Mafi-Zongo en 1993. El trabajo comenzó en 1994. No fue sino hasta 2005 que las primeras diez comunidades tuvieron agua de tuberías, y no fue sino hasta 2011, 18 años después de comenzar, que el proyecto se completó.

El sentido de orgullo y logro se hizo patente en todas las comunidades cuando el proyecto se completó, creando un sentido de propiedad y unión entre todas las 30 comunidades. Ese orgullo y unidad se mantienen hasta hoy en día y ha sido esencial para la sustentabilidad del proyecto.

En las comunidades africanas, la gente no está atada a los relojes y calendarios. La gente es paciente, porque perciben el tiempo en movimientos cíclicos. El tiempo es vasto, como lo es el cielo. La gente tiene tiempo suficiente. Los occidentales, por otro lado, ven el tiempo de manera lineal —siempre estamos de prisa, perdemos la paciencia y lamentamos si "perdemos el tiempo". Podríamos aprender mucho de los pobladores de estas comunidades en África.

Lección 3: Programa de Salud Maternal Ebonyi— El surgimiento de un nuevo liderazgo.

Nigeria ocupa el noveno lugar en el índice de mortalidad infantil en el mundo. En 2010 AMURT seleccionó al estado de Ebonyi para trabajar en él, el estado más pobre y menos desarrollado en el sur de Nigeria. En conjunto con las comunidades, las ONGs y el gobierno hemos establecido tres centros de atención médica básica con programas de difusión para servir a la gente de Ekumenyi, en el área del gobierno local de Abakaliki, donde el índice de mortalidad materna es el doble que el del país entero. Nuestra atención especial es el reducir la mortalidad infantil y maternal, salvar vidas. También trabajamos con comités de saneamiento de agua y de higiene elegidos por cada comunidad, para perforar y administrar pozos.

Al principio necesitábamos un estudio de referencia. Capacitamos una docena de trabajadores de la salud para pasar de un punto de salud a otro. Pudieron registrar a 5.000 mujeres en edad fértil, entre 15 y 49 años de edad, en 36 comunidades. Nos sorprendió mucho encontrar que los resultados reportaban que hubo 31 muertes maternas en los últimos tres años.

Decidimos verificarlas una por una, la nada envidiable tarea fue para Paulinus, un trabajador de salud desempleado de una de las comunidades en el área del proyecto. Visitando los diferentes puntos y preguntando sobre la madre que había muerto en el parto, Paulinus se encontró con sospechas y a veces con hostilidad. ¡Un hombre que había perdido a su joven esposa lo amenazó con el machete! Con frecuencia sus preguntas traían angustia. El suegro de una mujer que murió comenzó a llorar amargamente, lo que provocó que todos los hombres, mujeres y niños también comenzaran a sollozar. Paulinus verificó todos los desoladores detalles de las 31 muertes de 2009 a 2011 de una población de poco más de 20.000 habitantes.

Nuestro programa de difusión de educación para la salud incluye visitas a los hogares de las mujeres embarazadas del área. Solamente manteniendo un personal en servicio las 24 horas del día en las clínicas puede hacer que el programa de salud maternal funcione. Toda la planificación e inversión sería nada si fallamos en contratar personal dedicado originario de las comunidades cercanas. Ellos se comunican bien con la gente, y por tanto se crea un alto nivel de comunicación y entendimiento. En la medida que crece la confianza de las mujeres en los centros de servicio, los números de cuidado prenatal y partos serán incrementados de manera estable. Los centros de salud son propiedad y administración de los comités locales, y las comunidades los sienten como suyos.

Blessing tenía solamente 17 años cunando se ofreció como voluntaria en los días de vacunación en su centro local de salud. Desde entonces ha trabajado y capacitado en varios centros y clínicas de salud. Debido a que su familia era pobre no tuvo oportunidad de ir a la escuela de enfermería. Cuando abrió AMURT la clínica en Offia Oji, Blessing tenía 23, pero el departamento de salud del gobierno no la seleccionó para trabajar allí. Sin embargo, ella optó por trabajar como voluntaria.

Era prácticamente imposible no ver la dedicación de Blessing. Ayudaba en la clínica casi todos los días, siempre ofreciéndose como voluntaria para los turnos de fin de semana o de días festivos. De los 150 partos de la clínica, ella asistió en más de 100. En asambleas comunales, es elogiada por los líderes locales tradicionales de ambos sexos. Es conmovedor ver cómo esta mujer joven, sin una educación o empleo formal, ha ganado tal respeto por mérito de su dedicación, sacrificio y actitud positiva.

El éxito del programa de salud materna puede verse claramente marcado por el surgimiento de nuevos líderes locales, como lo son Paulinus y Blessing. En África Occidental he encontrado que los líderes genuinos, que tienen en sus corazones el bienestar de su gente, se pueden encontrar en cada comunidad. Son como joyas esparcidas. Nuestro reto es el invitar a esta gente dinámica para avanzar y tomar el mando. Los proyectos de desarrollo comunitario son oportunidades de servir a otros que realmente tienen el bienestar de su gente en el corazón. La mejor esperanza para el futuro de las comunidades sin atención radica en el nuevo liderazgo. Éste es más importante que nosotros, más importante que ningún dinero, tecnología o conceptos brillantes que nosotros podamos ofrecer.

Lección 4: pensar en términos de un crecimiento panorámico.

El desarrollo comunitario es la perspectiva micro de Prout y puede jugar un papel importante en el cambio social. Por medio del trabajo con las bases, desde abajo hacia arriba, con los principios de Prout al frente, el trabajo para el pobre desarrolla el carácter revolucionario. En la vida espiritual de uno, un mantra de meditación lleva a la auto realización y ayuda a guiar moralmente nuestras elecciones. De manera similar, creo que antes que emprender un proyecto nuevo, debemos pensar de manera proutista y decidir si esta acción va o no a promover el bien y la felicidad de todos. Pregúntate:

¿Incrementa esto el nivel de vida, la calidad de vida y la seguridad de la gente?
¿Promueve el liderazgo moral?
¿Capacita sadvipras?
¿Promueve la autonomía de la comunidad?
¿Es sostenible ambientalmente?
¿Es practicable y reproducible?
¿Está basado en los principios cooperativos y de toma de decisiones colectivas?
¿Le da a cada uno la oportunidad de desarrollar su potencial pleno?

Si la respuesta a las preguntas de arriba es "sí", entonces, como es en la certificación de la agricultura orgánica o proyectos de comercio justo, podemos declararlo "Proyecto Prout Certificado".

De manera ideal, cada acción que tomemos debe atender a estas metas. Continúa con el trabajo de tu vida, pero para cada elección, pregúntate si la acción promueve estas metas de Prout ya sea de manera directa o indirecta. Si la respuesta en sí, hazlo. Si la respuesta es no, no lo hagas. Si no lo sabes, ¡entonces estudia hasta que encuentres la respuesta!

P.R. Sarkar les insistió a todos para que aceptaran este reto:

> En cada era la clase dominante primero gobierna, después comienza a ser explotadora, después de lo cual tiene lugar la evolución o la revolución. Debido a la falta de sadvipras que den su ayuda, las bases de la sociedad se debilitan. Hoy día le pido fervientemente a toda la gente luchadora, racional y espiritual que sin demora construyan una sociedad de sadvipras. Los sadvipras tendrán que trabajar para todos los países, para una liberación panorámica de todos los seres humanos.[14]

Capítulo 9
Un nuevo concepto de ética y justicia

> Todos los choques, todas las dudas y toda la violencia que sacuden a la sociedad humana son el resultado de un defecto: el intelecto que no sabe dónde se encuentra por una orientación equivocada; es decir, el intelecto desconectado de la Benevolencia Suprema no se dirige a lo largo del camino virtuoso... A menos que se produzca un cambio en el pensar humano, no podrá hallarse ninguna solución permanente a ningún problema. Por medio de la presión circunstancial podemos disciplinar a los individuos explotadores e inmorales y a los elementos anti-sociales, pero ésta no es la solución permanente. Siempre se efectuarán esfuerzos colectivos a este respecto, pero, al mismo tiempo, debemos esforzarnos en despertar pensamientos benevolentes en la mente humana, de manera que las personas estén motivadas para seguir por el camino correcto, uniendo su intelecto al espíritu de benevolencia. No basta con un sólo enfoque, sino que son necesarios los dos. Uno es contingente, mientras que el otro es permanente.[1]
>
> — P. R. Sarkar

Un caos moral

Nuestro mundo moderno se hace cada día más confuso. Las rápidas transformaciones tecnológicas, los medios de comunicación masivos y los choques forzados con otras civilizaciones que poseen sistemas de valores distintos, crean dilemas éticos cada vez más complejos. Por ejemplo la eutanasia asistida por médicos, la ingeniería genética, la clonación, la bio-piratería, la pena de muerte, la guerra, la explotación laboral, el aborto, la pornografía, la drogadicción, los desechos nucleares, la corrupción política, los derechos de los animales y muchos más.

En 1995, la Asociación Norteamericana de Psiquiatría publicó un estudio sobre psicología criminal. El informe de la investigación concluía que el factor más común entre los delincuentes habituales era la tendencia a mentir.[2] ¡Este defecto del carácter es común también en algunas de las personas más ricas y poderosas del planeta! Los líderes políticos mienten a los ciudadanos; los directores de las multinacionales engañan con su contabilidad y declaración de impuestos; los abogados mienten a sus clientes y por sus clientes; los anuncios publicitarios exageran los beneficios de los productos e inclusive las fuerzas militares más sofisticadas del planeta muestran en la práctica la máxima de que "En la guerra, la primera en morir es la verdad".

Un tema común que ocupa la televisión y las películas es la infidelidad conyugal. El popularizar este comportamiento contribuye al engaño, a traicionar la confianza y a la ruptura de las promesas. Como resultado, los miembros de la familia sufren, sobretodo los niños.

En el Occidente, los valores judeo-cristianos introducidos hace dos a tres mil años se están deteriorando debido, en parte, a su incapacidad para suministrar respuestas claras a los nuevos dilemas morales. El capitalismo global ofrece a todo el planeta un nuevo modelo de individualismo, de codicia e indiferencia ante la pobreza y el sufrimiento de los demás miembros de nuestra familia humana. Las etiquetas de precio determinan el valor de todas las cosas y de todas las personas, sin que nada importe el carácter moral del individuo.

Esta visión materialista propicia la corrupción y la deshonestidad en todos los niveles de la sociedad, drenando los recursos económicos y separando a las comunidades entre sí.

La respuesta a estos problemas éticos cada vez más complejos que se están precipitando sobre nosotros, requiere de una profunda reflexión y fortaleza de carácter. Es muy triste decir que estas cualidades son ahora más raras que nunca antes en este mundo agitado y febril.

¿Por qué se incrementan los crímenes violentos?

La violencia está aumentando dramáticamente en los países desarrollados del mundo. El índice de asaltos con agravantes en los EE.UU., donde los seres humanos intentan matarse unos a otros combinando con robo a mano armada y con violencia o amenaza, creció más de seis veces de 60 por cada 100.000 habitantes en 1957[3] a 395 en 2009.[4] Este índice podría ser aún más elevado si no fuera por el gran número de delincuentes violentos que están presos en los EE.UU. En Canadá, los asaltos por persona casi llegaron a quintuplicarse entre 1964 y 1993. De acuerdo con la Interpol, entre 1977 y 1993 el índice de asaltos por persona casi se quintuplicó también entre 1977 y 1993 en Noruega y Grecia, y en Australia y en Nueva Zelanda se multiplicó por cuatro aproximadamente. Durante ese mismo periodo se triplicó en Suecia y se duplicó en Dinamarca, Bélgica, Reino Unido, Francia, Hungría y Holanda. En la India, en el mismo periodo, el asesinato por persona se duplicó. Tan sólo en el año 1997, el crimen juvenil en Japón se elevó en 30%.[5]

Las fuerzas armadas de EE.UU. saben exactamente el motivo de que esto esté ocurriendo. Los seres humanos, como los miembros saludables de la mayoría de las especies, tienen una resistencia natural y poderosa a matar a los de su propio tipo. Los estudios durante la Segunda Guerra Mundial y la Guerra de Corea mostraron que en una situación real de combate, 75% de los soldados norteamericanos nunca dispararon sus armas personales al enemigo con el propósito de matar, a pesar de que se encontraban bajo una amenaza directa.[6] Aunque se han cuestionado los resultados de este estudio, las fuerzas armadas lo tomaron muy seriamente y diseñaron todo su entrenamiento desde entonces para incrementar el deseo de los soldados de matar bajo órdenes. Fueron tan exitosas que en la Guerra de Vietnam, el porcentaje de quienes no disparaban contra el enemigo bajó en 5%.[7]

Los militares diseñaron tres procesos para habilitar a los adolescentes a matar. Los tres tienen un lugar común en la sociedad occidental.

Desensibilización y condicionamiento clásico: por décadas, durante el entrenamiento básico a los soldados se les ordenaba gritar:"¡Mata! ¡Mata!" y otras palabras violentas hasta que comenzaban a sentirse normal. Hoy en día las películas violentas son mucho mejores en ese sentido. Numerosos estudios han demostrado que el contemplar asiduamente escenas de violencia y sexo en la televisión y en el cine, que normalmente son fuertes y excitantes, insensibiliza a la gente respecto a la violencia.[8] En dos encuestas llevadas a cabo entre jóvenes delincuentes de sexo masculino, encarcelados por cometer crímenes violentos (asesinatos, violaciones y asaltos), del 22 al 34% informaron haber imitado deliberadamente técnicas delictivas aprendidas en los programas de televisión.[9]

Condicionamiento operativo: para desarrollar una respuesta de "tiro rápido", los militares dejaron de entrenar a los soldados recostados y disparando al tiro al blanco. En su lugar, los modernos soldados se mantienen de pie en una trinchera y miran el terreno hasta que súbitamente aparecen figuras realistas tamaño humano en diferentes lugares. La capacitación a policías alterna las figuras con armas y la de ciudadanos inocentes para entrenarlos en el "dispara-no dispara".

Los videojuegos violentos tienen ambientaciones mucho más realistas en las que los jugadores disparan a las figuras enemigas; un golpe es recompensado con una salpicada de carne y sangre.

Los modelos: todos los soldados están entrenados por un sargento instructor, un veterano condecorado, quien premia a sus tropas por su obediencia y es muy duro con la indisciplina. Mientras se alaba a la violencia autorizada, apuntar con un arma a otro miembro del servicio, por ejemplo, se castiga severamente.

En los inicios del cine, los héroes, tales como un vaquero o un detective, usualmente peleaban contra los malos para que prevaleciera la ley y la justicia. Más tarde llegaron películas con héroes criminales o justicieros que peleaban por venganza o avaricia. Más recientemente en Hollywood se han producido un sinnúmero de películas de horror con psicópatas que torturan y asesinan a hombres, mujeres y niños inocentes con un detalle repugnante; en lugar de ser asesinados en el final, regresan una y otra vez en secuelas. Mientras se mira tal violencia, se premia a los espectadores con rosetas de maíz, dulce y compañía —un poderoso proceso de grupo humilla o minimiza a los espectadores que se salen de la sala o siquiera llegan a cerrar sus ojos en las escenas violentas. Este es un nivel muy sofisticado de lograr la desensibilización de toda una generación al punto en el cual infligir dolor y sufrimiento se ha convertido en diversión.

"La conclusión de la comunidad respecto a la salud pública, basada en más de 30 años de investigación, es que mirar violencia como diversión puede llevar al incremento de las actitudes, valores y comportamiento agresivos, especialmente en los menores de edad". Esta declaración conjunta fue firmada el 6 de julio del 2000 por representantes de la Asociación Médica Americana, la Academia Americana de Pediatría, la Asociación Americana de Psicología, la Academia Americana de Psiquiatría de Niños y Adolescentes, la Asociación Norteamericana de Psiquiatría y la Academia Americana de Médicos Familiares.[10]

El consejo de las seis mayores entidades de salud en los EE.UU. para reducir la violencia como diversión no se ha atendido en la práctica. En el capitalismo, la maximización de la ganancia carente de ética por parte de la industria del entretenimiento es más importante que la salud pública.

Ética para la transformación personal y social

Sarkar cree que la moralidad es la base sobre la cual se debe construir una mejor sociedad y una democracia económica. Él señaló que la moralidad tradicional, basada en preceptos y expresada en términos absolutos, es inadecuada para resolver la inmensa mayoría de las preguntas morales en un mundo relativo. Si un francotirador estuviera disparando a gente inocente, el mandamiento bíblico "No matarás" sería inadecuado frente a la necesidad inmediata de contenerlo, sea como fuere, para salvar otras vidas.

Es natural que la gente reaccione si se le impone la moral. Cuando a la gente se le coacciona a obedecer reglas dogmáticas, algunos tienen por respuesta el rechazo de cualquier tipo de moral.

Sarkar apeló a un marco moral basado en la "sabiduría práctica". Él hizo una distinción sutil entre lo que llamó "moralidad simple" y "moralidad espiritual", indicando que, a través de la historia, la gran mayoría de los valores morales han reflejado los intereses de los ricos y los poderosos. Cada clase gobernante ha explotado a las otras clases mediante el uso de la fuerza y la astucia, creando normas y justificándolas para servir a sus intereses. La historia humana es la crónica del poder y la exclusión.

En lugar de una simple lista de lo que hay que hacer y de lo que no hay que hacer, Sarkar insistió en que para decidir correctamente el sentido de nuestros actos, la intención detrás de ellos es de gran importancia. La moralidad espiritual está basada en el neo-humanismo y en los valores humanos cardinales, que incluyen la honestidad, la valentía, la misericordia, la humildad, el autocontrol, y la compasión. Estas cualidades se consideran virtudes en todas las sociedades y tradiciones religiosas porque proporcionan belleza y significado a la vida, transformando a las personas y a la sociedad. Los valores humanos cardinales nos desafían a proteger a los débiles, a evitar causar daño a los demás, a vencer el egoísmo y a denunciar las mentiras de quienes abusan de su poder.

Prout reconoce que todo ser tiene un valor existencial, el cual es superior a su valor social o valor utilitario. Por lo tanto, cada vida tiene un potencial espiritual que se debe proteger y estimular hasta donde sea posible.

A través de la historia ha surgido paulatinamente una tendencia para establecer un conjunto de valores éticos más permanentes, basados en el valor intrínseco de la vida humana. De ahí el porqué las luchas contra la esclavitud, la tiranía, la injusticia y la pobreza. En fin, todos los valores humanos cardinales surgen de la evolución de la conciencia y del anhelo espiritual por descubrirse a sí mismo.

Una contribución importante de Sarkar al debate ético fue su énfasis en el equilibrio que debe existir entre el interés individual y el interés colectivo. Él dijo que la ética y el sentido de justicia son las bases del idealismo y la inspiración en la vida espiritual, factores indispensables en la creación de una sociedad mejor. Sin embargo, él resaltó que mientras la moralidad es el punto de comienzo del movimiento, tanto individual como colectivo, no debería ser considerada en sí misma la meta de la vida:

> La moralidad de un moralista puede desaparecer en cualquier momento. No se puede afirmar con certeza que un moralista que resistió la tentación de un soborno de dos monedas de oro será capaz de resistir la tentación de una oferta de doscientas mil monedas de oro... No se puede decir que el objetivo final de la vida humana sea el de no robar; lo que es deseable es que se elimine la tendencia a realizar esa acción de robar.[11]

Para restablecer el pramá, esto es el equilibrio dinámico, en nuestra sociedad y en nuestra vida personal, necesitamos un código claro de conducta moral. Tenemos que ampliar nuestro sentido de lo que es correcto e incorrecto para incorporar en el mundo el sentido de "vivir de manera correcta".

Los diez principios universales

Sarkar adoptó los milenarios diez principios éticos del yoga. Los cinco primeros son llamados *Yama*, cuyo significado es "conducta controlada con respecto a otros", que nos enseñan a vivir en paz con los demás. Los otros cinco principios se denominan *Niyama*, que significa "conducta controlada para lograr la autopurificación" y que sirven para estar en paz con uno mismo. Ambos conjuntos de principios son complementarios, asimismo son constructivos y positivos. Debido a que Sarkar vio la ética como una herramienta para la liberación y no para la represión, reinterpretó estos principios desechando las viejas interpretaciones dogmáticas. Al ser de naturaleza universal, se pueden utilizar como guía efectiva para orientar sabiamente nuestra conducta en cualquier tiempo o lugar, y entre cualquier grupo de personas.

Los cinco principios de Yama, o valores sociales, son:

Ahim'sá: no causar daño a otros, con nuestras acciones, palabras o pensamientos, de manera intencional.

La vida diaria implica la lucha y el uso de la fuerza; el solo hecho de respirar y caminar provoca la muerte involuntaria de miles de microrganismos. Sarkar no está de acuerdo con algunas interpretaciones religiosas fundamentalistas acerca del concepto de ahim'sá, al afirmar que este principio no descarta el uso de la fuerza para la supervivencia, la autodefensa o la defensa de otros.

Prout insiste en que ahim'sá incluye el derecho de un pueblo a resistir una invasión extranjera, así como la violencia estructural o institucionalizada. No significa de manera literal no violencia en todo momento (como fue interpretado por algunos, incluyendo a Mahatma Gandhi), porque esto es imposible e impráctico.[12]

Lo más importante en ahim'sa es la intención personal. En el ámbito individual, ello significa empeñarse en evitar pensamientos, palabras o acciones que puedan ser nocivas. De hecho, cada acto violento comienza con una idea, de manera que si surgen ideas de enojo u odio, uno debe de manera intencional sustituirlas por ideas positivas hasta que el enojo se desvanece.

Ahim'sá reconoce que ciertas acciones son tan dañinas que deben ser detenidas a cualquier costo. Los individuos u organizaciones que amenazan asesinar con armas, secuestrar a alguien, robar, quemar la propiedad de otro o envenenar a alguien son "enemigos de la humanidad". De esta forma, en el ejemplo atrás mencionado del pistolero mentalmente perturbado que está matando a gente inocente, para salvar otras vidas debe ser frenado lo antes posible. Ahim'sá no excluiría la posibilidad de matar al pistolero en este caso, si ésta fuera la única forma de salvar otras vidas.

Una nación necesita de una fuerza de policía armada y de un ejército para su propia seguridad. Es importante una buena capacitación y disciplina para inculcar este principio de ahim'sá a los protectores de la paz. Ellos deben resistir la tentación de usar su autoridad o sus armas para castigar o matar a alguien por irascibilidad, odio o ambiciones de poder; por el contrario, su intención debe ser la de proteger a todos.

Satya: el uso de las palabras y la mente para el bienestar de los demás; la veracidad benevolente.

El sistema de Prout está basado en este espíritu de benevolencia; estimula el desarrollo físico, mental y espiritual de todas las personas. Esta perspectiva colectiva se considera el más importante de los diez principios, porque orienta la vida de uno con la meta de los demás. Satya se opone directamente a las mentiras convencionales y a la hipocresía de quienes están en el poder.

Pero hay situaciones en las que la verdad puede causar daño a otros: por ejemplo, si una persona inocente que huye de una pandilla violenta nos pide ayuda, la veracidad benevolente nos llevaría a esconder la víctima y a mentir a la pandilla cuando lleguen a buscarle. En otras palabras, en lugar de la simple verdad, este principio aspira a un sentido más elevado de moralidad basado en la benevolencia.

La persona que piensa constantemente en el bienestar de los demás, desarrollará una gran fortaleza interior y claridad mental que le permitirán inspirar a los demás, realizar sus sueños y aspiraciones. En las relaciones interpersonales, la verdad siempre debe comunicarse con palabras amables y amorosas.

Asteya: no apropiarse de lo que pertenece legítimamente a otros, y no privar a otros de lo que merecen.

En todas las sociedades, los seres humanos han creado leyes y sistemas de propiedad para evitar los conflictos. Prout reconoce la necesidad de cuestionar y luchar colectivamente para rediseñar las leyes injustas y cambiarlas para beneficio de todos. Sin embargo, si alguien infringe la ley o roba por interés personal, su mente se volverá primitiva; la codicia, la lujuria y el hábito de mentir causarán su degeneración.

Este principio condena la corrupción y el fraude, que son particularmente destructivos en los países en vías de desarrollo. Desde el comienzo mismo de los movimientos Ananda Marga y Prout en India, sus miembros han mantenido una honestidad rigurosa en sus vidas personales. Lamentablemente, por esto fueron perseguidos a menudo. Por ejemplo, hubo casos de miembros que trabajaron como funcionarios de la policía, la aduana o la administración de impuestos, que informaron a sus colegas de su desacuerdo con la aceptación de sobornos, y esta posición moral fue vista a menudo como una amenaza por parte del resto de los funcionarios, y por eso muchas les fueron aplicadas situaciones de castigo.

También se debe superar el deseo mental de robar, de otra forma la codicia, los celos y el enojo pueden envenenar la mente y causar una constante frustración y decepción.

La integridad personal y el ser dignos de confianza son cualidades esenciales para un activista. Quien tenga un carácter ideal es respetado por toda la gente buena.

Brahmacarya: respetar y tratar a todos y a cada cosa como una expresión de la Conciencia Suprema.

Nuestro bienestar está entrelazado. Aceptar que cada ser tiene un enorme potencial físico, mental y espiritual es una actitud tanto espiritual como ecológica. Todos somos una parte del todo. Todos somos cada una de las conciencias individuales. De este modo, tenemos derecho a objetar las acciones de una persona, pero no tenemos derecho a odiarla.

Al final de una clase de yoga en una prisión de Gran Bretaña, el instructor dictó la tarea: "a todos los que vean en esta semana, piensen, te amo". Un prisionero pensó que era ridícula pero decidió intentar hacerla de todas maneras, como nadie podría saberlo, estaba solamente en su cabeza. Le fue difícil no reírse cuando pensó "te amo" mientras los prisioneros más terribles y los más rudos guardias pasaban frente a él. En pocas horas la gente le preguntaba por qué sonreía todo el tiempo. Al final de la semana, tanto los prisioneros como los guardias le preguntaron qué había pasado, porque él no estaba metiéndose ya en pleitos ni discusiones al tiempo que todo el tiempo se mostraba alegre y amigable. Sabiamente decidió continuar con el ejercicio. Lo que funcionó para él puede funcionar para cualquiera.

Aparigraha: no acumular ni incurrir en bienes y servicios innecesarios para la conservación de la vida.

Éste es un principio de ecología, vivir de un modo sencillo con sólo las pertenencias materiales indispensables. Es un error correr tras los objetos mundanos en nuestra búsqueda de felicidad. Un estilo de vida materialista restringe al amor de uno y considera a un círculo muy estrecho de familiares y amigos, y causa que los sentimientos de celos, envidia y vanidad crezcan. Todos añoran el amor y la paz interior; pero ningún objeto físico puede brindarlo.

Este principio hace eco en las palabras del economista británico E. F. Schumacher, autor del libro *Lo pequeño es hermoso: economía como si la gente importara,* cuando dice: "Una actitud de la vida que busca la satisfacción únicamente en la conquista de las riquezas —en síntesis, en el materialismo— no es adecuada para este mundo porque no contiene ningún principio que defina un límite, mientras que el medio ambiente en el que se sitúa es limitado muy rigurosamente".[13]

Aparigraha está basado en el concepto de la herencia cósmica, de acuerdo con el cual no somos dueños de las riquezas de este planeta sino que somos sus custodios y tenemos sólo el derecho a usar y compartir los recursos para el bienestar de todos. Desafortunadamente en EE.UU. con el 5% de la población se están consumiendo 30% de los recursos del planeta y creando 30% de la basura mundial; ¡si todos copiaran este estilo de vida, necesitaríamos cinco planetas![14] Los ecologistas recomiendan el reciclaje, el ahorro doméstico de la energía, la reducción en el uso de los automóviles, y un cambio en la dieta para consumir alimentos vegetales, que están más abajo en la cadena alimentaria.

Cada uno de estos pasos requiere de cierto sacrificio personal, inconvenientes y tiempo. La educación es la mayor forma de lograr el despertar de consciencia sobre la necesidad de reducir nuestro consumo para ayudar a restaurar el equilibrio ecológico.

Los cinco principios de Niyama tratan del autocontrol positivo, que lleva a la fuerza personal.

Shaoca: mantener la limpieza del cuerpo y del entorno, así como cuidar la pureza mental.

La limpieza del cuerpo y del medio ambiente es decisiva para nuestra salud física y mental. De la misma manera, nuestro medio ambiente social y familiar también tiene un efecto positivo o negativo sobre nosotros. Desgraciadamente la sociedad moderna nos bombardea con mensajes de violencia y sexo, que tienen un efecto muy perturbador sobre la mente. La pornografía contamina nuestras ideas y corrompe nuestro comportamiento.

Este principio también se refiere a la limpieza interna. Por ejemplo, comer excesivamente produce indigestión, entorpecimiento mental, obesidad y, en la mayoría de los casos, infelicidad. El autocontrol es importante para la pureza mental y la paz interior.

Santosa: mantener un estado de paz y satisfacción mental.

El estilo de vida moderno predominante en los países avanzados es extremadamente agitado, estresante y a menudo banal. El materialismo y el consumismo estimulan la avaricia, causando que aun la gente con riquezas se sienta frustrada e infeliz. La gente sale de compras con frecuencia para escapar del aburrimiento o de la soledad. El periodista e investigador Duncan Campbell ha dicho: "los estadounidenses tienen más aparatos para ahorrar tiempo, y menos tiempo que cualquier otro grupo de personas en el mundo"[15].

Es muy importante detenerse y dedicar un tiempo a los niños, la familia y los amigos. A pesar de todos los problemas con que tropezamos en la vida diaria, uno debería mantener la paciencia y el sentido del humor. Ésa es la actitud de una persona optimista, que siempre ve el lado positivo de todas las cosas, sin cerrar los ojos a las penas y sufrimientos de los demás. Este principio inspira un profundo sentimiento de gratitud por todas las bendiciones de la vida e infunde esperanza en los otros.

La paz mental proviene también de la profunda comprensión de que, espiritualmente, todo tiene un propósito. Esto está expresado por Reinhold Niebuhr en su famosa frase: "Oh Señor, dame el coraje de cambiar lo que puedo cambiar, la paciencia de aceptar lo que no puedo cambiar, y la sabiduría para entender la diferencia entre los dos".

Tapah: aliviar el sufrimiento de los necesitados a través del servicio y sacrificio personal.

Dar nuestro tiempo personal para ayudar a los menos afortunados, sintiéndolos miembros de nuestra familia humana, enriquece profundamente nuestra propia vida. El servicio voluntario sólo se considera tapah cuando se hace sin intenciones de recompensa personal o publicidad. Este tipo de servicio verdadero desarrolla el respeto mutuo e infunde humildad.

El miedo y la ignorancia no permiten que mucha gente sirva a otra. Al confrontar nuestros miedos y llegar a otros necesitados, superamos las barreras artificiales que dividen a la gente y aprendemos a escuchar y a identificarnos con los problemas de otros. El servicio es esencial para los activistas que quieren un cambio en el mundo, porque crea una unión de amistad con la gente ordinaria que deseamos ayudar.

Albert Schweitzer, laureado con el premio Nobel de la Paz, dijo: "Debes dar algo de tiempo a tus semejantes. Aunque se trate de algo pequeño, haz algo por los otros, algo por lo cual no obtengas pago alguno sino a cambio tengas el privilegio de hacerlo".

Svádhyáya: leer y esforzarse en adquirir una comprensión clara de libros espirituales y escrituras, así como escuchar enseñanzas con contenido de sabiduría.

Para adquirir este claro entendimiento es imperativo que usemos la capacidad de raciocinio de nuestra mente inquisitiva. Esta práctica permite que el lector tenga contacto con grandes personalidades y adquiera inspiración diaria para comenzar y persistir en el camino de la auto-realización.

De la misma manera que es importante respetar las tradiciones y los caminos espirituales de otras personas, también es importante oponerse a las prácticas irracionales y supersticiosas que causan daño a los demás. La obediencia ciega a los dogmas religiosos causa fanatismo, que es un socio-sentimiento. Un ejemplo de esto es la actitud de que "sólo los adherentes a mi religión son el pueblo escogido por Dios. Sólo nosotros iremos al cielo al morir y todos los demás serán condenados al infierno eterno". Este tipo de actitud intolerante ha desencadenado Las Cruzadas, la Inquisición, la justificación de la esclavitud e innumerables guerras y persecuciones religiosas a través de la historia. El principio de Svádhyáya nos insta a cuestionarnos internamente aquello que leemos o escuchamos en nuestra búsqueda de la verdad y la sabiduría.

Ishvara Pran'idhaná: aceptar la Conciencia Cósmica como nuestro refugio y nuestra meta.

Este principio ofrece una respuesta a la antigua pregunta mística "¿Quién soy?" Somos más que nuestro cuerpo físico, más que nuestra mente, somos conciencia pura, una gota en el océano infinito de la Mente Cósmica.

Ésta es también una actitud de entrega a un propósito más elevado. La famosa oración de San Francisco de Asís, que comienza: "Oh Señor, hazme un instrumento de Tu Paz", es un ejemplo de este principio.

Jennifer Fitzgerald, escribió en su extenso análisis de la ética de Sarkar:

> Sarkar une lo absoluto y lo relativo con una poderosa combinación de amor y sabiduría. Construye su discurso ético sobre una base de sabiduría sencilla, casera y sostenible. Tiene una profunda comprensión de la interconexión entre todas las cosas del mundo, de las fuerzas esenciales que las impulsa, de las necesidades básicas, de la naturaleza esencial y de las aspiraciones.[16]

Los valores humanos cardinales como fundamento del sistema judicial

El crimen y la violencia están aumentando constantemente tanto en los llamados países desarrollados como en los que están en vías de desarrollo, a pesar de la promulgación de leyes más severas, condenas más prolongadas, mayor número de prisiones, y un aumento en el presupuesto de la policía. La población encarcelada en EE.UU. se ha multiplicado 19 veces, de 119.000 en 1970 a cerca de 2,3 millones a finales de 2011;[17] uno de cada cincuenta niños en el país tiene a uno de los padres en la cárcel. En la actualidad hay más jóvenes negros en las cárceles que en las universidades.[18] Pero la incidencia del crimen y la violencia continúa en aumento.

Para llevar los principios éticos a la práctica, las leyes de cada país necesitan ser diseñadas de nuevo para que reflejen los derechos humanos cardinales. Por ejemplo, el principio de brahmacarya, por el cual todos somos vistos como expresiones de la Conciencia Suprema, nos lleva a entender que los seres humanos poseen la capacidad de cambiar y de transformarse.

El mensaje de transformación es fundamental en prácticamente todas las religiones y caminos espirituales. La Biblia nos relata las historias de muchas personas que cometieron graves errores, crímenes inclusive, y que luego se reformaron: Noé, Abraham, Isaías, Jacob, Rebeca, Moisés, David, Salomón, María Magdalena, Pedro y Pablo. Angula Mala fue un notorio criminal en la antigua India, a quien el Buda transformó. La primera persona a quien Sarkar inició en la meditación fue Kalicharán, un ladrón muy peligroso que más adelante se transformaría en un gran santo. Esta posibilidad de cambio es contraria a lo que hoy es políticamente popular en los Estados Unidos: la pena de muerte y prisión sin libertad condicional.

La sociedad debería hacer todo tipo de esfuerzos para rehabilitar a un individuo. Y si es incapaz de hacerlo, tampoco tiene ningún derecho a quitarle la vida. Es como si un doctor, incapaz de curar a un paciente, le receta la muerte como solución final. O como dice el argumento popular: "¿por qué matamos gente que mata gente para enseñar a la gente que matar es malo?" Tanto la pena de muerte practicada en los Estados Unidos y otros países, como las ejecuciones extrajudiciales llevadas a cabo en toda América Latina y la mayoría de los países del Tercer Mundo por algunos miembros de las fuerzas armadas o por milicias clandestinas de la muerte, deben ser condenadas como actos bárbaros y frenadas de inmediato.

Sarkar escribió que: "Los asesinos y homicidas deben ser juzgados de conformidad con un Código Penal sustentado en el neo-humanismo, de manera que su sed de sangre sea eliminada permanentemente".[19] Como la mayor parte de las ejecuciones son impuestas a prisioneros pobres, un grupo de jóvenes proutistas estadounidenses escribió una vez en las paredes de un juzgado:

¡La pena capital = quienes tienen el capital aplican la pena!

Desde el punto de vista social, casi todos los criminales ejecutados dejan al esposo o esposa, a los hijos e hijas, a los padres y a los amigos, quienes de esta forma están alienados y amargados con la matanza. Su resentimiento y dolor (hayan tenido o no alguna parte en el asunto) deteriora a la sociedad. En consecuencia, la abolición de la pena de muerte, tanto legal como ilegal, es necesaria para la reconstrucción de la unidad social y la solidaridad.

Sarkar insiste en que los sistemas judiciales deben ser correctivos, no penales. "Sólo el sistema Divino (la ley de causa y efecto), que controla cada pulsación de la existencia humana, tiene el derecho de penalizar a los seres humanos y nadie más".[20] Mientras que la sociedad tiene la obligación de protegerse de los elementos antisociales, el propósito del sistema judicial debe ser el de reformar, no el de castigar.

Se debería dar una enorme importancia a la selección de los jueces. Los jueces deben ser eruditos y poseedores de un intelecto perspicaz. Deben tener además un carácter indiscutiblemente íntegro e, idealmente, deben poseer sabiduría.

La justicia reparadora

Para que la democracia económica sea exitosa, los delitos deben ser reducidos y prevenidos en la comunidad; cualquier violación de la ley que ocurra necesita ser solucionada pacíficamente. Rehabilitar a los infractores es una parte esencial de este proceso que incluye la plena admisión de los errores cometidos, el reconocimiento de las víctimas, familias y amigos que fueron lastimados de manera física o emocional, y la indemnización, en el caso de que sea posible.

El movimiento por la justicia reparadora, que tiene programas-modelo muy exitosos en varios países, es un gran paso adelante en este cambio de la conciencia del castigo a la corrección. En lugar de tratar el crimen como una infracción al orden del Estado, este enfoque está orientado a restaurar el equilibrio en la comunidad y a sanar las heridas. Cuando un infractor admite su culpa (quizá cuando fue descubierto infraganti), un encuentro mediador tiene lugar con todas las partes afectadas: el agresor, la víctima, sus familiares, amigos y compañeros de trabajo. Este encuentro tiene un inmenso valor en mostrar al infractor los efectos tanto físicos como emocionales que su crimen produjo en las víctimas. Es también una oportunidad para que las víctimas vean y oigan al infractor como a un ser humano.

Los encuentros de la justicia reparadora generalmente tienen un impacto profundo en los infractores, despertando en ellos sentimientos de gran remordimiento por el sufrimiento que sus actos irreflexivos ocasionaron. Muchos criminales nunca experimentaron esto durante los juicios tradicionales ni al cumplir las sentencias. Por el contrario, niegan toda responsabilidad personal por lo ocurrido y cumplen sus penas llenos de rencor y amargura contra la sociedad. En los EE.UU., 67,5% de los convictos regresan al crimen y a la prisión antes de que pasen los tres años de su liberación,[21] y en Finlandia, más de la mitad regresa antes de que pasen 5 años.[22]

Los mediadores de los encuentros de la justicia reparadora intentan lograr un consenso con todas las partes sobre el tipo de restauración que debe recomendarse ante los tribunales. El objetivo es doble: hacer cambiar al infractor y ayudar a la víctima a rehabilitarse y a sanar. Con la participación de los familiares, amigos y compañeros de trabajo, la comunidad se esfuerza por encontrar una solución satisfactoria para las partes, que generalmente involucra el servicio y la restitución del daño.

Inclusive los directores de las cárceles creen que sería mejor si muchos de los reclusos pudieran permanecer en sus comunidades. El senador norteamericano Paul Simon encuestó a los directores de las cárceles en los EE.UU. y descubrió que el 65% de ellos abogan más por los programas de prevención y el incremento de alternativas a las prisiones.[23]

El arzobispo Desmond Tutu, premio Nobel de la Paz, se empeñó en llevar a cabo los objetivos de corrección y cicatrización cuando dirigió la Comisión de la Verdad y la Reconciliación, en Sudáfrica, después del derrocamiento del régimen racista del apartheid.

Un artículo orientativo de investigación sobre la justicia reparadora en el Reino Unido y resto del mundo muestra que de 36 comparaciones directas con la justicia criminal convencional, la justicia reparadora presenta en al menos dos:

- significativa disminución en que algunos infractores repitan la misma ofensa;
- el doble (o más) de infracciones presentadas ante la justicia a las que se presentan ante la justicia criminal convencional;
- reducidos los síntomas de stress post-traumático de las víctimas y de sus costos relacionados;
- tanto a las víctimas como a los infractores se les proporcionó mayor satisfacción y justicia que la justicia criminal convencional;
- reducido deseo de las víctimas por venganza violenta contra los infractores;
- menores costos que los de la justicia criminal convencional;
- reducida reincidencia en más de una prisión tanto en las de adultos como en las de menores.[24]

Centros de reeducación para la transformación personal

Una de las tareas que debe asumir el sistema judicial es proteger la sociedad de los criminales. Así como los doctores imponen una cuarentena a un paciente aquejado por una enfermedad infecciosa grave para prevenir la propagación de la enfermedad, de igual manera se hace necesario segregar aquellos individuos cuyas acciones constituyen un peligro para los demás. Por desgracia, la gran mayoría de los sistemas carcelarios no controlan adecuadamente la violencia que ocurre dentro de sus muros. Bo Lozoff escribe que:

> Más del 70% de los prisioneros de EE.UU. cometieron crímenes sin violencia. Sin que se construya ninguna prisión más, existe espacio suficiente para los criminales verdaderamente peligrosos. Pero al colocar 70 prisioneros no violentos, la mayoría en pánico y con el único deseo de poder salir vivos de prisión, con 30 violentos, ¿qué porcentaje continuará siendo no violento cuando por fin obtengan la libertad? Conozco muchos jóvenes, de ambos sexos, que en la primera semana de su encarcelamiento han sido aconsejados por prisioneros avezados para atacar o matar a un compañero o compañera de prisión, para ganar tal reputación que les permita mantenerse relativamente protegidos de ser víctimas de predadores.[25]

Los muros altos se necesitan para contener a los criminales violentos; sin embargo, es necesario un enfoque totalmente distinto del tratamiento dado a los reclusos en las prisiones tradicionales. Sarkar exhortó a los proutistas a:

> ...demoler las prisiones y construir escuelas reformatorias, colonias de rectificación. Los criminales innatos, es decir, aquellos que cometen crímenes debido a algún defecto orgánico, deberían tener la posibilidad de tratamiento, de tal modo que puedan humanizarse. Y en cuanto a quienes cometen crímenes debido a la pobreza, se debe eliminar su pobreza.[26]

Para reeducar a los infractores, es importante entender las distintas causas que originan una conducta criminal. Sarkar hizo hincapié en que los criminales difieren entre sí, y que las razones por las cuales cometen crímenes son diversas; entre ellas están: los arrebatos pasionales, la pobreza, la influencia perniciosa de otros, la intoxicación producida por las drogas o el alcohol, los trastornos psiquiátricos, etc.

Sarkar lamentó que la ciencia no haya podido todavía desarrollar métodos satisfactorios que permitan rectificar una conducta criminal en cuanto a lo psicológico, social o, en algunos casos, neurológico. Recomendó que los centros de reeducación deberían ser "más puros y más humanos" y deben crear "un ambiente propicio" para la transformación.[27]

El personal de la institución debería estar formado por profesionales que posean compasión y un elevado carácter moral. Los psicólogos, psiquiatras, sociólogos y profesores deben trabajar conjuntamente para ayudar a los prisioneros a cambiar. Los guardias también deberían ser compasivos. Los prisioneros de todo el mundo saben que inclusive las cárceles con los diseños más modernos y progresistas son sólo tan buenas como sus guardias lo sean. Si los guardias son mezquinos y abusivos, creando reglas innecesarias, y castigando las pequeñas infracciones con la suspensión de privilegios, harán de la vida de los prisioneros un infierno.

En muchos países, existe una gran disparidad en la aplicación de las sentencias que reciben diferentes prisioneros. Prout sugeriría que se revisaran todas las sentencias. Cuando un equipo completo de expertos llegue al consenso de que el infractor dejó de representar una amenaza a la sociedad, los prisioneros deberían ser puestos en hogares de transición y en programas de reintegración.

La educación es un factor clave en la transformación, y la institución debería animar a cada recluso a continuar su educación a través de clases o cursos por correspondencia. En su autobiografía, Nelson Mandela relata cómo él y sus compañeros, prisioneros políticos de la famosa cárcel de la Isla Robbin, en Sudáfrica, le otorgaron eventualmente el sobrenombre de "la universidad". Lo hicieron debido a su constante lucha por el privilegio de condiciones de estudio y cursos por correspondencia; ellos mismos organizaron clases y tutorías a pequeños grupos mientras realizaban trabajos en las canteras de piedra caliza.[28] La educación es un proceso interminable de mejoramiento personal que infunde respeto por sí mismo. Cada recluso debería ser estimulado continuamente y ayudado para que aprenda conforme a su propio nivel.

La naturaleza tiene un gran efecto terapéutico en la mente, por cuya razón dentro de las altas paredes de cada institución deberían crearse grandes jardines. Así mismo, deberían incluirse algunos animales domésticos y mascotas para fomentar la compasión. Una terapia esencial para aquellos que sufren cualquier tipo de enfermedad mental es mantenerse activos en un trabajo significativo; la jardinería debería ser parte integral de la rutina diaria de cada preso. Deberían organizarse todo tipo de deportes y juegos para mantener a los reclusos sanos y aptos físicamente.

Debería servirse a todos una dieta nutritiva y equilibrada. Una de las razones del sorprendente bajo nivel de violencia en las cárceles de la India, no obstante el alto hacinamiento, es la ausencia casi total de carne, pescado y huevos en la dieta de los presos por restricciones en el presupuesto y la tradición cultural. Fumar debería también estar prohibido como lo es en las cárceles de Corea.

La música tiene el poder de elevar nuestra conciencia. La exaltante música clásica y espiritual se debería escuchar regularmente en las cárceles a través del sistema de sonido institucional.

Controlando el ambiente, estableciendo una rutina disciplinaria y previniendo las influencias negativas y perturbadoras, la vida dentro de una institución correccional puede convertirse en un ambiente ideal para la reflexión, los pensamientos profundos y la meditación. Algunos de los más grandes escritores y pensadores de la humanidad, incluyendo a Sarkar, desarrollaron sus filosofías durante los períodos de encarcelamiento injusto.

Las palabras finales de Sarkar acerca de las instituciones correccionales son las más exigentes. El medio ambiente debe ser tan apropiado, puro y humano que "...incluso si una persona fuese inocente, se beneficiaría tanto como el verdadero culpable con las medidas correctivas... Aún si el sistema de justicia imparcial cometiese un error, no habría posibilidad de perjudicar a nadie".[29]

La naturaleza de estas instituciones sería diferente en lo fundamental al actual sistema judicial. La tarea del juez sería determinar si hubo algún tipo de intención al causar el daño. El código penal podría entonces simplificarse enormemente y redactarse basándose en los valores humanos cardinales. Un día en el futuro se debe desarrollar un sistema penal universal que traiga unión a toda la gente del mundo.

La transformación de los reclusos a través del yoga y la meditación

Después de remarcar la importancia de tratar a los prisioneros con "sentimientos humanitarios, de benevolencia", Sarkar hizo la siguiente notable afirmación: "Por supuesto que los criminales pueden ser curados muy rápidamente a través de las prácticas espirituales y, en un período un poco mayor, mediante métodos de yoga; pero para esto es esencial un ambiente agradable".[30]

Muchos maestros de yoga y meditación trabajan en prisiones. Una de las organizaciones más famosas detrás de este trabajo es la del "Proyecto Prisión-Ashram" de la fundación Human Kindness, que comenzó en 1973. Ellos enseñan a los prisioneros a tratar su celda como un ashram de yoga donde pueden ejercitarse para su desarrollo físico, mental y espiritual. El famoso libro de Bo Lozoff para prisioneros, *Todos estamos encarcelados: una guía para conseguir liberarse*, tiene más de 400.000

copias impresas.[31] Y los profesores de la "Fundación Prisión Fénix" en Gran Bretaña e Irlanda, enseñan ahora yoga y meditación en más de la mitad de las cárceles de esos países.[32]

El proutista Dr. Steven Landau ha estado enseñando yoga y meditación Ananda Marga en el Centro Correccional en Raleigh, Carolina del Norte en EE.UU. desde 2002. Un estudio de cinco años de 190 internos que tomaron el curso encontró que aquellos que estudiaron más de cuatro clases eran significativamente menos propensos a ser reencarcelados al ser puestos en libertad, solamente 8,5% comparado con el 25% que asistió con menor frecuencia.[33] Los medios de comunicación elaboraron la historia, y hoy en día existen siete prisiones en el estado con programas regulares de yoga.

Hay dos grandes obstáculos para los instructores de yoga y meditación que quieren dar cursos en prisiones. Primeramente, algunos administradores no dan permiso, mencionando problemas de seguridad. En segundo lugar, la falta de motivación que tiene la mayoría de los reclusos debido a la depresión y a la desesperanza que sufren en aquel ambiente adverso.

Personalmente, junto con otros proutistas, me ha inspirado dar lecciones de yoga y meditación e iniciar sesiones semanales para ayudar a los prisioneros a cambiar sus vidas en varias prisiones de Brasil, Portugal y Venezuela. En cada sesión generalmente practicamos juntos algunas posturas de yoga, cantamos mantras y meditamos en silencio. Entonces compartimos una historia espiritual de alguna sabiduría tradicional y hacemos algunas preguntas reflexivas a todos los participantes. Al escuchar con atención y respeto cada respuesta, les expresamos gradualmente que sus ideas y pensamientos son importantes. Nosotros siempre les insistimos que ellos son personas importantes con un enorme potencial que puede convertirse en un ejemplo positivo en la cárcel, en sus comunidades y en el mundo. La transformación personal, que los distintos participantes experimentan, hace profundamente gratificante este humilde trabajo.

Algunos directores de cárceles han quedado impresionados con este trabajo. El coronel Carlos Roberto de Paula, director de la Penitenciaría José María Alckmim, en Belo Horizonte, le dijo a un periodista de *Jornal do Brasil:* "He notado grandes cambios en los prisioneros que hacen meditación. El más importante es la disminución de la agresividad".[34] Carmen Lucia dos Santos, la directora de la Cárcel de Mujeres Carandiru, Sao Paulo, escribió en una carta de agradecimiento que "las reclusas que han participado se han beneficiado inmensamente y están ahora más contentas y calmadas, menos agitadas, agresivas y nerviosas. Creemos que esto les está ayudando a transformar sus vidas y a hacer el ambiente un poco mejor para todas. Esperamos que usted continúe este trabajo con las otras internas de nuestra institución".[35]

El abuso de las drogas es un problema de salud pública

El comercio ilegal de drogas conduce tanto al crimen organizado, como a delitos menores que ocasionan una violencia atroz que está destruyendo muchas vidas y cobrándoles una terrible cuota a las comunidades. Sin embargo, las estadísticas muestran que en los EE.UU. la droga más relacionada con la mayor cantidad de violencia es en realidad el alcohol.[36]

Un estudio en la revista médica británica, *Lancet,* determina que el alcohol es una droga más peligrosa que el crack y la heroína cuando se considera la combinación de daños al usuario y a otros. Los científicos catalogaron al alcohol como la más dañina de todas las drogas y casi dos veces más dañina que la cocaína y el tabaco. La Organización Mundial de la Salud estima que el riesgo asociado al alcohol causa 2,5 millones de muertes al año por causas que van desde enfermedades del hígado y corazón, accidentes automovilísticos, suicidios y cáncer. Los científicos evaluaron el daño de acuerdo con nueve criterios de peligrosidad para el usuario y siete criterios de peligrosidad para otros. Las drogas se calificaron con la puntuación de 100 para la máxima peligrosidad y 0 para la inofensiva. Los científicos encontraron que el alcohol era la más dañina con una clasificación de 72, seguido por la heroína con 55 y crack con 54. La marihuana obtuvo 20.[37]

Una valla publicitaria colocada en el gueto negro de Harlem, en Nueva York, promocionaba una marca de whisky. Un joven negro vestido con ropa costosa, extravagante, estaba sentado en un sofá rodeado de tres hermosas mujeres negras. El mensaje era claro para cualquier niño que pasara por la calle: los únicos jóvenes negros que pueden darse el lujo de comprar ese tipo de ropa y ese apartamento son los traficantes de droga y los proxenetas; y las tres hermosas muchachas bien vestidas que lo acompañaban, tenían que ser sólo prostitutas. La compañía de whisky diseñó especialmente este anuncio para los norteamericanos negros; con ello estaba promoviendo la destrucción de la familia y los valores comunitarios.

En 1971, el presidente Richard Nixon declaró una "Guerra a las Drogas". Desde entonces, los EE.UU. han gastado más de un billón de dólares en arrestos relacionados con las drogas, y a pesar de ello, hoy en día las drogas han bajado de precio, son más puras y más accesibles que antes.[38]

Al menos 500 economistas, incluyendo el premio Nobel Milton Friedman, firmaron una carta abierta explicando el motivo.[39] Puntualizaron que de acuerdo al principio de la oferta y demanda, reduciendo la oferta de la marihuana (o cualquier droga ilícita) sin reducir la demanda se provocaría que el precio y las ganancias de los vendedores se elevaran. El aumento en las ganancias motiva que los productores produzcan más drogas sin importar los riesgos. Así, aunque las prisiones del mundo se llenen de traficantes y contrabandistas, las oportunidades de hacerse rico rápidamente atrae más y más gente a intentarlo.

Para terminar con este círculo vicioso, Prout sugiere que el uso de las sustancias tóxicas, así como ocurre con la dependencia del alcohol, sea tratado como un problema de salud y no como una ofensa criminal. Se deberían legalizar todas las drogas y se deberían revisar las sentencias de las personas encarceladas solamente por delitos de drogas. No obstante, el propósito de la legalización no es el de estimular el uso de las drogas, sino todo lo contrario. Los objetivos son:

1. eliminar las enormes ganancias derivadas del comercio ilícito de drogas;
2. eliminar la necesidad de que los usuarios de la droga tengan que recurrir al crimen para satisfacer su hábito; y
3. desalentar el abuso de las drogas.

El gobierno debería regular la producción y la venta de todas las drogas que actualmente son ilícitas. Esto detendría automáticamente su producción ilegal y contrabando.

Los expertos deben graduar y catalogar todas las substancias psicotrópicas basándose en su potencial de adicción, riesgos de la salud y riesgos sociales. Cada categoría de substancia tendría asignadas condiciones diferenciadas de cultivo, manufactura, distribución y venta basadas en su factor de riesgo asociado. Por ejemplo:

—Bajo potencial adictivo, bajos riesgos de salud y sociales (la cafeína por ejemplo): de libre comercialización en los comercios al detalle.

—Mediano potencial adictivo, moderados riesgos de salud y sociales (la marihuana por ejemplo): de comercialización restringida para vendedores con permiso solamente, límites de edad con presentación de identificación, sin anuncios en los medios.

—Alto potencial adictivo, altos riesgos de salud pero bajos riesgos sociales (el tabaco por ejemplo): de comercialización restringida para vendedores con permiso solamente, límites de edad con presentación de identificación, sin anuncios en los medios, sin exhibir el producto en las tiendas autorizadas.

—Alto potencial adictivo, altos riesgos de salud y sociales (el alcohol por ejemplo): de comercialización restringida para vendedores con permiso o tiendas del gobierno solamente, límites de edad con presentación de identificación, sin anuncios en los medios, sin exhibir el producto en las tiendas autorizadas, raciones de acuerdo a porciones y potencia de la sustancia.

—Muy alto potencial adictivo, altos o moderados riesgos de salud y sociales (la heroína, la cocaína, la metanfetamina por ejemplo): de comercialización solamente con prescripción médica, para farmacias solamente, presentación de identificación requerida, sin anuncios en los medios, sin exhibir el producto en las farmacias, raciones de acuerdo a porciones, potencia de la sustancia y pureza.

Las campañas educativas para desestimular el uso de la droga se deben basar en estos descubrimientos. Terminar la prohibición quitará las ganancias y el poder de las manos de los criminales. Las ganancias por su venta y los impuestos se deben invertir en estas campañas y en programas de rehabilitación que en verdad reduzcan el consumo.

Debemos dejar de considerar la tragedia del abuso de la droga como un asunto criminal, y tratarla como una crisis de salud pública. La codicia, el ansia por la felicidad, el enajenamiento y la depresión contribuyen a este desastre; toda la comunidad debe decidir superarlo juntos, con valor y compasión.

Capítulo 10
"¡Nuestra cultura es nuestra fuerza!" — identidad cultural y educación

Las unidades socioeconómicas de Prout no sólo tendrán que satisfacer las necesidades sociales y económicas de la población, sino también sus aspiraciones culturales. La cultura denota todo tipo de expresión humana. Aunque existan diferencias en las expresiones culturales, la cultura es la misma para toda la humanidad. El mejor medio para comunicar las expresiones humanas es a través de la lengua materna, por ser la más natural. Si se reprime la expresión natural de las personas a través de su lengua materna, ello creará complejos de inferioridad en sus mentes y fomentará una mentalidad derrotista que finalmente facilitará su explotación psico-económica. Así que ninguna lengua materna se debería suprimir... Para despertar el legado cultural de las personas y elevar su conciencia socioeconómica, debe hacérseles ver quiénes son los explotadores y la naturaleza de la explotación psico-económica, de manera que se imbuyan con el espíritu de lucha.[1]

— P. R. Sarkar

La explotación psíquica

Cuando Sarkar presentó por primera vez Prout en 1959, destacó la necesidad de rescatar la cultura después de la dominación colonial de India y del resto del llamado tercer mundo. Además de la explotación política y económica, se había herido la identidad cultural de la gente colonizada. Él mencionó la necesidad de recuperar las tradiciones locales, sus saberes, su memoria y su identidad.

Sarkar señaló cómo la explotación ocurre de tres formas en la esfera intelectual. En primer lugar, la educación pública está descuidada tanto en los países desarrollados como en los países en vía de desarrollo. Se destina muy poco dinero a las escuelas públicas y la mayoría de las élites envían a sus hijos a estudiar en costosos colegios privados. Debido a la falta de un apropiado financiamiento, la educación pública tiene dificultades para atraer a los profesores más cualificados o para desarrollar programas de estudios extracurriculares que enriquezcan y estimulen la vida de los estudiantes. Esta negligencia hace descender los niveles académicos y desmotiva a los estudiantes a continuar con sus estudios, aumentando así las tasas de deserción escolar.

En segundo lugar, existe una falta en el desarrollo de la conciencia social y económica, lo que representa un factor que mantiene el ciclo de explotación. Al condenar esta falta de conciencia crítica, el gran educador brasileño Paulo Freire dijo que:

> En el fondo, pienso que una de las cosas que más nos hace falta en la experiencia del aprendizaje, tanto a alumnos como a profesores, es una experiencia de reflexión crítica que se exprese sobre nuestra presencia en el mundo. En general, en lo que más se insiste en la mayoría de las escuelas es en la transferencia de contenidos, contenidos de biología, geografía, historia y matemáticas, minimizando la importancia de nuestra presencia en el mundo.[2]

Freire revolucionó los programas de alfabetización a través del diálogo, reconociendo y respetando el conocimiento que ya tenían los pobres. Él los animó a preguntarse las razones de su pobreza, promoviendo un proceso de "concientización".

Otro tipo de explotación psíquica se impone al alentar el miedo y complejos de inferioridad, a fin de mantener pasiva a la gente. Por ejemplo, los medios de comunicación capitalistas promueven la idea de que cualquiera puede enriquecerse. Por tanto, aquellos que no son ricos, y que son muchos, podrían deducir que de alguna manera, es su culpa el no serlo. Las personas desempleadas generalmente padecen de depresión y desarrollan una autoestima muy baja, y a veces un resentimiento y rencor contra la sociedad que puede convertirse de manera dramática en crímenes violentos.

El principal mensaje en el sistema educativo, así como en los medios masivos de comunicación y en la publicidad, es individualista y promueve la competencia: "Primero obtenga una educación; entonces consiga un empleo; gane todo el dinero que pueda y compre todo lo que pueda". Estas instituciones raramente transmiten un mensaje de responsabilidad hacia los demás miembros de nuestra familia humana. Muchos gobiernos y empresas privadas promueven loterías y juegos de azar dirigidos a los más pobres, animándolos a soñar con hacerse ricos. Esta actitud egoísta y materialista está resumida en la actitud: "Yo gano y tú pierdes", o más precisamente: "Yo gano y no me importa lo que le pase a los demás". Esta visión individualista está destruyendo las relaciones humanas, las comunidades y el planeta mismo.

Civilización, cultura y pseudo-cultura

La vida colectiva está caracterizada por la cultura y la civilización de un pueblo. Sarkar define la cultura como una variedad de expresiones humanas, entre las que se incluyen las tradiciones, las costumbres, los artes, los idiomas, las dietas, las vestimentas, etc. En cada comunidad del mundo la cultura ha madurado de modo natural y de manera paralela al desarrollo del intelecto humano.

La civilización, por otra parte, está conectada con los niveles de humanidad y racionalidad presentes en la cultura. Algunas culturas tradicionales han estado plagadas de supersticiones, intolerancia y violencia. Otras sociedades pueden representar un alto grado de cultura, pero si en ellas se practica la discriminación, la explotación, o un sentimiento de superioridad, Prout las consideraría incivilizadas.

La visión universalista de Prout reconoce que existe unidad dentro de la diversidad humana. Acepta que la cultura humana es esencialmente una, con múltiples variaciones locales que realzan la belleza de la humanidad. Las tendencias fundamentales de la mente humana son las mismas en cualquier parte, pero se expresan de varias maneras y proporciones en los distintos lugares. Para que se pueda desarrollar una verdadera unidad, debemos valorar esta diversidad y al mismo tiempo reconocer nuestra humanidad inherente.

A través de la historia, algunas culturas trataron de destruir a otras. En el pasado, los imperialistas invadieron y conquistaron tierras ajenas usando armas superiores. El mensaje a los vencidos fue: "Su cultura es primitiva, su religión es defectuosa, su idioma es muy simple". Los colonizadores usaron tanto la violencia como la imposición de complejos de inferioridad a los vencidos para quebrantar en la gente su voluntad a resistirse.

Cuando el colonialismo gradualmente fue colapsando en el siglo XX, los capitalistas entonces desarrollaron técnicas más ingeniosas para continuar explotando a los países recién liberados. Una de sus tácticas más poderosas ha sido el imponer la pseudo-cultura.

La pseudo-cultura es la falsa cultura, que es engañosa, impuesta, que no eleva a un pueblo. La pseudo-cultura se refiere a las ideas y productos que paralizan la perspectiva colectiva de un pueblo y lo preparan para la explotación económica. Ellos ofrecen hacerle la vida más placentera de lo que su propia cultura le ofrece, pero en realidad debilitan la voluntad del pueblo. La ampliamente extendida cultura del consumo, con su atracción por los placeres materiales, tiene finalmente un efecto que debilita psicológica y espiritualmente. Además, baja la resistencia de aquellos que tratan de mantener su herencia cultural.

La mayoría de los programas de televisión transmitidos en el mundo promueven una pseudo-cultura materialista hecha en EE.UU. El fuerte impacto que esto causa en los pueblos de los distintos países se demostró en una reciente investigación de la Universidad de Filipinas, llevado a cabo por la profesora María Doronilla. Ella entrevistó a centenares de estudiantes filipinos de diversas escuelas primarias. Una de las preguntas que les formuló fue, ¿de qué nacionalidad te gustaría ser? "De Estados Unidos", respondió la mayoría, mientras que otros preferirían ser japoneses o europeos. Menos del 15% respondió que querían ser filipinos.[3]

Esto, en el plano psicológico, tiene un efecto dañino sobre la personalidad. Los anuncios publicitarios proyectan un estilo de vida que aparentemente es más placentero de lo que es la vida real. Dicha publicidad hace que la gente quiera ser rica y blanca para gozar de ropa glamorosa, automóviles y mansiones que todos aparentemente tienen, según lo muestran las películas y series de Hollywood. La mayoría de los niños filipinos ven cada día que sus padres luchan para vivir con un ingreso cada vez más bajo y menos bienes materiales, y comienzan a sentirse entonces que ellos son atrasados y primitivos. Si los niños quieren ser alguien distinto, significa que no quieren ser ellos mismos. Inclusive los niños más pequeños comienzan a desarrollar complejos de inferioridad y una imagen muy pobre de sí mismos, por causa de la pseudo-cultura.

Los medios de comunicación controlados por las corporaciones promueven continuamente en las personas el deseo de enriquecerse rápidamente; no transmiten obras de teatro, música o noticias revolucionarias. La pseudo-cultura paraliza a la gente y resquebraja su voluntad para resistir a la explotación.

En 1981 se creó en Estados Unidos una red de televisión por cable llamada MTV para difundir música pop; hoy en día dicha red transmite sus programas a más de 250 millones de hogares en 71 países. Su propietario es Sumner Redstone, quien se convirtió en uno de los hombres más ricos del planeta, con una fortuna valorada en más de 8.000 millones de dólares.[4] Él es también uno de los "educadores" más influyentes del mundo. Sin embargo, su único mensaje a centenares de millones de jóvenes de todo el mundo es consumir. La industria global del entretenimiento crea grandes super-estrellas que sólo les piden a sus admiradores disfrutar y seguir comprando. Los padres y profesores encuentran cada vez más dificultades en su mercado para atraer la atención de sus jóvenes.

En 1997, poco antes de su muerte, entrevisté a Paulo Freire. Le pregunté acerca de la invasión cultural, de la cual él había escrito en su famoso libro *Pedagogía del oprimido*. Le mencioné que en Filipinas, India, Indonesia y otros países del sudeste asiático, donde yo había trabajado, era claro que la pseudo-cultura norteamericana estaba siendo impuesta por los capitalistas sobre aquellas antiguas culturas, de modo que los estudiantes radicales y progresistas fueron capaces de movilizar una resistencia en contra de ello. Sin embargo, en Brasil ha sido distinto. Las cadenas de televisión como "Globo", la cuarta más grande del mundo, de propiedad de la familia de Roberto Marinho, producen pseudo-cultura brasileña, de manera que el brasileño común no percibe esta forma sutil de dominio capitalista. Paulo Freire respondió: "El dominio actual a través de la economía y la política necesariamente tiene que tomar la forma de un control muy refinado o de una invasión cultural. ¡A veces los invadidos no perciben que están siendo explotados! El desarrollo de nuestra capacidad crítica es siempre muy necesario, pero también es cada vez más difícil".[5]

La pseudo-cultura ejerce una influencia muy negativa y divisionista, confundiendo a la gente respecto a quién es el verdadero enemigo y debilitando su voluntad para unirse y resistir.

Una revolución educativa

Sarkar indica que la enseñanza es una de las profesiones más importantes. "Los salarios de los profesores en todos los países deberían estar en paridad, o ser aún más altos, que los que devengan los funcionarios de los poderes ejecutivo y judicial".[6] La educación, tanto formal como informal, debería ser la más alta prioridad en la sociedad y ser accesible a todos de manera gratuita. Si bien el gobierno debe costear la educación, las escuelas y las universidades deben ser administradas por educadores, libres del control político.

Prout propone retirar el control de los medios de comunicación de las manos de los capitalistas, para que funcionen en cambio dentro del sistema cooperativo, con periodistas, artistas y educadores con el fin de fomentar la educación popular para todas las edades, elevando la cultura local, los valores humanos cardinales y el universalismo.

El objetivo de la educación debe ser fomentar la solidaridad y la liberación, la liberación de la gente de las limitaciones y ataduras mentales. La enseñanza de los valores humanos cardinales es muy importante para despertar en los estudiantes el sentido de responsabilidad respecto al bienestar de los demás. No existe una pregunta tonta, ni tampoco una respuesta definitiva. Nuestra educación debería empezar con el respeto mutuo por las diversas ideas y puntos de vista, y esforzarse por el despertar de la sensibilidad y el incremento de la consciencia.

Una técnica pedagógica experimental popular, que personalmente encuentro completa, es conducir talleres de juegos cooperativos. Estas actividades promueven la amabilidad, la honestidad, la confianza y el trabajo en grupo. Llenos de sorpresas e "iniciativas retadoras", los juegos cooperativos requieren soluciones creativas a los problemas, lo que nos ayuda a superar nuestros temores. En el proceso nos ilustramos, nos divertimos y nos percatamos de que las mejores cosas de la vida no están a la venta. Este tipo de experiencias ayuda a la gente a darse cuenta de la diferencia entre un paradigma cooperativo y el paradigma tradicional de competencia. Por fortuna no existen los derechos de autor para los juegos y hay muchas fuentes de juegos cooperativos en muchos idiomas.[7]

Las escuelas neo-humanistas

Inspirados en las enseñanzas de P. R. Sarkar, los miembros del Equipo de Auxilio Universal de Ananda Marga (AMURT, por sus siglas en inglés), abrieron en 1982 su primer jardín infantil en una zona pobre de Porto Alegre, Brasil. Como asociación filantrópica sin ánimo de lucro, AMURT tiene como objetivo "el desarrollo del individuo, el niño, la familia y la comunidad, en todas sus dimensiones, basada en las ideas universales del neo-humanismo".

En la actualidad, los proyectos de AMURT en dicha ciudad incluyen cinco jardines infantiles con más de 270 niños entre los 2 y los 6 años, una escuela primaria con 290 estudiantes. La comunidad participa activamente para sostener estos proyectos neo-humanistas; de hecho, las dependencias del gobierno de Educación y Salud en la ciudad apoyan financieramente a las escuelas, donando además materiales didácticos. El gobierno municipal, junto con otras instituciones públicas y privadas, invitan regularmente a los directores y profesores del proyecto a ofrecer conferencias y talleres sobre los principios del neo-humanismo a otros profesores, a estudiantes universitarios y a padres de familia.[8]

La educación neo-humanista está orientada a desarrollar en los niños un sentido de su propia dignidad y valor, a liberarlos de complejos de inferioridad y a crear en ellos una conciencia de su potencialidad para contribuir a la sociedad. Las escuelas ofrecen un plan de estudios holístico, combinando los conocimientos con la conciencia ecológica. Cada elemento del programa neo-humanista está dirigido a desarrollar todos los niveles de la existencia del niño: físico, mental, emotivo y espiritual. El plan de estudios va más allá de las disciplinas ordinarias e incluye dinámica de grupos, diversidad cultural, moralidad, meditación, relajación, visualización, fantasía y juegos cooperativos.

A nivel mundial, la educación neo-humanista se practica en una red de escuelas e institutos en alrededor de 50 países con más de 1.000 pre-escolares, primarias, secundarias, universidades y casas hogar. Con el nombre de *Gurukula*, actúa como una institución que ayuda a los estudiantes a disipar la oscuridad de la mente y lleva a la emancipación total del individuo y de la sociedad entera. La red Gurukula está creando una cadena internacional de escuelas e institutos neo-humanistas para acelerar el advenimiento de una sociedad en la que haya amor, paz, comprensión, justicia, inspiración y salud para todos los seres.

En el Gurukula se desarrollan todos los aspectos de la personalidad humana por medio de un plan de estudio integral que le permite al alumno conocerse a sí mismo y usar ese conocimiento para servir a la sociedad. El currículum del Gurukula se centra en la aptitud intelectual, pero también abarca el desarrollo de la intuición, el sentido estético y la perspectiva ecológica. El principal recinto universitario se halla situado en Ananda Nagar, en el estado de Bengala Occidental (India), donde está en construcción un complejo educativo en un área que cubre 550 kilómetros cuadrados. Entre los Institutos que funcionan actualmente se hallan los de Estudios Médicos, Acupuntura, Sánscrito, Tantra, Bellas Artes y Música, Veterinaria, Agricultura y el Instituto de Tecnología. Una red global de Centros para Estudios Neo-humanistas (CNS), que incluye centros educativos y de investigación, centros de conferencias, facultades y universidades, está comenzando en Asheville (Carolina del Norte, EE.UU.), en Ydrefors (Suecia) y en Croacia. En estos lugares se ofrecen cursos para adultos sobre temas relacionados con comunidades autosuficientes e integradas, prácticas de salud holística, arquitectura ecológica, biopsicología y estudios sobre el futuro. Además, Gurukula tiene una oferta muy especial de aprendizaje a distancia en idioma inglés sobre educación neo-humanista a profesores de educación pre-escolar vía e-mail.[9]

Idiomas locales y globales

Las personas expresan sus pensamientos y sentimientos a través del lenguaje. La mayoría se siente más a gusto cuando puede comunicarse claramente en su propia lengua materna, en lugar de hacerlo en otros idiomas aprendidos más tarde en la vida. Aquellos que fueron colonizados en el pasado y los inmigrantes, al ser forzados a hablar en un idioma que no les es familiar, desarrollan a menudo timidez o complejos de inferioridad.

Existen actualmente más de 6.800 idiomas hablados en todo el mundo. Entre el 50% al 90% corren peligro de desaparecer hacia finales del presente siglo XXI. Las razones de ello son el escaso número de personas que hablan más de una o dos lenguas, la adopción de un idioma predominante como el ruso o el chino y las leyes prohíben lenguas diferentes a la oficial.

Sarkar indicó la necesidad de una lengua común para facilitar la comunicación a escala global. Por razones históricas el inglés es el idioma que más se presta hoy para ello, por ser el idioma más extensamente hablado. Él explicó que el inglés es fácilmente comprensible, tiene un fuerte potencial de expresión y la facilidad de adoptar palabras de otros idiomas. Sin embargo, cualquier otra lengua podría sustituir al inglés en el futuro, como sucedió con el francés que en el pasado era el idioma más difundido sobre el planeta. En países grandes donde se hablan varios idiomas y dialectos, los idiomas nacionales sirven para unir a la población, tales como el swahili en los países de África Oriental y el portugués en Brasil.

Más de la mitad de todas las lenguas habladas se concentran en apenas ocho países. Ellos son, en orden decreciente: Papua Nueva Guinea, Indonesia, Nigeria, India, México, Camerún, Australia y Brasil. A pesar de que muchas lenguas desaparecieron en el pasado, lo estremecedor es el ritmo alarmante con que están desapareciendo hoy.

Sin embargo, hay historias de éxito. Por ejemplo, el hebreo fue una lengua muerta durante 2.000 años, aunque fue respetado y preservado como la lengua sagrada del judaísmo. A principios del siglo XIX comenzó su renacimiento y ahora el hebreo lo hablan más de siete millones de personas, la mayoría de ellas viviendo en Israel, donde es el idioma oficial.

Una encuesta de 1983 estimaba que solamente 1.500 personas podían hablar el hawaiano, principalmente los adultos mayores. Sin embargo, las escuelas donde el hawaiano es el idioma de uso han incrementado a 8.000 el número de hablantes en ese estado, la mayoría entre la población menor de 30.

El Wampanoag de los indígenas Massachusett es el primer idioma nativo de Norteamérica que ha revivido después de que su último hablante murió. Jessie Little Doe Baird comenzó en 1993 el Proyecto de Reclamo de la Lengua Wampanoag a más de un siglo de distancia de que se dejara de hablar, compilando un diccionario de 10.000 palabras y gramática de la Nación Wampanoag.[10] El maorí, el bielorruso, el córnico y otras lenguas están siendo revitalizadas hoy en día.

Prout afirma que cada lengua debe gozar de los mismos derechos y el mismo reconocimiento. Se debe animar a todos a hablar y enriquecer el conocimiento de su lengua materna, así como de otras adicionales. Prout sostiene que la lengua local se debería enseñar en las escuelas y emplear en los lugares de trabajo, como también en las oficinas públicas de todas las comunidades; esto estimularía el pleno empleo de la población local y le conferiría un sentido de orgullo comunitario. Todas las escuelas deberían enseñar además la lengua común o *lingua franca* y el alfabeto romano (que se usa en español), para que los estudiantes desarrollen el sentimiento de que son ciudadanos del mundo, capaces de comunicarse con cualquier otro ciudadano.

Los movimientos populares: samaja

La estrategia de Sarkar para terminar con la explotación capitalista se centra en la creación de movimientos populares revolucionarios contra la explotación económica. Él le dio el nombre de *samaja* a este tipo de movimiento, un término sánscrito que significa "sociedad", o más literalmente, un grupo de personas que trabajan juntas con el objetivo común del desarrollo integral. Los proutistas también usan este término para indicar una región con autosuficiencia económica, constituida sobre las bases de sus problemas sociales y económicos, potencialidades geográficas, lenguaje y legado cultural comunes.

Un samaja es una comunidad socioeconómica con una resonancia y cohesión cultural natural. Los movimientos samajas, dirigidos por líderes morales, luchan por establecer la democracia económica. Son movimientos sociales, económicos y culturales cuyo objetivo es el bienestar integral del pueblo.

Prout concede una enorme importancia a las expresiones culturales indígenas y al estímulo del orgullo del legado y estilo de vida de uno. Prácticamente todos los movimientos revolucionarios de la historia que lograron el éxito tuvieron un componente cultural. La música, el arte, el teatro y la literatura, pueden avivar el espíritu de lucha y sacrificio por el bienestar de un país o región. Existen actualmente muchos movimientos populares que luchan por la independencia regional económica y cultural: como el de Liberemos el Tíbet, el levantamiento Zapatista de Chiapas en México, el movimiento republicano en Irlanda del Norte, la independencia de Escocia, el nacionalismo galés, los kurdos (en Turquía, Siria e Irak), los tamiles en Sri Lanka, los separatistas vascos en España y muchos otros. Si estos movimientos estuvieran impregnados con valores humanos cardinales, podrían beneficiar a todos.

Durante el dominio del imperio británico, Bengala era la más grande y próspera región de la India. Poseía una antiquísima cultura espiritual y un lenguaje enraizado en el sánscrito, que hoy es la lengua materna de más de 270 millones de personas. Con la estrategia de "dividir para gobernar", los británicos dividieron Bengala en varios estados, y cuando en 1947 India logró la independencia, se dividió entonces Bengala para formar Pakistán Oriental, que posteriormente se convertiría en Bangladesh. En la actualidad, ésta es una de las regiones más explotadas del sur de Asia. En el estado de Bengala Occidental, las tres industrias más importantes, la del té, carbón y yute, están monopolizadas por personas que no son bengalíes y que trajeron 60% de los trabajadores desde otros estados.[11]

En 1968, los proutistas formaron el movimiento samaja llamado *Amra Bengali*, que significa "Somos Bengalíes". Su periódico, *Notun Prithivi* ("la tierra nueva") con sede en Calcuta, ha publicado desde entonces hasta la actualidad. El movimiento ya se ha convertido en partido político en el estado de Bengala Occidental, así como en otros estados con amplia población Bengalí: Tripura, Bihar, Orissa, Assam y Jharkhand. Su plataforma política está basada en la unión de los estados y distritos que hablan bengalí para formar el Gran Bengala ("Bengalistan"), terminar con el control foráneo de la economía, dar prioridad de empleo a los trabajadores locales y usar el bengalí como idioma oficial en todas las oficinas públicas. En Tripura, un pequeño estado en el extremo oriental de la India, Amra Bengali ha organizado manifestaciones de protesta de hasta 100.000 personas contra la violencia por motivos políticos dirigida contra los bengalíes. En Assam la organización ha protestado por la minería destructiva. En Darjeeling y Siliguri, Amra Bengali promueve acción contra las conspiraciones que buscan dividir una vez más a Bengala por medio de la creación de una "patria" para los inmigrantes Gorkha originarios de Nepal. Por todo Bengala, el movimiento eleva la conciencia contra la imposición de la pseudo-cultura de la lengua hindú.

Prout aboga para que se desmarquen las actuales fronteras territoriales entre los diversos estados de la India, y que el país se constituya en una federación de 46 samajas, las cuales ya existen pero no han adquirido todavía un estatus político o económico. Aproximadamente la mitad de estos movimientos populares proutistas están adquiriendo fuerza; muchos de ellos publican periódicos del samaja, lanzan candidatos a las elecciones locales y movilizan marchas populares contra la explotación. Los movimientos Chhatisgarhi Samaja y Nagpuri Samaja han adquirido tal fuerza política que lograron forzar al gobierno federal de India a crear en sus regiones dos nuevos estados autónomos.

De la misma manera, muchas de las fronteras nacionales en África y el Medio Oriente fueron establecidas por los colonizadores o conquistadores, a menudo dividiendo comunidades étnicas en distintos países. Unir estas comunidades y ayudarlas a ser económicamente autosuficientes contribuirá a la estabilidad política y social.

En las Filipinas están activos nueve grandes movimientos regionales samajas, cada uno con su propia lengua y bandera; juntos formaron una coalición proutista llamada en tagalo (la lengua local) *"Ang Kasama"*, que significa "Compañeros Unidos". Con 5.000 activistas y 200 líderes proutistas que adoptaron el lema: "¡Nuestra cultura es nuestra fuerza!". Comprendida por 18 organizaciones y muchas más asociaciones afiliadas, iniciaron una campaña para cambiar el nombre colonial de Filipinas (que significa la tierra del rey Felipe, de España) a su nombre sánscrito original "Maharlika", que quiere decir "pequeño en tamaño pero grande en espíritu".

El trabajo de Ang Kasama incluye la promoción de la cultura y las lenguas nativas, la creación de cooperativas, alentar la solidaridad entre los filipinos y la lucha contra la pseudo-cultura y la explotación psico-económica. Su programa de campamentos de entrenamiento para liderazgo y capacitación de la juventud recluta a grandes cantidades de jóvenes para unirse y participar en la lucha para la liberación de Maharlika. Ellos organizan campañas de reforestación y limpieza de ríos, seminarios de concientización, proyectos de servicio social y de auxilio en desastres naturales. Ellos promueven la agricultura sostenible orgánica a lo largo del país.

Con otras organizaciones progresivas, Ang Kasama defendió a las personas indígenas con éxito y forzaron al gobierno a revocar la Orden Ejecutiva Presidencial número 364 que mermaba sus tierras ancestrales y su futuro.

La Asociación de los Escritores y Artistas de Maharlika organiza fiestas, conciertos y grabaciones de artistas progresistas cantando en sus lenguas maternas. Sus talleres de sensibilidad de género y sus protestas contra la pornografía y la industria del sexo han ayudado a despertar la conciencia popular contra la explotación de la mujer.[12]

Sarkar nunca defendió el provincialismo o el nacionalismo dogmático; más bien, vio los movimientos samajas como una forma de movilizar a las masas en torno a una causa sentimental común, pero manteniendo al mismo tiempo una visión universalista. A través de su vida, Sarkar alentó los matrimonios interculturales e interraciales y el aprendizaje de varias lenguas para trascender las barreras culturales y unir a los pueblos.

El teatro de guerrilla callejero para Prout

El teatro de guerrilla es un término acuñado en 1965 por la compañía teatral San Francisco Mime Troupe para describir sus representaciones comprometidas con el "cambio socio-político revolucionario".[13] En espacios públicos originales, donde gran cantidad de gente puede congregarse, la táctica de las representaciones sorpresivas del teatro de guerrilla perturba el pensar normal y cambia la perspectiva de los sorprendidos transeúntes con el uso de la sátira, la protesta y las técnicas carnavalescas.

El Teatro del Oprimido y el Foro del Teatro son formas poderosas de arte revolucionario creadas y desarrolladas por Augusto Boal en Brasil que emplean el teatro para promover el cambio social y político. El público se convierte en "espec-actores" que exploran, expresan, analizan y transforman la realidad en la cual viven.

Cuentacuentos, tal como lo usa el gran escritor italiano satírico de obras de teatro Darío Fo, este es otro estilo popular de teatro que puede expresar con fuerza los problemas sociales. Algunos críticos llaman a sus obras "farsa molesta". Cuando Fo recibió en 1997 el Premio Nobel de Literatura, el comité lo resaltó como "aquel que emula a los juglares de la Edad Media castigando a la autoridad y apoyando la dignidad de los oprimidos".[14]

El melodrama es también adecuado porque juega con las emociones de la audiencia usando villanos, víctimas y héroes fáciles de identificar y con los que el público se identifica. Las máscaras de la Commedia Del'Arte tienen que ver con la locura de las pasiones humanas llevadas al extremo, tales como los anhelos, el deseo, la envidia, la lujuria, el orgullo, la avaricia, la arrogancia y la vanidad. Cada estilo teatral trae un mensaje un poco diferente al público, orientándole en formas únicas.

Las actuaciones en la calle necesitan ser muy visibles, ruidosas y simples de entender para que atraigan a la multitud. En un parque o calle donde todos se mueven hay que atraer la atención en los primeros segundos, así que debe ser algo muy espectacular. Los buenos tambores, los pendones coloridos gigantes y las botargas monumentales de tres metros y manipuladas por tres personas que pueden ser vistas por encima de la gente son muy útiles. Una técnica más sofisticada es el uso de micrófonos inalámbricos y un sistema de sonido. Las figuras enmascaradas pueden hablar y tocar la gente, una interacción que con frecuencia cambia la percepción de la gente.

El proutista Ole Brekke, director de la Escuela Comedia en Copenhague, Dinamarca,[15] creó los Bufones Nórdicos en el año 2000. Los bufones son un conjunto de cuerpos deformes, lacerados y grotescos, lo opuesto a la gente moderna que desea un cuerpo perfecto mientras conservan en sí mismos complejos e inhibiciones. Los bufones son en lo exterior feos pero totalmente felices, espontáneos y libres. Inspirados por los tontos de la Edad Media, los bufones en la obra de teatro ponen todo de cabeza. Ser forasteros les permite ridiculizar al público de manera directa, burlándose de lo que la sociedad considera sagrado.

Los Bufones Nórdicos desfilan por las calles con sus tambores, cantos y bailes en un continuo festival de celebración. Son un grupo coordinado en el que todos dependen de los demás y se mantienen unidos con sus rituales, a diferencia de nuestras vivencias modernas en que estamos enajenados y sin un ritual significativo. Los bufones iluminan las tonterías humanas en una forma cómica y a la vez sensible, burlándose del público directamente "a la cara" aunque de manera inofensiva. Así desafían las percepciones normales y ridiculizan los valores de la era materialista.[16]

Una obra de los Bufones Nórdicos fue "El fantástico viaje de la corona danesa" sobre el misterio de dónde se encuentra el dinero del país. Los bufones actuaron con diferentes divisas, mostrando cómo el dinero era obtenido por el trabajador, pagado en impuestos, prestado al exterior, pagado con intereses, y finalmente terminaba en una soleada playa del Caribe en bancos del exterior. La gira teatral de los Bufones Nórdicos con la obra "¿Quién es malo?" en los países Balcanes fue muy bien recibida, especialmente en los lugares que de manera directa experimentaron las guerras genocidas. Los bufones dan voz a los forasteros, a los que no son tenidos en cuenta por el discurso social.

En los países económicamente desarrollados, la mayoría de la gente no se detendría a ver una representación sobre temas sociales o políticos y no querría sentirse manipulada por un teatro de propaganda de agitación "agit-prop". La gente está demasiado enfocada en sus propias actividades. Sin embargo, cosas divertidas, atractivas y misteriosas pueden despertar su curiosidad. En el ejemplo anterior, el tema de la explotación fue expresado con comedia y una bien actuada sátira. Es importante construir la confianza de la gente. Si se sienten que están en manos de actores hábiles, entonces se quedarán a mirar.

Algunas cosas que recordar:

Encuentra un instructor teatral que pueda entrenar tu grupo en la actuación.

Asigna a quien entregue volantes describiendo el tema de interés de tu grupo y con información sobre eventos relacionados que el grupo ha planeado.

Designa a varias personas para responder varias preguntas de los transeúntes.

Para llegar a más audiencia, haz la representación corta y actúala varias veces, con recesos cortos de intermedio.

Los recesos darán a los espectadores una oportunidad para hacer preguntas.

Asegura que el mensaje es significativo a la vez que simple. Si no es convincente y conciso, los transeúntes muy probablemente pasarán de largo sin detenerse.

Ten cuidado de evitar cualquier cosa que pueda ser tomada erróneamente por los transeúntes como que se crea que un acto de violencia real está ocurriendo.

De ser necesario, asegúrate de obtener permiso anticipado de los propietarios o administradores del lugar.

Proporciona al transeúnte una forma de poder actuar de manera inmediata con alguna acción y ten una lista para anotar a quienes estén interesados en actividades futuras.

Ole Brekke dice:

> Un severo problema en todas partes hoy en día es la falta de comunidad, el espíritu de andar juntos. Yo apoyo que los grupos de activistas usen técnicas de teatro físico para analizar los problemas que enfrentan e identificar intervenciones útiles. El teatro involucra a todos en una forma disfrutable y a la vez profunda, satisfaciendo las necesidades sociales, así como las demandas creativas e intelectuales. ¡Y es muy divertido![17]

Future Tasmania

Por Liila Hass

Liila Hass es la fundadora de Future Tasmania, una organización sin fines de lucro dedicada al desarrollo socio-económico progresivo de los futuros de Tasmania. Es presentadora entrenada del Proyecto de la Realidad del Clima de Al Gore, un programa de posgrado de Liderazgo de Tasmania y actualmente es estudiante de medicina en la Universidad de Tasmania. Ha estado trabajando en economía Proutista desde mediados de la década de los 1980 y con orgullo aplica sus conceptos a todo su trabajo.

¡Vivimos un tiempo memorable y en confrontación! Cambio climático, ecosistemas frágiles, escasez de agua potable, agitación social y la crisis de la economía significan que todos estamos afrontando cambio sin precedente en nuestras vidas individuales y colectivas.

Lo que hacemos para afrontar estos retos y las herramientas que usemos para pasar por esta era, tendrá un inmenso impacto en la sociedad de mañana. Tenemos la opción de escoger un futuro más armónico o continuar el sendero en que estamos, uno de capitalismo, de sentimientos estrechos, divisionismo y explotación.

La filosofía de Prout, propuesta por Prabhat Ranjan Sarkar, ofrece una nueva manera de seguir adelante que se basa en los ideales progresivos del neo-humanismo. Su tema central es la idea de que todo tiene un mismo progenitor y tiene un derecho a una parte igual en los recursos del planeta. Es una filosofía a la cual le ha llegado el momento.

Aquí en Tasmania, unos pocos comenzamos Future Tasmania, una organización sin fines de lucro basada en el cambio social, económico y ambiental. Cada año tenemos una conferencia, con los objetivos de promover los ideales de Prout, así como de otras formas progresivas de pensamiento a la corriente principal. Nuestra conferencia anual reúne gente de todos los escenarios a ver un tema que es oportuno y de interés para la gente local.

Nos enfocamos principalmente en algunos aspectos del cambio ambiental y social. Las conferencias al día de hoy se ocupan de los futuros económicos, producción agroalimentaria, vida sostenible y construcción del medio ambiente. Recientemente hemos recibido al Dalai Lama en Tasmania y hemos sido reconocidos por el consejo de la ciudad de Hobart, con un premio ambiental, por nuestra contribución a la comunidad de Tasmania. En 2012 se nos reconoció por nuestro papel en la creación de un mejor futuro para Australia colocando nuestra foto en la portada del directorio telefónico de Tasmania del Sur.

Los planes que siguen incluyen un foro económico ligado con el "Año de las Cooperativas" 2012 de las Naciones Unidas, un evento filmográfico para los productores emergentes de películas de Tasmania llamado "Pantalla Futura" y el desarrollo de la Red de Empresas Sociales de Tasmania, originalmente alojada por el Departamento de Desarrollo Económico, pero ahora bajo nuestro cuidado. Continuamos generando buen interés mediático con la cobertura informativa nacional y local y tenemos un papel activo en generar ideas y foros progresivas, creando redes por todo Tasmania y por todo el continente de Australia basadas en los conceptos de Prout.

Mi consejo a los activistas que desarrollan movimientos en otros lugares: comiencen en grupos pequeños y crecerán. Junten gente con mentalidad similar y a pensadores progresivos. Piensen, hablen y hagan lluvias de ideas. Acepten los retos. ¡Sean comprometidos, comprométanse, comprométanse! Sean un ejemplo. Sean el cambio que quieren ver. ¡Sean pacientes! Acepten la ayuda de todos, ¡pero no sean exigentes! Nuestro trabajo es inspirar a la gente a que se una. Sean *amorosos*. La gente necesita apoyo y amor, y si tratamos mal a la gente seguramente se irán a otro lugar. ¡Recuerden nuestro *mantra*! Canten mucho *kiirtan* y… Crean en la magia.

Utilizando Prout para evaluar y apoyar un movimiento samaja en una comunidad: la maya de Panimatzalam, en Guatemala

por Matt Oppenheim, Ph.D.

El autor Matt Oppenheim tiene un Ph.D. en Estudios Transformadores del Instituto de California de Estudios Integrales. Es miembro de la Sociedad de Antropología Aplicada y enseña en la universidad, intenta desarrollar un servicio de aprendizaje y se concentra en investigación indígena. Este artículo está dedicado al objetivo de inspirar a todos para darle vida a la visión proutista de P. R. Sarkar.

¿Cómo Prout se expresa en una comunidad real? Esta era la pregunta en mi mente cuando aprendí de la comunidad de Panimatzalam: un pueblo de setecientos mayas de habla quiche y kachiquel en la región de Solola, a unas dos horas de la capital.

Durante los últimos cincuenta años Panimatzalam surgió durante la brutal guerra civil y desarrolló un vasto sistema de cooperativas económicas dentro de un movimiento de educación indígena. Esta comunidad podría significar una buena oportunidad para evaluar la eficacia en el logro de muchos de los objetivos de Prout, incluyendo samaja, neo-humanismo, las cooperativas y la economía local, la conservación de la herencia lingüística y cultural, las reformas de la tierra, la perspectiva espiritual, el desarrollo de sadvipras y la población descentralizada por medio de la creación de oportunidades en el campo.

Finalmente, proporciona un ejemplo de una investigación indígena y proceso de gestión que por sí mismo surge de este samaja, basado en procesos culturales y espirituales, desafiando las fuerzas activas de la opresión física, psíquica y espiritual.

En la narración siguiente, los pobladores de la villa se han unido a través del sufrimiento en su esfuerzo de mantener viva su cultura, herencia y espiritualidad. La gente trabaja con el profundo sentido compartido de la comunidad e inspira a otras comunidades de la región a trabajar en colectivo, sin ceder a entidades extranjeras ni religiones con mentalidad empresarial. Con el tiempo, han florecido las organizaciones y las cooperativas han crecido y se han vuelto más complejas. La espiritualidad es su legado universal, los habitantes recuerdan a los antepasados y la fuerza creadora que existía antes del universo. Las enseñanzas se pasan de generación en generación y los futuros dirigentes surgen por una historia común de lucha y triunfo. Me di cuenta de que esta comunidad sería un lugar ideal para efectuar investigación indígena y un proceso de consulta, basado en los procesos espirituales y culturales y desafiando a las fuerzas opresivas de represión física, psíquica y espiritual. Esto de manera muy parecida a lo que P. R. Sarkar denominó con el término "samaja".

Esta comunidad es el centro de un movimiento cooperativo regional que plasma el paradigma cooperativo de Sarkar. Desde comités para la construcción de caminos, a molinos de maíz para mujeres, a equipos deportivos y liderazgo juvenil; desde comités para el sistema de agua, festivales y escuelas, a organizaciones sin fines de lucro para la atención de la salud, la conservación del medio ambiente y estaciones de radio independiente, y su propio banco cooperativo, es ciertamente una comunidad autónoma. Todos estos proyectos los condujeron jóvenes inspirados apoyados por sus mayores.

Casi se han vuelto también auto-suficientes en la alimentación, producen todas las frutas, vegetales, granos y carne que necesitan. Consideran el maíz como el alimento sagrado que el Creador otorgó a los indígenas de América del Norte y Central y lo utilizan cada día en muchos platos. Producen mucha de su vestimenta, hierbas medicinales, cavan los pozos para todas las necesidades de agua y utilizan la ciencia forestal sostenible para obtener materiales de construcción y muebles.

En Guatemala, descubrí que se había desarrollado un gran activismo a consecuencia de la brutal guerra civil de 36 años. Un grupo particularmente dinámico, la Asociación de Escuelas Intermedias Maya (ACEM) estaba creando escuelas para la juventud basadas en la cultura indígena. Tuve la oportunidad de visitar varias escuelas en las tierras altas guatemaltecas, y terminé viajando con el director a la ACEM a su comunidad natal, Panimatzalam.

Durante mi visita me presentaron al shamán maya Domingo Quino-Solís, que me invitó a quedarme con él. Nos conectamos con rapidez al compartir nuestro relato personal de transformación. Su historia es dramática. De joven había sido un devoto catequista católico. Sin embargo, al casarse, la tía de su nueva esposa, que era shamana, le predijo que él se convertiría en shamán. Él rechazó la idea, creyendo que el shamanismo era el trabajo del diablo. Una noche un grupo de shamanes lo secuestró con la esperanza de que cediera a lo que creían era su "llamamiento". Él se escapó, pero en el viaje de vuelta a casa tuvo un terrible accidente. Un bondadoso anciano shamán lo cuidó hasta que recuperó la salud, y en ese lapso algo cambió en él; pronto después adoptó estas antiguas prácticas espirituales.

Por todo el país tenían lugar mortales batallas entre católicos, evangélicos y seguidores de la espiritualidad indígena. Quino-Solís formó un movimiento local con las tres denominaciones, para facilitar un mayor entendimiento. Como shamán con antecedentes católicos, podía inspirar a los cristianos a adoptar la herencia y la espiritualidad maya común. Me recordó el concepto de Sarkar de "pranadharma", la importancia de las características psicológicas, culturales y lingüísticas.

Con esta fe renovada Quino-Solís concibió un movimiento regional de cooperativas agrícolas libres del control de cualquier ONG, agencia gubernamental o iglesia. Lo inspiró, como a mí, el trabajo de Paulo Freire, el activista brasilero que ayudó a liberar a la gente de su propia opresión interna. El mensaje de Freire era que la transformación social comience con una rigurosa auto-búsqueda, un auto-despertar y un proceso de cambio social fundado en un profundo amor por todos. Esto último es muy similar a lo que Sarkar llama neo-humanismo.

Quino-Solís estaba ansioso por inspirar a los jóvenes de la comunidad y la región. Muchos jóvenes mayas partían a la capital o a los EE.UU en busca de empleo, y por el camino perdían la cultura, el idioma y la espiritualidad. Quería escribir un libro de educación media, con el objetivo de contar cómo las generaciones anteriores habían desarrollado una economía cooperativa local para proveer un trabajo significativo para todos, a la vez de fortalecerse a sí mismos con sus propias raíces de idioma, comunidad y cultura.

Junto con dos maestras/activistas y un mecánico que era miembro del consejo de la comunidad, decidimos formar una investigación colectiva para escribir el libro. Pusimos en práctica un proceso llamado "investigación indígena" basado en el trabajo de Linda Tuhiwai Smith,[18] reemplazando el estilo académico inadecuado de las investigaciones con uno que reflejara los rituales indígenas, la visión del mundo, los cuentos tradicionales y las metáforas que surgían de la misma comunidad.

El libro se refirió a "la pedagogía crítica" de Paulo Freire, desafiando a los lectores a reflejar y actuar sobre lo que iban aprendiendo para crear nuevos futuros. Se escribió en español y se usó en clases bilingües maya/español.

Antes de empezar, los cinco nos encaminamos al santuario personal de Quino-Solís. En la siguiente estrofa comenzó nuestra ceremonia:

> En el nombre del Corazón del Creador del Viento,
> en el nombre del Corazón del Creador del Fuego,
> en el nombre del Corazón del Creador de la Tierra,
> te agradecemos por trabajar con nosotros.
> Tú, el Creador, nos plantaste, nos criaste y nos formas.

Luego hicimos una lluvia de ideas para el libro. El grupo decidió entrevistar a los ancianos en cada etapa del proyecto.

Aprendimos que la primera cooperativa del consumidor empezó en 1965, creció en el curso de unos pocos años y construyó su propio edificio, que aún hoy permanece en pie. Después los pobladores formaron el primer consejo de la comunidad y empezaron la primera escuela primaria. Lograron luego un préstamo de una organización internacional para comprar las tierras de alrededor, 40% de las cuales pertenecía a europeos. Esto nos recuerda el llamado de Sarkar por la propiedad de la tierra agrícola por parte de la cooperativa local. Lograron un préstamo para construir casas sólidas después de que un terremoto destruyó muchas casas.

Muchos jóvenes son ahora pedagogos, contadores, gerentes en proyectos, mecánicos, artesanos y agricultores. La comunidad patrocina dos estaciones de radio para difundir la música y las noticias locales, y pronto comenzarán dos cooperativas económicas femeninas —centradas en moler maíz y en tejido tradicional.

Revisando el contenido del libro

El libro se diseñó para ocupar a los estudiantes en el desarrollo de su comunidad. En la presentación del libro, se les desafía a tomar acción a través del texto, y esto se hace a fin de cada capítulo por medio de una sección titulada "Manos a la obra", que incluye problemas a solucionar.

En un capítulo está la historia decisiva de cómo cuatro hermanos ganaron un pequeño juego de cartas en 1965 y utilizaron la ganancia para empezar la primera cooperativa de consumidores que más tarde se llamó Bella Vista. Su ingreso creció vendiendo jabón, bombillas de luz, papel higiénico y dulces. Dos años después, la guerra civil llegó a la comunidad y los soldados les robaron todo en la cooperativa y la cerraron. La guerra, (parcialmente financiada por la Agencia Central de Inteligencia CIA bajo la dirección de George Bush Sr.) duró 36 años y afectó con su violencia absolutamente a todas las familias. Más de 250.000 mayas se fueron del país, la mayoría al sur de México, y casi el mismo número fueron asesinados.

Al fin de este capítulo se pregunta a los estudiantes: "¿qué te conmueve más?" Se les pide luego que formen grupos y empiecen una reflexión crítica abordando el tema: "¿cuáles fueron las causas de la guerra?" "¿Quién se benefició en realidad de los Acuerdos de Paz?"

El próximo capítulo cuenta la historia de los primeros habitantes de la comunidad a mediados del siglo XVIII, lo que llevó a la legalización de Panimaztalam como una municipalidad de la Región de Solola en el siglo XX. En este punto comienza el desarrollo deliberado de la comunidad y las primeras etapas de la organización comunitaria, pasando a la primera cooperativa y finalizando con la fundación de Chilam Balam, el Instituto Técnico Indígena.

Quino-Solís y Juan Morales Quino, dos miembros originales del movimiento para jóvenes profesionales, propusieron una visión colectiva para la comunidad donde: "El objetivo fuera expandir nuestra cooperativa en los años venideros para generar empleos a los miembros y dejar la herencia de un futuro mejor para nuestros hijos e hijas".

Junto con otros educados jóvenes mayas, volvieron a Panimatzalam a crear un movimiento cooperativo. Pronto formaron la Asociación para el Desarrollo Integral de la Juventud Maya (ADJIMA), y empezaron una escuela de entrenamiento profesional.

Se les da entonces a los lectores una visión completa de la comunidad —un conjunto de valores y principios, el respeto a la espiritualidad maya, y un plan de acción que define el desarrollo integral. (Hay muchas similitudes con el concepto samaja de Prout):

> Cuando, en una comunidad dada, hay suficiente alimento, tierra para el cultivo, una casa decente para habitar, escuelas para que los niños estudien y otros centros educativos básicos diversificados; cuando hay escuelas para la educación superior, centros educativos con talleres prácticos y productivos, campos de deporte, centros de asamblea comunales, dispensarios de salud y medicinas a bajo costo disponibles para la gente, agua potable para el consumo, respeto por los derechos de la gente, igualdad para todos, y donde todo hombre, mujer, joven y niño se organice, nos referimos a ello como desarrollo integral de la comunidad. Además, si podemos contar con educación moderna que incluya las diferentes culturas de la región, que lo incluya todo, sin discriminación de clase, religión o ninguna otra, una educación que promueva unidad, respeto a la madre naturaleza y la práctica armoniosa entre todos, como hermanos y hermanas dentro del horizonte cosmográfico, a eso se le llama desarrollo integral.[19]

Los procesos importantes para lograr el éxito en el desarrollo integral incluyen:

Las comunidades son cambiables, no estáticas. Como en el ciclo social de Sarkar, los dirigentes tienen que adaptarse a los cambios en la corriente de la historia.

Romper el paradigma del silencio, que refleja la opresión de la religión que enseñó a los mayas a rechazar su propia espiritualidad. Se estimula a la gente a trabajar para la liberación de la opresión social y a despertar el deseo de la liberación espiritual.

Tener reuniones de concientización. Este es el concepto de Freire: "Invitar, convencer, alentar y conseguir que la gente comprenda la importancia de su participación".

El Cholq'ij' —el calendario sagrado maya

Finalmente, hay una explicación del calendario maya, llamado el *Cholq'ij'*. Al considerar que el sol, la luna, las estrellas, la Tierra y la gente, todos están interconectados, el calendario elabora las energías vitales que permean la vida. La sección final del libro: "Manos a la obra", convoca a los lectores a:

Hacer algo de modo que puedas convertirte en mejor dirigente y mejor profesional.

Demostrar a la humanidad que tienes la capacidad de producir cambios.

Investigar por qué se habla tanto del desarrollo comunal.

Como saben, todo tiene un principio y un fin. Estas han sido las experiencias y el conocimiento que logramos a través de los años, que esperamos puedan ser de mucha utilidad para ti, para compartir con tus padres, amigos y asociados, desde el Corazón del Cielo y el Corazón de la Tierra.[20]

Reflexión final

Además de escribir el libro, la investigación colectiva desarrolló una cooperativa de árboles frutales con un gran grupo de estudiantes de las escuelas ACEM. Finalmente el grupo reflexionó sobre lo que había llevado a cabo y lo que había aprendido a través de la consulta. Uno de los maestros/activista escribió:

> Como ex-estudiante del centro educativo maya, me elevó la conciencia para valorar más nuestra cultura. Es único debido a sus valores, costumbres y tradiciones que han producido grandes personalidades. Me han inspirado a contribuir un poco, de modo que otros jóvenes puedan encontrar satisfacción con su identidad y estén orgullosos donde quiera que vayan.[21]

Conclusión

En este proyecto, mi rol como proutista fue asistir y apoyar el movimiento existente en Guatemala, y no el de ser dirigente. Sin embargo, pude ayudar a inspirar la investigación colectiva hasta cierto grado al mostrarles algunas similitudes entre la visión global de Prout y sus luchas locales.

Prout es un movimiento sinérgico, se puede comprender mejor al darse cuenta de que sus rasgos son de apoyo mutuo y dinámico.

Es mucho más eficaz acercarse a un movimiento con mente abierta al descubrimiento que ir con proyectos y procesos preconcebidos.

El estilo y paradigma de la investigación de PROUT puede evolucionar con la gente. Es mejor trabajar con la gente hacia su propio método de cambio social. En este caso, la investigación indígena, o la investigación enmarcada en la cultura indígena, ha evolucionado en colaboración con el equipo de investigación.

Quiero advertir al lector que no intente ver esta historia como una plantilla o modelo a seguir para lograr Prout o un movimiento inspirado en Prout. En 1989, P.R. Sarkar me advirtió que discerniera sobre las diferencias entre Prout y simulaciones de los que podría parecer Prout.

Para saber más de este libro, fruto de una investigación colectiva, *De un juego de naipes a una coordinación regional de cooperativas integrales* y del proyecto Panimatzalam ver: www.proutresearchinst.org

Capítulo 11
Empoderando a las comunidades, el sistema político de Prout

> El mayor bienestar social de la raza humana será alcanzado si aquellos que aspiran a establecer el gobierno mundial o Ánanda Parivára (la familia universal) se comprometen sólo en actividades constructivas y de servicio desinteresado. Ellos tendrán que seguir adelante rindiendo servicio social con firme compromiso, sin ningún otro motivo en sus mentes.[1]
>
> — P. R. Sarkar

Las diferentes opiniones sobre cómo gobernar[2]

La mayoría de las sociedades tribales e indígenas han sido y son lideradas por un grupo de mayores: gente que se ha ganado el respeto de su comunidad con su sabiduría y conocimiento. Su profundo entendimiento y comprensión de la verdad, y su habilidad para percibir y seleccionar las mejores acciones, les otorga el derecho de dirigir a su gente. La mayoría de los ancianos son conocidos por su perspectiva espiritual e intuición, y las tribus confiaron a ellos el tomar sabias decisiones para su futuro común.

El enfoque de gobernanza de la China Antigua que definía a la sociedad se basaba en líderes sabios, no en sistemas políticos. De acuerdo con el historiador político chino clásico, Ssu-ma Chien (145 a 86 a.C.), quien escribió una historia ampliamente reconocida de más de 2.000 años de gobierno chino, la sociedad china en un tiempo se caracterizó por la regla de los reyes filósofos, sabios taoístas bajo cuyo reinado todos se beneficiaban. Eventualmente, ocurría un cambio y los tiranos toman el poder convirtiéndose en reyes hasta que, en otro cambio cíclico de la historia, un nuevo rey sabio accedía al poder para rescatar a la gente.[3]

La visión occidental de la democracia representativa está parcialmente definida por el filósofo francés del siglo XVIII Montesquieu con su llamado a la separación de los poderes ejecutivo, legislativo y judicial. Esta forma de equilibrio y límites a la acumulación de poder, que está dada por hecho garantizado en todas las democracias occidentales hoy en día, es una respuesta a la célebre advertencia de Sir John Dalberg-Acton, "El poder tiende a corromper y el poder absoluto corrompe absolutamente".[4]

La democracia participativa es otro estilo popular de gobernanza con la amplia participación de los ciudadanos en la toma de decisiones significativas. Ejemplos de ello incluyen las asambleas municipales en la Nueva Inglaterra de los EE.UU., el presupuesto participativo del que Brasil fue pionero, las asambleas generales del Movimiento de los Indignados en Wall Street, los Consejos Comunales de Venezuela, las cooperativas y las asambleas constitucionales. De manera local y cara a cara, estas formas de democracia participativa habilitan a la gente a tomar las decisiones que de manera directa afectan a sus vidas.

Estos diversos paradigmas de gobierno, al igual que otros, están basados en diferentes opiniones sobre la naturaleza del ser humano. Por ejemplo, en Occidente, ni las religiones tradicionales occidentales ni el laicismo ofrecen mucha esperanza para que los individuos puedan de manera sistemática mejorar su carácter personal y virtud. La idea judeocristiana de que "todos somos pecadores" es, de hecho, una visión más bien negativa, que orienta hacia la desconfianza en los demás. En 1651 el filósofo y político inglés Thomas Hobbes escribió que puesto que todos somos pecadores, incluyendo nuestros líderes, debemos establecer límites seguros para la acumulación de poder.[5] Como resultado, la vida política se ve comúnmente como el proceso continuo hacer concesiones entre políticos y financieros mediocres.

Otra gran diferencia entre los sistemas políticos de gobernanza tiene que ver con el hecho de que se dé mayor importancia a los derechos individuales o a la responsabilidad colectiva. Sarkar señaló que la forma de gobierno de los EE.UU. da excesiva importancia a los derechos individuales, tanto que los capitalistas existen sin controles.[6] En el extremo opuesto están los gobiernos del partido comunista en los que las necesidades mínimas están normalmente cubiertas, pero los derechos humanos son con frecuencia ignorados en aras del bienestar colectivo.

El estilo de la gobernanza en Prout incorpora todos estos enfoques diferentes. Sarkar acepta la democracia, como se ha ido desarrollando gradualmente, como la mejor forma de gobernanza disponible hoy en día: sin embargo, nos previene de que tiene defectos muy serios. Existe una gran necesidad de buenos líderes y de mayores sabios, personas del más alto nivel moral y visión universal que escojan el mejor camino para la sociedad. Combinando lo personal con lo social, nos hace un llamado para encaminarnos al logro de tales cualidades en nosotros mismos al tiempo que las cultivamos en otros. Al mismo tiempo, recomienda reformas específicas para mejorar la democracia por medio de la eliminación del dinero en la política y la creación de límites para revisar a los líderes que fracasan en demostrar las virtudes que de ellos se espera, o que puedan corromperse por el poder. La participación directa es fundamental para la democracia económica, donde todos los trabajadores tengan el poder para administrar sus empresas, tomando decisiones económicas que afecten a sus vidas de manera directa. Finalmente, Prout también equilibra las necesidades individuales con la responsabilidad colectiva.

Sarkar propuso:

- Reformas específicas para mejorar la democracia política,
- Lineamientos para una constitución ideal,
- Un modelo para el gobierno mundial,
- Un plan de una forma ideal y más radical de la gobernanza sadvipra para el futuro.

Las propuestas de Prout para reformas democráticas

La democracia política tiene hoy algunos defectos significativos: el dinero, la manipulación de los partidos políticos y los medios de comunicación, tienen que ver más con el éxito o fracaso electoral de un candidato de lo que tienen con su carácter moral y su punto de vista frente a cuestiones de interés público. En muchos de los países más pobres, la corrupción es desenfrenada; los votos incluso se pueden comprar y vender.

En los Estados Unidos, el dinero gana las elecciones. En las elecciones de 2004, el candidato que gastó más dinero ganó el 98% de las elecciones para la Cámara de Representantes y 88% del Senado. El costo promedio de ganar una elección en 2010 era de alrededor de 1,4 millones de dólares para la Cámara y 9,7 para el Senado.[7] "Lo deprimente de la democracia norteamericana es que cualquiera puede verificar los balances de la recaudación de fondos en la Comisión Electoral Federal y predecir los resultados de la contienda electoral antes de que ésta se realice", dijo Larry Makinson, director ejecutivo del Centro de Políticas Responsables, un grupo neutral (sin partido) que estudia la relación entre el dinero y las campañas políticas.[8]

Una vez elegidos, la mayoría de los representantes continúan sirviendo a los intereses de sus ricos y bien conectados patrocinadores. La política de los partidos políticos generalmente implica el intercambio de favores por influencias. El clamor del movimiento del Indignados-Ocupar Wall Street ¡"nosotros somos el 99%"! es un buen retrato del problema; los líderes políticos son pagados para representar los intereses individualistas del más rico uno por ciento, no de los muchos.

Como se explicó en los capítulos anteriores, la democracia económica basada en el sistema cooperativo es crucial para elevar el nivel de vida y fortalecer a las comunidades locales. En una sociedad proutista, el papel del gobierno sería el de estimular este desarrollo económico equilibrado, más que ocuparse directamente de la gestión de la economía. Entre algunas de las responsabilidades más importantes del gobierno estarían las de afianzar la defensa y la seguridad de la nación, garantizar una carta constitucional universal de los derechos, implementar políticas que garanticen el aumento del poder adquisitivo de la población, proveer la educación pública a todos los niveles, suministrar los servicios esenciales, mantener el sistema de salud, promover las cooperativas, conformar las juntas autónomas para la administración de las industrias estratégicas y los servicios esenciales, proteger el medio ambiente, iniciar programas para el desarrollo y la investigación, financiar todas las campañas políticas, construir y mantener los proyectos de infraestructura.

Los poderes de las ramas ejecutiva, legislativa y judicial deben estar claramente definidos y separados uno del otro. Además, Prout propone una cuarta rama: la auditoría pública, dirigido por un auditor general con plenos poderes para seguir minuciosamente el desarrollo de los gastos del gobierno y la contabilidad de las otras tres ramas, incluidos todos los organismos gubernamentales y entidades autónomas. Si la auditoría pública encontrase evidencia de una mala administración financiera, procedería a la formulación de los cargos criminales pertinentes.

Deberían hacerse todos los esfuerzos posibles para garantizar que quienes aspiren a ocupar cargos públicos sean líderes con ética. Tales candidatos tendrían que pasar un examen para verificar su nivel de educación y conciencia socio-política y económica. Tendrían igualmente que estar involucrados activamente en servicio social y poseer habilidades administrativas comprobadas. Finalmente, tendrían que demostrar en sus vidas diarias y en su trabajo que son poseedores del más alto nivel ético.

Una comisión electoral sería responsable de la creación de las directrices que regirían las campañas electorales. A todos los candidatos se les exigiría publicar y firmar sus programas electorales bajo la forma de una declaración juramentada. Cualquier candidato elegido que contraviniese sus promesas escritas sin ninguna justificación válida, sería acusado de incumplimiento de contrato y tendría que responder por ello ante los jueces. En caso de resultar culpable, el funcionario perdería su cargo.

El financiamiento de las elecciones por parte del gobierno garantizaría la igualdad de oportunidades entre los distintos candidatos. Se imprimiría una cantidad igual de literatura y propaganda electoral por cada candidato. Los medios de difusión masiva, administrados mediante cooperativas de profesionales de la comunicación, tendrían que ofrecer igual cobertura a todos los candidatos para que presentasen sus plataformas y debatiesen los temas de interés. A ningún candidato se le permitiría gastar en la campaña ningún dinero proveniente de su propio bolsillo ni aceptar donaciones de ninguna otra fuente. De este modo, los electores podrían comparar objetivamente la posición de cada candidato.

Los partidos políticos con frecuencia son otro gran obstáculo para la democracia real. Los hipócritas jefes de los partidos políticos controlan la nominación de candidatos, financian las elecciones, manipulan las acciones y votos de los candidatos electos y fuerzan la toma de decisiones políticas. Sarkar escribió: "los proutistas tienen que luchar contra la política de los partidos de hoy en día. Los proutistas no están contra la política o su ciencia, pero tienen que luchar contra los políticos profesionales".[9] Por supuesto, hay algunos partidos políticos pequeños en el mundo que son progresistas, incluyendo un partido político de Prout, el cual ha sido registrado en la India como táctica para difundir su mensaje. Sin embargo, es casi imposible competir con los grandes partidos y sus recursos de poder y dinero. Por tanto la propuesta de Prout es desmantelarlos, permitiendo a los candidatos individuales surgir sobre la base de sus propios méritos, experiencia y propuestas escritas.

Prout apoya también un continuo proceso de educación política en ética, lógica y civismo para elevar la conciencia de todos los votantes.

La ética es necesaria para entender las implicaciones morales de los nuevos desarrollos. La lógica es necesaria para entender los confusos y sentimentales argumentos que elaboran los políticos. El civismo es necesario para entender los derechos, obligaciones y poderes de los ciudadanos para elegir y supervisar su gobierno. El papel de los medios de comunicación será el de explicar los temas de la campaña de manera clara y equilibrada, para que los votantes estén mejor habilitados a decidir cuáles son los candidatos más meritorios.

En este proceso de educación popular se podría también establecer un sistema de evaluación de los electores con el fin de alentar un mínimo nivel de entendimiento sobre el tema, de la misma manera como se le exige a todo aspirante a obtener una licencia de conducir, un examen que acredite su capacidad. Los manuales y cursos para aprender a conducir preparan a las personas a obtener la destreza básica requerida, en aras de la seguridad de todos en la sociedad. De igual manera, a través de materiales y cursos educativos es posible ayudar a cada ciudadano con la edad requerida a prepararse para los exámenes que demostrarían su mínimo nivel de conciencia y preparación como elector.

Debemos tener presente que todas las democracias occidentales tienen restricciones en la participación del proceso electoral. Por ejemplo, la mayoría de los países prohíben que los menores de 18 años y aquellos encarcelados por ofensas a la sociedad puedan votar. Prout reduciría la edad para votar, pero adicionaría un examen para el elector.

Es verdad que en el pasado se ha hecho un mal uso de los exámenes a los electores. Por ejemplo, en el sur de EE.UU. los exámenes fueron usados para desanimar a la población negra a votar. Las mujeres y las minorías en la mayoría de los países han luchado durante décadas para lograr el sufragio universal. Pero a pesar de todas estas injusticias históricas, el sistema de exámenes a los votantes tiene muchas ventajas, mientras se garantice que la educación electoral está dirigida a todas las personas. Un elector educado corre menos riesgos de ser engañado por la propaganda extravagante o las falsas promesas de los políticos.

Por último, al colocar un límite a la acumulación de riqueza y la restricción a los apoyos privados para las campañas electorales, el dinero dejará de ser el factor en el resultado de las elecciones, y no será una influencia indebida en la conducta de los representantes electos.

Propuestas de reformas constitucionales basadas en Prout

Sarkar se dio cuenta de la necesidad de usar las estructuras constitucionales para asegurar los derechos económicos y políticos del pueblo. Por lo tanto, su trabajo incluyó un análisis de la constitución de India, para la cual sugirió una serie de reformas. Considerando que existe en el mundo un buen número de constituciones muy progresistas, especialmente en América Latina, Sarkar fue aún más lejos al abogar para que los individuos tengan el derecho a demandar al gobierno para forzarlo a proveer el acceso a las necesidades mínimas.

En Septiembre de 1999, cuando Venezuela estaba elaborando una nueva constitución, un grupo de proutistas le hizo entrega de las siguientes propuestas al entonces comandante Wilmer Castro, presidente de la Subcomisión de Economía de la Asamblea Nacional Constituyente.

Carta de los Derechos Universales

1. Toda persona tiene garantizadas las cinco necesidades mínimas de la vida: alimentación, vestimenta, vivienda, educación y asistencia médica.
2. Toda persona adulta tiene derecho a un trabajo remunerado con un adecuado poder adquisitivo.
3. Las expresiones culturales y las lenguas indígenas deben ser protegidas.
4. Se debe proteger la bio-diversidad del país y las especies en peligro de extinción. Debe implementarse y exigirse un estricto control de la contaminación, y debe hacerse un gran esfuerzo en la aplicación de tecnologías que reduzcan continuamente la contaminación y los desechos.
5. Deben protegerse las prácticas espirituales y religiosas que favorezcan la auto-realización.
6. El ejercicio de cualquiera de los derechos antes mencionados jamás podrá permitirse en detrimento de los valores humanos cardinales.[10]
7. Deben garantizarse tres principios socio-políticos: a) Ninguna persona puede perder su empleo sin que previamente se le haya encontrado una solución laboral alternativa; b) Ninguna persona puede ser jamás forzada a convertirse a una religión; c) Ninguna persona debe ser reprimida en el uso de su lengua nativa.

8. El código penal debe basarse en los valores humanos cardinales universalmente aceptados, tales como el derecho a una vida digna. Queda prohibida la pena de muerte.
9. Toda persona tiene derecho a una educación de calidad, libre de interferencias políticas. La educación debe ir más allá de la simple obtención de conocimientos objetivos, y debe incluir aspectos tales como ética, formación del carácter, creatividad, inspiración de un espíritu cooperativo y de servicio, y auto conocimiento.
10. Todos somos miembros de una única e indivisible familia humana. No se puede discriminar a ninguna persona por razones de raza, sexo, color, lengua, creencias, orientación sexual, origen o condiciones de salud.

Propuestas constitucionales para la economía

La democracia económica es un requisito previo en la tarea de eliminar la pobreza y elevar el nivel de vida de los pueblos. Por tal motivo, deberían implementarse las siguientes políticas:

11. Debe estimularse la creación de pequeñas empresas privadas encargadas de producir bienes y prestar servicios que no sean esenciales.
12. La mayoría de las empresas deben funcionar como cooperativas. Las cooperativas industriales y agrícolas, de productores y consumidores, producirán bienes esenciales.
13. Las industrias estratégicas deben ser administradas por agencias autónomas establecidas por el gobierno.
14. Debe establecerse un límite a los ingresos y a la riqueza para evitar así la excesiva concentración de recursos y la explotación económica.
15. Debe evitarse en lo posible la exportación de las materias primas. En cambio, éstas se deben procesar o refinar en la región de origen y destinar preferiblemente al consumo interno. Sólo la producción excedente se podrá intercambiar o exportar.
16. El sistema bancario debe administrarse sobre bases cooperativas, mientras que el banco emisor debe estar controlado por el gobierno. El dinero emitido por el gobierno y puesto en

circulación en la economía debe mantener la paridad con las reservas de oro de la hacienda pública.

17. Además de los órganos legislativo, ejecutivo y judicial, debe haber un órgano independiente de auditoría pública. Su función será la de vigilar los gastos del gobierno y hacer públicos los errores o aciertos de los programas gubernamentales. Este órgano debe controlar también la contabilidad de las otras tres ramas del poder público y prevenir la corrupción. Todos estos cuatro poderes deben funcionar independientemente.
18. La prioridad del gobierno debe ser la de garantizar la producción de las cinco necesidades mínimas de toda la población a precios asequibles. En cuanto sea posible, cada región del país debe lograr la autosuficiencia en la producción de estas cinco necesidades.
19. Las regiones más empobrecidas deben ser desarrolladas especialmente a través de cooperativas agrícolas, agroindustrias y agrico-industrias.[11] El resultado de la descentralización de la economía creará la democracia económica, en la que la población local decidirá todos los aspectos de la planificación económica. Los extranjeros no podrán interferir en la planificación económica. Las ganancias no se podrán exportar, pero sí reinvertir en el desarrollo del país.
20. El impuesto de la renta debe ser eliminado y sustituido por un impuesto a la producción de bienes.

Más allá del nacionalismo hacia un gobierno mundial

Para encarar y hacer frente al origen de las guerras, para garantizar los derechos humanos a todos y para asegurar la justicia social, Prout propone la formación de un gobierno mundial.[12] La conciencia mundial ciertamente va en esta dirección. Cada año hay un creciente número de gobiernos, organizaciones y medios de comunicación que solicitan a las Naciones Unidas ayuda para resolver las injusticias y los conflictos, además de encontrar soluciones comunes a los problemas globales. Redes de información, asociaciones de ciudadanos y cosmopolitismo están abriendo los ojos de las personas a las ideas del universalismo y de la conciencia global.

Prout propone la creación de un gobierno mundial compuesto por dos cámaras legislativas: una baja y otra alta. El número de representantes de la cámara baja estaría determinado en proporción a la población de cada país; mientras que la cámara alta estaría compuesta de un representante por cada país. Los proyectos de ley se originarían en la cámara baja y, de ser aprobados, seguirían su trámite en la cámara alta para su discusión y aprobación final o veto. Con este sistema, los países con una población pequeña que no puedan enviar ningún representante a la cámara baja, tendrían la oportunidad de discutir con otros estados miembros de la cámara alta, los méritos o deméritos de los proyectos de ley.

El gobierno mundial crearía una constitución mundial que garantizara los derechos humanos y las necesidades mínimas de la vida, y promulgaría un Código Penal de cobertura mundial. Las propuestas constitucionales sugeridas al gobierno de Venezuela, mencionadas anteriormente, también podrían servir como base para una constitución mundial futura.

Para superar la resistencia y el miedo, Sarkar propuso establecer el gobierno mundial en etapas graduales. Inicialmente, el papel del gobierno mundial sería el de resolver los conflictos y promulgar leyes mundiales mientras los gobiernos nacionales continúan su administración. También tendría el derecho de juzgar si las leyes existentes en cualquier país van en detrimento de alguna minoría. Una milicia mundial sería igualmente necesaria, lista para ser desplegada en cualquier parte en defensa de los derechos humanos; sin embargo, su fuerza numérica se podría reducir gradualmente al crecer la prosperidad y seguridad económica y al disminuir el número de conflictos en todo el mundo. Con el paso del tiempo, los poderes del gobierno mundial serían ampliados hasta que alcanzaran un ámbito completo de funciones legislativas, ejecutivas, judiciales y de auditoría.

El principal obstáculo en la formación de un gobierno mundial sería el temor de los líderes nacionales de perder su poder. Sin embargo, una vez que este obstáculo sea superado, el gobierno mundial comportará muchos beneficios. Habrá una reducción en las guerras y los conflictos violentos. La gente consecuentemente vivirá con menos temor al disminuir los peligros de la guerra y poder enfocar sus energías de una manera más productiva. La enorme cantidad de recursos que se gastan hoy en la compra de armamento estarán disponibles para ser invertidos en el desarrollo social. Y todos tendrán la libertad de viajar a cualquier parte del mundo que deseen.

Como muchos otros distinguidos pensadores que han abogado por una federación mundial, la meta de Sarkar es unir la humanidad. De forma interesante, él enfatizó el servicio social desinteresado como el factor clave para elevar la conciencia. Como lo están demostrando los proutistas en África Occidental y en incontables otros países, el servicio social moviliza a las comunidades, habilita a las personas y es un catalizador para el cambio social.

Gobernanza sadvipra: el régimen del sabio[13]

Sarkar indicó que con el paso del tiempo la normatividad en la moral de la democracia reformada se elevaría hacia una gobernanza proutista ideal más elevada dirigida por los sadvipras. Como lo expliqué en el capítulo 8, los sadvipras son líderes espirituales que poseen fuerza moral, coraje y espíritu abnegado. Son visionarios que han luchado por elevarse sobre su interés de clase, que no tienen ambiciones personales y que cultivan una visión espiritual universalista.

Este modelo de gobernanza se remonta a la tradición de gobernanza de los mayores. Sarkar señala que considerando los derechos humanos, incluyendo el derecho a compartir la riqueza física, mental y espiritual del planeta, pertenecen a todos, "… no significa que todos tengan el derecho individual de administrar un país. Para el provecho y bienestar de la gente en general, no es adecuado dejar la responsabilidad de la administración en las manos de todos".[14]

Este sistema surgirá gradual y espontáneamente de las bases en la medida en que los individuos se vayan inclinando a pensar en términos del bienestar colectivo. Debido a que el gobierno de Prout invertiría de manera significativa en la educación neo-humanista y en la justicia económica, así como promovería medios de comunicación con una perspectiva socialmente consciente, una consciencia colectiva espiritual se esparciría de manera gradual en la sociedad, y el público general desarrollaría una habilidad para reconocer y valorar a los líderes de elevada espiritualidad.

Esto traería un aumento de los individuos con perspectiva espiritual, de forma que el colegio electoral de miembros éticos se transformaría lentamente en un colegio electoral de sadvipras. Los requerimientos mínimos para la escuela electoral de miembros éticos en la democracia reformada crecerían eventualmente para incluir un registro de evidencias de servicio social y de integridad moral. La gobernanza sadvipra surgirá desde abajo, desde los bloques y las regiones socioeconómicas, y no desde arriba.

Sarkar propuso que la democracia económica debe ser siempre descentralizada y participativa, de forma que los trabajadores y las comunidades decidan su propio destino. Este empoderamiento de toda la gente se irá difundiendo y consolidando desde las bases de cada comunidad. No obstante, las decisiones de política más importantes que determinan nuestro futuro colectivo las deben tomar representantes sabios que hayan demostrado su trabajo altruista por el bienestar universal.

Aún así, se han recomendado otros mecanismos de control y equilibrio. El primero es un límite temporal, probablemente de cinco años, después del cual todos los sadvipras tengan que postularse a reelección. En segundo lugar, la gobernanza sadvipra no es una forma de liderazgo individual sino colectivo por medio de comités y subcomités. Dichos comités establecerán políticas y seleccionarán a gente calificada para administrar estas políticas. En el momento en que un líder, ya sea elegido o designado por un comité, sea descalificado por cualquier motivo, sería reemplazado por el comité, cuya normatividad colectiva debe promover el bienestar universal.

Sarkar se opuso a la teocracia en la que los líderes religiosos gobiernan un estado. Primeramente, muchos líderes religiosos son dogmáticos, creyentes, por ejemplo, que ellos y sus seguidores irán al cielo mientras el resto irá al infierno. Los sadvipras, por otro lado, deben tener una visión universal y ser magnánimos, tratando a todos como hermanos y hermanas de la misma familia. Es segundo lugar, Sarkar insistió que cualquier sistema de gobernanza que va contra la psicología humana o el bienestar humano no puede durar. Por tanto la aceptación de la gobernanza sadvipra dependerá siempre de la gente, y los sadvipras siempre serán responsables ante la gente que dirigen.

De acuerdo con Prout, hay tres tipos de potencial en el universo: físico, intelectual y espiritual. Al entrelazarse, se conforman tres tipos de poderes, y por consiguiente tres formas de administrar la sociedad.

1. *El imperio de la fuerza bruta*: un dictador usa la fuerza militar y policiaca para infundir miedo en la gente, hacer que obedezcan, y premia con riqueza y poder a aquellos que sirven a sus fines, que son egoístas y de acumulación de poder.
2. *El dominio de la razón:* una mente fuerte es más poderosa que la fuerza bruta. Un líder inteligente detecta la debilidad del argumento de un adversario, formula réplicas con argumentos convincentes y muestra puntos de vista claros. Sin embargo,

el éxito en el debate no significa necesariamente que el líder no está motivado por el interés personal y la ambición, por tanto no debe ser un factor decisivo en la selección de un líder. Cuando estos líderes pierden poder, con frecuencia también cae su reputación.

3. *El liderazgo espiritual:* la fuerza espiritual, como lo es la intuición, la sabiduría, la compasión y el amor incondicional, es más poderosa que el intelecto. Los sadvipras usan los tres tipos de poderes, pero su fuerza física está siempre controlada por su mente fuerte y su mente está siempre enfocada hacia la conectividad, la compasión, el altruismo y a un propósito más elevado. Para ellos, ninguna persona es más o menos que otra. Esto significa que los sadvipras siempre serán más fuertes que los políticos normales o que otros con intereses personales. Incluso una persona sin educación que sea espiritualmente sabia y humilde, y que tenga una genuina motivación por el bienestar de todos, puede ser grande e inspirar a millones.

Estrategias transformadoras y los futuros del movimiento Prout

Por Dr. Sohail Inayatullah[15]

Sohail Inayatullah ha escrito sobre P. R. Sarkar y Prout desde hace más de treinta años. Como politólogo es profesor del Instituto de Posgrado de Estudios Futuros en la Universidad Tamkang, Taiwan y de la University of the Sunshine Coast, Australia. En 1990 completó su doctorado con una disertación sobre las contribuciones intelectuales de P.R. Sarkar. Con el doctorado comenzó una serie de libros sobre Sarkar incluyendo: Comprendiendo a Sarkar *(Brill, 2002),* Situando a Sarkar *(Gurukul, 1999),* Trascendiendo Fronteras *(Gurukul, 1999) y* Los Futuros de la Educación Neo-humanista *(Tamkang University, 2007). Sus entradas enciclopédicas sobre Sarkar incluyen contribuciones a* Routledge Encyclopedia of Philosophy, the Oxford Encyclopedia of Peace, *y la* Unesco Encyclopedia of Life Support Systems.

Comprender los futuros posibles de cualquier movimiento es problemático por definición. Por una parte, el futuro aún no existe (excepto tal vez en una perspectiva espiritual absoluta en la que el pasado, presente y futuro coexisten simultáneamente). No obstante es posible identificar ciertas pautas en todos los movimientos. Charles Paprocki ha analizado el asenso y la caída de los movimientos sociales basándose en la Teoría Ondular de Sarkar. Paprocki argumenta que los nuevos movimientos surgen siempre que los viejos movimientos (las cosmologías, las ideologías y las instituciones que los apoyan) ya no pueden sustentar legitimidad. Los movimientos viejos se mueren a causa de sus propias contradicciones internas, o sea por incapacidad de mantener el consenso o la credibilidad. Al proveer un análisis y explicación de la realidad más coherente, el nuevo movimiento desafía al pasado, y al lograr el éxito se convierte en la nueva tesis.[16]

Cambio en la visión del mundo/paradigma

Thomas Kuhn ha hecho eco de este enfoque en su obra clásica: *La estructura de las revoluciones científicas.*[17] Sin embargo agrega una dimensión demográfica. Las revoluciones del conocimiento ocurren cuando se retira o muere un grupo generacional en particular, permitiendo que un nuevo grupo de científicos con diferentes suposiciones de la realidad obtengan la hegemonía. Cambia entonces lo que se estudia, lo que se considera normal.

Richard Slaughter, destacado educador, lo ve a través del marco referencial del "Ciclo Transformador". En la primera fase de este ciclo, los significados tradicionales se derrumban y pasan a considerarse problemáticos. En la segunda fase surgen nuevas ideas, los significados se conceptualizan nuevamente, se renuevan. En la tercera fase hay un conflicto entre los conceptos nuevos y los antiguos. Como resultado del conflicto algunas propuestas, ideas nuevas y nuevos movimientos, ganan legitimidad. Esta es la cuarta fase. Estas nuevas ideas se convierten entonces en el paradigma a través del cual se visualiza el mundo.[18]

Prout sostiene que nos encontramos en medio de una transición de un paradigma viejo a uno nuevo. La historia intelectual reciente ha intentado explicar el mundo desde la posición mecanicista de la física newtoniana y del capitalismo materialista y liberal. Mientras que el mundo tiene numerosos problemas específicos, muchos de ellos son el resultado de los paradigmas más amplios que utilizamos para construir y explicar la realidad empírica. Por ejemplo la desintegración de la familia, la criminalidad, la desertización, el calentamiento global y la crisis financiera mundial, parecen ser problemas inconexos, una letanía de eventos y tendencias desconectadas. Pero, de hecho, son los resultados de una visión materialista del mundo que sitúa primero al individuo y en segundo lugar a la sociedad; que niega la naturaleza al centrarse solo en el progreso tecnológico. Más aún, se culpa al individuo y a la familia de las divisiones sociales y no a la injusta estructura económica. Tal visión del mundo está orientada a corto plazo, hipotecando el futuro para obtener ganancias presentes.

Los asuntos emergentes

Muchas de las ideas de Sarkar y del movimiento proutista se pueden considerar temas emergentes.[19] Los asuntos emergentes están en el fondo de la curva gráfica de eventos. Tienen un seguimiento pequeño, no se mencionan con frecuencia en los artículos de la prensa y los líderes mundiales no consideran que estos temas sean suficientemente urgentes para prestarles atención. Con el tiempo algunos de estos temas se convierten en tendencias —hay más y más datos que confirman su realidad e importancia y eventualmente unos pocos se convierten en problemas mundiales. En esta etapa, ha disminuido la ventana de oportunidades para realizar cambios profundos y de raíz, siendo que el tema ahora se ha politizado en la turbulencia de los partidos políticos. Más temprano, en la fase en la que se inician los asuntos emergentes, es cuando las posibilidades transformadoras abundan.

Análisis de los Asuntos Emergentes

Problemas

Tendencias

Semillas

30 años

Temas Emergentes

Agora

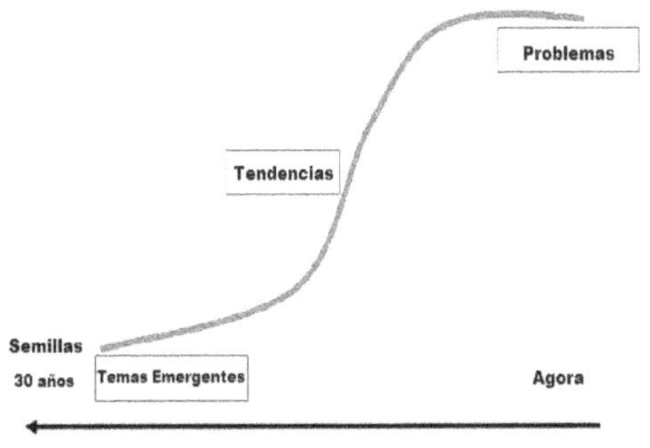

Desde el punto de vista proutista, muchas de las ideas de Sarkar —vegetarianismo, derechos de animales y plantas, meditación como parte de las prácticas diarias, gobierno mundial, la teoría del microvita, cooperativas como modelo de economía nacional —eventualmente ascenderán en la "curva s" de la fantasía a la realidad.

En este sentido el movimiento de Prout puede hallarse en la misma etapa, como se encontraba el movimiento ecológico hace una generación en muchas partes del mundo. Desde *Silent Spring* de Rachel Carson al Día de la Tierra, pasando por las victorias electorales en unas pocas naciones y el Premio Nobel de la Paz a Al Gore por su documental *Una Verdad Inconveniente,* el ambientalismo se ha normalizado. Prout y sus ideas centrales son una fuerza intelectual emergente. Al igual que el movimiento ecológico, sus ideas tienen la posibilidad de volverse populares rápidamente. Es posible que se convierta en una tendencia, y eventualmente un movimiento con el que tendrán que lidiar la academia, la sociedad civil, el comercio y el gobierno.

Actualmente, en cualquier discusión sobre el futuro de la humanidad, siempre surge la alternativa ecológica. En el futuro próximo, a través de las publicaciones, movimientos y servicio social, Prout también puede encontrarse en esa posición. Una vez que el movimiento de Sarkar circule en la gran prensa, será un desafío a los viejos movimientos. Habrá entonces un debate por la legitimidad. Los proutistas, así como los ecologistas o los socialistas del pasado, argumentarán que su imagen del mundo y del futuro es más irresistible, elegante y realizable en el mundo real de sufrimiento material y emotivo. Será en esta etapa cuando se pondrá a prueba la fortaleza de Prout. ¿Puede Prout proporcionar un nuevo paradigma que supere al capitalismo liberal o al ambientalismo? ¿Puede su visión del mundo proveer nuevo significado al ser humano en lo individual?

Los futuros posibles

Es posible un número de futuros alternativos.

Primeramente, Prout tiene éxito porque satisface las necesidades básicas de supervivencia, crecimiento, identidad y sentido. Como otros movimientos sociales y económicos exitosos, Prout y sus ideas centrales se convierten en la estructura dominante. Ocurre porque (1) a través de su estructura económica alternativa (centrada en la garantía de las necesidades básicas) se resuelve el tema de la supervivencia de la población mundial; (2) la realización satisfactoria de los temas relacionados con el crecimiento se logra por medio del aumento de productividad, un estilo de vida más sano, y mejor calidad de vida (el trabajo adquiere más eficiencia y significado, mayor equidad que a su vez encamina las comunidades a ser más fuertes y sanas y a mayor integración social y económica); (3) se resuelven los temas de identidad al honrar todos los idiomas y culturas a medida que más y más humanos asumen ser verdaderamente parte del planeta, aceptándolo como la única manera de avance (otras formaciones de identidad —patriarcal, de religiones dogmáticas, y los conflictos entre naciones/estados— encaminan hacia el colapso de la civilización); y (4) se atienden los temas de objetivo y sentido por medio del enfoque de Prout en la elevación de la conciencia, integrando lo espiritual y lo material, el crecimiento personal y el bienestar colectivo, la naturaleza y la tecnología.

En segundo lugar, como movimiento, Prout permanece marginal pero sus ideas tienen éxito. La principal contribución de Prout es ayudar a crear un nuevo punto de vista mundial que conduzca a cambios fundamentales en la supervivencia, el crecimiento, la identidad y el propósito. Las organizaciones de Prout no se convierten en un jugador de la política mundial (por ejemplo, un partido político mundial de Prout no se ha dado). Otro grupo que ha tenido un impacto desproporcionado al pequeño número que le constituye es el de los Cuáqueros (La Sociedad Religiosa de los Amigos), cuyo número total en EE.UU. es de 250.000 esto es apenas el 0,08% de la población, sin embargo tienen una influencia significativa en muchos cambios de justicia social, reforma educativa, sufragio femenino, el movimiento de derechos civiles, la reforma penal, la protección ambiental y el movimiento de paz.

Tercero, Prout es incapaz de tener un rol político o social y sus ideas no atraen a los pensadores destacados, centros de estudio, ni a los que toman las decisiones. En cambio, el capitalismo mundial continúa avanzando, comprando y cooptando a los disidentes en cada paso del camino; y en todos los cuellos de botella de la acumulación; en todas las crisis mundiales, se moldea y se adapta. El capitalismo mundial se apropia de unos pocos lemas e ideas de Prout y de otros movimientos, fortaleciendo así el sistema capitalista y haciéndolo más durable.

Por supuesto que los pensadores y activistas proutistas prefieren los primeros dos escenarios, pero no el tercero. El primero asume una fuerte estructura de organización jerárquica con líneas de clara disciplina, dando lugar al éxito político-institucional. En el segundo escenario es la multiplicación de los proyectos de Prout lo que es crucial. En vez de una fuerte estructura organizativa, es la inspiración entre iguales y la descentralización de los proyectos e ideas lo que crea una onda de cambio transformador.

Finalmente, lo que se convertirá en realidad en el futuro depende de su visualización individual y colectiva. Lo que las personas y los grupos prefieren que suceda y crean que va a suceder, es posible que ocurra. Nuestra realidad futura también va a depender de las decisiones que tomen los humanos en las próximas décadas.

Al utilizar la teoría de Prout del ciclo social, un cambio en el sistema capitalista es posible que ocurra, en su visión del mundo (el individualismo, la teoría lineal del progreso, la naturaleza, y los otros como algo externo sin relación al individuo) y también en su profunda condición *sine qua non* que establece que la codicia es buena. Porque mientras el capitalismo ha podido adaptarse y re-inventarse, la crisis económica actual es tan abrumadora, que impacta casi todos los otros temas (la gobernanza global, el cambio climático, el terrorismo, el cambio en las imágenes de lo que significa ser humano), y a este punto el sistema puede ya sea colapsar o transformarse, haciendo improbable la continuación normal de los negocios.

Para contribuir a la transformación mundial, Prout precisa una estrategia que obtenga el éxito.

Éxito estratégico

El éxito del desafío de Prout necesita estrategia en cuatro niveles, yendo del más visible, la letanía empírica; a la menos visible, el reino de los mitos y las metáforas.

El primer nivel del cambio es la letanía empírica, repitiendo diariamente los titulares una y otra vez hasta verlos como la realidad oficial. El cambiar estos indicadores medibles significa que Prout tiene que ofrecer nuevas medidas que reflejen mejor la visión del futuro de esta realidad. Los siguientes medirían las áreas centrales:

- Neo-humanismo (iguales oportunidades, cero discriminaciones, derechos de la naturaleza y de los animales, acciones hacia una sociedad vegetariana).
- Economía política (circulación del dinero, relación entre el máximo y el mínimo ingreso);
- Espiritualidad, (no está vista solamente como una manera legítima de organizar a la sociedad, sino como una unidad de medida preferida, esto es, el porcentaje de las personas que adoptan una práctica espiritual);
- Cooperación Coordinada (entre los géneros, las diferentes nacionalidades, los trabajadores y las unidades encargadas de la administración); y
- Gobernanza (un contrato legal entre los dirigentes políticos y los ciudadanos, las garantías constitucionales del poder adquisitivo, aumento en el movimiento hacia el regionalismo y el federalismo mundial, con conferencias, tratados obligatorios, y leyes).

El segundo nivel de cambio es el sistémico, que asegura que prosperen las nuevas ideas. Cada estado crea sistemas que apoyen sus valores. Por ejemplo, los gobiernos pueden cambiar la energía que usan al optar por subsidiar otras fuentes alternativas como el viento y la energía solar en vez del consumo de petróleo. Los estados pueden conceder préstamos de vivienda solo a los propietarios que usan energía solar. Para que en un nuevo sistema como Prout se convierta en norma, se requieren numerosos cambios sistémicos. Primero en las escuelas, contar con un espacio y tiempo para una meditación silenciosa cambiaría lentamente la naturaleza de los valores de los estudiantes. Dada la relación entre la meditación regular y una inteligencia superior y la disminución de enfermedades, podemos con certeza esperar ver mejoras en la productividad y disminución en los costos de la salud social. Segundo, en la estructura económica, los gobiernos pueden crear una legislación que favorezca el modelo cooperativo en vez del modelo corporativo. Esto permitiría el florecimiento de nuevos tipos de empresas. Los gobiernos, cambiando la estrategia tributaria tanto como los fondos de pensión y jubilación, también pueden promover negocios de propiedad y dirección a cargo de los empleados. Tercero, crear nuevas organizaciones y programas mundiales que solucionen los problemas que los estados no pueden manejar (un impuesto mundial a la especulación, un esquema de seguro de paz mundial para reducir los costos militares de las naciones, una moneda mundial), tanto como una reforma de las Naciones Unidas, reforzaría el federalismo.

El tercer nivel de cambio es la visión mundial. Actualmente estamos en una transición en que la visión mundial modernista basada en las compras (compro, luego existo), el estado nacional (mi nación es mejor que la tuya), el patriarcado (gobierno del macho, o del estado nación que sea más fuerte) y la exteriorización de todos los costos (el que afecta a la naturaleza en particular), está dando lugar a una nueva visión del mundo. Lo que esta nueva visión del mundo aún está en el aire. ¿Será algo más allá de lo moderno, al incluir otras maneras de saber, pero manteniendo la naturaleza progresiva de los derechos que trajo la modernidad? ¿Será post-moderna, con nuevos valores centrales que permitan la inclusión de todas las perspectivas? O ¿Volverá al fundamentalismo de la nación-estado o a la religión? Para Prout, no solo los nuevos indicadores y los cambios sistemáticos son cruciales, sino que lo es también el ser parte del debate de crear una nueva visión mundial. Este debate no solo es intelectual sino parte de nuestro inconsciente —esencialmente cómo nos vemos a nosotros mismos, a otros, y a lo trascendente. Prout lo ve en esencia como una transición espiritual, un despertar del ser vinculado a un nuevo marco ético planetario. Hoy en día, la imagen que va surgiendo se anticipa a la realidad actual (la cual aún está definida con los límites estrechos de nación-estatismo y la planificación económica de corto plazo). Muchos creen que es posible un nuevo futuro espiritual, pero no son capaces de reconciliar el futuro deseado con las frecuentes realidades brutales del presente. Sin embargo, crece de manera constante la evidencia de que la realidad actual está experimentando una transición.[20]

El nivel final de cambio es mítico y metafórico. Se trata de reformular los asuntos al nivel más profundo. En lugar de debatir qué sistema es más verdadero o mejor, nos cuenta un nuevo relato irresistible sobre lo que significa ser humano. Sarkar ofrece la analogía de la humanidad en una travesía que realizamos juntos, avanzando como familia y asegurando que nadie quede rezagado. Es muy distinto al relato capitalista moderno de progreso tecnológico y supervivencia del más apto. Para Prout el nuevo relato incluye la visión mundial de la evolución que no sólo se trata de la supervivencia física, sino también la lucha intelectual, una batalla de memes (rasgos culturales), y lo más importante, con una dirección y sentido espiritual. La vida es más que solamente la economía o la sociedad, se trata del avance de la individualidad y el colectivo hacia *ananda*, el estado de bienaventuranza. Como Joseph Campbell dijo: "Sigue el camino de tu bienaventuranza".[21] Prout ofrece este nuevo paradigma así como un método práctico para lograrlo. Pero finalmente esta no es una senda a la bienaventuranza —Prout es el sendero, la bienaventuranza es el sendero.

La travesía ciertamente será muy difícil y repleta de luchas, como Sarkar nos recordó con frecuencia. Los humanos siempre pueden abandonarla, optando por la senda más fácil en declive, la que se distancia de la dicha. Por esta razón es crucial imaginar y sentir que el futuro ya llegó, no es distante, lo estamos viviendo hoy. Como dijo Sarkar: "No sabrás de tu éxito con anticipación, ni siquiera media hora antes de lograrlo".

Capítulo 12
Una llamada a la acción: estrategias para la implementación de Prout

> A pesar de su advenimiento sobre esta tierra hace miles de años, la humanidad todavía no ha sido capaz de construir una sociedad humana universal y bien integrada. De ningún modo esto es indicativo de la gloria del intelecto y la erudición humana. Ustedes, que han entendido esta delicada situación, comprendido la urgencia, visto la danza de la maldad desnuda y oído la risa hipócrita y estridente de las fuerzas divisionistas, deben lanzarse a esta noble tarea sin más demora. Cuando los fines son nobles y justos, el éxito es inevitable.[1]
>
> — P. R. Sarkar

El propósito de la democracia económica y del movimiento Prout es construir una sociedad para "el bienestar de todos". Esto incluye a todos los que tradicionalmente han estado abandonados por el actual sistema explotador al que pertenecen: mujeres, minorías, indígenas, obreros, desempleados, sin tierra, sin techo, los analfabetos, presos e indocumentados.

Cambiar una sociedad es difícil. Para crear una transformación total, que beneficie tanto a toda la humanidad como al planeta, se requieren muchos esfuerzos más. Sin embargo, los más grandes logros se obtienen con grandes esfuerzos y luchas.

Una vez en 1990, Sarkar de manera informal dijo a un pequeño grupo "Prout no se establecerá por medio de un mantra, músculo, espada, derramamiento de sangre o poder militar. Será establecido por los esfuerzos de muchos intelectuales y espiritualistas". Siguió diciendo que era su deber informar a todos sobre Prout, y que es tiempo de que los espiritualistas e intelectuales lo hagan realidad.[2]

"¡Otro mundo es posible!"

En 2001 fue organizado el Primer Foro Social Mundial en Porto Alegre, para hacer oposición en el mismo tiempo al Foro Económico Mundial de los países ricos en Davos, Suiza. Los foros han estado creciendo exponencialmente; más de 100.000 personas representando 6.000 organizaciones de más de 150 países han participado en subsecuentes Foros Sociales Mundiales.[3] El poder de estos eventos es un sueño compartido: de que es posible construir otro mundo, con justicia para todos.

Que cambiemos el mundo es el mismo sueño que tuvo lugar en septiembre de 2011 con los Indignados de Occupy Wall Street, que floreció de manera espontánea en más de un millar de lugares y formas que adoptó el Movimiento con asambleas públicas, toma de decisiones participativas y creación de comunidades.

Al hacer presentaciones de Prout normalmente comienzo por decir "La frase ´Otro Mundo es Posible´ invita a la pregunta: ¿Qué tipo de mundo es el que deseamos? Me gustaría comenzar pidiendo a cada uno de ustedes una frase expresando un aspecto del tipo de mundo que les gustaría ver". Si en la audiencia hay más de 40 personas, entonces pido de manera aleatoria que den sus respuestas. Posteriormente digo "Las respuestas de grupos en todo el mundo son de manera invariable las mismas: un mundo sin guerras, sin hambre ni pobreza, con derechos humanos, democracia, cuidado del medio ambiente, en otras palabras, ¡paz y justicia en la tierra! Ahora me gustaría presentarles un modelo alternativo que creo puede lograr paz y justicia en la tierra…".

La conciencia es un factor clave para el cambio social. Siempre que haya explotación, es un deber moral de las personas honestas despertar la conciencia de cada uno a este respecto. Al mismo tiempo, necesitan divulgarse soluciones alternativas y prácticas como la democracia económica y Prout. Muchos economistas creen que el sistema capitalista mundial sufre de defectos estructurales fundamentales, que es tremendamente inestable y volátil porque todos los mercados financieros son irremediablemente interdependientes. Cuando el capitalismo se desplome, de inmediato todos los países buscarán desesperadamente alternativas de supervivencia.

Los principios de Prout están siendo desarrollados y puestos a prueba cada día en varios países. Se han elaborado políticas significativas relacionadas con diversos aspectos de la sociedad, como economía, desarrollo regional, atención médica, educación, arte, medios de comunicación, medio ambiente, justicia social, agricultura, sistema judicial y sistema político, etc. Juntos ofrecen al mundo la base para una sociedad alternativa.

Sé un portavoz para Prout

Para hablar a la gente sobre Prout y la relación entre lo social y lo personal, es necesario que primeramente puedas explicar lo que es. Esta explicación breve o "discurso contundente de elevador" no dura más que 90 segundos, un recorrido normal en elevador. Prueba tu explicación simple con los amigos, familia o extraños.

Lo mejor de esta práctica son las preguntas que recibes, porque ellas te enseñan lo que necesitas para mejorar en tu presentación. Aprendes más de Prout con cada pregunta que intentas responder. No temas a las preguntas que no puedes responder, nadie lo sabe todo. Una vez Sarkar con la sonrisa en la boca aconsejó a un grupo de proutistas que si se les hacía una pregunta en una presentación pública de la cual no supieran la respuesta, podrían decir: "¡Esa es una muy buena pregunta! Pero me tomará algún tiempo el responderla. Regresen mañana y la responderé". Entonces, dijo, ¡tendrían 24 horas para estudiar o preguntar a alguien hasta encontrar la respuesta correcta!

Si vas a una plática sobre un tema social o económico, o encuentras a una persona importante, estás ante buenas oportunidades de hacer preguntas sobre Prout. Una pregunta como: "La Teoría de la Utilización Progresiva o Prout es un modelo socio económico que apoya la autosuficiencia económica regional, las cooperativas y una perspectiva ecológica y espiritual. ¿Piensan que la democracia económica, basada en la economía local con cooperativas, puede dar empleo a todos?"

Aprender más de Prout es fundamental a fin de estar mejor calificado para su enseñanza. El Apéndice A incluye preguntas para discutir en grupo usando este libro como fuente, y los apéndices B y C explican cómo diseñar un estimulante círculo de estudio/acción de Prout.

La Edición Electrónica de las Obras de P.R. Sarkar (versión 7.5) en CD contiene todos sus libros originalmente en inglés y las traducciones al inglés realizadas hasta el 2009: 1.272 artículos de 138 libros, todos en las ediciones más recientes. Con un excelente buscador y sus herramientas para localizar y visualizar texto, se convierte en una herramienta ideal para escritores, traductores, maestros y aquellos que desean estudiar la filosofía de P.R. Sarkar.[4]

La Academia Prout desarrolla un programa en línea desde Australia que es también un excelente recurso para estudios superiores de Prout. Está diseñado como un curso diplomado de un año de posgrado. Cualquiera puede tomarlo, pero la cantidad de lecturas y de ensayos que requiere se ubican en el nivel de posgrado que adicionalmente exige un buen nivel de autodisciplina para realizarse. Los 8 temas son:

1. Introducción a los estudios de Prout
2. Tantra, espiritualidad y cambio social.
3. Macro historia y los futuros del mundo.
4. Economía de transformación.
5. Neo-humanismo, temas contemporáneos y elaboración de políticas.
6. Las fronteras de la ciencia.
7. Género, espiritualidad y cooperación coordinada.
8. Educación para la liberación.

Aprende más en www.proutcollege.org

La meditación silenciosa es la base espiritual de Prout y es una herramienta poderosa que genera esperanza, tanto individual como colectivamente. La meditación gradualmente transforma a la gente, desarrollando el coraje e infundiendo en ella un espíritu de lucha. Infunde consciencia del potencial infinito que existe dentro de nosotros, de la fuerza divina que siempre nos acompaña. La meditación nos llena con un sentido de propósito en la vida y de conexión mística con el tesoro más valioso de la humanidad. Los proutistas enseñamos meditación libre de costo e inspiramos a los activistas a practicarla para su propio y personal crecimiento espiritual. Es también sumamente valioso hacer un auto-análisis personal diario para identificar y superar nuestros defectos tanto como sea posible.

Informe al público

Un objetivo importante del trabajo de Prout es de informar al público de que existe una alternativa socioeconómica al capitalismo, que se llama Prout. Los consultores comerciales de los productos capitalistas o candidatos políticos llaman a esto "reconocimiento de marca", enviando el mensaje hasta que todo el país esté familiarizado con el nombre y sepa qué significa.

El medio más poderoso para realizar esto es a través de los medios de comunicación: televisión, radio, periódicos y revistas. En el mundo actual observamos que todos los grandes sistemas de comunicación pertenecen y están controlados por enormes corporaciones lucrativas que, en la mayoría de los casos, evitan transmitir o publicar material crítico del sistema capitalista. Aun así, esos medios de comunicación algunas veces publicarán mensajes progresistas si se les ofrecen entrevistas o material de divulgación interesante sobre eventos radicales. También existen miles de pequeños periódicos, revistas, estaciones de radio y aun de televisión que no pertenecen a las grandes empresas, más a menudo en áreas de menor población, y que generalmente son más accesibles y más abiertos a nuevas ideas.

Otra manera interesante para hacer que los grandes periódicos y revistas publiquen las ideas de Prout es a través de una de las secciones más leídas: "cartas al editor". Se puede llegar a muchos lectores mediante un mensaje corto que explique cómo un concepto clave de Prout puede resolver un problema actual.

Una manera diferente de informar a las masas acerca de Prout es colocando carteles en el área. Por ejemplo, antes de un simposio celebrado en la Universidad Estatal de Río de Janeiro en 1998, los organizadores colocaron 500 carteles de color que decían: "Buscando soluciones a la crisis global: la Teoría de la Utilización Progresiva". Mientras que unas 300 personas asistieron al programa, decenas de miles vieron los inspiradores carteles colocados en todas las estaciones del metro, las universidades y el centro de la ciudad. Durante las campañas electorales en India, los candidatos proutistas colocaron miles de carteles con sus plataformas radicales, tales como la "Autonomía regional" (samaja), que informaron al público acerca de las propuestas de Prout.

Las expresiones culturales populares crean un impacto muy positivo. El teatro callejero, los títeres gigantes, las canciones y los bailes son todos medios muy poderosos para transmitir conceptos nuevos a muchas personas, de manera agradable e impactante. Kevin Danaher señala que la gente joven de todos los países que protestan contra el capitalismo global, "han estado redefiniendo el término partido político ("party") por el término party *real* ("fiesta") usando títeres gigantes, tambores, cantos y bailes".[5]

Pensadores y moralistas clave

Otro objetivo del trabajo de Prout es convencer a los intelectuales, los estudiantes y otros de que el proyecto de Prout es viable. Este proceso toma más tiempo, porque es necesario explicar los principios y responder a las preguntas y dudas.

P. R. Sarkar aconsejó a los proutistas "unir a los moralistas". Al referirse al término moralistas no quería decir sólo personas honestas, sino todos aquéllos que luchan contra las injusticias. Tales "moralistas" son normalmente los activistas de las ONGs y los movimientos sociales. Ellos trabajan largas jornadas como voluntarios o por poco dinero, por ejemplo, para distribuir comida a los indigentes, luchar por los derechos humanos, proteger el medio ambiente, o poner al descubierto la corrupción. La mayoría de las ONGs son altamente participativas, y la mayoría de sus líderes estarían de acuerdo con que un nuevo discurso moral es necesario para crear un futuro más iluminado.

Iniciar un diálogo con los líderes de las ONGs y otros activistas es una estrategia vital para el éxito. Es un proceso de aprendizaje mutuo. Adherirnos a las coaliciones progresistas como el Movimiento de los Indignados o el Foro Social Mundial nos permite compartir recursos y unirnos en torno a causas comunes. Cada proutista debería volverse un participante activo en este intercambio global de ideas al unirse en al menos una organización o coalición progresista adicional.

Se deben organizar conferencias, debates y simposios sobre Prout en todas las ciudades. Son importantes folletos, revistas, periódicos, boletines, etc., así como libros y guías de estudio con conocimientos más amplios. Estos materiales se pueden distribuir en exhibiciones y mesas colocadas en las universidades y en conferencias progresistas. También se pueden entregar personalmente a líderes comunitarios, escritores y pensadores, fijando previamente una cita y entrando en un diálogo de ideas con ellos.

Organizar conferencias progresistas es una excelente forma de compartir Prout. Las conferencias en Calcuta, India (anualmente),[6] Caracas,

Venezuela ("Economía Solidaria" 2011),[7] Lisboa, Portugal ("Revolution Portugal" marzo 2012)[8] y Madison, Wisconsin, EE.UU. ("Democracia Económica" octubre 2012)[9] han unido a muchas organizaciones y a pensadores de vanguardia en torno a temas clave sobre una plataforma común.

"Exhibición del Pensamiento" es un término que Sarkar usaba para describir una serie de carteles con ideas y gráficos que explican Prout. Puede uno pensar en ello como una galería o museo, en el cual el visitante se mueve con libertad para mirar las ilustraciones y aprender nuevos conceptos. La manera más sencilla de hacer esto es pegando dos o tres párrafos de texto en fuente grande sobre una cartulina, y recortar fotografías de revistas para ilustrar las ideas. Si lo cubres con plástico transparente, los carteles durarán más para ser usados en eventos posteriores. Si son atractivos, mucha gente se detendrá a mirarlos y leerlos cuando estén en las paredes en la universidad o en conferencias progresistas. He observado con frecuencia que son hasta tres veces más las personas que estudian estos carteles que las que entran.

Antes de la conferencia de Prout del 2011 en Caracas, Venezuela, Spencer Bailey y Darlin Pino prepararon una Exhibición de Pensamiento de 10 pendones con texto claro, imágenes y diseños coloridos para ilustrar los siguientes temas: Introducción a Prout, La democracia económica de Prout, Las cooperativas de Prout, Prout y la ecología, Neo-humanismo, Las prácticas espirituales de Prout, Prabhat Ranjan Sarkar, El Instituto Venezolano de Investigación de Prout, La Unidad Maestra Centro Madre, y la escuela preescolar neo-humanista. Estos se pueden descargar en inglés, español, portugués o francés de www.prout.org.ve/recursos/.

Otra manera de difundir y popularizar Prout es a través de Internet. Las páginas: www.prout.org.ve, www.prout.org.ar, www.proutglobe.org, www.proutwomen.org tienen conexiones con otras páginas progresistas que les hacen herramientas vitales para llegar al creciente número de personas con acceso a Internet. Deben expandirse y desarrollarse listas de correos electrónicos en diversas regiones y en varios idiomas para discutir las ideas y programas de Prout. Italia,[10] Argentina,[11] Portugal[12] y Alemania[13] son unos pocos países con páginas web desarrolladas en su propio idioma. Las redes sociales como blogs, Facebook, Twitter, etc. son de igual forma herramientas poderosas de comunicación. El potencial de Internet para contactar a las personas es extraordinario y está en constante aumento.

Revolucionarios dedicados

> Nuestro mundo necesita un gran cambio a fin de ir para adelante y progresar. Un nuevo orden, una nueva ola debe tomar el lugar de lo viejo para remediar todas las enfermedades físicas, sociales, intelectuales y espirituales del mundo. Como la vanguardia de este movimiento, la juventud es indispensable. Es la juventud, y solamente la juventud, la que tiene el vigor de traer el cambio necesario. Es la juventud la que tiene la resistencia para cambiar y adaptar e implementar la visión de una nueva sociedad.[14]
>
> — P.R. Sarkar

Se debe canalizar la vitalidad, el entusiasmo y el idealismo de los jóvenes para cambiar el mundo. El hecho de que sean jóvenes muchos de los miles de asistentes al Foro Social Mundial y participen en el Movimiento de los Indignados, es una razón para tener que creer que otro mundo no sólo es posible, sino que también es inevitable.

Al mismo tiempo muchos jóvenes han caído en la creencia tonta de que son impotentes ante la poderosa maquinaria del capitalismo global. Desilusionados, con poca esperanza de encontrar un trabajo gratificante y significativo, y con poco sentido de autoestima, muchos se hacen nihilistas y cínicos, escapando de la realidad por medio de la diversión, las drogas y el sexo.

Se tiene que restablecer la esperanza y la autoestima de los jóvenes y mostrárles también cómo luchar por la justicia.

Proutista Universal estimula a los jóvenes a dedicar sus vidas como activistas de tiempo completo y les ofrece una amplia variedad de oportunidades para eso. La capacitación en el desarrollo de la personalidad, las prácticas espirituales, la realidad social y las alternativas prácticas de Prout están disponibles en muchos países.

La fuerza verdadera de una organización no depende de sus recursos financieros, sino de la dedicación, la capacitación, la diversidad y la adaptabilidad de sus componentes. La comunicación regular entre los activistas es esencial para la educación, la inspiración y la retroalimentación constructiva. Por último, uno de los elementos esenciales para inspirar a los activistas es estimular su creatividad y expresión personal en el trabajo y en la lucha.

El liderazgo no puede imponerse desde arriba. Los verdaderos líderes deben poseer cualidades de sinceridad, dedicación, fervor ideológico, espíritu de lucha, y capacidad integral. Ellos no nacen con estas cualidades, sino que las adquieren gradualmente, paso a paso. Por tanto necesitan desarrollar una base común de integridad y unidad con los oprimidos. Esto significa que su integridad debe ser impecable; deben trabajar en solidaridad con la gente víctima de la explotación.

Organizando a los agricultores marginados

El el distrito rural de Bilaspur en Chhattisgarh, India, había sido devastado por la violencia comunal, conversiones religiosas forzadas y el tráfico de personas. Con recursos limitados de agua y cosechas pobres, la mayoría de la población joven migra en busca de empleos. Había una inmensa desconfianza entre las diferentes comunidades debido a una desigual distribución de la tierra y la propiedad de los recursos. El alcoholismo y los conflictos internos eran comunes.

Pradeep Sharma y 15 jóvenes proutistas comenzaron reuniones en diferentes poblaciones, escuchando los problemas de la gente. Después invitaron a reunirse a todos los grupos: juntos acordaron construir una represa de tierra con trabajo voluntario. Con materiales locales y técnicas indígenas, crearon una reserva de seis millones de litros de agua que irrigaba 43 hectáreas. Con esto también se ha logrado el aumento de las aguas subterráneas.

Varias cooperativas agrícolas también se formaron compartiendo el ingreso generado de forma que los propietarios de la tierra y los trabajadores se beneficiaran de sus apoyos. Esto se logró sin financiamiento ni donaciones externas, elevando de manera importante el espíritu de la gente.

Después de esto, Pradeep inició una técnica agrícola que es muy exitosa y que ahora ya se ha implementado en más de 100 poblaciones del distrito. Primeramente los hombres del poblado cavaron un "Akshay Chakra", que quiere decir una central de energía sin consumibles, un gran agujero de dos metros de profundidad, dos de ancho y dos de largo, con canales y ramificaciones de canales hacia fuera de él en todas direcciones. Después los hombres lo rellenan con una mezcla de estiércol y orina de vaca y agua de arroz, creando un área fértil de tierra en la que las mujeres plantan intensivamente una variedad de hortalizas. Diariamente un camión de la cooperativa colecta la cosecha orgánica y paga a cada mujer el equivalente a USD $4 por el producto, que representa un ingreso adicional para miles de familias. La malnutrición entre mujeres y niños va decreciendo. La capacidad de compra y la calidad de vida de la gente van en aumento.[15]

En el estado de Orissa, India, Kanhu Behura se ha establecido una fuerte organización con muchos trabajadores de tiempo completo empleando la filosofía de Prout. Ellos han organizado cooperativas de productores y consumidores con las tribus y campesinos muy pobres. También se ha formado una exitosa cooperativa de ahorro y crédito. Ahora comienzan a organizar a mineros pobres en otra parte del estado. También trabajan con organizaciones no gubernamentales construyendo una organización proutista de bases que ejerce presión en el gobierno para lograr un cambio real.[16]

En Hualien, Taiwan, el proutista Yie-Ru Chiu (Jiivandeva) ha organizado una asociación de permacultura local basada en una reunión semanal con destacados oradores progresistas. La reunión está fundada por un pequeño mercado orgánico de agricultores que usa el 10 por ciento de su ingreso para financiar proyectos. A fin de divulgar las ideas lo más posible, los videos de la mayoría de las presentaciones se colocan en su blog en chino. El movimiento además asiste a los miembros de las tribus marginadas, los habitantes originarios de la isla, para adoptar un cultivo sostenible, incrementando su ingreso organizándose en cooperativas. Chiu enseña en la universidad local, y expresa que es mucho más feliz desempeñando trabajo práctico que "teórico" de Prout que hizo en el pasado.[17]

Institutos de Investigación de Prout

En 1988, Sarkar creó un plan para un Instituto de Investigación de Prout para cada país con el fin de estimular el estudio y la implantación de Prout en las distintas regiones. A pesar de que no se construyeron edificios dedicados o personal de tiempo completo con este fin, se hicieron extensos estudios para el gobierno de Togo, en África Occidental, y para la región de Khabarovsk Krai, en Rusia Oriental. Los proutistas investigaron la situación económica y analizaron la naturaleza y las causas de los problemas actuales, proponiendo soluciones proutistas específicas y recomendaron reformas políticas y directrices económicas para resolver las dificultades económicas regionales.

Los proutistas por todo el mundo están comprometidos para futuras consultas con otros países y comunidades que estén interesados en lograr un desarrollo sostenible para el bienestar de todos.

Un recurso excelente es el manual de 72 páginas preparado por el equipo del Instituto de Investigación de Prout titulado "Introducción a la Planificación de Bloques". En él se explica por qué la planificación económica de Prout siempre tiene que comenzar a nivel local, desde la base hacia arriba. Existen tantas diferencias geográficas, climáticas, de recursos naturales, de infraestructura, de comunidades y de otros factores entre las distintas regiones, que es prácticamente imposible realizar un plan eficaz inmediato para un país con territorio de mediano a grande. El "ejercicio de planificación de bloque" al final del capítulo 6 y el Apéndice D son tomados de esta fuente.

El manual indica claramente cómo se deben estudiar los problemas reales que afronta una comunidad particular. Acto seguido, explica cómo juntar datos económicos y sociales de las fuentes existentes, así como a través de entrevistas directas; cómo analizar los datos y, por último, a formular un plan factible de desarrollo.

De esta manera es posible ofrecer propuestas muy prácticas y realistas, que beneficien verdaderamente la vida de la población y fortalezcan la vida de la comunidad. Todo aquél que esté seriamente interesado en el desarrollo económico y la planificación local puede leer el manual que está disponible gratuitamente en: www.priven.org/resources/.

La bibliografía incluye algunos libros representativos de Prout, pero son necesarios muchos más. Es importante que personas con experiencia e ideas nuevas escriban artículos o libros sobre cómo aplicar Prout en sus países. La revista mensual publicada en Deli, *Prout: A Journal of Proutistic Views and Neohumanistic Analysis,* es una excelente fuente de nuevos artículos; sus ejemplares se envían a todo el mundo.[18] Solamente compartiendo podemos aprender uno del otro. También es muy importante la traducción al castellano y publicación de libros de Prout, especialmente las obras originales de P. R. Sarkar, para hacer las ideas de Prout accesibles a todos.

Instituto Venezolano de Investigación de Prout

En mayo de 2003, la edición en español de mi libro, *Después del capitalismo: la visión de Prout para un nuevo mundo*, fue publicada en Venezuela. Unos pocos meses después, Leopoldo Cook de la compañía petrolera de

Venezuela (PDVSA) invitó al proutista Dr. Michael Towsey de Australia y a mí, para dar capacitación intensiva de tres días a dos grupos de supervisores llamada "Desarrollo Económico Proutista: Construyendo un Nuevo Futuro para Venezuela". Dos años más tarde PDVSA nuevamente contrató a tres proutistas y a mí para dar una serie de pláticas y talleres.

En 2006 regresé con los primeros voluntarios, y en 2007 fue registrado oficialmente el Instituto Venezolano de Investigación de Prout (IVIP), una fundación independiente y sin fines de lucro.[19] La misión del IVIP es: "Capacitar a todas las personas para que puedan alcanzar una mejor calidad de vida y poder vivir en una sociedad más justa, impulsando el desarrollo de cooperativas y comunidades autosuficientes, el equilibrio ambiental, la ética universal y los valores espirituales".[20]

Nuestro objetivo es elevar la consciencia, apoyar a las cooperativas y promover una economía equilibrada. Aspiramos a transformar nuestras vidas y fortalecer nuestras comunidades para el bienestar de todos, por medio de la investigación, la educación y la difusión. Uno de nuestros objetivos es el de crear un modelo de instituto que se pueda replicar en cada país, y por ello todo lo que publicamos o producimos está disponible para descarga gratuita en la sección de recursos de nuestra página web: www.prout.org.ve.

Preparamos una encuesta de 80 preguntas para determinar con qué aproximación las cooperativas venezolanas funcionaban como una cooperativa ejemplar.

Posteriormente entrevistamos a trabajadores de 50 cooperativas en la región de Barlovento para diagnosticar los problemas y las necesidades que tienen estas empresas.[21] En 2007, el productor proutista de documentales, Paul Alister de Australia, ayudó al IVIP en la producción del documental de media hora, "Otra vida es posíble: las cooperativas de Barlovento", con versiones en español e inglés.[22]

En 2011 el Instituto organizó una conferencia pública de tres días en Caracas, "Construyendo una economía solidaria basada en la ética y la ecología". Alrededor de 300 personas asistieron a los cinco paneles matutinos con un total de 21 presentaciones de expertos en temas de economía solidaria, ecología, cooperativas, ética y comunidad. Por la tardes hubo talleres simultáneos donde los participantes pudieron interactuar con los presentadores y hacerles preguntas. La mitad de los ponentes fueron mujeres y un cuarto de ellos hablaron sobre Prout. Posteriormente el equipo del Instituto dedicó dos meses a transcribir todas las presentaciones y traducirlas al inglés, para posteriormente cargar los archivos con los textos, el audio y el video en nuestro sitio web. Esto nos ha permitido llevar nuestras ideas a un auditorio mayor, a miles de personas por todo el mundo por medio de Internet.[23]

El Instituto tiene en usufructo la Quinta Prout, una amplia y hermosa casa en Caracas con lindos jardines. Normalmente viven en ella alrededor de 10 personas, mitad venezolanos y mitad de otras partes del mundo. La casa ha sido habilitada para albergar a 40 visitantes al mismo tiempo y servimos deliciosa comida vegetariana.

El Instituto Venezolano de Investigación de Prout apoya al Centro Madre, un proyecto de Unidad Maestra en San José de Barlovento, Estado Miranda, a dos horas en auto al este de Caracas. Este proyecto comunitario fue fundado en el año 2000 por Didi Ananda Sadhana para estimular la autosuficiencia por medio de la educación, la agricultura sostenible, el desarrollo integral y el liderazgo ético. Centro Madre se encuentra sobre tres y media hectáreas de tierra. En tres ocasiones ha recibido el calificativo de excelencia por parte de CIARA, el instituto gubernamental de agricultura, certificándolo como un modelo de agricultura sostenible a nivel nacional. Más de 100 visitantes visitan semanalmente Centro Madre, incluyendo estudiantes, profesores y agricultores de la localidad, para ver y aprender cómo se pueden cultivar tantos alimentos en tan pequeña parcela. Sus voluntarios del programa de lectura prestan libros infantiles cada semana a las familias en los caseríos para que se lean en el hogar, y además crean programas en escuelas.[24]

El Centro Universo Infantil es un preescolar humanista en Caracas. Desde 2003 la fundadora, Didi Ananda Amegha y las profesoras están despertando y desarrollando los potenciales físicos, emocionales, mentales y espirituales de los niños en su localidad.

Estos tres proyectos necesitan de voluntarios que sean flexibles, con motivación interna y listos para dar servicio de 40 horas a la semana como miembros positivos de un equipo en ambiente cooperativo. Buscamos individuos de todas las edades y etnias con entusiasmo y mente abierta, para crecer, aprender y disfrutar de la experiencia, la belleza y los retos de Venezuela.

El Instituto Prout (en la ciudad de Eugene, Oregon, EE. UU.)

En Eugene, el Instituto Prout organiza iniciativas de investigación, de educación y políticas públicas. En el año 2002 se comenzó la construcción de un campus. Con el nombre de Dharmalaya (morada del dharma, el camino de la espiritualidad y la rectitud), y se ha convertido en un modelo de prácticas autosostenibles. Entre sus características están un almacenamiento de agua de lluvia, cultivos orgánicos, permacultura, electricidad con fotoceldas, sistema solar de calentamiento de agua, humedales construidos con aguas grises, un horno de barril, composteo, construcciones de paja y fibras naturales. La misión de Dharmalaya es promover el dharma de manera integral en las esferas de la vida personal, social y ecológica.

El presidente de la junta directiva del Instituto Prout es Jason Schreiner, quien es además profesor adjunto de estudios del medio ambiente en la Universidad de Oregon. El fundador y director ejecutivo es Ravi Logan, que tiene una amplia trayectoria como escritor y presentador de Prout desde 1974.

Una particular atención del Instituto es para la capacitación en el desarrollo personal y en diseño para soluciones que incluye: Capacitación Dharma, Diseño de Permacultura Urbana, Escuela Prout de Verano, Diseño de Prácticas de Prout, Capacitación del Yoga de la Vida del Instituto Prout. Las pasantías de internos son frecuentemente ofertadas, y se pueden programar oportunidades de prácticas y aprendizaje universitario, y cuenta con instalaciones para hospedar a visitantes.[25]

Inicie modelos de cooperativas y proyectos de servicio

Las cooperativas contribuyen al cambio social necesario a través del valioso proceso de educación y concientización. Uno de los requisitos para el éxito de las cooperativas es su aceptación por parte de la comunidad en que se encuentran. Todas las cooperativas ayudan a educar a sus propios miembros y al público en general sobre los principios cooperativos.

Todos los proutistas deberían hacer también servicio social y, de esta forma conectarse con la gente, experimentando sus dificultades de primera mano. Servir a los desposeídos es una experiencia inolvidable que fundamentalmente lo cambia a uno. P. R. Sarkar describe este proceso en su libro *El loto dorado y el mar azul*, relatando cómo el héroe quedó muy conmovido por la miseria que vio: "Los hermosos ojos del príncipe no pudieron conciliar el sueño aquella noche. Él pensaba continuamente 'Si no puedo liberar a la humanidad de tal maldad, ¿de qué sirven mi educación, mi intelecto? Mi venida como un ser humano a este planeta no tiene ningún valor'".[26]

Cooperativas, escuelas neo-humanistas, hogares de niños y distribución de comida a los desposeídos, son proyectos invalorables para unir a los proutistas con las personas comunes. Estos proyectos comienzan el proceso crucial para hacer que la gente trabaje en unión. Tales esfuerzos de colaboración tendrán una gran importancia cuando la economía mundial sufra un cambio. Entonces, la atención de todos se enfocará para encontrar soluciones prácticas alternativas al actual estado de cosas.

Cómo incluir a Prout en un proyecto de servicio comunitario

Los voluntarios pueden convertir los proyectos de servicio social en centros educativos para Prout y aplicaciones prácticas de Prout.

Aquí les presento algunas ideas:

Cultiva líderes: Busca los líderes morales de la comunidad, y pídeles que de manera colectiva definan prioridades y el plan del proyecto. Ofrece cursos de capacitación y asesoría a los líderes jóvenes, por medio de la asignación de responsabilidad creciente aunada a su empoderamiento. Idealmente ellos pueden tomar tu papel.

Enseña ética: Coloca los principios éticos de Prout (Yama y Niyama) de manera visible para que los voluntarios y los visitantes los vean. Adicionalmente coloca los problemas morales que tu comunidad enfrenta y agenda una sesión para discutirlos. En pequeños grupos, desarrolla una respuesta colectiva a los temas explicando sus razones. Aquí están algunas preguntas relevantes para Venezuela. Los lectores comprenderán que aunque las preguntas parezcan simples, están diseñadas para solicitar un pensamiento moral complejo:

¿Es correcto matar gente?
¿Es correcto matar animales?
¿Es correcto pelear por la justicia social?
¿Es correcto buscar venganza si alguien te ha hecho mal?
¿Es correcto mentir para evitar problemas personales?
¿Es correcto mentir si esto ayuda a alguien?
¿Es correcto criticar a alguien que está ausente?
¿Es correcto hacer trampa en la escuela?
¿Es correcto engañar a tu pareja?
¿Es correcto aceptar un soborno?
¿Es correcto aceptar un regalo de algo robado?

¿Es correcto obtener tanto dinero como sea posible?
¿Es correcto gastar mucho dinero para ofrecer una gran fiesta?
¿Es correcto ver pornografía?

Forma una junta directiva del proyecto: invita a representantes de la comunidad a reunirse para que de manera colectiva decidan el futuro del proyecto. Idealmente estos representantes deben ser elegidos por la comunidad.

Forma una cooperativa que genere ingresos: encuentra un producto o servicio que la comunidad necesite y forma una cooperativa para cubrir la demanda. La meta es hacer un proyecto autosostenible, incrementar la capacidad de compra de la gente local y reinvertir las ganancias en la comunidad. Las cooperativas dan independencia a sus trabajadores y miembros.

Haz tu proyecto reproducible: tanto como sea posible, aprende de otros proyectos de ONGs en la región. Escribe una narrativa de cómo empezó tu proyecto y explica cómo otros podrían iniciar un proyecto similar. Incluye los errores cometidos y cómo poder evitarlos. Comparte tu saber en Internet. Ofrece asesoría a quienes deseen iniciar un proyecto similar en otros lugares.

Haz que tu proyecto sea ecológicamente sostenible: cultiva tus propios alimentos, reutiliza y recicla tanto como sea posible. Coloca avisos para educar a tus visitantes sobre tus hortalizas, tu composta y tu reciclaje. Usa posters para elevar la consciencia sobre cómo evitar la contaminación.

Enseña Prout: forma un círculo de estudio/acción de Prout. Agenda platicas mensuales. Coloca pendones en el área de tus proyectos explicando qué es Prout. Selecciona temas de Prout y que el lenguaje sea adecuado para la gente en tu área.

Promueve una salud integral: cultiva y educa a otros sobre las plantas medicinales. Enseña higiene. Promueve la dieta vegetariana. Comparte los beneficios del yoga con otros.

Inspira al grupo de trabajo para comprometerse con el crecimiento personal: todo ser humano tiene tendencias negativas, bloqueos emocionales y conflictos con otros. Dedica tiempo a explorar y compartir estos obstáculos personales de manera individual y colectiva. Invita a un terapeuta calificado para facilitar este proceso.

Enseña espiritualidad: es muy importante ser sensible a los sentimientos religiosos de las comunidades. Promueve y demuestra los valores espirituales de Prout. Explica el significado del mantra universal “Baba

Nam Kevalam" (que significa "El amor es todo lo que hay"), y por qué beneficia a quienes lo escuchan. Pon a disposición una lista de los beneficios de la meditación junto a una breve explicación de cómo meditar.

Un movimiento popular de jóvenes en Hungría

Después de concluir un año de voluntariado en el Instituto Venezolano de Investigación de Prout, Istvánffy András y Szakmáry Donát regresaron a Hungría en 2007 con la determinación de cambiar el enfoque húngaro de la política y de la vida pública. Como en otros países del antiguo bloque oriental de países, habían pasado ya 20 años desde el colapso del régimen comunista. La región en términos económicos se había convertido en mercado de sobrantes de productos provenientes del occidente y una fuente de mano de obra barata. Había poca consciencia sobre la democracia, las campañas de los consumidores y asuntos de interés público estaban en sus inicios; los temas muy serios se mantenían en silencio y la mayor parte de la riqueza del país se mantenía en manos privadas. La gente bien culpaba a alguno de los partidos políticos existentes o se mantenía al margen y desilusionada.

En dos oportunidades Donát ayudó a que 3.000 personas formaran el símbolo de la paz con velas en la histórica Plaza de los Héroes,[27] y András participó en un movimiento de ocupantes.

Junto con otros amigos, ambos comenzaron un movimiento juvenil llamado 4K! —La Cuarta República. Su nombre indica la necesidad de una alternativa a la presente tercera república de Hungría que ha seguido a la caída del comunismo. El movimiento representa la generación de jóvenes y se enfoca en las emociones y la cultura, mostrando a la gente que el ámbito político general no es serio. Este movimiento proporciona un poderoso sentimiento de participación cuando la gente unida actúa.

Los instrumentos populares de lucha para 4K! son los juegos de masas y la ironía. Del año 2007 a 2011 organizaron 60 eventos, muchos de los cuales han agrupado más de 500 participantes en las calles del centro de Budapest. Entre estos se incluyen:

Atrapa la bandera: después de un día de campo masivo en las orillas del Río Danubio, este juego de dos horas implica mucha gritería y carreras.[28]

Pelea de almohadas: cientos de personas con júbilo se golpean unos a otros con almohadas de plumas durante horas.[29]

Pelea de agua: el único objetivo es no dejar ninguna prenda seca.[30]

Pirateo de pósteres: pegar stickers o pegatinas graciosas pero honestas sobre los posters políticos de los diferentes candidatos, como por ejemplo, "Soy muy bueno en bienes raíces" o "¿Me confiarías tu dinero?".

Flashmob mp3: con una grabación de voz de 36 minutos de música e instrucciones graciosas que ha sido descargada de su sitio. Entonces varios cientos de personas se agrupan en un centro comercial y se indican con señas para comenzar a jugar, bailar y reír.[31]

Estos eventos fueron celebraciones divertidas que rozan los límites de la ilegalidad. Muchas veces los organizadores discutieron con guardias de seguridad y policías. El tono de rebeldía es chévere, se ubican en el parteaguas de los cambios sociales e intelectuales de Hungría. El movimiento promueve una sociedad más cooperativa, unida y consciente, y ha permitido que cualquier participante se convierta en organizador. Al crecer el movimiento, formó ramas en la capital y en otras ciudades.

Un grupo de jóvenes cantantes y artistas de rap grabaron un video llamando a las protestas políticas masivas el 23 octubre de 2010, en el aniversario de la revolución de 1956. La letra de *Nem tetszik a rendszer* ("No me gusta el sistema") incluye:

> No me gusta sentirme más mierda y más mierda en mi país.
> No me gusta que todos mis amigos y familiares estén por salir de este lugar.
> No me gusta que nadie se sienta pleno y todos estén asustados.
> No me gusta que el pobre pague por todo.
> No me gusta, de verdad no me gusta,
> que las hojas del otoño comiencen a caer.
> No me gusta que mi diploma no valga para nada.
> No me gusta que cada día sea sombrío, no solamente los domingos.
> No me gusta que cometan errores estúpidos en mi nombre.
> No me gusta, no me gusta el sistema.
> No me gusta, no me gusta, no me gusta todo esto que hay.
> Me gusta cuando todos hacen lo que se supone que deben de hacer.
> Me gusta cuando todos asumen su responsabilidad.
> Me gusta cuando los políticos no culpan a otros por sus propios errores.
> Me gusta cuando ellos nos dan la oportunidad de ganarnos la vida.
> Me gusta cuando hay esperanza, deseo y realizamos la acción.
> Me gusta cuando nadie toma las calles porque no hay motivo para hacerlo.

Me gusta cuando disfruto la vida con todos ustedes.
Me gusta cuando dejamos nuestros miedos atrás.[32]

Más de 30.000 personas asistieron a la protesta en la que se anunció que el movimiento de 4K! se convertiría en partido político.[33]

Entonces comenzó un lento proceso de consulta y deliberación por Internet por todos los miembros que deseaban decidir el futuro de la organización. Se recibieron y consideraron cientos de propuestas. ¿El resultado? La Misión de 4K! La Cuarta República es apoyar la justicia social, la igualdad y la autodeterminación. El partido es patriótico y de izquierda, representa a la gente trabajadora y protege la economía local y a los profesionales para que no tengan que mudarse a Europa Occidental en busca de trabajo.

Finalmente, el 28 de abril de 2012, el primer congreso del movimiento 4K! se llevó a cabo y comenzó su registro como partido político. Ahora el partido se prepara para las elecciones parlamentarias del 2014. Han comenzado las discusiones con el nuevo partido alternativo y el principal partido de oposición, y los medios húngaros han dado una tremenda cobertura al hecho.[34]

Inicie movimientos de masa

Todos los movimientos populares se originan a partir de un sentimiento, porque el clamor emotivo es más fuerte que la lógica. Los sentimientos negativos, tales como aquellos dirigidos contra una raza, nación, clase, dividen a la humanidad y eventualmente causan gran sufrimiento. En lugar de ello, los líderes deberían estimular sentimientos positivos basados en la herencia cultural del pueblo. Se puede unir el espíritu del pueblo contra la explotación, la inmoralidad, y en apoyo a su identidad cultural tradicional. Ésta es la manera de generar una revolución positiva. A pesar de que son regionales en su enfoque, estos sentimientos positivos unen a la sociedad y elevan a la humanidad.

Los proutistas deberían iniciar y cooperar con otros movimientos en contra de temas específicos de explotación. Organizar una manifestación, una marcha o una protesta, puede movilizar al público. Joao Pedro Stedile, un líder dinámico brasileño del Movimiento de los Sin Tierra (MST), dice: "Las manifestaciones populares son parte de la vida del pueblo... El espíritu de las marchas ha estado presente en toda la historia de la humanidad".[35] El esfuerzo de crear un movimiento popular samaja está basado en todos estos factores.

Lemas buenos y breves, de unas 5 a 12 palabras, inspiran a la gente y despiertan su curiosidad sobre Prout —ver Apéndice E. Se puede sujetar una pancarta de tres a cuatro metros de largo en tela o lona frente a tu grupo. Otras personas pueden llevar estandartes con vistas de ambos lados con diferentes lemas, para que todos puedan verlos desde cualquier ángulo. Cada pancarta y estandarte debe decir en letras pequeñas al calce "Prout" con la dirección web para que quienes estén cerca puedan leerla.

Invita a quienes marchan a un mitin de firmas. Dales un listado de lemas e invítales a que seleccionen los que más les gusten o a que hagan el propio. Algunos pueden traducirse bien en otros idiomas. Si los letreros son grandes y bien hechos, van a captar la atención de los medios y serán vistos por más gente. Se pueden almacenar y usar las mismas pancartas nuevamente en otras manifestaciones o mítines en el futuro.

Si bien los letreros o pancartas de otros grupos se oponen a lo que está mal (guerra, explotación y corrupción), los mensajes de Prout son en lo principal positivos e inspiran a la gente ofreciendo esperanza.

¿Cómo puede un movimiento revolucionario aspirar a lograr el éxito contra las aparentemente infranqueables dificultades? Los poderes tienen una enorme fuerza financiera y militar. Durante la dictadura de Ferdinand Marcos en Filipinas, la gente decía que él tenía "las 3 Ts: todas las armas, todo el oro y todos los sicarios". Aun así, en 1986 el pueblo se lanzó a las calles contra él para derrocarlo, basando su estrategia en lo que se llamó "el poder del pueblo", un término añadido a los textos de ciencia política, como una estrategia exitosa para el cambio social. Los movimientos populares también derribaron a los dictadores en Haití (Duvalier, 1988), en todos los países comunistas de Europa Oriental, en Tailandia (Suchinda, 1992), en Indonesia (Suharto, 1998), en Yugoslavia (Miloševic, 2000), en Filipinas de nuevo (Estrada, 2001), en Georgia (Shevardnadze, 2003), en Ucrania (Yanukovych, 2004-5) en Kyrgyzstan (Akayev, 2005), Túnez (Ben Ali, 2010), Egipto (Mubarak, 2011) y Yemen (Saleh, 2012).

P. R. Sarkar explicó este tipo de fuerza cuando dijo: "Las fuerzas que se oponen a la revolución poseen un enorme poder militar. A pesar de esto, los revolucionarios lograrán la victoria... porque el poder moral y espiritual es infinitamente más fuerte que la fuerza física".[36]

Protestas contra el capitalismo global

Prout declara inequívocamente que la primera prioridad de cualquier sistema económico y político debe ser el bienestar de todos. Cualquier sociedad que permita el sufrimiento de un ser humano por falta de las necesidades mínimas de la vida tiene que ser transformada. Sarkar expresó esto categóricamente cuando dijo: "Considerando los intereses colectivos de todos los seres vivos, es esencial que el capitalismo sea erradicado".[37]

Los proutistas han participado en la creciente ola de protestas contra el capitalismo global que ha tenido lugar en las pasadas dos décadas en todo el mundo, comenzando en Seattle contra la Organización Mundial del Comercio en 1999, y más tarde contra el Banco Mundial, el Fondo Monetario Internacional, los encuentros anuales del G8, Wall Street, etc. En la mayoría de protestas tienen lugar tres tipos de tácticas: La primera es un proceso de educación y concienciación de las masas. En las semanas que preceden al evento se conceden entrevistas en las estaciones de radio y televisión comunitarias, se organizan varios programas y se distribuyen folletos ilustrativos para informar a la población sobre los motivos de las protestas. Las conferencias y simposios se organizan en las universidades, escuelas secundarias, iglesias y centros comunales, en los cuales los especialistas informan a la población por qué estas instituciones causan tanto perjuicio. Existe una gran necesidad de debatir las posibles alternativas futuras al modelo capitalista. Se anima a todos los activistas y manifestantes a conocer más sobre el capitalismo global para poder explicar a otros sobre sus defectos.

La segunda táctica común consiste en marchas y manifestaciones autorizadas legalmente. Los organizadores obtienen de las autoridades municipales permiso para reunirse en un gran parque o plaza y marchar por las calles previamente seleccionadas. La meta es atraer el mayor número posible de personas de todos los sectores de la sociedad, para mostrar al mundo a través de los medios de comunicación, cómo el descontento es general. Estas son oportunidades para proutistas y otras organizaciones para hacer un plantón y distribuir volantes, folletos, carteles, libros, revistas, y mostrar una "Exhibición del Pensamiento" que describa cómo funciona el modelo de Prout.

La tercera táctica no recibe el apoyo legal. La acción no violenta directa, también conocida como desobediencia civil, es una táctica revolucionaria que presiona contra los poderes reales. Mientras que las instituciones financieras mundiales toman decisiones económicas y políticas de una manera antidemocrática, los activistas ocupan espacios públicos e impiden físicamente que las reuniones del capitalismo global tengan lugar. Esta acción, llevada a cabo por personas que se arriesgan a ser arrestadas por sus convicciones, puede ser increíblemente poderosa.

La desobediencia civil coloca a las instituciones financieras a la defensiva. Obliga a directivos de los bancos a defender sus políticas ante la prensa.

Las lecciones de las protestas

Estas protestas no están dirigidas por gente famosa; tampoco los activistas siguen las instrucciones de cualquier organización. Por el contrario, la mayoría de las coaliciones son muy democráticas por naturaleza y las decisiones se toman por consenso.

Las brigadas antidisturbios de la policía son intimidantes a primera vista y los gases lacrimógenos, los rociadores de pimienta, los cañones de agua, los bastones y las balas de caucho que usan, son extremadamente dolorosos.

Los comités organizadores ofrecen talleres en prácticas no-violentas para ayudar en la preparación de los nuevos participantes en la resolución de conflictos. Es importante recordar que los policías no son los enemigos; nosotros luchamos para cambiar el sistema capitalista. Deberíamos evitar, en cada protesta, agredir física o verbalmente a los policías.

Antes de las protestas en Washington contra el FMI y el BM del 2000, los miembros del Subcomité de Entrenamiento me preguntaron si estaba dispuesto a dar sesiones de yoga y meditación en el lugar de la convergencia. Así que escogimos las primeras horas de la mañana y en la noche durante la cena para dar 90 minutos de yoga y meditación a los activistas. Las sesiones se volvieron muy populares y hasta 50 personas asistían a cada sesión. Los activistas se sentían mucho mejor después de cada práctica y estaban felices cantando y meditando en silencio. Al final, cada uno expresaba por qué había venido: por un sueño común de hacer un mundo mejor. Después, durante las protestas en las calles, muchos de ellos se me acercaron para expresarme su agradecimiento por esas experiencias tranquilizantes que ellos sentían que les ayudaban a permanecer centrados frente a situaciones de violencia potencial.

La acción directa no-violenta radicaliza a los participantes. Las protestas de acción directa son experiencias inolvidables. Aquellos que participan cambian para siempre. De la misma manera que vivir un estilo de vida basado en el yoga es una forma saludable para la transformación personal, la participación en estas acciones directas transforma a las personas en revolucionarios sociales.

¿Cuándo terminará el hambre, la pobreza y la guerra?

Este es un ejercicio en pensamiento a futuro, al igual que una herramienta para involucrar a participantes. Funciona bien inclusive con un gran número de participantes como intervalo en una sesión de capacitación sobre Prout. Antes de que lleguen los participantes, coloca una línea de cinta adhesiva a lo largo de la sala. (Si el espacio tiene alfombra, puedes usar una cuerda; este ejercicio funciona también con una línea imaginaria.) Escribe "Ahora" en un extremo, "100+" en el otro extremo y "50" en la mitad. Entonces escribe "10," "20," etc. para que la cinta se convierta en una línea de tiempo de ahora a 100+ años.

Diría entonces al grupo: "Le preguntaría a cada uno de ustedes: ´¿Cuándo piensan que el hambre, la pobreza y la guerra terminarán?´ Creo que nadie sabe en realidad la respuesta a esta pregunta. Sin embargo, creo que vale la pena considerar esta pregunta y nuestras creencias sobre la posibilidad de cambiar el mundo para lo mejor. Por tanto me gustaría que cada uno de ustedes se ponga de pie cerca del punto en la línea de tiempo donde ustedes creen que esto puede ocurrir. Cuando estén en ese punto, de parte de ´Radio Prout´ comenzaré a preguntar a la gente dónde se encuentran, cuando creen que parará y por qué lo creen así. Por supuesto todas las respuestas son correctas en tanto estén expresando su opinión honesta".

Entonces ya sea con un micrófono real o imaginario, comienzo en el lugar más distante, 100+ años y pregunto a la primera persona en voz alta para que todos escuchen: "¿Dónde te encuentras, y por qué?" Si hay menos de 20 personas, puedes preguntarles a todos. Si hay más de 20 entonces aleatoriamente pregunto a algunos desde el futuro hasta el presente.

Después de terminar, digo, "A continuación les pediré que se coloquen en el punto en que ustedes *quieren* que el hambre, la pobreza, y la guerra terminen". No hay duda sobre el punto y habrá alguna risa al respecto "Ahora". Entonces digo "Muy bien, es bueno saber que todos estamos de acuerdo en que queremos que el hambre, la pobreza y la guerra terminen tan pronto como sea posible. Mi siguiente pregunta es, ¿Qué podemos hacer para que ese hermoso día llegue más pronto?" Entonces escuchamos a algunos de los que levantan las manos. Para concluir, recuérdenle al grupo que pensar en el futuro es muy valioso, porque nos ayuda a entender lo que queremos para el mundo, lo que puede ser posible y lo que debemos hacer para crear nuestro futuro ideal.

Esperanza para el futuro

La mayoría de las ONGs y los movimientos sociales están orientados con una única finalidad: alcanzar objetivos definidos a corto plazo. El movimiento Prout es diferente por su amplitud, trabaja por una transformación total de la sociedad. Adicionalmente, el énfasis en la capacitación de los líderes, el estilo de vida holístico y el estímulo a los activistas a que dediquen diariamente una hora o más a la meditación, se pueden considerar como inversiones a largo plazo en el futuro.

Vivimos en un período de gran transición. El sistema explotador del capitalismo global se encuentra terminalmente enfermo. P. R. Sarkar dijo que en este momento "Sus acciones ahora equivalen a cien años".[38] Muchos científicos coincidirán, pues nuestra actual economía industrial está alterando y poniendo en peligro los sistemas de mantenimiento de vida del planeta a una velocidad impensable en el pasado. Hay una tremenda urgencia por ofrecer a la humanidad una alternativa práctica y ecológica para revertir nuestro proceso de autodestrucción. La supervivencia y la seguridad de las generaciones futuras están en juego.

Es fácil llegar a la frustración y depresión porque, aunque nuestras preocupaciones abarcan el mundo, nuestra habilidad de influirlo es sumamente limitada. De hecho, el único mando real que tenemos está sobre nuestras propias acciones, palabras y pensamientos. Sin embargo el eslogan ecológico, "Piensa globalmente, actúa localmente", tiene un gran significado. Con una perspectiva universal por el bienestar de nuestra comunidad y de toda la humanidad, tomamos consciencia de que si nosotros hacemos algo positivo dondequiera que estemos, contribuiremos activamente a la sanación del planeta. De esta manera, nuestro círculo de influencia puede extenderse, porque un ejemplo positivo inspira a otros para también ayudar. Muchos esfuerzos pequeños, cuando están coordinados, hacen eco, crean sinergia y logran resultados concretos.

El escritor francés Víctor Hugo escribió, "Nada es tan poderoso como una idea cuyo tiempo le ha llegado".[39] La democracia económica, las cooperativas y Prout son ideas cuyo tiempo ha llegado.

¿Podemos cambiar el mundo? ¡Por supuesto que sí! Como dijo la antropóloga Margaret Mead: "Nunca duden que un pequeño grupo de ciudadanos pensantes, dedicados, pueden cambiar el mundo. De hecho, es lo único que lo ha podido lograr".[40]

> Hoy la humanidad sangra. El futuro es sombrío. Así, hemos venido aquí para hacer algo. Yo he venido aquí para hacer algo y vosotros habéis venido también aquí para hacer algo. Mi venida tiene significado y vuestra venida no tiene menos significado. Hemos venido con una misión; y nuestras vidas, individual y colectivamente, son una misión. No misiones: la nuestra es una misión colectiva. Aquí todos somos uno. Hemos venido para hacer algo. Y ése es el factor causal.
>
> ¿Y cuál será el efecto? El efecto será que el mundo despierte al entendimiento de que la humanidad es una e indivisible, y que ningún poder en el cielo o en la tierra podrá destruir esta gloriosa humanidad. Hemos venido aquí para salvar a la humanidad; y salvaremos a la humanidad.[41]
>
> — Prabhat Ranjan Sarkar

Capítulo 13
Una conversación con Noam Chomsky, 21 de febrero de 2012

Conversación grabada por el equipo filmográfico de Occupy Wall Street sobre:

El Movimiento de los Indignados
Democracia económica y cooperativas
Límites a la acumulación de riqueza
Despertar de la conciencia
América Latina[1]

Dada Maheshvarananda: El crecimiento exponencial de Movimiento de los Indignados-Ocupar Wall Street, y el apoyo del público, es testimonio de la tremenda insatisfacción con las desigualdades y abusos del capitalismo corporativo. La consigna: "Somos el 99%" ha tenido eco en mucha gente. ¿Cuál es tu visión sobre la fuerza potencial que tienen estas protestas masivas y su posibilidad de lograr el cambio social?

Noam Chomsky: El Movimiento de los Indignados-Ocupar Wall Street ya ha tenido varios éxitos significativos. Uno de ellos, como lo mencionas, es algo así como cambiar el discurso nacional. Estas preocupaciones y miedos y demás estuvieron, claramente, presentes durante largo tiempo en virtud de razones perfectamente objetivas, que tienen que ver con los cambios del sistema socio-económico en los últimos 30 o 40 años. Sin embargo, no se cristalizaron muy claramente hasta que el Movimiento de los Indignados-Ocupar Wall Street les colocó en primera fila. Y ahora son algo así como una divisa común. Así, el 99% y el 1%, la desigualdad radical, el carácter absurdo de las elecciones compradas, las trampas corporativas que han provocado la crisis actual y han estado oprimiendo a la gente por mucho tiempo, las guerras en otros países y así sucesivamente. Esto es un gran aporte.

El otro aporte del que no se habla tanto pero que creo es muy importante. Esta es una sociedad extremadamente atomizada. La gente está sola. Es una sociedad muy empresarial. El objetivo explícito del mundo empresarial es el de crear un orden social en el cual la unidad social básica eres tú con tu televisor, en el cual miras anuncios y sales a comprar mercancías. Existen tremendos esfuerzos, que han durado ya un siglo y medio, para intentar inducir este tipo de conciencia y orden social.

Hace unos 150 años, en los primeros días de la revolución industrial, aquí en Massachusetts, donde comenzó, había una prensa llena de vida, probablemente el periodo más dorado de la prensa libre en los Estados Unidos. Todos los tipos de prensa —étnica, laboral, etc. Y la prensa laboral, que era sumamente interesante, llena de vida y participativa, tuvo mucha crítica severa sobre el sistema industrial que estaba siendo impuesto y al cual se encaminaba a la gente. Una de las críticas medulares fue lo que hace 150 años le llamaban "El nuevo espíritu de la época": "Obtén riqueza, olvidando todo menos a uno mismo" lo que ellos consideraron salvaje e inhumano y fue inculcado en sus cabezas. Bueno, 150 años después aun siguen tratando de meter en la mente de la gente: "Obtén riqueza, olvidando todo menos a uno mismo". Ahora se le considera un cierto tipo de ideal, pero también es al mismo tiempo intolerable para los seres humanos.

Un efecto del Movimiento de Indignados ha sido simplemente crear de manera espontánea sistemas pequeños de solidaridad, apoyo mutuo, cooperación: cocinas cooperativas, bibliotecas, servicios de salud, asambleas generales en las que la gente en verdad interactúa, etc. Esto es algo que en esta sociedad falta mucho. Cuando hablas del potencial, parte de este potencial sería que primeramente se mantuvieran esos vínculos y asociaciones después de que la táctica haya pasado su periodo de utilidad. Después de que haya pasado, si lo que se ha aprendido e internalizado puede ser sustentado y extendido, eso tendría mucha importancia por sí mismo.

La otra dimensión es cuánto puedes comprometer al resto del 99% en estas actividades, preocupaciones, interacciones, etc. Este es el siguiente gran paso que tiene que darse.

Dada Maheshvarananda: Muchos en el Movimiento de los Indignados-Ocupar Wall Street se han dado cuenta de que la democracia política está controlada por el gran capital. Sin embargo hay unos pocos que han expresado que la democracia económica es esencial para una verdadera sociedad democrática. La Teoría de la Utilización Progresiva o Prout aboga por una democracia económica para empoderar a la gente y a sus comunidades por medio de la administración cooperativa de la mayoría de las empresas. La democracia económica requiere que el mínimo de necesidades de la vida tienen que ser garantizadas para cada uno de sus miembros, y que la toma de decisiones sea descentralizada de manera que la gente tenga el derecho de elegir la forma en que se administran sus economías locales. Es la responsabilidad del gobierno en todos sus niveles la de promover políticas que logren un empleo pleno. ¿Crees que la democracia económica y las economías locales puedan hacernos avanzar?

Noam Chomsky: Primeramente, esta es la posición tradicional de la izquierda. Si regresas nuevamente hace 150 años a los mismos periódicos que mencionaba, una de sus demandas era que aquellos que trabajaban en las fábricas deberían poseerlas y claro, administrarlas. Esta era la bandera de la Orden de los Caballeros del Trabajo, la gigantesca organización de trabajadores que se desarrolló en el siglo XIX. El socialismo Europeo venía principalmente de varias ramas, pero la mayoría de las ramas de izquierda si quieres, eran esencialmente lo mismo: comprometidas con los consejos de trabajadores, la organización comunitaria, el socialismo gremial en Reino Unido era lo mismo. Esta es la idea tradicional del movimiento socialista. No se entiende aquí porque, como he dicho, esta es una sociedad muy dominada por los negocios. No se te permite conocer nada de estas cosas. Entonces, el socialismo es un tipo de mala palabra.

Esto es lo que pasa en una sociedad altamente controlada, una sociedad altamente adoctrinada. Pero estos son objetivos muy familiares. De hecho, puedes incluso ir a quien todos reconocen como el filósofo social más destacado en los Estados Unidos, John Dewey, quien consideró esto como indudable. Como él lo sentó, a menos que cada institución en la sociedad —industria, granja, todos los medios de comunicación— a menos que se encuentren bajo el control popular democrático, con una amplia participación de la fuerza de trabajo y de la comunidad, él dijo que la política simplemente será la sombra sobre la sociedad de los grandes negocios. Esa es la alternativa.

No es posible tener una democracia política auténtica sin una democracia económica efectiva. Pienso que esto es entendible, en algún nivel, por la gente trabajadora. Tiene que ser traído al conocimiento y a la conciencia, pero esto está apenas por debajo de la superficie.

De hecho las cosas están ocurriendo. Algunas de las más interesantes son las cooperativas en Ohio en el área de Cleveland [Cooperativas Evergreen]. Hay docenas de empresas, quizá cientos que aunque no inmensas, sí significativas que son propiedad de los trabajadores y administradas por ellos. El mayor conglomerado propiedad de los trabajadores es el de Mondragón, en el país Vasco [España]. Eso es propiedad de los trabajadores pero no administrado por ellos: industrias, bancos, escuelas, comunidades, una vasta configuración. [Véase la respuesta de las Cooperativas Mondragón.[2]] Y hay otros varios elementos de eso aquí y de allá. Acaba de salir un buen libro al respecto por Gar Alperovitz, *EE.UU. más allá del capitalismo*, que es sobre las empresas propiedad del trabajador que están brotando en todo el país. Esto puede ir mucho más allá.

De esta forma por ejemplo, hace un par de años, el gobierno efectivamente nacionalizó la industria automotriz. Llegó muy cerca de ello. Había un par de opciones. Una opción, que es reflexiva en el sistema dominado por los negocios, es el reconstituirla, regresarla a sus dueños originales o a gente muy parecida a ellos, y dejarles dedicarse a lo que en general se dedicaban antes. Esa era una posibilidad, que por supuesto era asumida sin discusión.

Pero había otra opción. Y de haber existido en ese momento un Movimiento de los Indignados-Ocupar Wall Street, habrían colocado esta otra opción en la agenda nacional. Habría tenido que ser mucho más grande y organizado de lo que es hoy día. Después de todo, solamente lleva unos cuantos meses de existencia. La otra opción era entregar la industria automotriz a los trabajadores en la comunidad, para que se apropiaran de ella, la administraran y la operaran. Encaminarla hacia las cosas que el país necesita.

Hay, al final del día, cosas que en verdad necesitamos mucho como sociedad. Una de las más obvias es un sistema ferroviario de alta velocidad. Los EE.UU. están fuera del espectro internacional en ese sentido. Es un poco escandaloso. Es económicamente perjudicial, socialmente perjudicial, humanamente perjudicial, ecológicamente perjudicial y todo lo imaginable. Es simplemente ridículo. Y la fuerza de trabajo calificada en lo que se llama "rust-belt" [industrias metalúrgicas localizadas en el noreste de EE.UU. que se encuentran en declive] podría ser fácilmente reconfigurada para hacer la obra. Gente como Seymour Melman durante años lo ha estado planteando. Puede requerir algún tipo de ayuda federal, pero nada como de la magnitud vertida en los bancos.

Para hacer esto más irónico aun, al mismo tiempo que Obama estaba reconstituyendo la industria automotriz y regresándola a su propiedad normal, estaba también enviando a su secretario de transporte a España para obtener contratos para líneas ferroviarias de alta velocidad de los españoles, que son mucho más avanzados que nosotros, o que los franceses o los alemanes. Y aquí tienes este sistema industrial en espera, obreros queriendo trabajar, comunidades queriendo tener sus propias y pujantes comunidades con trabajo de base, y el país necesitando cosas con urgencia. Pero no se pueden ensamblar. Y tenemos que ir a algún otro lugar, como España para que nos puedan ayudar. Vamos, eso es una condena increíble de parte del sistema semi-funcional. Y este es el tipo de asunto que un Movimiento de los Indignados-Ocupar Wall Street, cuando se mueve más allá de su táctica particular, debe de estar atendiendo.

Este tipo de cosas está ocurriendo por todo el país. Aquí mismo pasó una hace como dos años. Una pequeña pero sofisticada empresa manufacturera que era muy exitosa en uno de los suburbios de Boston estaba produciendo equipo especializado para la aviación, y la multinacional propietaria quería que cerrara sus puertas. Quizá no estaba obteniendo suficientes ganancias para ella. El sindicato, UE [United Electrical Radio and Machine Workers of America], un sindicato muy progresista, ofrecieron comprarla con los trabajadores y operarla ellos mismos con el apoyo de la comunidad. Bueno, la compañía no estuvo de acuerdo. Sospecho que en ello perdieron dinero. Sospecho que fue solamente por motivos de clase. La idea de una empresa exitosa de la que los trabajadores sean dueños y administradores no es atractiva. Por cualquiera que haya sido la razón, cerraron, ahora la comunidad no tiene la industria sobre la cual está parcialmente basada. Una vez más, con un movimiento activista progresista y vívido que alcance a llegar a muchas partes de la comunidad, eso se pudo haber rescatado. Encontramos ejemplos como estos por todas partes.

Entonces sí, es lo correcto de hacer. Está en lo profundo de la tradición de EE.UU., y ha sido suprimida por la naturaleza de una clase empresarial con una elevada conciencia de clase que está siempre y sin cuartel peleando en una cruda lucha de clases. Este movimiento sabe ahora con exactitud lo que está haciendo, está muy coordinado y controlado. Es una realidad en todas partes, pero en especial en los EE.UU.. Es normal en este sentido que veamos muchas de sus consecuencias.

Dada Maheshvarananda: Sigamos con el 1 por ciento. Dado que los recursos del planeta son limitados, el acaparamiento de la riqueza o su uso para la especulación más que para inversión productiva reduce las oportunidades de otra gente y causa pobreza. Un principio fundamental de Prout es limitar la acumulación de riqueza y crear un salario máximo que esté ligado al salario mínimo, tal como lo están todos los salarios en todas las formas de gobierno de los EE.UU., que tienen tabuladores salariales en donde no existe una diferencia de más de diez veces entre el salario más bajo y el que es para un presidente, un general o un juez. ¿Cuál es tu opinión sobre limitar la acumulación de riqueza?

Noam Chomsky: Antes que nada, hay muchos más objetivos más trascendentales que este. Otro ideal tradicional de los movimientos de izquierda ha sido "de cada cual según su capacidad, a cada cual según sus necesidades". En realidad esta es una idea muy popular. En 1976, en el bicentenario de la Declaración de Independencia, hubo sondeos preguntando a la gente, dando listas de enunciados para que juzgaran ¿cuáles piensas que están en la Constitución? Bueno, nadie sabe qué hay en la Constitución, así la pregunta que estuvieron respondiendo es ¿cuáles son las verdades obvias y por tanto deben estar en la Constitución? Esta en particular obtuvo una mayoría considerable.

Mucho tiene que ver con la financiarización de la economía. Este es un fenómeno nuevo. Claro que siempre ha habido finanzas, choques financieros y cosas así, pero hubo un gran cambio en los 70. El Nuevo Trato [la nueva política económica de los EE.UU. aplicada por Roosevelt entre 1933 y 1940] había instituido una serie de regulaciones, entre las cuales había regulaciones que en esencia determinaban que los bancos eran bancos. Esto es que debían hacer lo que se supone que hace un banco en una economía de estado capitalista. Puedes argumentar que es el tipo equivocado de economía. Yo lo haría y supongo que también tú. Pero en ese tipo de economía los bancos tienen una función. Se supone que toman capital sin uso —la cuenta bancaria de alguien— y lo transmite hacia algún tipo de acción productiva, como empezar un negocio o comprar una casa o cualquier cosa que pueda ser. Y más o menos hicieron eso. No hubo accidentes en los 50 o 60, el periodo de mayor crecimiento en la historia de EE.UU. Fue además un periodo, conforme a las normas actuales, de altos impuestos para los ricos. Muy rápido crecimiento, crecimiento igualitario, ningún accidente.

Eso cambió en los 70s y se aceleró con la administración Reagan y su liberación a las restricciones de capital. Las monedas que habían sido más o menos reguladas se liberaron. Las otras restricciones de capital se abandonaron. Entonces teníamos una inmensa explosión del capital especulativo que colapsó los mercados de capital. Para 2007, justo antes del último accidente, y del siguiente que llegara más tarde, las instituciones financieras tenían ganancias corporativas del 40 por ciento. Y no estaban ayudando a la economía.

De hecho, probablemente uno de los corresponsales financieros más respetados en el mundo de habla inglesa es Martin Wolf del *Financial Times*. Él describe de manera simple estas instituciones como larvas que se adhieren al anfitrión y lo comen desde dentro. El anfitrión que es consumido es el sistema de mercado, que por supuesto las aprueba, y solamente dice que están comiéndolo desde adentro, y menciona cálculos de cuan perjudiciales son. Pero estas acumulan mucho capital para unas muy pocas manos. Esa es una de las razones que dan lugar a una gran concentración de ingreso.

La imagen del uno por ciento confunde un poco. Porque es en realidad un 10 por ciento del 1 por ciento donde encuentras una enorme concentración de riqueza. Bajas en el uno por ciento y la riqueza no es de espectaculares proporciones. Entonces, la riqueza concentrada está en un muy pequeño porcentaje de la sociedad, esencialmente gerentes de fondos especulativos, presidentes de corporaciones multinacionales. Y se traduce por sí sola, casi como un reflejo, en poder político.

Tuvimos además al mismo tiempo, en paralelo, el agudo incremento en el gasto para elecciones. Claro que ahora eso está fuera de proporción y está en las portadas de los medios. Pero a inicio de los 80, estaba incrementándose de manera significativa. Eso obliga a los partidos a indagar en los bolsillos corporativos. Los medios dicen "sindicatos y las corporaciones", pero son principalmente las corporaciones, porque es donde el dinero está. Y cada vez en aumento, las corporaciones financieras compran las elecciones.

Ellas además compran al Congreso de muchas formas. Por ejemplo, asumo que en los EE.UU. está el único sistema parlamentario donde, y por cierto muy recientemente, antes, para obtener un puesto de influencia en el Congreso, la presidencia de una comisión era en cierta manera otorgada sobre la base de la antigüedad y al servicio. Ahora solamente tienes que pagar al partido. Entonces puedes calificar para el puesto. Así que eso lleva el resto a los mismos bolsillos.

Los republicanos dejaron de pretender ser un partido político hace 20 años. Ahora están embelesados totalmente con ese 0,1 por ciento. Una de las razones por las que los debates de los candidatos presidenciales republicanos son una farsa total es el hecho de que para movilizar a los votantes, no les pueden llegar con sus propuestas reales, nadie votaría por ellos. Entonces tienen que apelar a tendencias poco placenteras de la población que siempre han estado ahí, pero ahora son movilizadas, y fáciles de entender. El mundo no puede creer lo que ve. Pero es un resultado natural del hecho de que el partido ha abandonado en realidad la pretensión de ser un partido parlamentario en un sentido normal y ha sido llevado a convertirse al servicio de esa fracción del uno por ciento.

Los demócratas no se quedan muy atrás. Los demócratas son quienes normalmente se han llamado republicanos moderados, pero han sido expulsados del partido. De hecho, alguien como el presidente Eisenhower se ve como un radical de izquierda en el escenario actual, Nixon muy orientado a la izquierda. Incluso el presidente Reagan estaría más o menos a la izquierda. Estos son cambios que han tenido lugar desde los 70 y 80s.

Otro aspecto de esto fue la desregulación. La cual por supuesto, de manera predictiva llevó a accidentes repetitivos desde los años de Reagan. Y otro elemento fue el cambio en las reglas del gobierno de empresa. Entonces, por ejemplo al día de hoy y de hecho en los últimos 30 años, un director ejecutivo puede elegir el consejo de dirección que le asegure el salario y las opciones accionarias. Bueno, puedes predecir lo que de ello va a ocurrir. Entonces, si comparas digamos, los EE.UU. y Europa, sociedades muy similares, la proporción de pago de más alto nivel gerencial con la de los trabajadores es por mucho más elevada aquí que en sociedades comparables, y no porque son más talentosos, como posiblemente te lo diría David Brooks del periódico *The New York Times*, o porque desempeñan cualquier servicio —de hecho ellos probablemente perjudicaron a la economía— pero simplemente porque si uno le dice a la gente, bueno, uno puede elegir su propio salario. Entonces sí, ese es el gran problema. Si los EE.UU. fueran lo que eran antes, digamos, nada muy utópico, o fueran como otras sociedades industriales, que no es realmente un muy buen modelo y ciertamente no es utópico, entonces este vasto abismo entre la más alta remuneración y la fuerza de trabajo encogería de manera significativa.

Pero mi sentir es que esto no va a ocurrir a corto plazo. Deberíamos tener como ideal al menos el ideal tradicional de la izquierda. Hay un tipo de concepción del trabajo que le da base a esto. Existen diferentes concepciones de lo que es el trabajo. Esto viene desde los debates durante el Siglo de las Luces [Siglo XVIII]. Una concepción es que el trabajo es algo que uno tiene que estar impulsado a hacer. Uno no lo haría a menos de estar forzado por el hambre. Es algo que uno odia pero tiene que hacerlo porque de otra manera uno no puede vivir. Esa es básicamente la concepción capitalista del trabajo.

Existe otra concepción que dice que el trabajo es un ideal de vida. Libre, el trabajo creativo bajo el control de uno es exactamente lo que cualquier ser humano elegiría si pudiera. Hay lugares donde este ideal se practica. Si caminas aquí en los pasillos del M.I.T., encontrarás gente que trabaja quizá 80 horas a la semana. Gente que podría ganar mucho más dinero en la bolsa de valores. Pero están aquí porque les encanta. Uno tiene cosas que le gusta hacer. Yo conozco carpinteros que son de la misma manera. En su tiempo libre, salen al taller y hacen cosas interesantes. Eso es lo que les gusta hacer. Esa es una diferente concepción del trabajo.

Ahora, si bajo la segunda concepción, básicamente la concepción del Siglo de las Luces, no existe razón por la cual deba relacionarse el pago a la cantidad de trabajo que uno hace, no tienen nada que ver uno del otro. Uno hace el trabajo aun si no es pagado. Quiero decir, si el trabajo está bajo el propio control, bajo la propia elección. Un tipo de imagen gráfica del Siglo de las Luces hecha por uno de los fundadores del liberalismo clásico, Wilhelm von Humboldt, era que si un artesano producía objetos bellos bajo pedido, admiraríamos lo que hizo pero despreciaríamos lo que es, concretamente una herramienta en las manos de otros. Por otro lado, si él lo crea bajo su propia voluntad y elección, bajo sus propias opiniones e intereses, admiramos lo que hizo y lo que él es.

En realidad, Adam Smith dijo cosas muy similares. Existen ideas conservadoras y tradicionales, si es que la palabra conservador tiene algún significado. Pero la concepción capitalista es muy diferente: uno trabaja solamente bajo el látigo. Por tanto aquellos que supuestamente trabajan más duro —que en realidad no lo hacen— deberían obtener multimillonarias opciones accionarias. Estas son concepciones en extremo diferentes, y conllevan a todo tipo de ideas diferentes sobre como la sociedad debe organizarse.

Dada Maheshvarananda: Tú, Noam, has escrito: "Esclavitud, la opresión de las mujeres y de la gente trabajadora, y otras violaciones severas de los derechos humanos han podido durar en parte porque, en muchas formas, los valores de los opresores han sido interiorizados por las víctimas. Esta es la razón por la cual el surgimiento de la conciencia es con frecuencia el primer paso en la liberación". ¿Cuáles crees que son las formas más importantes de elevar la conciencia a fin de liberarnos de los valores de los opresores que están atascados dentro de nosotros?

Noam Chomsky: Debo decir que ese es un enfoque al que no doy ningún crédito. Es muy antiguo. Por ejemplo, David Hume, otro de los fundadores del liberalismo clásico y un gran filósofo, escribió sobre los principios del gobierno. Él dijo que el primer principio del gobierno que le impacta al ver la historia, él era además historiador, es que ve con asombro la facilidad con la que el gobernado acepta las reglas del gobernante. Él dice que esto es paradójico porque el poder está en las manos de los gobernados, el poder no está en manos de los gobernantes. Entonces, ¿Cómo se mantiene este milagro? Él dice que por medio del control de la opinión. Si los gobernantes pueden controlar la opinión y la actitud, pueden imponer lo que más tarde se nombró conciencia falsa, como estabas mencionando, entonces ellos pueden gobernar. Pero si puedes fracturar esta opinión, entonces ellos desaparecen, no pueden ya anteponerse a los gobernados.

Entonces, ¿Cómo lo fracturas? Bueno, de todas las maneras que conocemos. Toma la esclavitud. Quiero decir, nunca existió un periodo pacífico de la esclavitud, siempre hubo rebeliones de esclavos. Las familias de esclavos encontraron sus propias maneras de construir islas de libertad dentro de la sádica sociedad de la que formaban parte.

Ocasionalmente estas llevaron a mayores rebeliones reales que fueron violentamente aplastadas. Finalmente llevó, después de mucho y muy largo tiempo claro está, al abolicionismo y a la eliminación formal de la esclavitud. Debemos remarcar, formal. Porque de hecho en muchas formas, la esclavitud aun subsiste. La Guerra de Secesión estadounidense, de manera técnica, en la Constitución son sus artículos, termina con la esclavitud, pero fue reconstituida a eso de 10 años después con la criminalización de la vida negra, en un convenio Norte-Sur. Estamos pasando por algo semejante ahora, fíjate en la tasa de encarcelamiento.

Considera los derechos de las mujeres. Esto claro se remonta mucho más al pasado. Pero no se convirtió en un movimiento sustancial hasta los 70. Hubo inicios germinando en el activismo de los 60s, pero la forma en que empezó fue en pequeños grupos de surgimiento de conciencia. Grupos de mujeres hablando unas a otras y tratando de fracturar el supuesto de que esa era la forma en que tiene que ser. No hay elección, las mujeres han de ser propiedad. De hecho, si miras la ley de EE.UU., las mujeres se quedaron en lo fundamental como propiedad hasta bien entrados los 70s. Quiero decir que no había ningún derecho legal garantizado para las mujeres que servían en los jurados hasta 1975 con un juicio de la Suprema Corte. Se desarrolló principalmente entre mujeres. Se dio una gran crisis dentro del movimiento activista en los 60s, por cierto, cuando los hombres jóvenes que estaban haciendo cosas de gran valentía, como la resistencia [al servicio militar], tenían que confrontar el hecho de que ellos, también, eran opresores. Fue difícil, en algunos casos condujo al suicidio. Es un asunto difícil de tratar. Pero de manera lenta se difundió por gran parte de la sociedad, y ahora mucho de esto simplemente se da por sentado. No en todos los lugares, no para Rick Santorum [candidato presidencial], pero sí de manera muy general. Y ese es el modo en que las cosas cambian, con los derechos de los trabajadores y con todo lo demás. No es por magia. Sabemos cómo hacerlo, solamente es cuestión de hacerlo.

Dada Maheshvarananda: Vivo en Venezuela. ¿Tienes algún mensaje para la gente de América Latina y del Caribe que están tratando de liberarse de la dominación de los Estados Unidos?

Noam Chomsky: Lo que ha pasado en la última década al sur de la frontera es muy espectacular. Quiero decir es de real importancia histórica. Piensa en la historia; durante 500 años, América Latina estuvo de sobremanera dominada internacionalmente por los poderes imperiales, inicialmente por las potencias europeas, y recientemente por los Estados Unidos. De manera interna existe una reflexión sobre este punto. La sociedad latinoamericana típica tenía una pequeña élite, súper rica, un "uno por ciento" si lo quieres, principalmente europeizados. Ellos concentraban la riqueza de la sociedad en medio de una tremenda miseria y opresión en sociedades con muchos recursos, sociedades que deberían de ser muy ricas. Las élites gobernantes estaban orientadas a la sociedad occidental. Su capital circulaba al occidente, ellos no invertían en casa. Ellos importaban bienes de lujo, sus hijos iban a universidades en Europa o Estados Unidos, tenían casas en la Riviera y cosas por el estilo. Básicamente un implante occidental de Europa y Estados Unidos dentro de sus propias sociedades, que la gobernaba muy brutalmente. Y los países estaban separados uno de otro. Rara vez siquiera tenían carreteras que los conectaran unos a otros. Su orientación era hacia el occidente y a los Estados Unidos.

Bueno, eso ha cambiado en los últimos 10 años. Este patrón de medio milenio está cambiando, radicalmente. Los países se comienzan a integrar, un prerrequisito para la independencia. Ellos están comenzando a encarar algo de sus problemas internos, que son muy severos, haciéndolo en diferentes formas en diferentes países, pero está pasando en todo el continente.

Los movimientos indigenistas, que corresponden a la parte más reprimida de la sociedad, aquellos que han sobrevivido, han logrado ganar una organización considerable e incluso el poder en Bolivia. Ellos tienen el gobierno. En Ecuador, son una parte fuerte del sistema y del orden socio-político. Tienen conflictos con el gobierno, pero están luchando por su propio interés.

Todos estos cambios son muy importantes, de hecho, pueden salvar al planeta. Alrededor del mundo, sea Australia o América Latina o cualquier lugar, los movimientos indigenistas están en la vanguardia por tratar de hacer algo para salvar al planeta y las especies humanas de su auto-destrucción. En Bolivia y Ecuador, los dos países con los más fuertes movimientos indígenas, existe ahora la legislación. En Ecuador, creo que en la constitución, lo que se llama "derechos de la naturaleza". Estos son aspectos tradicionales de la cultura indígena que fueron totalmente marginados por la industrialización. Y a menos de que esa conciencia se disperse, todos nosotros estamos condenados. Entonces para ambos para ellos mismos y para el mundo, algunas cosas muy sorprendentes han pasado.

Los Estados Unidos acostumbraban considerar a América Latina como territorio incondicional. Se le llamaba "nuestra pequeña región de allá", "nuestro patio trasero". Se dio por sentado que a menos que pudiéramos controlar América Latina, no podríamos controlar el resto del mundo. Esto se dijo repetidamente. Bueno, los Estados Unidos la han perdido, no todo, pero en América del Sur, ya no queda una sola base militar de los Estados Unidos, lo que es un hecho muy significativo.

Ahora los Estados Unidos no se están rindiendo. El entrenamiento a los oficiales militares de América Latina se ha incrementado. Se están capacitando para combatir lo que se llama "populismo radical", lo cual quiere decir: algunos sacerdotes problemáticos que organizan campesinos, activistas de derechos humanos y demás, y tú sabes cómo eso funciona en América Latina.

El caso más interesante ahora es el de Colombia. Esa fue la última resistencia para los Estados Unidos en América del Sur. Los Estados Unidos trataron, por medio de los presidentes Bush y Obama, de obtener acceso a siete bases militares en Colombia, y se dio mucho furor sobre ello en el continente, mucha protesta. Bueno, la Corte Constitucional de Colombia la bloqueó. Pero los Estados Unidos están aún construyendo las bases, de forma que se encuentran evidentemente con la esperanza de que, de alguna manera, se denieguen las regulaciones y puedan pasar. Hay un enfrentamiento significativo en Colombia sobre el legado de la dominación de los Estados Unidos, que fue muy horrenda.

América Central y el Caribe son sociedades mucho más débiles, pequeñas y separadas. Allí es más fácil, aunque ya no más totalmente fácil, controlarlas. Así el golpe de estado en Honduras, que los Estados Unidos respaldaron —dijeron no respaldar, pero que al final terminaron respaldando de manera efectiva. Estoy seguro de que se relaciona con el hecho de que Honduras es uno de los países donde hay importantes bases militares, como la Base Aérea de Palmerola, que fue la base principal para el apoyo de los contras. Hay un número de bases de los Estados Unidos dispersas en esa región y las islas del Caribe, pero este no es el sentido en que las cosas se encaminan.

Un movimiento significativo, al menos simbólicamente, fue la formación el verano pasado en Caracas del CELAC [Comunidad de Estados Latinoamericanos y del Caribe], una organización que incluye a cada país del hemisferio oeste excepto los Estados Unidos y Canadá. Eso, al menos simbólicamente, es muy significativo. Si se convierte en una organización funcional, su intención, supongo, es remplazar a la OEA, que es dominada por los Estados Unidos. Esta incluye a Cuba y excluye a Estados Unidos y Canadá.

Todas estas cosas van en el mismo sentido. Son un movimiento para desmantelar el sistema de control externo y dominación interna. Ambos procesos en paralelo. Ambos son muy significativos.

Dada Maheshvarananda: Muchas Gracias

Epílogo

La posibilidad de crear otro mundo está en nuestras manos

Por Frei Betto

Frei Betto representa una voz importante para la justicia social en América Latina. Fraile dominicano de Brasil, fue prisionero político cuatro años durante la dictadura militar en ese país, y ha vivido como activista con los más pobres de entre los pobres. Es autor de más de 50 libros, incluyendo Fidel y la Religión, *que ha vendido más de dos millones de copias.*

El modelo de la Teoría de la Utilización Progresiva (Prout) presentado aquí de manera clara por Dada Maheshvarananda junto con otros textos complementarios, reúne muchas propuestas y alternativas para ayudar a la humanidad a superar el capitalismo neoliberal. El actual proceso de globalización es, de hecho, un proceso criminal de colonización global. Basta con decir que dos terceras partes de la humanidad (alrededor de cuatro mil millones de personas) viven por debajo del nivel de pobreza.

La idea principal del libro, tal y como lo describe en los cinco principios fundamentales de Prout y en la noción de "cuerpo colectivo", coincide con las mismas reglas que por miles de años han regulado la vida de los monasterios en todas las tradiciones religiosas. Cada monasterio auténtico es una comunidad modelo en el sentido original de la palabra: a cada uno se le da conforme a su necesidad, y a cada uno se le pide que contribuya conforme a su capacidad. Todos en la comunidad disfrutan por igual de los mismos derechos y oportunidades.

Creo que el idioma del futuro será el de la espiritualidad holística, una espiritualidad política que no separa el cuerpo del espíritu. Para experimentar esto la meditación es fundamental. Es una fuente de vida, o de revitalización. Cuando medito en silencio, me siento vulnerable y sensible a la voluntad de Dios. Cada día medito por la mañana y por noche, de 40 minutos a una hora. Siento que es poco, porque cuando estaba en prisión meditaba hasta cuatro horas por día.

No importa cómo llamamos al paradigma de la sociedad futura, siempre que permita lo que está contenido en la tradición cristiana: Dios es Creador de todo y todos somos compañeros. Etimológicamente, "compañero" quiere decir "aquel que distribuye o comparte el mismo pan con otro". El tema del Foro Social Mundial "Otro mundo es posible", se refiere a nuestro sueño social de un nuevo mundo que pueda ser descrito como post-capitalista, global, neo-humanista, etc. Lo que hay que destacar es que la humanidad tendrá solamente un futuro si compartimos los bienes de la tierra y los frutos del trabajo humano.

Las propuestas constitucionales de Prout contienen un resumen ético de todo lo que la humanidad necesita para lograr este programa de fraternidad universal, basado en el compartir de los recursos del planeta y la riqueza de las naciones. Y la gran importancia de Prout es que su visión de un nuevo mundo no solamente concierne a las relaciones en lo político, social, económico sino que también a las relaciones con la educación, los géneros y la espiritualidad

Tomemos el contenido de este trabajo con arrojo y fe. Porque el futuro, la materia de nuestros sueños, solamente se convierte en realidad si hoy, en el presente, plantamos sus semillas.

Apéndice A

Temas de debate

Este libro se puede usar para un círculo de estudio/acción. Antes de cada reunión el grupo puede leer el capítulo. Sería mejor si un participante diferente cada vez preparara una presentación corta al iniciarla con las ideas principales en cada capítulo. El grupo puede entonces discutir algunas de las siguientes preguntas. No es necesario discutirlas todas — cada persona puede encontrar que algunas preguntas son más interesantes que otras.

No existen respuestas correctas o incorrectas aquí. Las preguntas piden a los participantes que piensen sobre las ideas en el capítulo, y de esta forma cada respuesta, por definición, será su opinión honesta. Una buena idea es ir por todo el grupo, dándole a cada quien la oportunidad de responder, y comenzar con una persona diferente cada vez. Explica que cualquiera puede escoger no responder en su momento si desea más tiempo para pensar, y también pueden dar su opinión al final si piensan algo más tarde.

Capítulo 1: El fracaso del capitalismo mundial y las depresiones económicas

1. ¿Crees que los países ricos se hicieron ricos porque fueron más listos y trabajaron más duro? ¿Por qué sí o no?
2. ¿Crees que la gente rica se hizo rica porque fue más lista y trabajó más duro? ¿Por qué sí o no?
3. ¿En tu opinión cuál es el mayor problema del capitalismo global?
4. ¿De qué manera tu país se ve afectado por el capitalismo global?
5. ¿Piensas que el gobierno de tu país apoya el capitalismo global?

Si es así, ¿Cómo?

6. ¿De qué manera las corporaciones multinacionales han causado daño a la economía, la salud humana o al medio ambiente en tu país?
7. Existe una broma: "¿Cuántos economistas neoliberales se requieren para cambiar un bombillo?" La respuesta es: ¡ninguno, porque la mano invisible del mercado de Adam Smith lo hará!" En tu opinión, ¿Hasta qué punto son efectivas y "libres" son las economías de libre mercado?
8. Los gobiernos han usado impuestos de la gente para rescatar a las instituciones financieras de mayor tamaño cuando se vieron amenazadas con la bancarrota. ¿Piensas que deben hacerlo? Si es así, ¿Qué condiciones deben imponerse a éstas?
9. ¿Conoces a alguien desempleado? ¿Qué efecto tiene esta situación sobre sus vidas?
10. ¿Conoces alguna comunidad que ha enfrentado o enfrenta recesión? ¿Cuáles son sus efectos en la comunidad?
11. ¿Crees que hay oportunidad de que tu economía nacional pueda entrar en una depresión o recesión? ¿Por qué sí o no?
12. Si tu economía tuviera una recaída y perdieras tu empleo, ¿Qué harías y qué consejo darías a otros en la misma situación?

Capítulo 2: Un nuevo paradigma social basado en valores espirituales

1. ¿Tiene tu gobierno una perspectiva ecológica y espiritual sólida? ¿Qué cosas serían diferentes si la tuviera?
2. "La tierra no me pertenece; yo pertenezco a la tierra". ¿Qué opinas de esta idea comparada con los derechos legales de la propiedad?
3. La espiritualidad es "la intrínseca capacidad humana de auto-trascender, en la cual el ser está integrado en algo mayor que el ser, incluido lo sagrado y la cual motiva la búsqueda de conexión, significado, propósito y contribución". ¿Estás de acuerdo con esto? ¿Alguna vez lo has experimentado?
4. "Existe en el ser viviente una sed por el estado ilimitado". ¿Estás de acuerdo con esto, alguna vez has sentido esta experiencia?
5. ¿Estás de acuerdo en que el planeta tierra y todos sus recursos son la herencia común de todos los seres vivos? ¿Por qué sí o no?

6. ¿Te molesta el materialismo? ¿Por qué sí o no?
7. ¿Alguna vez has tenido experiencias con dogmas, geo sentimientos o socio sentimientos? Describe la situación.
8. ¿Alguna vez has sentido la pérdida personal de un área natural, animales o plantas? De ser así describe qué pasó y cómo te sentiste.
9. ¿Alguna vez has practicado meditación? ¿Cuál fue tu experiencia?

Capítulo 3: ¡El derecho a vivir!

1. ¿Puedes imaginar un mundo en el cual nadie necesite preocuparse de conseguir el dinero necesario para comprar comida, ropa, vivienda, educación y atención médica para su familia? ¿Cómo piensas que sería?
2. ¿Conoces a alguien que reciba dinero del gobierno? ¿Cómo ha sido su experiencia?
3. Las empresas farmacéuticas son la tercera industria más rentable en los EE.UU. ¿Qué opinas de esto?
4. ¿Tú o alguien que conozcas ha sido tratado por tratamientos médicos alternativos, como la homeopatía, naturismo, herbolaria, acupuntura o yoga? ¿Cuál ha sido su experiencia?
5. ¿Cuál es tu opinión del marxismo?
6. Todos los empleados de gobierno tienen un tabulador salarial. El gobierno federal de los EE.UU. paga al presidente 10 veces más que a un trabajador del nivel más bajo, mientras que en Noruega se le paga 5,3 veces más. ¿Crees que es razonable pedir lo mismo a los negocios de la iniciativa privada?
7. "Los individuos sanos contribuyen a una sociedad sana, del mismo modo que una sociedad sana promueve el desarrollo de individuos sanos" ¿Estás de acuerdo con esta frase, y que los intereses colectivos y los individuales no tienen que estar en conflicto?
8. Mark Friedman lista ocho factores que motivan a la gente a trabajar productivamente: habilidad individual, personalidad, las demandas de la organización, la educación, la experiencia, el ambiente laboral, la cultura del servicio y el incentivo material. ¿Qué factores te motivan a trabajar apasionadamente?

Capítulo 4: Democracia económica

1. La democracia económica se pronuncia por el empoderamiento de la gente para que tome decisiones que directamente afectan a sus vidas y comunidades por medio de empresas privadas de propiedad local y cooperativas propiedad de los trabajadores y de empresas de administración pública. ¿Crees que esto es importante?
2. Un lema de Prout dice "Globaliza a la humanidad, regionaliza a la economía". ¿Cuáles son los beneficios de la economía local sobre la global?
3. "Es un derecho básico el que los trabajadores sean dueños y puedan administrar sus empresas" ¿Estás de acuerdo en ello? ¿Por qué sí o no?
4. ¿Los forasteros controlan la economía en tu comunidad? Si es así, ¿hasta qué punto? ¿Cuántas tiendas populares, restaurantes, bancos y centros de entretenimiento son propiedad local o parte de una cadena nacional o internacional? ¿Qué alimentos se producen localmente? ¿Cuánta ropa, bicicletas, automóviles y otros bienes que la gente consume son producidos localmente?
5. ¿Existen muchos negocios pequeños en tu comunidad? ¿Cómo les va?
6. ¿Existen cooperativas en tu comunidad? ¿Qué hacen?
7. ¿Existen empresas públicas en tu comunidad? ¿Qué hacen?
8. ¿Cómo es la vivienda en tu comunidad? ¿Son altos o bajos los precios de casas? Son las rentas de apartamentos caras o razonables?
9. ¿Alguna vez has realizado trueque o usado alguna moneda complementaria (como la acumulación de millas de viajero frecuente)? Si es así ¿cuál ha sido tu experiencia?
10. Algunos sistemas comunes de impuestos son: impuestos personales de ingreso, de ingresos corporativos, al consumo personal (IVA), aranceles de importación, impuestos a los recursos ambientales, a la riqueza y a la herencia de la tierra, etc. Algunos son justos, algunos eficientes y algunos simples. ¿Cuáles piensas que son mejores y por qué?

Capítulo 5: Las cooperativas que mejoran el mundo

1. En tu opinión: ¿la naturaleza humana es en lo fundamental cooperativa o competitiva? ¿Por qué?
2. ¿Por qué piensas que la gente no coopera más a menudo?
3. ¿Te han enseñado bien en la escuela a ser cooperativo?
4. ¿Los medios masivos de comunicación promueven la cooperación?
5. "Las cooperativas son los negocios del futuro" ¿Estás de acuerdo en esto? ¿Por qué sí o por qué no?
6. ¿Alguna vez has visitado una cooperativa? ¿Qué te ha impresionado más?
7. ¿Qué factores crees que son los más importantes para que una cooperativa tenga éxito? ¿Por qué?
8. Si hubiera una cooperativa de ahorro y crédito donde pudieras guardar tu dinero en lugar de un banco comercial, ¿la usarías?
9. ¿Crees que tu comunidad se beneficiaría más si tuviera más cooperativas? ¿Por qué sí o por qué no?

Capítulo 6: Una revolución agraria y protección del medio ambiente

1. ¿Cuáles son los principales problemas que enfrentan los agricultores en tu país?
2. ¿Cuántos alimentos que comes se cultivan localmente, y cuántos se importan de lugares distantes?
3. ¿Crees que la revolución agraria es necesaria? ¿Por qué sí o por qué no?
4. ¿Alguna vez has visitado una cooperativa agrícola o una granja sostenida por la comunidad?
5. "Desde 1950, el número de animales de granjas en el planeta ha crecido 500 por ciento; ahora superan el número de humanos en 3 por uno, consumen la mitad de los cereales del mundo y causan más calentamiento global que todos los automóviles y demás transportes juntos". ¿Qué piensas sobre esto?
6. ¿Alguna vez has comido comida que tú mismo has cultivado? ¿Cómo te sentiste al hacerlo?
7. ¿Cuál es el porcentaje de gente en tu país dedicada a la agricultura, la industria, y los servicios? ¿Cuál sería el efecto en la

economía con una relación más equilibrada?
8. ¿Qué piensas que se puede hacer para rescatar las selvas tropicales.
9. ¿Has usado alguna vez una planta medicinal? ¿Cuál fue tu experiencia?

Capítulo 7: Una nueva mirada a las clases sociales y a las revoluciones

1. ¿Conoces personalmente gente que represente a shudras? ¿Cómo son?
2. ¿Conoces gente que tiende a representar a los ksattriyas? ¿Cómo son?
3. ¿Conoces personalmente gente que represente a vipras? ¿Cómo son?
4. ¿Conoces gente que tiende a representar a los vaeshyas? ¿Cómo son?
5. ¿Qué clase de las cuatro tú crees representar y por qué?
6. En la historia de tu país, ¿qué clases dominaron la sociedad y en qué tiempos?
7. ¿Alguna vez has experimentado un tiempo de gran cambio social? Si es así, ¿cómo fue?
8. De acuerdo con la teoría del ciclo social, ¿cuál clase está siendo dominada por tu sociedad ahora, y qué se necesitaría para que avanzara?
9. ¿Qué opinas sobre la condición de la mujer en tu país, en el pasado y en la actualidad?
10. ¿Alguna vez has experimentado el sexismo de manera directa o indirecta? Describe tu experiencia.
11. ¿Cuál, en tu opinión, sería el cambio más positivo para las mujeres en tu sociedad actual?

Capítulo 8: Revolucionarios espirituales

1. ¿Piensas que cualquiera puede convertirse en líder, en sadvipra? ¿por qué sí o por qué no?
2. ¿Cuáles son las características de las cuatro clases que has desarrollado en tu vida (obrero, guerrero, intelectual, empresario)? ¿Qué necesitarían otros para desarrollarlas?

3. "La visión universal de uno es una manera de juzgar si una persona es sadvipra". ¿Es tu visión completamente universal, o albergas sentimientos negativos respecto a algún grupo de personas?
4. "Los líderes verdaderos empoderan a otros a ser grandes. Ellos escuchan sinceramente a las opiniones de otros, y apoyan y animan los logros de otros". ¿Aplicas esto?
5. ¿Tienes sombras, enemigos internos y ataduras: complejos, debilidades y miedos? ¿Los examinas y los confrontas?
6. "Lo que despreciamos de otros —las cualidades que odiamos— están en realidad dentro de nosotros". ¿Qué cualidades odias en otras personas? ¿Están estas cualidades presentes en ti?
7. ¿Alguna vez has sentido el "efecto de espectador", la trampa que te desanima a actuar?
8. ¿Alguna vez has estado en una situación donde se te ha llamado a realizar un acto heroico? Si es así, ¿qué pasó?
9. ¿Alguna vez has conocido a alguien "emocionalmente inteligente": sensible, despierto y siempre capaz de hacer a otros sentirse mejor?
10. ¿Alguna vez has conocido a alguien que consideres un verdadero héroe? ¿Cómo era?
11. ¿Alguna vez has conocido un mal líder, que era arrogante? ¿Cómo era?
12. ¿Qué necesitas desarrollar para convertirte en un sadvipra, un líder espiritual?

Capítulo 9: Un nuevo concepto de ética y justicia.

1. ¿Cuáles son algunos de los dilemas morales que tu país enfrenta en la actualidad?
2. ¿Cuáles son algunos de los dilemas morales que tú y tus amigos enfrentan en la actualidad?
3. La Asociación Norteamericana de Psiquiatría llegó a la conclusión de que el factor más común entre los infractores frecuentes es la tendencia a mentir. ¿Conoces a alguien con esa tendencia?
4. "La gran mayoría de los valores morales han reflejado los intereses de los ricos y poderosos" ¿Estás de acuerdo con esta frase? Da un ejemplo para respaldar tu opinión.
5. Hay un dicho cínico, "Cada hombre tiene un precio", lo que

quiere decir que si una persona es capaz de resistir la tentación de un poco de dinero, no lo hará si esa cantidad es mayor. ¿Has visto un ejemplo de esto?

6. ¿Sientes que los 10 principios éticos del Yama y Niyama pueden ser relevantes para guiar tus acciones? ¿Por qué sí, por qué no?
7. ¿Has conocido alguna persona que se califica como un ser moral pero que no lo sea? ¿Cómo sus acciones difieren de sus palabras?
8. ¿Alguna vez has visto a un líder de gobierno que se califica como un ser moral pero que no lo sea? ¿Cómo sus acciones difieren de sus palabras?
9. "Acumular tanto dinero como sea posible es inmoral". ¿Estás de acuerdo? ¿Por qué sí, por qué no?
10. "La pornografía contamina la mente". ¿Estás de acuerdo? ¿Por qué sí, por qué no?
11. La justicia reparadora organiza una reunión entre el agresor y la víctima y con otros miembros de la familia, colegas y amigos de ambos. ¿Has sido alguna vez víctima de un crimen? De ser así, ¿estarías de acuerdo en conocer al agresor en esta reunión?
12. ¿Alguna vez has estado en cárcel, o conoces a alguien que ha estado? Si es así, ¿cuál fue su experiencia?
13. "Desde 1971, los EE.UU. han gastado más de un billón de dólares en su guerra anti-drogas, y sin embargo las drogas han bajado de precio y son de más fácil acceso que antes". ¿Qué opinas de las drogas ilegales?

Capítulo 10: "¡Nuestra cultura es nuestra fuerza!" — identidad cultural y educación

1. ¿Cómo fue tu experiencia en la escuela? ¿Fue en su mayor parte positiva o negativa? ¿Cómo pudo haber sido mejor?
2. En tu opinión, ¿existe una falta de consciencia económica o social en tu país? De ser así, ¿por qué?
3. Se les han impuesto complejos de inferioridad y miedos a la gente de tu país. De ser así, ¿cómo?
4. ¿Has experimentado alguna vez racismo de manera directa o indirecta? Describe tu experiencia.
5. ¿Has experimentado la explotación directa o indirectamente? Describe tu experiencia.
6. ¿Es legal en tu país la lotería? ¿Debe serlo? ¿Por qué sí, por qué no?

7. En el pasado, los imperialistas usaron armas superiores para invadir y conquistar otras tierras, a los derrotados se les decía para quebrantar su voluntad de resistencia: "su cultura es primitiva, su religión defectuosa, su idioma es muy simple". En tu opinión, ¿crees que tuvieron éxito?
8. La pseudo-cultura quiere decir que es falsa, impuesta, que tiene efectos que debilitan psicológica y espiritualmente, quebrantando la resistencia de la gente. ¿Puedes dar ejemplos de pseudo-cultura en tu sociedad? ¿Cómo puedes distinguir entre cultura verdadera de la falsa?
9. ¿Los comerciales en tu país hacen que la gente desee ser alguien diferente? Explica.
10. ¿Cuántas canciones populares estimulan a la gente a levantarse y hacer revolución? ¿Qué porcentaje de artistas pop sirven como modelos en este sentido? ¿Por qué no hay más?
11. ¿Qué porcentaje de programas populares de TV estimulan a la gente a levantarse y hacer revolución? ¿Qué porcentaje de artistas pop sirven como modelos en este sentido? ¿Por qué no hay más?
12. ¿Cuántos idiomas hablas? ¿Sientes que sería útil aprender otros? ¿Por qué?
13. "Nuestra cultura es nuestra fuerza". ¿Estás de acuerdo con esto? ¿Por qué sí, por qué no?

Capítulo 11: Empoderando a las comunidades: el sistema político de Prout

1. ¿Qué opinas respecto a un consejo de mayores dirigiendo a la sociedad?
2. "El poder tiende a corromper y el poder absoluto corrompe completamente". ¿Qué opinas de esta frase?
3. ¿Influyen las corporaciones en el gobierno de tu país por medio de aportes financieros legales o ilegales?
4. En tu opinión, ¿la mayoría de los líderes políticos en tu país están controlados por los grandes capitales? Explica.
5. ¿Te parece razonable un examen para votantes, como en una prueba de manejo para obtener una licencia? ¿Por qué sí, por qué no?
6. ¿Piensas que la constitución debe dar a los individuos el derecho

para demandar al gobierno para forzarle a proveer el mínimo de las necesidades de su población? ¿Por qué sí, por qué no?

7. ¿Piensas que es necesaria una constitución mundial con una ley sobre los derechos universales? ¿Por qué sí, por qué no?
8. ¿Piensas que un gobierno mundial sería benéfico? ¿Crees que sea posible en los próximos 10 o 20 años?
9. ¿Qué piensas sobre la gobernanza sadvipra, la "regla del sabio"?

Capítulo 12: Una llamada a la acción: estrategias para la implementación de Prout

1. La primera ministra Margaret Tacher dijo: "no hay alternativa" y los medios masivos refuerzan esta idea de que el capitalismo es el único sistema y que durará por siempre. ¿Cómo piensas que sea posible cambiar esta consciencia colectiva?
2. ¿Cómo piensas que sea posible transmitir las ideas de Prout a los estudiantes, profesores, escritores e intelectuales?
3. ¿Cómo podrías usar el Internet y los medios sociales para difundir el mensaje de Prout?
4. ¿Cómo podrías organizar capacitación de Prout para activistas en tu comunidad?
5. "Todos los proutistas deben realizar servicio social, y de esta forma conectarse con la gente común, experimentando sus dificultades de primera mano" ¿Estás de acuerdo? Si es así, ¿cómo comenzarías?
6. ¿Has formado parte de un movimiento de masas? De ser así, ¿qué pasó?
7. ¿Estás de acuerdo en que el cambio revolucionario en la sociedad requiere de gente joven, que tiene el vigor y resistencia para implementar la visión de una nueva sociedad? Si es así, ¿cómo crees que pueden ser atraídos?
8. "Las fuerzas que se oponen a la revolución poseen un enorme poder militar. A pesar de esto, los revolucionarios lograrán la victoria…porque el poder moral y espiritual es infinitamente más fuerte que la fuerza física". ¿Estás de acuerdo? ¿por qué sí o por qué no?
9. "La desobediencia civil es una táctica revolucionaria que crea presión contra los poderes existentes". ¿Estás de acuerdo? ¿Por qué sí o por qué no?

10. "La mayoría de las ONGs y los movimientos sociales se enfocan en un solo asunto para lograr metas claras e inmediatas. El movimiento Prout es diferente y trabaja por una transformación total de la sociedad". ¿Qué piensas de esto?
11. En tu opinión, ¿cuándo terminará el hambre, la pobreza y la guerra?
12. ¿Puedes cambiar el mundo?

Apéndice B

Organizando círculos de estudio/ acción

Desde el comienzo de Prout, los círculos de estudio y capacitación han sido esenciales en los esfuerzos para preparar nuevos proutistas. Sin embargo, Prout es una teoría muy amplia: Sarkar publicó 1.500 páginas de ideas al respecto, y otros proutistas están continuamente agregando ideas nuevas y ejemplos prácticos. Sin embargo, agrupar toda esta información puede ser aburrida y decepcionante a menos que se pueda demostrar la teoría para solucionar problemas reales.

Un curso emocionante requiere primeramente un título atractivo: "La Realidad Nacional y las Herramientas para Cambiar el Mundo". Sustituye "Nacional" con el nombre de tu país. Cada módulo podría comenzar con una breve discusión sobre un problema social contemporáneo, como lo pueden ser la pobreza, el desempleo, el hambre, la criminalidad, la contaminación, la corrupción, el racismo y el sexismo. La mayoría de estos problemas existen en todos los países del mundo. Presente el alcance y la causa del problema en tu país y analicen brevemente las respuestas gubernamentales a él.

A continuación, presente las ideas de cómo los principios de Prout podrían ser sistemáticamente aplicados a nivel nacional para aliviar la situación. Para cambiar el mundo, tenemos que cambiar nosotros mismos. Tenemos que ser el cambio que queremos ver, "caminar nuestras palabras". Así, cada módulo debe también plantear la importancia de los cambios de vida proutistas como parte de la solución.

Para llegar a los participantes necesitamos pedirles que expresen sus opiniones con las preguntas adecuadas. La gente recuerda más cuando están físicamente activos, y se involucran más cuando están relacionados con otras personas. Los juegos cooperativos, las dinámicas de grupo y las expresiones artísticas se deben utilizar para desarrollar la participación activa. Los equipos de participantes pueden crear lemas, proyectos, actividades y campañas para su comunidad.

El objetivo no debe ser menos que el de crear un curso en el que todos los participantes se encuentren tan inspirados que lleguen a tomar parte activa de su comunidad y con el entusiasmo necesario para que atraigan a su familia y amigos al siguiente curso. Para hacer esto los participantes necesitan hablar, estar conectados, reír y crear.

A continuación les presento una lista de 14 módulos posibles para un curso, cada uno con uno o más problemas sociales y las soluciones proutistas que son relevantes. Siéntanse con libertad para combinar, reorganizar o agregar otros problemas.

Problemas Sociales	*Soluciones proutistas*
Pobreza	Necesidades mínimas de vida
Desempleo	Cooperativas
Crimen, violencia, corrupción policiaca	Ética, campañas anticorrupción, leyes sobre drogas
Inflación, explotación, diferencias entre el rico y el pobre	Economía en tres niveles, impuestos progresivos, límites de riqueza
Hambre, crisis de agua, dependencia de importación de alimentos y mercados globales.	Soberanía alimentaria, cooperativas
Pobreza rural, migración urbana	Planificación a nivel bloque, revolución agrícola, agrico-industrias y agroindustrias
Mentiras en los medios: publicidad, consumismo, el mito de la belleza, complejo de inferioridad	Propiedad cooperativa de los medios, fortalecimiento de las culturas tradicionales e identidad
Racismo, sexismo, desintegración familiar	Neo-humanismo
Problemas con las escuelas y universidades	Educación neo-humanista, juegos cooperativos
Líderes ineficientes y corruptos	Liderazgo ideal (sadvipras)
Depresión emocional, mala salud, estrés	Salud integral, perspectiva espiritual, meditación

Egoísmo, codicia, materialismo	Biopsicología de la cooperación
Contaminación, calentamiento global	Cinco principios fundamentales, energía alternativa, utilización máxima y distribución racional
Desigualdad e injusticia del capitalismo global	Economía equilibrada, diversidad económica

Para iniciar con entusiasmo, comience cada sesión con una discusión de 10 minutos sobre el problema. El facilitador debe decir: "Bienvenidos. Nos gustaría comenzar con una discusión de 10 minutos sobre la forma en que este problema global nos afecta en lo personal, si es el caso. Por favor limítense a un tiempo máximo de un minuto, y no hablen una segunda vez hasta que todos hayan hablado, aunque tienen la posibilidad de "pasar la voz" si no desean hablar. Recuerden que el objetivo es expresar cómo este problema les afecta personalmente".

El facilitador debe enfocarse en la observancia del tiempo y amablemente pedirle a la gente terminar cuando cumplan su tiempo límite de un minuto. Invite a cada persona a decir algo.

Después de 10 minutos, cierra la discusión y comienza tu presentación corta sobre el alcance y la causa de ese problema en tu país. Comienza con un "despertador" dramático. Ubica los números en contexto. Muestra imágenes de antes y después. Si es posible, muestra un pequeño documental sobre el problema. Muestra el resultado inevitable si la tendencia continúa. Analiza brevemente las respuestas del gobierno y muestra cómo otros países están solucionando el problema.

Reunir esta información será un reto. Invita a diferentes participantes en el primer curso a investigar el tema que es más interesante para ellos y que hagan esa presentación. El hacer las preguntas indicadas para cada módulo es muy importante; es mucho más fácil pedir a los expertos la información correcta (ver el Apéndice C para la lista de preguntas relevantes). Invita a un profesor, experto o representante de una organización en particular a una comida especial para explicar el tema y contestar preguntas sobre él. Haz visitas de campo a lugares relevantes, por ejemplo el tiradero local de basura, una cooperativa exitosa o una que no lo haya sido.

Pregunta a los participantes cómo ellos podrían compartir sus ideas con otra gente. ¿Quién o quiénes piensan requiere conocer mejor esta información y cómo piensan que podría ser mejor entendida? Aprendemos en un nivel diferente cuando debemos enseñar la información a alguien más.

Exhorta a los participantes a desarrollar una campaña en su comunidad para solucionar el problema. Crea un teatro de la calle para despertar la consciencia sobre el tema. Diseña un cartel para el público que resalte el problema y las soluciones de Prout para que se puedan mostrar en conferencias progresistas, universidades, presentaciones y otros eventos sociales y educativos. Crea pendones y señalizaciones que puedan ser llevados en marchas. Aprende o compón tus propias canciones revolucionarias, de protesta o de Prout.

Al inicio del curso y en otros momentos, practica ejercicios interpersonales, cooperativos para la formación de equipos a fin de fomentar la unidad entre los miembros del grupo. Usa diferentes medios de comunicación para animar a los sentidos. Sirve deliciosos bocadillos o una comida. Es también importante celebrar el éxito del grupo con los participantes.

Algunas herramientas para cambiar el mundo:

- Medios activistas
- Despertar de consciencia
- Hacer movimiento
- Marchas
- Lemas
- Hablar en público
- Murales comunitarios
- Teatro de la calle
- Teatro del Oprimido
- Construcción de organizaciones fuertes
- Organización de reuniones comunales para escuchar y dar prioridad a los problemas comunitarios
- Cuenta-cuentos
- Escuchar las historias de vida de la gente en la comunidad
- Campañas de gestión de peticiones
- Incorporar nuevos simpatizantes
- Trabajar con las coaliciones
- Organizar a los jóvenes
- Desobediencia civil

- Organizar un concierto de música revolucionaria
- Organizar un concurso de arte revolucionario

Apéndice C

Preguntas sobre la economía y la sociedad de tu área

"Conoce tu área", dice P.R. Sarkar. Si tú entiendes cuáles son las preguntas adecuadas, estás cerca de encontrar las respuestas. A continuación hay una lista de preguntas para un Círculo de Estudio/ Acción y para iniciar un plan a nivel bloque. Las fuentes que puedes consultar para encontrar las respuestas incluyen estadísticas gubernamentales, organizaciones no gubernamentales, las Naciones Unidas y en la información publicada por la Agencia Central de Inteligencia (CIA) "World Factbook". Revisa si la información es controvertida y si alguna fuente independiente apoya las estadísticas gubernamentales. Invita a algún profesor, experto o representante de alguna organización a un almuerzo especial para que explique el punto y responda las preguntas sobre él.

Agricultura

¿Cuánta tierra hay cultivable y cuánta se cultiva?

¿Qué fracción del total de la tierra es cultivable?

¿Qué proporción de la tierra cultivada es de riego?

¿Cuáles son los principales productos agrícolas?

¿Qué productos agrícolas se exportan?

¿Qué productos agrícolas se importan?

¿Cuántos alimentos se consumen? ¿Cuánto de ellos se produce localmente? ¿Cuánto se importa?

¿Cereales y granos: arroz, maíz, sorgo, cebada, trigo, etc.?

¿Frijoles, alubias, garbanzos, lentejas, etc.?

¿Leche: fresca, en polvo?

¿Verduras, frutas?

¿Qué recursos naturales existen? ¿Cuánto de cada uno de ellos existe? ¿Qué materias primas existen? ¿Cuánto de cada una se exporta?

Agua

¿Qué porcentaje de la población tiene acceso al agua potable?

¿Qué porcentaje de la población tiene acceso al sistema de alcantarillado en sus hogares?

Industria y comercio

¿Qué productos se fabrican, y cuánto de cada uno?

¿Cuánto se produce para el consumo local y cuánto se exporta?

¿En qué nivel se encuentra la producción y el consumo de electricidad? ¿Hay exportación o importación de ella?

¿En qué nivel se encuentra la producción y el consumo de hidrocarburos? ¿Hay exportación o importación de hidrocarburos?

¿En qué nivel se encuentra la producción y el consumo de gas natural? ¿Hay exportación o importación de gas?

¿Qué representa a las principales importaciones?

¿Qué representa a las principales exportaciones?

¿Cómo se encuentra la balanza comercial?

¿Qué países son los principales importadores?

¿Qué países son los principales exportadores?

Banca

¿Qué porcentaje de los bancos son de propiedad cooperativa?

¿Qué porcentaje de los bancos son de propiedad nacional y privada?

¿Qué porcentaje de los bancos son de propiedad internacional?

¿Qué porcentaje de los bancos son de propiedad gubernamental?

¿Es la normatividad bancaria estricta o en su mayoría sin control?

¿Es la normatividad aplicada correctamente?

¿Permiten las leyes que los bancos operen en otros mercados, como por ejemplo el de seguros?

¿Cuáles son los requisitos de reserva de capital? ¿Se aplican?

¿Existen grandes inversiones bancarias y existen controles significativos para limitar los comportamientos de alto riesgo?

¿Cuáles son las reservas totales de capital y la tasa de interés de cada banco?

¿Cuál es el desglose demográfico de préstamos y pagos?
¿Cuál es el desglose demográfico de ubicaciones bancarias?
¿Cuál es el tipo de interés preferencial de la banca comercial?

Cooperativas

¿Cuál es el número total de cooperativas en tu país, por estado y por sector productivo? ¿En qué estado?¿En qué sector?

¿Cuál es la proporción de negocios organizados en cooperativas en cada sector?

¿Cuánta gente está organizada en cooperativas?

¿Cuál es su porcentaje de la población?

Con el paso del tiempo ¿el porcentaje ha disminuido o aumentado?

¿Existen leyes favorables para la formación de cooperativas?

¿Tienen las cooperativas reducciones de impuestos y otros beneficios del gobierno?

¿Existen asociaciones nacionales de cooperativas?

Economía

¿Qué porcentaje de la fuerza de trabajo se encuentra en la industria, la agricultura y los servicios?

¿Qué tipo de impuestos son colectados a nivel nacional, estatal y local?

¿En cada nivel el sistema tributario es progresivo, regresivo o neutral?

¿Cuál es el ingreso por impuestos comparado con los gastos?

¿Cómo se divide proporcionalmente el gasto en cada nivel para: escuelas, salud, fuerzas armadas, policía, bomberos, sanidad, infraestructura, seguridad social, programas agrícolas, etc.?

¿Qué porcentaje del PIB representa el déficit o el superávit del presupuesto anual?

¿Cambia el déficit o el superávit rápidamente o es relativamente estable?

¿Cuál es la deuda pública total?

¿Cuál es la deuda externa total?

¿Qué porcentaje de cualquier deuda es deuda pública?

¿Qué porcentaje de cualquier deuda es deuda externa?

Combinando todos los impuestos en todos los niveles, ¿qué porcentaje del PIB se colecta por ingresos de impuestos?

¿A cuánto ascienden las reservas de divisas y de oro?

La brecha entre el rico y el pobre

¿Qué porcentaje de riqueza tiene el 20% más alto de la población?
¿Qué porcentaje de riqueza tiene el 10% más alto de la población?
¿Qué porcentaje de riqueza tiene el 1% más alto de la población?
¿Qué porcentaje de riqueza tiene el 0,1% más alto de la población?
¿Qué porcentaje de riqueza tiene el 50% más bajo de la población?
¿Qué porcentaje de riqueza tiene el 20% más bajo de la población?
¿Qué porcentaje del ingreso anual obtiene el 20% más alto de la población?
¿Qué porcentaje del ingreso anual obtiene el 10% más alto de la población?
¿Qué porcentaje del ingreso anual obtiene el 1% más alto de la población?
¿Qué porcentaje del ingreso anual obtiene el 0,1% más alto de la población?
¿Qué porcentaje del ingreso anual obtiene el 50% más bajo de la población?
¿Qué porcentaje del ingreso anual obtiene el 20% más bajo de la población?
¿Cómo han cambiado estas distribuciones en los últimos 10 años? ¿En los últimos 5 años?
¿Qué está distribuido de manera más desigual, el ingreso o la riqueza?

Pobreza

¿Cómo define el gobierno el actual nivel de pobreza?
¿Cuánta gente se encuentra por debajo de este nivel de pobreza?
¿Qué porcentaje de la población es?
¿Cuánta gente se encuentra por debajo del nivel de pobreza extrema definido por las Naciones Unidas de 1,25 dólares por día?
¿Cómo ha cambiado el índice de pobreza con el paso del tiempo?
¿Cuál es el nivel de pobreza rural?
¿Cuál es el nivel de pobreza urbana?
¿Existen algunos grupos que sufren más pobreza que otros?

Desempleo

¿Cuál es el nivel de desempleo definido por el gobierno?
¿Cuánta gente hay desempleada?

¿Cuál es el nivel real de desempleo?

¿Existen algunos grupos que sufren más desempleo que otros?

¿Qué porcentaje de la población económicamente activa está subempleada?

¿Cuál es el salario mínimo?

¿A cuánto equivale un salario suficiente para cubrir las necesidades mínimas?

¿Están cambiando los salarios reales? Si es así, ¿cómo?

Crimen y corrupción

¿Cuáles son las estadísticas de crímenes violentos?

¿Cómo han evolucionado estos números con el paso del tiempo?

¿Cómo son los índices de violaciones y de violencia doméstica?

¿Cuántos casos de corrupción han sido abiertos, cuántos han sido perseguidos y cuántos han tenido sentencias de culpables?

¿Cuántos de estos casos involucran a oficiales de policía, empleados del gobierno y dueños de negocios?

¿Cuál es el nivel de corrupción perceptible?

¿Cuál es la población existente en las prisiones?

¿Ha aumentado con el paso del tiempo?

¿Cuántos incidentes violentos ocurren en las prisiones?

¿Existe algún grupo social en especial que represente un alto porcentaje en las prisiones?

Si es así, ¿reciben los miembros de este grupo sentencias mayores por los mismos crímenes que cometen los de otros grupos?

Medios de comunicación y publicidad

¿Cuántas estaciones de televisión existen? ¿Cuántas son del gobierno, privadas, y cooperativas? ¿Cuántas pro-gobierno, de oposición? ¿Cuántas transmiten en el aire y cuántas por cable?

¿Cuántas estaciones de radio existen y cuáles son sus filiaciones?

¿Cuáles son las 10 revistas y periódicos con mayor circulación?

¿Cuándo fueron fundados?

¿Qué grado de concentración hay en la propiedad de los medios? Es la TV, la radio y los medios impresos propiedad de la misma compañía?

¿Qué es el “mito de la belleza” y cómo afecta esta cultura?

¿Cuál es el gasto total en publicidad?

¿Cómo se divide este gasto entre TV, radio, anuncios impresos, espectaculares y otros?

¿Cómo se divide este gasto entre sectores, tales como el de bebidas alcohólicas, comida rápida, cigarros, refrescos embotellados y automóviles?

¿Cuánto dinero se gasta en propaganda política?

¿De qué manera los anunciantes ejercen presión editorial?

¿De qué manera el gobierno ejerce presión editorial?

¿Tiene el gobierno autoridad para censurar de manera directa?

Migración urbana

¿A cuánto asciende la población rural?

¿A cuánto asciende la población urbana?

¿Cómo se ha modificado su relación porcentual en el paso del tiempo?

¿Cuáles son las principales razones para estos patrones migratorios?

Tenencia de la tierra

¿Quién es propietario de la mayoría de la tierra? ¿Qué grado de concentración hay en la propiedad de la tierra entre la población?

¿Cuánta tierra posee el gobierno y cómo la utiliza?

¿Pueden los extranjeros ser dueños de la tierra?

¿Cómo son los impuestos sobre la propiedad de la tierra urbana, rural? ¿Cómo se calculan sus tasas impositivas?

¿Ha habido ocupación de tierras rurales? Si es así, ¿cuántas? ¿Los medios les llaman "ocupaciones" o "invasiones"?

¿Existe una reforma de la tierra? Si es así, ¿cuántas hectáreas han sido redistribuidas por el gobierno?

¿Cuántas hectáreas más están siendo consideradas para redistribución?

¿Ha el gobierno tomado tierras y no las ha distribuido?

Racismo

¿Cómo es la demografía de los principales grupos étnicos de la población?

¿Cuál es la población indígena y sus idiomas?

¿Cuál es la proporción de negocios administrados por grupos étnicos específicos?

¿Cuál es la proporción de profesores universitarios de grupos étnicos específicos?

¿Cuál es la proporción de grupos étnicos específicos en cargos públicos de elección popular en cada nivel de gobierno?

¿El pago correspondiente a un trabajo con la misma calificación es igual para todos los grupos étnicos?

¿Cuáles son las características demográficas (edad, género, nivel de ingreso, raza y etnicidad) de los actores y modelos en dos horas de televisión durante un horario de alta audiencia?

¿Cuáles son las características demográficas de todas las modelos en los anuncios de una revista comercial?

Sexismo

¿Qué proporción de los negocios es administrada por mujeres?

¿Qué proporción del profesorado universitario es de mujeres?

¿Cuál es la proporción de mujeres en cargos públicos de elección popular en cada nivel de gobierno?

¿Cuántos refugios existen para víctimas de abuso doméstico?

¿Existen líneas de emergencia para víctimas de abuso doméstico ya sea del gobierno o privadas?

¿Reciben las mujeres igual pago que los hombres con las mismas competencias?

¿Cuál es el índice de divorcios?

¿Cuánto dura el matrimonio promedio?

¿Cuántas madres solteras hay? ¿Padres solteros?

¿Es más probable que las mujeres y los niños vivan en pobreza?

¿Son los índices de desempleo mayores o menores para las mujeres? Si son menores, ¿puede eso también significar una evidencia de sexismo?

Educación

¿Qué porcentaje del PIB se gasta en educación?

¿Cuál es el gasto por estudiante?

¿Cuál es la relación promedio entre maestro/estudiante en diferentes niveles educativos?

¿Cómo son los salarios de los profesores en comparación con otros profesionales con calificación similar?

¿Cuántos estudiantes se inscriben en las universidades?

¿Qué porcentaje de estudiantes completa el grado preuniversitario?

¿Qué porcentaje de estudiantes que completa el grado preuniversitario se inscribe en las universidades?

¿Cuál es el costo de educación en una universidad privada y en una universidad pública?

¿Cuál es el número total de profesores?

¿Cuál es el número total de escuelas?

¿Cuántas escuelas son públicas y cuántas privadas?

¿Qué estadísticas existen sobre el número de niños que no asisten a la escuela?

¿Cuál es el índice de analfabetismo?

Salud mental

¿Cuál es el índice de suicidios por género (hombres y mujeres)?

¿Qué facilidades hay para tratamiento de la salud mental?

¿Cuántas personas atienden estos servicios?

¿Qué proporción de la población atiende estos servicios?

¿Cuál es el consumo estimado de medicamentos antidepresivos?

¿Qué estadísticas hay de abuso de drogas?

¿Qué estadísticas hay sobre alcoholismo?

Salud

¿Cuáles son las principales causas de mortalidad?

¿Cuáles son las principales enfermedades infecciosas?

¿Cuál es el índice de mortalidad infantil?

¿Cuál es el índice de crecimiento poblacional?

¿Cuál es el índice de malnutrición? ¿Cuál es el porcentaje respecto a la población?

¿Cuál es el índice de malnutrición infantil?

¿Cuál es su porcentaje de madres que reciben cuidados prenatales?

¿Cuál es el índice de enfermos con diabetes?

¿Cuál es la expectativa promedio de vida?

¿Cuántos médicos hay por cada 1.000 habitantes?

Contaminación

¿Cuáles son los niveles de contaminación del aire? ¿Cuáles son los niveles de dióxido de carbono?

¿Cuáles son las principales causas de la contaminación del agua y aire?
¿Cuál es la estimación de kilómetros manejados por persona?
¿Son requeridas las inspecciones de emisiones en los automóviles?
¿Hay carriles para ciclistas y tienen buen mantenimiento?
¿Qué opciones de transporte público existen?
¿Cuál es la producción de basura por persona?
¿Cuánto reciclaje llevan a cabo el gobierno y las organizaciones no gubernamentales?

Calentamiento global

¿Cuáles son los años con temperaturas más altas en tu país?
¿Están cambiando los patrones de lluvia y de nevadas? ¿Cómo?
Si los niveles del mar se incrementan un metro, ¿cómo se modificaría el mapa en tu país? ¿Cuatro metros?
¿Cuánta gente vive en esas áreas costeras bajas? (ver: http://flood.firetree.net/)

Apéndice D

Soluciones al ejercicio de planificación de bloque en el Capítulo 6

Con el 75 por ciento de la población dependiente de la agricultura, los esfuerzos de planificación deben centrarse en establecer el prama (equilibrio dinámico) en la esfera agrícola. Puesto que no se puede ocupar más gente en la agricultura, el desarrollo de una base industrial es además esencial para la generación de empleos y el incremento del poder adquisitivo de los ciudadanos del bloque "Posible".

Las áreas para concentrar nuestros esfuerzos de planificación son:

Agricultura
Industria
Finanzas
Energía
Transporte
Vivienda
Educación

Agricultura

A pesar de que "Posible" produce un excedente, aún importa alimentos, principalmente artículos de lujo como el café, enlatados y otros alimentos procesados. Los alimentos representan el mayor rubro de exportación y al mismo tiempo el de mayor importación. El alto índice de desnutrición se debe a una capacidad inadecuada de compra más que a cualquier falta de comida. Aunque la comida está en la red comercial, mucha gente no tiene posibilidad de comprarla.

El hecho de que el 72% de la tierra cultivable está siendo utilizada indica que es posible ampliar su uso. Sin embargo, "Posible" ya produce suficiente comida, el problema es que los métodos de cultivo le proporcionan insuficiente ingreso por su trabajo. Por tanto, es en este punto donde debemos enfocar nuestros esfuerzos.

El costo de producción es tan alto que solamente se obtiene una utilidad marginal de 1.667,00 dólares anual por cada dos y media hectáreas. Sin embargo esta estimación es aún muy elevada porque no incluye el costo del trabajo que el agricultor y los miembros de su familia dedican. Si a cada persona se le diera el salario mínimo, los agricultores perderían dinero en la actividad. En este momento debemos reconocer que la mayoría de las áreas de cultivo no son rentables.

¿Qué debemos hacer para incrementar la eficiencia?

Un camino es el de organizar a los agricultores en cooperativas. Esto requiere una organización de base que toma tiempo en desarrollarse. Sin embargo, aun con la organización en cooperativas, es claro que la agricultura tiene que hacerse más eficiente. Esto quiere decir que menos gente debe trabajar la tierra y la gente desplazada necesitará un empleo alternativo. No se puede incrementar la capacidad de compra de unos pocos por medio de la eliminación de la fuente de ingresos de otros.

¿Cómo entonces incrementar el poder adquisitivo? Existen algunas posibilidades.

1. Incrementar la productividad e la tierra: Esto se realizó en el pasado con la Revolución Verde. Sin embargo, el nivel de vida de los agricultores en lugar de subir bajó, puesto que el costo de los insumos se multiplicó. Además, provocó la dependencia de factores externos. Mientras que anteriormente la producción era relativamente independiente, ahora es altamente dependiente de fertilizantes importados, pesticidas y semillas modificadas genéticamente.

   Con la ayuda de tecnología propia e indígena se puede lograr un poco de mejoría en los campos arroceros, pero es poco probable que pueda ser significativa en un futuro cercano.
2. Reducir los costos de producción: Tal como Sarkar recomienda, la tierra en un esquema no sostenible debe consolidarse en cooperativas. Esto toma tiempo de lograrse. La subsistencia de los agricultores no puede darse el lujo de tomar riesgos y

que alguna innovación pueda perturbar el delicado equilibrio entre la sobrevivencia y el desastre. Por otro lado, quedarían convencidos si pueden ver con seguridad la prueba tangible de que la consolidación de su tierra mejoraría sus ganancias. Si podemos establecer modelos exitosos de cooperativas, la gente las copiaría.

3. Diversificar la producción: Esto es muy práctico. Se requieren estudios para determinar qué cereales o plantas pueden ser rentables. En la medida que el bloque es autosuficiente en alimentos básicos, la capacidad sobrante puede utilizarse para cultivos económicamente rentables aun en áreas que sean demasiado pequeñas para el cultivo del arroz.

   Asesorarse de los agricultores exitosos, de ONGs dedicadas al desarrollo rural y universidades agrícolas para saber qué cultivos son factibles en "Posible". Entonces pruebe sus resultados en una parcela que pueda ser observada e imitada. Las plantaciones de cocoteros y de palmeras oleaginosas han tenido éxito en otras partes del país. Las hortalizas intensivas pueden también hacerse en áreas muy pequeñas que ayudarían a reducir la malnutrición.

4. Riego: Con el riego, cada año, las cosechas y las variedades de cultivos pueden aumentar año con año. Las lluvias en "Posible" son adecuadas y es posible tomar aguas superficiales de manera sostenible y práctica de aljibes. Estudia cuidadosamente el costo de construir represas pequeñas en los ríos y su impacto en la producción. Comienza con uno o dos proyectos, y cuando tengan éxito se pueden implantar en cualquier lugar.

5. Incrementar la población de peces: Se pueden crear arrecifes artificiales con neumáticos usados. Se pueden solicitar donaciones de ellos en campañas escolares y de medios de comunicación, y los pescadores pueden estar convencidos de apoyar medio día de su trabajo para construir de manera colectiva los nuevos arrecifes.

La industria

Para dar solución a los problemas de desempleo y bajo poder adquisitivo se requiere desarrollar una base industrial. En la medida que la agricultura se hace más eficiente, la gente desplazada requerirá de nuevos empleos. Así, la reforma de la agricultura debe ir de la mano con el desarrollo de la industria local.

El primer punto de atención debe ser el de las industrias del agro que beneficien a los agricultores. Los productos hechos de arroz, como las hojuelas, los fideos o el cereal inflado, pueden producirse, incrementando el valor del arroz cosechado. Los tallos del arroz pueden también ser usados para muchas otras cosas, como en la producción de papel. Las cáscaras de arroz pueden también ser usadas en la industria del cemento.

Existe aun más potencial económico en los cocos y otras palmeras cuyas semillas son fuente de aceite; del aceite se pueden obtener otros productos, incluyendo jabones. Una fábrica de jabón puede desarrollarse para abastecer la demanda local de este producto. Las fibras de coco se usan para fabricar cuerdas, tapetes, brochas y muchos otros productos. Al incorporar estos granos de alto potencial para generar liquidez y utilizar los productos en las agroindustrias, la productividad del área se verá aumentada, el empleo aumentará así como el poder adquisitivo de la gente. Se requieren estudios detallados de factibilidad. "Posible" tiene la materia prima y la fuerza de trabajo, pero necesitamos calcular si la producción será sostenible y si hay mercado para los productos.

Asimismo, los depósitos calcáreos representan un potencial para la fabricación de cemento que se debe estudiar cuidadosamente. Debido al costo de cemento y bloques de cemento, que tienen que importarse de lejos, la gente usualmente construye edificaciones de bambú, lodo y carrizo que duran solamente unos pocos años. Con la producción local de cemento, es posible estimular la construcción de estructuras más permanentes. El cemento también puede exportarse a las áreas vecinas que no cuentan con recursos calcáreos.

Se importa aceite de cocina, cuerdas, jabón, cemento y otros productos importantes, aun cuando existe el potencial de producirlos a partir de materias primas locales. El principio de emparejar la oferta con la demanda requiere que corrijamos este desequilibrio. El principio de máxima utilización de la tierra sugiere que algunas de estas plantaciones de coco y palma pueden desarrollarse en tierra actualmente ociosa.

Se deben realizar detallados estudios sobre el costo de materias primas, maquinaria, mano de obra y otros factores para definir un margen razonable de ganancia. La tecnología intensiva en mano de obra es con frecuencia más adecuada en áreas rurales pobres que la intensiva en capital, aun cuando en apariencia se ve más rentable, porque la maquinaria importada puede causar retrasos significativos al importar sus repuestos o implementar procesos de mantenimiento. Más aun, el objetivo de Prout es el de maximizar el consumo y no la ganancia. Con un mayor número de trabajadores copropietarios, los salarios pagados son reparto de ganancias y el dinero regresa a la gente local para incrementar su capacidad de compra. Esto incrementará el consumo local y estimulará la totalidad de la economía.

Finanzas

En la economía capitalista de la República de los Estados Inflacionarios, REI, las posibilidades de obtener créditos y fondos para proyectos de desarrollo son limitadas. En "Posible" los agricultores y pequeños emprendedores se encuentran a merced de los agiotistas locales que cobran 10% mensual de interés.

En consecuencia, iniciar bancos cooperativos debe ser el primer paso hacia la solución de los problemas de crédito para agricultores y pequeños emprendedores. Estas uniones de crédito favorecerán a las cooperativas, dando mayor estímulo al trabajo de grupo para los agricultores. Sin embargo, estos bancos no podrían financiar proyectos más grandes como el de una fábrica de cemento. Aun así, si la banca cooperativa y el gobierno municipal lo aprueban en conjunto, se podría negociar un préstamo mayor patrocinado por una ONG.

Energía

Asegúrate de considerar las necesidades de energía para diferentes proyectos. Analiza fuentes de energía tradicional y alternativa.

Vivienda, transporte y educación

De la misma manera que tratamos la agricultura y la industria, realiza planes paulatinos, paso a paso, para la vivienda, el transporte, la educación, y otras actividades. Atiende a los problemas, considera las opciones y elabora propuestas prácticas. Utiliza los cinco principios fundamentales de Prout para orientar tus esfuerzos en la planificación. Considera la oferta y la demanda de todos los bienes y asegúrate de que la tierra está siendo utilizada adecuadamente. Para cada proyecto económico, considera el costo de producción y busca la máxima productividad. Como un objetivo general, trata de aplicar reformas que incrementen de manera gradual el poder adquisitivo de la gente y aseguren la satisfacción de las necesidades colectivas de la comunidad.

Formulación del plan

Con estas ideas, aprenderás a realizar una planificación detallada. Esta planificación implica visitar cada población y dialogar con la gente para establecer sus problemas y su potencial, para determinar cuáles son las pequeñas industrias que podrían tener éxito, qué caminos son necesarios y dónde los proyectos prototipo deben iniciarse. El establecimiento de estos puntos debe hacerse en cooperación con la gente de la localidad.

Una de las metas iniciales es la de establecer modelos exitosos para demostrar que algo realmente funciona antes de que la gente lo replique. Las Unidades Maestras y los proyectos de servicio comunitario representan un papel fundamental en la credibilidad de las comunidades locales.

Por supuesto que si "Posible" fuera parte de un país que sigue las políticas de Prout, su crecimiento hacia la autosuficiencia económica sería mucho más rápido. El crédito daría libertad a los proyectos locales y no se permitiría el desperdicio de riqueza. Las materias primas no se venderían más a las multinacionales. Las industrias locales, como las emergentes de cemento y Jabón, recibirán protección local.

Comentario final

Este ejercicio seleccionó de manera intencional un bloque que se encuentra empobrecido y limitado en su potencial. El reto es hacer esto en un área en el mundo real para aumentar el poder adquisitivo y la calidad de vida de la gente que vive en ella. La planificación y la implementación de Prout es aún relativamente nueva; nos gustaría que pudieran compartir sus experiencias en la medida en que las pongan en práctica. ¡Buena suerte en sus esfuerzos de planificación!

Adaptado de *An Introduction to Block-Level Planning*, por Caetana, Prout Research Institute, 1992, 60 páginas, disponible para descargarse en Resources de www.priven.org.

Apéndice E

Lemas de Prout

Los lemas cortos e impactantes, de 5 a 12 palabras, pueden inspirar a la gente y despertar su curiosidad sobre Prout. Selecciona tus favoritos, combínalos, crea los tuyos propios. Colócalos en pendones, avisos, y camisetas y franelas, con pequeñas letras al final "Teoría de la Utilización Progresiva" (Prout) y la página local de internet.

Una nueva visión para todos los seres vivos.
Necesidades básicas para todos.
Sé luz en la oscuridad.
"Sé un revolucionario guiado por los grandes sentimientos del amor". Che.
"Sé el cambio que quieres ver en el mundo". Gandhi
Las aves necesitan dos alas para volar —la sociedad participación plena de la mujer.
Capitalismo: Bueno para el rico, desastroso para el pobre.
La explotación capitalista es el homicidio de los seres humanos y del planeta.
La avaricia capitalista es una enfermedad mental —intenta Prout.
¡La codicia capitalista está destruyendo nuestro planeta!
Las cooperativas son autoayuda, no caridad.
Las cooperativas crean empleo: 100.000.000, más que las corporaciones.
Las cooperativas empoderan a la gente para decidir su propio futuro.
Las empresas cooperativas construyen un futuro mejor.
Las cooperativas son empresas con alma.
Las cooperativas son los negocios del futuro.
Las tiendas corporativas entregan tu dinero a los inversionistas ricos—¡compra localmente!

¡Libertad cultural, libertad económica, libertad espiritual!

Cada uno de los aquí presentes representa a millones sufriendo del capitalismo global.

Democracia económica por medio de las cooperativas y la autosuficiencia regional.

Democracia económica, no a la hegemonía política.

¡Democracia económica: Cooperativas de la gente, por la gente, para la gente!

Democracia económica: Empoderamiento económico de la gente y comunidades.

¡Democracia económica: Economía de la gente, por la gente, para la gente!

Liberación económica para todos.

Economía desde el corazón.

La educación y el empleo liberarán a todas las mujeres de la dependencia económica.

Termina con la explotación económica.

Termina con el hambre —hay suficientes alimentos en el planeta pero no suficiente voluntad.

El terminar con los regímenes represivos comienza en casa.

¡No más explotación!

Lucha por la justicia, medita por la paz interna.

Por una sociedad libre de explotación.

Por la transformación personal y del planeta.

Por el bien de todos los seres.

Globaliza a la humanidad, regionaliza a la economía.

Cultiva tu propia economía.

Humanos del mundo ¡únanse!

La sociedad humana es una e indivisible.

Empleo significativo con salario suficiente es nuestro derecho.

El dinero es una invención humana, PODEMOS cambiar las reglas.

El Neo-humanismo: Amor para la humanidad y todos los seres vivos.

¡Mil millones no pueden equivocarse: las cooperativas funcionan!

¡Una gente, un planeta, un futuro!

El planeta Tierra tiene suficiente para todos si lo compartimos.

¡Prout, Prout, la única salida!

¡Prout: Alternativa al "colonialismo global"!

El materialismo desenfrenado nos cuesta el planeta.

La distribución racional de la riqueza, necesidades básicas para todos.

La educación de verdad es la que nos lleva a la liberación.

Soluciones reales para un mundo mejor.

La verdadera riqueza viene del interior.

Recupera la economía para la comunidad.

Revolución = Transformación total.

Salva una especie en peligro: ¡Humanos!

Autosuficiencia, cooperativas y espiritualidad.

Fija máximos salarios para el bienestar de todos.

Comparte la riqueza por medio de economías locales basadas en las cooperativas.

Compartiendo la riqueza de nuestro planeta.

Apoya las cooperativas de crédito y ahorro, no a los bancos.

La fuerza que guía a las estrellas te guía a ti también.

¡Hay suficiente para cubrir las necesidades de todos, pero no para la codicia de unos pocos!

"El bienestar del mundo no tiene oportunidad a menos que la condición de las mujeres mejore". P.R. Sarkar

Piensa globalmente, actúa localmente.

Juntos podemos construir un mundo mejor.

Transfórmate a ti mismo y transforma a la sociedad.

Transfórmate a ti mismo y transforma al mundo.

Unificando a las comunidades para la Auto-sostenibilidad.

¡Unidad en la diversidad!

Todos estamos conectados.

Todos estamos en el planeta.

Somos una familia universal.

Somos parte del universo, descubre a la divinidad en tu interior.

¡Tenemos un sueño —alimento para todos, empleo para todos!

Necesitamos un tope a la riqueza.

Donde toda la vida importa.

Trabajando juntos para un nuevo mundo.

Bibliografía

Abhayananda, Swami. *History of Mysticism: The Unchanging Testament.* London: Watkins Publishing, 2002.

Albert, Michael. *Parecon: Life After Capitalism.* New York: Verso Books, 2003.

Alinsky, Saul. *Tratado para radicales : manual para revolucionarios pragmáticos.* Proyecto Editorial Traficantes de Sueños, 2012.

Alperovitz, Gar. *America Beyond Capitalism.* Hoboken, NJ: John Wiley and Sons, 2004.

Arruda, Marcos. *Intercambiando visiones sobre una economía responsable, plural y solidaria.* Rio de Janeiro: ALOE, 2008.

Augros, Robert and George Stanciu. *The New Biology: Discovering the Wisdom of Nature.* Boulder, CO: Shambhala, 1987.

Aung San Suu Kyi. *Libres del miedo y otros escritos.* Círculo de Lectores, S.A., 1994

Batra, Ravi. *Progressive Utilization Theory: Prout: An Economic Solution to Poverty in the Third World.* Manila: Ananda Marga Publications, 1989.

Benjamin, César e Tânia Bacelar de Araújo. *Brasil: Reinventar o Futuro.* Sindicato dos Engenheiros no Rio de Janeiro, 1995.

Bettelheim, Charles. *India Independent.* New York: Monthly Review Press, 1968.

Betto, Frei. *Fidel y la religión.* Habana: Oficina de Publicaciones del Consejo de Estado, 1985.

Bhaskarananda, Acarya Avadhuta. *Social Dynamics and Social Movements: Shrii P. R. Sarkar's Vision for Society.* Anandanagar, India: Psychospiritual Research Foundation, 2001.

Bjonnes, Ramesh. *Sacred Body, Sacred Spirit: A Personal Guide to the Wisdom of Yoga and Tantra.* San Germán, Puerto Rico: InnerWorld Publications, 2012.

Bly, Robert. *Iron John : una nueva visión de la masculinidad.* Gaia

Ediciones, 2011.
Bobo, Kimberley et al. *Organizing for Social Change: Midwest Academy Manual for Activists.* Cabin John, MD: Seven Locks Press, 2001
Boggs, Grace Lee. *The Next American Revolution: Sustainable Activism for the Twenty-First Century.* Berkeley, CA: University of California Press, 2011.
Bornstein, David. *El precio de un sueño: La aventura e Muhammad Yunus y el Grameen Bank.* Caracas: Debate, 2006
Brown, Ellen. *Web of Debt: The Shocking Truth About Our Money System —The Sleight of Hand That Has Trapped Us in Debt and How We Can Break Free.* Baton Rouge, LA: Third Millennium Press, 2007.
Brown, Lyn Mikel, and Carol Gilligan. *Meeting at the crossroads: Women's psychology and girls' development.* Cambridge, MA: Harvard University Press, 1992.
Caetanya. *An Introduction to Block Level Planning: A Manual for PRI Staff.* New Delhi: Prout Research Institute, 1992. www.proutworld.org/ideology/ecdem/BLP.pdf
Cahill, Kevin. *Who Owns Britain?* London: Canongate, 2002.
—. *Who Owns the World: The Surprising Truth About Every Piece of Land on the Planet.* New York: Grand Central Publishing, 2010.
Camacho, Carlos José Molina and Alberto García Müller. *Cooperativas: Principios, Valores, Organización, Manejo.* Caracas: Panapo, 2006.
Capra, Fritjof. El t*ao de la física.* Luis Cárcamo, Editor, 1987.
—. *Sabiduría insólita : conversaciones con personajes notables.* Editorial Kairós, S.A., 2009.
Cavanaugh, John and Jerry Mander, eds. *Alternativas a la globalización económica : un mundo mejor es posible.* Editorial Gedisa, S.A., 2003.
Center for Human Rights and Global Justice. *Every Thirty Minutes: Farmer suicides, human rights, and the agrarian crises in India.* New York: NYU School of Law, 2011.
Chomsky, Noam. *Cómo funciona el mundo : conversaciones con David Barsamian.* Madrid: Clave Intelectual SL, 2012.
—. *Occupy* (Occupied Media Pamphlet Series). New York: Zuccotti Park Press, 2012.
—, with David Barsamian. *Secrets, Lies and Democracy.* Tucson: Odonian Press, 1994.
Consedine, Jim, and Helen Bowen. *Restorative Justice: Contemporary Themes and Practice.* New Zealand: Ploughshares Publications, 1999.
—. *Restorative Justice: Healing the Effects of Crime.* New Zealand:

Ploughshares Publications, 1999.

Danaher, Kevin, Shannon Biggs and Jason Mark. *Building the Green Economy: Success Stories from the Grassroots.* Sausalito, CA: Polipoint Press, 2007

Devashish. *Anandamurti: The Jamalpur Years.* San Germán: InnerWorld Publications, 2010.

Dyer, Bruce, ed. *Conference papers from Globalization or Localisation: Reclaiming the Economy for the Community.* Nelson, New Zealand: Proutist Universal, 2001.

Eisenstein, Charles. *Sacred Economics: Money, Gift and Society in the Age of Transition.* Berkeley, CA: Evolver Editions, 2011.

Fuller, R. Buckminster and Anwar S. Dil. *Humans in Universe.* New York: Mouton, 1983.

Gaffney, Mason and Fred Harrison. *The Corruption of Economics.* London: Shepheard-Walwyn, 1994.

Galbraith, John Kenneth. *La economía y el objetivo público.* Plaza & Janés Editores, S.A., 1975.

Galeano, Eduardo. *Patas arriba : la escuela del mundo al revés.* Montevideo: Picador, 2001.

—. *Las venas abiertas de América Latina.* Siglo XXI de España Editores, S.A., 2013.

George, Henry. *Progress and Poverty: An Inquiry Into the Cause of Industrial Depressions, and of Increase of Want with Increase of Wealth, the Remedy.* Garden City, NY: Doubleday, 1912.

Ghista, Dhanjoo and Michael Towsey. *Self-Reliant Regional Proutistic Development.* Delhi: Prout Research Institute, 1991.

Giecek, Tamara Sober. *Teaching Economics as if People Mattered: A High School Curriculum Guide to the New Economy.* Boston: United for a Fair Economy, 2000.

Goleman, Daniel, Richard E. Boyatzis and Annie McKee. *El líder resonante crea más : el poder de la inteligencia emocional.* Debolsillo, 2003.

Greider, William. *One World, Ready or Not: The Manic Logic of Global Capitalism.* New York: Simon & Schuster, 1997.

Grossman, Lt. Col. Dave. *On Killing: The Psychological Cost of Learning to Kill in War and Society.* New York: Back Bay Books, 1996.

Hahnel, Robin. *Panic Rules!* Cambridge, MA: South End Press, 1999.

Hancock, Graham. *Lords of Poverty: The Power, Prestige and Corruption of the International Aid Business.* New York: Atlantic Monthly Press, 1992.

Hartzok, Alanna. *The Earth Belongs to Everyone: Articles and Essays by Alanna Hartzok*. Radford, VA: The Institute for Economic Democracy Press and Earth Rights Institute, 2008.

Hawken, Paul. *Blessed Unrest: How the Largest Social Movement in History is Restoring Grace, Justice and Beauty to the World*. New York: Penguin Books, 2007.

Henderson, Hazel. *Ethical Markets: Growing the Green Economy*. White River Jct., VT: Chelsea Green Publishing, 2006.

Hopkins, Rob. *The Transition Handbook: From oil dependency to local resilience*. White River Junction, VT: Chelsea Green Publishing, 2008.

Huxley, Aldous. *La filosofía perenne*. Edhasa, 2010.

Inayatullah, Sohail. *Situating Sarkar: Tantra, Macrohistory and Alternative Futures*. Maleny, Australia: Gurukula Press, 1999.

—. *Understanding Sarkar: The Indian Episteme Macrohistory and Transformative Knowledge*. Leiden, the Netherlands: Brill, 2002.

— and Jennifer Fitzgerald, eds. *Transcending Boundaries: Prabhat Ranjan Sarkar's Theories of Individual and Social Transformation*. Maleny, Australia: Gurukula Press, 1999.

—, Marcus Bussey and Ivana Milojevic, eds. *Neohumanist Educational Futures: Liberating the Pedagogical Intellect*. Taipei: Tamkang University, 2006.

Jitendrananda, Dada and Paul Wildman. *Here, Together, Now — A Neo-Humanist Guidebook for Human Development*. Auckland, New Zealand: Prosperity Press, 2002.

Jones, Bart. *¡Hugo! The Hugo Chávez Story from Mud Hut to Perpetual Revolution*. Hanover, NH: Steerforth Press, 2007.

Jyotirupananda, Dada. *Meditation: Searching for the Real You*. Washington: O Books, 2009.

Karlyle, Jake and Michael Towsey, eds. *Essays on Sustainability and Transformation: Understanding Prout, Volume 1*. Maleny, Australia: Proutist Universal, 2010.

Katsiaficas, Georgy. *The Subversion of Politics: European Autonomous Social Movements and the Decolonization of Everyday Life*. Oakland, CA: AK Press, 2006.

Kennedy, Margrit. *Interest and Inflation Free Money: Creating an Exchange Medium that Works for Everybody and Protects the Earth*. E. Lansing, MI: Seva International, 1995.

Kohn, Alfie. *No Contest: The Case Against Competition*. 2nd, Revised edition, Boston: Houghton Mifflin, 1992.

Korten, David C. *El mundo post empresarial : la vida después del capitalismo*. Ediciones Granica, S.A., 2000.

Krtashivananda, Acarya. *Prout Manifesto*. Copenhagen: Proutist Universal, 1988.

—. *Prout: Humanistic Socialism and Economic Democracy*. Copenhagen: Prout Research Institute, 2011.

Lappé, Frances Moore, Joseph Collins and Peter Rosset, with Luis Esparza. *Doce mitos sobre el hambre : un enfoque esperanzador para la agricultura y la alimentación del siglo XXI*. Icaria editorial, 2005.

Levin, Diane E. and Jean Kilbourne. *So Sexy So Soon: The New Sexualized Childhood and What Parents Can Do to Protect Their Kids*. New York: Ballantine Books, 2009.

Lewis, Norman. *Misioneros : Dios contra los indios*. Herder Editorial S.L., 1998.

Lichauco, Alejandro. *Nationalist Economics: History, Theory and Practice*. Manila: SPES Institute, 1988.

Loewen, James W. *Lies My Teacher Told Me: Everything Your American History Textbook Got Wrong*. New York: The New Press, 1995.

Lozoff, Bo. *Una Vida Sagrada*. Durham, NC, EE.UU.: Human Kindness Foundation, 2004.

Magnuson, Joel. *Mindful Economics: How the U.S. Economy Works, Why it Matters, and How it Could Be Different*. New York: Seven Stories Press, 2008.

Maheshvarananda, Dada. *After Capitalism: Prout's Vision for a New World*. Copenhagen: Proutist Universal, 2003.

Mandela, Nelson. *El largo camino hacia la libertad : la autobiografía de Nelson Mandela*. Aguilar, 2012.

Mander, Jerry and Edward Goldsmith, eds. *The Case Against the Global Economy: and for a Turn Toward the Local*. San Francisco: Sierra Club Books, 1996.

Maslow, Abraham. *Motivación y personalidad*. Ediciones Díaz de Santos, S.A., 1991.

McKibben, Bill. *Deep Economy: The Wealth of Communities and the Durable Future*. New York: Henry Holt & Company, 2007.

McQueen, Humphrey. *The Essence of Capitalism: How we can learn everything about modern companies and the way the global economy is run by international corporations from the biggest soft drinks maker in the world*. London: Profile Books Ltd., 2001.

Melman, Seymour. *After Capitalism: From managerialism to workplace democracy*. New York: Alfred A. Knopf, 2001.

Neihardt, J. *Alce Negro habla.* José J. de Olañeta, Editor. 1984.

Nichols, John. *Uprising: How Wisconsin Renewed the Politics of Protest, from Madison to Wall Street.* New York: Nation Books, 2012.

Mondragon Corporacion Cooperativa. *Introducción a la Experiencia Cooperativa de Mondragón.* Mondragón, Spain: Otalora, 1997.

Plotkin, Mark J. *Tales of a Shaman's Apprentice: An Ethnobotanist Searches for New Medicines in the Amazon Rain Forest.* New York: Viking Penguin, 1993.

Prasiidananda, Acarya. *How to Introduce the Ideas of Ananda Marga and Prout to the Public.* Manila: Ananda Marga Publications, 1989.

—. *Neo-Humanist Ecology*. Manila: Ananda Marga Publications, 1990.

Proceedings of the Proutist Universal Global Convention, 20-27 July 2009, Ananda Gaorii, Denmark. Copenhagen, Denmark: Proutist Universal, 2010.

Prout Research Institute. *Togo: A Proutist approach for solving the problems of lowered living standards, unemployment and rural poverty.* Togo: Prout Research Institute, 1991.

Proutist Writers' Group of New York Sector. *A Comprehensive Guide to the Study of Prout*. Second Edition. Washington: Proutist Universal, 1999.

Restakis, John. *Humanizing the Economy*. Gabriola Island, BC: New Society Publishers, 2010.

Runde, Craig E. and Tim A. Flanagan. *Becoming a Conflict Competent Leader: How Your Organization Can Manage Conflict Effectively.* Sausalito, CA: John Wiley & Sons, Inc., 2007.

Rynn, Jon. *Manufacturing Green Prosperity: The Power to Rebuild the American Middle Class.* Santa Barbara, CA: Praeger, 2010.

Sadat, Anwar. *In Search of Identity: An Autobiography.* New York: Harper Collins, 1987.

Sarkar, Prabhat Ranjan. *The Awakening of Women.* Calcutta: Ananda Marga Publications, 1995.

—. *Economia Proutista.* Córdoba, Argentina: Publicaciones Ananda Marga, 1996.

—. *Gemas de la Sabiduria Universal: Pensamientos de P.R. Sarkar.* Buenos Aires: Publicaciones Ananda Marga, 1994

—. *Human Society: Part Two*. Anandanagar, India, Ananda Marga Publications, 1963, 1998 (revised translation).

—. *Ideal Farming: Part 2*. Calcutta: Ananda Marga Publications, 1990.

—. *Neo-humanismo : ecología, espiritualidad y expansión mental.* Ananda Marga Pracaraka Samgha, 2006.

Sharp, Gene. *The Politics of Nonviolent Action, Vol. 2: The Methods of Nonviolent Action.* Boston: Porter Sargent Publishers, 1973.

Schumacher, E.F. *Lo pequeño es hermoso.* Akal, 2011.

Schweickart, David. *After Capitalism (New Critical Theory).* Lanham, MD: Rowman & Littlefield Publishers, 2011.

Sen, Amartya. *Sobre ética y economía.* Alianza Editorial, S.A., 1999.

Seymour, John and Herbert Girardet. *Proyecto para un planeta verde.* Hermann Blume, 1987.

Shafarman, Steven. *We the People: Healing Our Democracy and Saving Our World.* California: Gain Publications, 2001.

Shambhushivananda, Dr. *PROUT: Neo-humanistic Economics.* Mainz, Germany: Dharma Verlag, 1989.

Shostak, Arthur B. ed. *Viable Utopian Ideas: Shaping a Better World.* New York: Armonk, 2003.

Smith, Linda Tuhiwai. *Decolonizing Methodologies: Research and Indigenous Peoples.* London: Zed Books, 1999.

Stiglitz, Joseph E. *Cómo hacer que funcione la globalización.* Taurus Ediciones, 2006.

Survival International. *Disinherited: Indians in Brazil.* London: Survival International, 2000.

Suzuki, David. *El legado : la sabia visión de un anciano para un futuro sostenible*, Ediciones Octaedro, S.L, 2012.

Tadbhavananda, Acarya. *Samaj: A New Dimension in Politics.* Delhi: Proutist Universal, 1987.

Teasdale, Wayne. *A Monk in the World: Cultivating a Spiritual Life.* Novato, CA: New World Library, 2002.

Weatherford, Jack. *El legado indígena : de cómo los indios americanos transformaron el mundo.* Editorial Andrés Bello, 2000.

Wilkinson, Richard and Kate Pickett. *Desigualdad : un análisis de la (in) felicidad colectiva.* Turner Publicaciones, S.L., 2009.

Williams, Richard C. *The Cooperative Movement: Globalization from Below.* Burlington, VT: Ashgate, 2007.

Wilpert, Gregory. *La transformación en Venezuela: hacia el Socialismo del Siglo XXI.* Caracas: Monte Avila, 2008.

Zinn, Howard. *La otra historia de los Estados Unidos.* Argitaletxe Hiru, S.L., 1997.

Notas

Prólogo

1. Para más información sobre solidaridad socioeconómica, ver: http://www.fbes.org.br. Encontrarás documentos que analizan y describen prácticas y propuestas innovadoras relacionadas con las diferentes áreas de la socioeconomía en el contexto de la actual globalización. Ver además la serie de folletos "Planting Socioeconomy", PACS, Rua Evaristo da Veiga, 47, sala 702, 20031-040 Rio de Janeiro, Brazil, tel/fax (55) 21 2210 2124, adm@pacs.org.br.
2. "Compasión" quiere decir sentir con el Otro, sufrir con el Otro, soñar con el Otro.
3. "En mi opinion, la lucha por los altos valores humanos es la esencia de la obra de Marx. En mis *Humanizar o Infra-Humano: Homo Evolutivo, Práxis e Economia Solidária* y *Tornar Real o Possível: Economia Solidária, Desenvolvimento e o Futuro do Trabalhopublicados por* Editora Vozes, comparo las ideas de cuatro autores importantes: Sri Aurobindo, Karl Marx, Teilhard de Chardin, y Humberto Maturana de Chile. Todos ellos cohinciden en la promoción de los valores humanos, como una cooperación, comunicación, solidaridad y amor en aumento como la fuerza que impulsa nuestra evolución".

Introducción

1. *After Capitalism: Prout's Vision for a New World* (Copenhagen: Proutist Universal, 2003) ha sido traducida al portugués, español, alemán, italiano, finlandés, polaco, húngaro, coreano y japonés.
2. Mi correo electrónico es maheshvarananda@prout.org.ve
3. Mientras que en 1921 se catalogó como el año de nacimiento de

Sarkar en mi libro previo, la investigación realizada por Devashish en su libro *Anandamurti: The Jamalpur Years* (San Germán, Puerto Rico: InnerWorld Publications, 2010) confirmó de que pudo haber sido en realidad en 1922.

1. El fracaso del capitalismo mundial y las depresiones económicas

1. P.R. Sarkar, *Problems of the Day* (Calcutta: Ananda Marga Publications, 1968) p. 2.
2. 3,14 miles de millones de personas viven con menos de $2,50 dólares Americanos al día (people live on less than $2.50 a day (en la Paridad del Poder Adquisitivo del 2005). *World Bank Development Indicators*, 2008.
3. Howard Zinn, *La otra historia de los Estados Unidos (*Argitaletxe Hiru, S.L., *1997*).
4. Webb, Walter Prescott, "The Frontier and the 400-Year Boom" in *The Turner Thesis* (Lexington: Heath, 1949) p. 138.
5. Para una excelente información sobre esta explotación, ver: Eduardo Galeano, *Las venas abiertas de América Latina* (Siglo XXI de España Editores, S.A., 2013).
6. Elikia M'bokolo, "The Impact of the Slave Trade on Africa" en *Le Monde diplomatique*, 2 abril 1998. http://mondediplo.com/1998/04/02africa y Eric Williams, *Capitalism and Slavery* (Chapel Hill, NC: The University of North Carolina Press, 1994).
7. Charles Bettelheim, *India Independent* (New York: Monthly Review Press, 1968) p. 47.
8. Walden Bello proporciona un análisis claro sobre este acuerdo en *Capitalism, Nature, Socialism*, marzo 2000, Vol. 11, número 1, p. 3.
9. Tim Weiner, "How the CIA Took Aim at Allende," *The New York Times*, 12 septiembre 1998.
10. Anup Shah, "Structural Adjustment—a Major Cause of Poverty", *Global Issues*, 28 noviembre 2010. http://www.globalissues.org/article/3/structural-adjustment-a-major-cause-of-poverty.
11. Noam Chomsky en *Cómo funciona el mundo : conversaciones con David Barsamian* (Madrid: Clave Intelectual SL, 2012).
12. *2012 Walmart Annual Report,* p. 19 http://walmartstores.com/AboutUs/297.aspx
13. http://www.forbes.com/billionaires/
14. "Marketers' Digital Spending to Overtake Print for First Time

Ever, According to Outsell, Inc.", 8 marzo 2010 http://www.outsellinc.com/press/press_releases/ad_study_2010.

15. Humphrey McQueen en *The Essence of Capitalism: How we can learn everything about modern companies and the way the global economy is run by international corporations from the biggest soft drinks maker in the world* (London: Profile Books Ltd., 2001).

16. Rob Mackrill, "Global Mergers and Acquisitions Up to 77% this Year", *The Daily Reckoning*, 24 mayo 2007.

17. Richard Thomas DeLamarter, *Big Blue: IBM's Use and Abuse of Power* (London: Pan, 1988) p. 24.

18. *Conference papers from "Globalization or Localization: Reclaiming the Economy for the Community"* (Nelson, New Zealand: Proutist Universal, 2001).

19. Ibid.

20. *Washington Post*, 7 diciembre 1997.

21. Mark Trumbull, "Lehman Bros. used accounting trick amid financial crisis — and earlier", *The Christian Science Monitor*, 12 marzo 2010.

22. "CSI: credit crunch". *The Economist*. 18 octubre 2007. http://www.economist.com/specialreports/displaystory.cfm?story_id=9972489

23. "The End of the Affair". *The Economist*. 2008-10-30. http://www.economist.com/world/unitedstates/displaystory.cfm?story_id=12637090

24. "Warning signs of a bad home loan (página 2 of 2)". 2008. http://www.bankrate.com/brm/news/mortgages/20040615a2.asp

25. "Senator Dodd: Create, Sustain, Preserve, and Protect the American Dream of Home Ownership". DODD. 7 febrero 2007.

26. RealityTrac, "Foreclosure Rate Lookup Chart" http://www.realtytrac.com/foreclosure/foreclosure-rates.html

27. Senator Bernie Sanders, "Fed Lifts Veil of Secrecy", 1 diciembre 2010, http://sanders.senate.gov/newsroom/news/?id=02b6e63c-8e86-4a82-8340-7f83c7d329af

28. "Failed Bank List". Federal Deposit Insurance Corporation. United States Government. Tomado del original del 17 octubre 2010. http://www.webcitation.org/5mrFV7b3r

29. Jeff Green, "Most U.S. Factory Jobs Lost in Slump May Stay Empty in Recovery", Bloomberg Businessweek, 28 abril 2010.

30. Emily Brandon, "Retirement Accounts Have Now Lost $3.4 Trillion", U.S. News & World Report: Money, 13 marzo 2009 http://money.usnews.com/money/blogs/planning-to-retire/2009/03/13/retirement-accounts-have-now-lost-34-trillion

31. http://www.bls.gov/news.release/empsit.nro.htm

32. V. Dion Haynes, "U.S. unemployment rate for blacks projected to hit 25-year high", *Washington Post*, 15 enero 2010.

33. "Pine Ridge CDP, South Dakota - DP-3. Profile of Selected Economic Characteristics: 2000" La Oficina del Censo de Estados Unidos.

34. Jaroslav Vanek, *New Renaissance*, Vol. 5, No. 1.

35. P.R. Sarkar, *Economia Proutista* (Córdoba, Argentina: Publicaciones Ananda Marga, 1996), p. 111.

36. Scott DeCarlo, "Big Paychecks", *Forbes*, 3 mayo 2007.

37. Scott DeCarlo, "Special Report: CEO Compensation", *Forbes*, 28 abril 2010.

38. Análisis de AFL-CIO sobre 292 empresas en el índice bursátil S&P 500. Información sobre el pago del puesto de director ejecutivo proporcionada por salary.com.

39. "World's Richest People", *Forbes*, 2010 list.

40. ECLAC, "Poverty Among the Rural Population in the Region Increases Their Vulnerability to Climate Change", 10 noviembre 2010.

41. "Measuring poverty", Wikipedia http://en.wikipedia.org/wiki/Measuring_poverty

42. Richard Wilkinson and Kate Pickett, *Desigualdad : un análisis de la (in)felicidad colectiva* (Turner Publicaciones, S.L., 2009).

43. Gusmorino, Paul A., III. "Main Causes of the Great Depression." Gusmorino World (13 mayo 1996). http://www.gusmorino.com/pag3/greatdepression/index.html.

44. Reporte abril 2010, Banco de Pagos Internacionales.

45. FMI Perspectivas de la Economía Mundial, abril 2009 http://www.imf.org/external/pubs/ft/weo/2009/01/index.htm

46. "OTC derivatives market activity in the second half of 2009", Banco de Pagos Internacionales, 11 mayo 2010 http://www.bis.org/press/p100511.htm

47. Gretchen Morgenson, "Given a Shovel, Americans Dig Deeper Into Debt", *The New York Times*, 20 Julio 2008.

48. Reportes de Reserva Federal de los Estados Unidos "Monthly G.19 Consumer Credit Report", 7 mayo 2012 y de la Oficina del Censo de Estados Unidos "State & County Quick Facts", 17 enero 2012.

49. Consumer Credit Counselling Service, nota de prensa 21 julio 2010 http://www.cccs.co.uk/Portals/0/Documents/media/pressreleases/Human-impact-of-debt-survey-press-release.pdf

50. Morgenson, op cit.
51. La Oficina Administrativa de los Tribunales de Estados, "Statistical Tables for the Federal Judiciary", 2010.
52. http://www.federalbudget.com y La Oficina de Presupuesto del Congreso, "Budget and Economic Outlook: An Update", 24 agosto 2011.
53. Esto incluye Militares en Activo ($965 miles de millones) y los Militares en Retiro ($484 miles de millones), que incluye las prestaciones de los veteranos más el 80% del interés de la deuda nacional adquirida en esa proporción por el gasto militar. War Resisters League http://www.warresisters.org/piechart.htm
54. Oficina del Censo de Estados Unidos, Estadísticas del Comercio Exterior, 2011 http://www.census.gov/foreign-trade/statistics/highlights/annual.html
55. Agencia de Protección Ambiental de Estados Unidos, Inventario de Emisiones Tóxicas http://www.epa.gov/tri/
56. La información se compiló por el Centro de análisis e información sobre el dióxido de carbono de Estados Unidos (CDIAC) para l Organización de las Naciones Unidas.
57. "Estimación de muertes y de años de vida ajustados en función de la discapacidad (AVAD), por WHO Member State, 2002". http://www.who.int/entity/quantifying_ehimpacts/countryprofilesebd.xls.
58. "US oil spill: 'Bad management' led to BP disaster", BBC, 6 enero 2011.
59. BP Statistical Review of World Energy 2010.
60. IEA World Energy Outlook 2010, Agencia Internacional de la Energía.
61. Jaromir Benes, Marcelle Chauvet, Ondra Kamenik, Michael Kumhof, Douglas Laxton, Susanna Mursula and Jack Selody. *The Future of Oil: Geology versus Technology. IMF Working Paper WP/12/109* (New York: Fondo Monetario Internacional, 2012).
62. http://www.starvation.net/

2. Un nuevo paradigma social basado en valores espirituales

1. P.R. Sarkar, "Práńa Dharma", *Prout in a Nutshell Part 6* (Calcutta, Ananda Marga Publications, 1987).
2. Pocos economistas han incorporado los valores espirituales en sus obras, incluyendo a Monseñor John Ryan, autor de *A Living Wage, Its Ethical and Economic Aspects* (New York: Macmillan, 1906), E.F.

Schumacher, autor de *The Age of Plenty, a Christian View* (Edinburgh: The Saint Andrew Press, 1974), Herman Daly y J.B. Cobb Jr. autores de *For the Common Good* (Boston, MA: Beacon Press, 1989) y Charles Eisenstein, autor de *Sacred Economics: Money, Gift and Society in the Age of Transition* (Berkeley, CA: Evolver Editions, 2011).

3. John Neihardt, *Alce Negro habla* (José J. de Olañeta, Editor. 1984).

4. Eddie "Kookaburra" Kneebone (1951-2009), galardonado con Pax Christi International 2001 Peace Award, citado por Stan Stevens en *Conservation Through Cultural Survival: Indigenous Peoples and Protected Areas* (Washington, DC: Island Press, 1997), p. 157.

5. Citado por Rod Giblett en *Living with the Earth: Mastery to Mutuality* (Cambridge, MA: Salt Publishing, 2004), p. 218.

6. George Adams, "Traditional Wisdom Of the Yoruba - African Spirituality", 20 septiembre 2010 http://elevatedentity.posterous.com/okun-o-baba-olourun-in-guyana

7. Roar Bjonnes, "Economics as if All Living Beings Mattered" en *UNESCO Encyclopedia of Life Support Systems, Globalization and World Systems*, (Oxford, 2002).

8. Alan Watts, *The Book: On the Taboo Against Knowing Who You Are* (New York: Vintage, 1966).

9. Ver Fritjof Capra, *El tao de la física* (Luis Cárcamo, Editor, 1987) y *Sabiduría insólita : conversaciones con personajes notables* (Editorial Kairós, S.A.) 2009.

10. P.L. Benson, E.C. Roehlkepartain y S.P. Rude, "Spiritual development in childhood and adolescence: Toward a field of inquiry." *Applied Developmental Science* 7(3) 2003: pp. 205–213.

11. Para la convergencia de las creencias místicas fundamentals entre las grandes religiones ver el trabajo excelente de Aldous Huxley,, *La filosofía perenne* (Edhasa, 2010) y a Swami Abhayananda, *History of Mysticism: The Unchanging Testament* (London: Watkins Publishing, 2002).

12. P.R. Sarkar, *Problems of the Day* (Calcutta: Ananda Marga Publications, 1987).

13. Peter Meyer, "Land Rush: A Survey of America's Land — Who Owns It, Who Controls It, How Much is Left", *Harpers Magazine*, Jan. 1979.

14. Kevin Cahill, *Who Owns Britain?* (London: Canongate, 2000).

15. P.R. Sarkar, Economia Proutista (Córdoba, Argentina: Publicaciones Ananda Marga, 1996), p. 140.

16. P.R. Sarkar, *Gemas de la Sabiduria Universal: Pensamientos de P.R. Sarkar* (Buenos Aires: Publicaciones Ananda Marga, 1994) p. 59.
17. Para una abrumadora condena desde dentro de la ONU, ver *Lords of Poverty: The Power, Prestige, and Corruption of the International Aid Business* (New York: Atlantic Monthly Press, 1992).
18. Abraham Maslow, *Eupsychian Management: A Journal* (Homewood, IL: Richard D. Irwin Inc., 1965).
19. Carl Sandburg, "Timesweep", en *Honey and Salt* (Boston: Houghton Mifflin Harcourt, 1967).
20. Paul Hawken, Amory Lovins y L. Hunter Lovins, *Natural Capitalism: Creating the Next Industrial Revolution* (Snowmass, CO: Rocky Mountain Institute, 1999).
21. Thomas Fuller, "League Tables and Update", en su blog *Does Human Knowledge Double Every 5 Years?*, 26 mayo 2007. http://newsfan.typepad.co.uk/does_human_knowledge_doub/increase_in_publications/
22. De acuerdo con la Unión Internacional para la Conservación de la Naturaleza (IUCN siglas en inglés). Ver "Extinction crisis shows urgent need for action to protect biodiversity," UNEP, 3 noviembre 2009.
23. Stephen Leahy, "Runaway Global Economy Decimating Nature", *International Press Service*, 28 octubre 2010.
24. El texto completo y la lista de firmantes distinguidos se encuentra en http://www.commondreams.org/headlines01/1207-01.htm
25. P.R. Sarkar, *Economia Proutista* (Córdoba, Argentina: Publicaciones Ananda Marga, 1996), p. 75.
26. "Morbidity and Mortality Weekly Report", reporte del Departamento de Salud y Servicios Sociales de Estados Unidos, Centros para el Control y la Prevención de Enfermedades, 4 junio 2010 / Vol. 59 / No. SS-5.
27. Estadísticas del Departamento de Justicia de Estados Unidos y del http://www2.fbi.gov/ucr/cius2009/data/table_32.html.
28. Grossman, P., Niemann, L., Schmidt, S., and Walach, H. "Mindfulness-based stress reduction and health benefits: A meta-analysis", revista *Journal of Psychosomatic Research* 57:35–43, 2004.
29. McCracken, L., Gauntlett-Gilbert, J., and Vowles K.E. "The role of mindfulness in a contextual cognitive-behavioral analysis of chronic pain-related suffering and disability", *Pain* 131.1:63-69, 2007.
30. Hofmann, S.G., Sawyer, A.T., Witt. A.A., Oh, D. "The effect of mindfulness-based therapy on anxiety and depression: A meta-analytic review" revista *Journal of Consulting Clinical Psychology* 78:169-83, 2010.

31. Steven M. Melemis, *Make Room for Happiness: 12 Ways to Improve Your Life by Letting Go of Tension. Better Health, Self-Esteem and Relationships* (Toronto, ON: Modern Therapies, 2008).
32. Williams, J.M.G., Duggan, D.S., Crane, C., y Fennell, M.J.V. "Mindfulness-Based cognitive therapy for prevention of recurrence of suicidal behavior", revista *Journal of Clinical Psychology* 62:201-210, 2006.
33. Roger Walsh, "Asian Psychotherapies", in R. J. Corsini and D. Wedding (eds.), *Current Psychotherapies* (5th ed., Itasca, IL: F. E. Peacock, 1995).
34. Tierney, John, "When the Mind Wanders, Happiness Also Strays", periódico *The New York Times*, 15 noviembre 2010.
35. Reimprimido y traducido con autorización. "Preface by Leonardo Boff" en la edición en portugués de *Economia Proutista* por P.R. Sarkar (São Paulo: Ananda Marga Publications, 1996).

3. ¡El derecho a la vida!

1. P.R. Sarkar, "Social Values and Human Cardinal Principles", *Prout in a Nutshell Part 7* (Calcutta: Ananda Marga Publications, 1987).
2. P.R. Sarkar, Economia Proutista (Córdoba, Argentina: Publicaciones Ananda Marga, 1996), p. 22.
3. De una carta al autor.
4. National Law Center on Homelessness and Poverty, "Homelessness in the United States and the Human Right To Housing" 14 enero 2004. www.nlchp.org/content/pubs/HomelessnessintheUSandRightstoHousing.pdf
5. En algún momento del año 2010, 60.5 millones de estadounidenses, el 19.8% de la población, n tenían seguro de salud. Robin A. Cohen y Michael E. Martinez, "Health Insurance Coverage: Early Release of Estimates From the National Health Interview Survey, January–March 2011" División de Estadísticas de Encuestas de Salud. Centro Nacional de Estadísticas de Salud de Estados Unidos. http://www.cdc.gov/nchs/data/nhis/earlyrelease/insur201109.pdf
6. "Programa Suplementario de Asistencia Nutricional (SNAP, siglas en inglés): Mensualmente ponemos comida en las mesas de más de 46 millones de personas". El Servicio de Alimentación y Nutrición (FNS, siglas en inglés) del Departamento de Agricultura de los Estados. http://www.fns.usda.gov/snap/
7. Organización Mundial de la Salud, "Removing Obstacles to Healthy Development", 1999.

8. "Global HIV and AIDS estimates, 2009 and 2010" http://www.avert.org/worldstats.htm

9. Ibid.

10. "Fortune 500 Top industries: Most profitable", CNNMoney.com, 4 mayo 2009 http://money.cnn.com/magazines/fortune/fortune500/2009/performers/industries/profits/

11. Larry Elliott, "Evil Triumphs in a Sick Society", periódico *The Guardian*, 12 febrero 2001.

12. "Worldwide HIV & AIDS Statistics", op cit.

13. "Brazil's success in AIDS fight depends on cheap drugs", *Agence France-Presse*, 30 julio 2008.

14. Ibid.

15. Stephanie Nebehay, "Major push could end malaria deaths by 2015 - WHO", Reuters Africa, 14 diciembre 2010 http://www.fightingmalaria.org/news.aspx?id=1551

16. David Leonhardt, "Why Doctors So Often Get It Wrong", periódico *The New York Times*, 22 febrero 2006.

17. Linda T. Kohn, Janet M. Corrigan, and Molla S. Donaldson, editors, *To Err Is Human: Building a Safer Health System* (Washington, D.C.: National Academies Press, 2000).

18. David Leonhardt, op cit.

19. Organización Mundial de la Salud, "10 Facts on Patient Safety" http://www.who.int/features/factfiles/patient_safety/en/index.html

20. P.R. Sarkar, "Various Occupations", *Human Society Part 1* (Calcutta: Ananda Marga Publications, 1959).

21. Devashish, *Anandamurti: The Jamalpur Years* (San Germán, Puerto Rico: InnerWorld Publications, 2010), p. 295.

22. Karl Marx, *El Capital Volúmen 1, Capítulo 1, Sección 4 "El Fetichismo de la mercancía y su secreto" http://aristobulo.psuv.org.ve/wp-content/uploads/2008/10/marx-karl-el-capital-tomo-i1.pdf*

23. P.R. Sarkar, *Economia Proutista* (Córdoba, Argentina: Publicaciones Ananda Marga, 1996), p. 22.

24. F. Burlatsky, "Concrete Analysis is a Major Requirement of Leninism", *The Current Digest of the Post-Soviet Press*, No. 30, Vol. 15, 21 agosto 1963, pp. 7-8.

25. P.R. Sarkar, "Dialectical Materialism and Democracy," *Prout in a Nutshell Part 6* (Calcutta: Ananda Marga Publications).

26. Yanqi Tong, "Mass alienation under state socialism and after",

Communist and Post-Communist Studies, Volúmen 28, número 2, junio 1995, pp. 215-237.

27. Jeffrey Goldberg, "Fidel: 'Cuban Model Doesn't Even Work For Us Anymore'", *The Atlantic*, 8 septiembre 2010.

28. Benjamin A. Valentino, "Communist Mass Killings: The Soviet Union, China, and Cambodia" en *Final solutions: mass killing and genocide in the twentieth century* (Cornell, NY: Cornell University Press, 2005), pp. 91–151.

29. Reporte: *Amnesty International Report 2007.* "Countdown to Olympics Fails to Stop Killing in China", *American Chronicle, 12 agosto* 2007.

30. P.R. Sarkar, "Nuclear Revolution", *Prout in a Nutshell Part 21 (Calcutta: Ananda Marga Publications).*

31. P.R. Sarkar, Economia Proutista (Córdoba, Argentina: Publicaciones Ananda Marga, 1996), p. 23.

32. Ibid, p. 79.

33. Ibid, pp. 24-29. Sarkar emplea palabras ligeramente diferentes para estos cinco principios fundamentales en momentos diferentes, y existe una diferencia sutil con las palabras en sánscrito y el término en inglés que él aprobó. Por ejemplo, el potencial mental de los humanos es "metafísico", y el potencial sutil del universo es "supra-mundano".

34. John Kenneth Galbraith, *La economía y el objetivo público* (Plaza & Janés Editores, S.A., 1975).

35. P.R. Sarkar, *Problems of the Day* (Calcutta: Ananda Marga Publications) Section 27.

36. R. Buckminster Fuller and Anwar S. Dil, *Humans in Universe* (New York: Mouton, 1983) p. 212.

37. Frances Moore Lappé, Joseph Collins y Peter Rosset, con Luis Esparza, *Doce mitos sobre el hambre : un enfoque esperanzador para la agricultura y la alimentación del siglo XXI* (Icaria editorial, 2005).

38. Esta propuesta fue elaborada en un principio por Mariah Branch y Dada Maheshvarananda en su artículo, "The Progressive Utilization Theory (Prout): Alternative Economic and Spiritual Model for the Welfare of All" en *WorkingUSA: The Journal of Labor and Society*, 1089-7011, Volúmen 13, marzo 2010, pp. 31–40.

39. Abraham Maslow, *Motivación y personalidad* (Ediciones Díaz de Santos, S.A., 1991).

40. Ibid.

41. Friedman, Mark, "Living Wage and Optimal Inequality in a

Sarkarian Framework", *Review of Social Economy*, Vol. LXVI, No. 1, marzo 2008, pp. 93-111. Una versión anterior de este artículo está disponible en: http://priven.org/publications/

42. Salarios de los jugadores de la NFL http://www.buzzle.com/articles/nfl-player-salaries.html

43. Associated Press, "MLB's average salary eclipses $3M", 13 diciembre 2010, http://sports.espn.go.com/mlb/news/story?id=5915468

44. Biblioteca del Congreso de Estados Unidos, "The Business of Soccer", *Business & Economics Research Advisor*, número 3/4, verano 2005.

45. Ravi Batra, *Progressive Utilization Theory: Prout — An Economic Solution to Poverty in the Third World* (Manila: Ananda Marga Publications, 1989) pp. 58-60.

46. Friedman, op cit.

47. http://www.bevegelsen.no

48. Ibid.

49. Michael Albert, *Parecon: Life After Capitalism* (New York: Verso Books, 2003).

50. Ibid.

51. Para más información sobre la fundación Abha Light Foundation, ver http://www.abhalight.org.

4. La democracia económica

1. P.R. Sarkar, *Economia Proutista* (Córdoba, Argentina: Publicaciones Ananda Marga, 1996), p. 256.

2. Conversación con el autor 21 febrero 2012, Capítulo 13.

3. Richard D Wolff, "Economic Democracy, Not Austerity or Keynesian 'Growth,'" *Truthout*, 10 mayo 2012. http://truth-out.org/news/item/9026-austerity-vs-keynesian-growth-vs-economic-democracy#.T6xssyufckJ.email

4. P.R. Sarkar, *Problems of the Day* (Calcutta: Ananda Marga Publications, 1968), capítulo 11.

5. Bornstein, David. *El precio de un sueño: La aventura e Muhammad Yunus y el Grameen Bank* (Caracas: Debate, 2006) y http://www.grameen-info.org/

6. Sarkar, *Problems of the Day*, capítulo 11.

7. Para una explicación con mayor detalle de este sistema, ver "The Three-Tier Enterprise System" en *Understanding Prout: Essays*

on Sustainability and Transformation, Volúmen 1 (Maleny, Australia: Proutist Universal, 2010).
8. "Minimum Wage History", Oregon State University, 9 noviembre 2011, basado en el Indice de Precios al consumidor del Departamento del Trabajo de Estados Unidos. http://oregonstate.edu/instruct/anth484/minwage.html
9. Sylvia Nasar, "Economist Wins Nobel Prize for Work on Famines and Poverty", Periódico *The New York Times*, 15 octubre 1998.
10. P.R. Sarkar, *Human Society Part 1* (Anandanagar, India: Ananda Marga Publications, 1962, 1998 revised translation), p. 91.
11. P.R. Sarkar, *Liberation of Intellect: Neohumanism* (Calcutta: Ananda Marga Publications, 1982), pp. 39-42
12. Higgins, Andrew. "Twilight Economy: Lacking Money to Pay, Russian Firms Survive on Deft Barter System." Periódico *Wall Street Journal*, 27 agosto 1998.
13. Mariana Colacellia y David J.H. Blackburn, "Secondary currency: An empirical analysis." Revista *Journal of Monetary Economics*, Volúmen 56, número 3, abril 2009, pp 295-308.
14. International Reciprocal Trade Association, http://www.irta.com/
15. Raymund Flandez, "Barter Fits the Bill for Strapped Firms", periódico The Wall Street Journal, 18 febrero 2009.
16. Mel Hurtig, *The Vanishing Country* (Toronto: McClelland & Steward Ltd., 2002).
17. Robert E. Scott, "The High Price of Free Trade," Economic Policy Institute, 17 noviembre 2003. http://www.epi.org/publications/entry/briefingpapers_bp147/
18. Hazel Henderson, "Sovereign Governments v. Lords of Finance," *Inter Press Service*, mayo 2010.
19. Margrit Kennedy, *Interest and Inflation Free Money: Creating an Exchange Medium that Works for Everybody and Protects the Earth* (E. Lansing, MI: Seva International, 1995).
20. "Local Currency", *Wikipedia*. http://en.wikipedia.org/wiki/Local_currency
21. Esta sección está basada en el ensayo de Michael Towsey's, "Tax in a Proutist Economy, Version 2.1", Prout Institute of Australia, 24 junio 2005, 39 pp.
22. United for a Fair Economy, "End the Bush Tax Cuts for the Wealthy", http://www.faireconomy.org/bushtaxcuts
23. Cato Handbook for Congress: Policy Recommendations for the 108th Congress, 2003.

24. P.R. Sarkar, Economia Proutista (Córdoba, Argentina: Publicaciones Ananda Marga, 1996), p. 39.
25. P.R. Sarkar, *Discourses On Prout*. p. 15.
26. Kevin Cahill, *Who Owns Britain?* (London: Canongate, 2002).
27. P.R. Sarkar, *Economia Proutista* (Córdoba, Argentina: Publicaciones Ananda Marga, 1996), p. 219.
28. UN Habitat II Action Agenda (Section B.55) http://ww2.unhabitat.org/declarations/ch-4b-3.htm
29. Hartzok, Alanna, "Pennsylvania's Success with Local Property Tax Reform: The Split Rate Tax". http://www.earthrights.net/docs/success.html#2
30. Flomenhoft, Gary, "A Green Tax Shift for Vermont", Vermont Green Tax y Common Assets Project, MPA/CDAE y Gund Institute, Universidad de Vermont, diciembre 2009.
31. http://www.earthrights.net.
32. "En PROUT la producción es para el consumo —nuestro sistema industrial estará basado en el consumo. La ganancia será minimizada para que los capitalistas no tengan el alcance para explotar a los trabajadores", P.R. Sarkar, *Economia Proutista* (Córdoba, Argentina: Publicaciones Ananda Marga, 1996), p. 291.
33. La maximización de la ganancia significa colocar la ganancia marginal al mismo nivel que el costo marginal. El costo marginal es el costo de producir una unidad más, la ganancia marginal es la ganancia agregada de la venta de una unidad más (suponiendo que todas las demás unidades se venden al mismo precio). El costo promedio es simplemente el total del costo dividido por su producción. Esto quiere decir que el costo de producir más es menor que el valor que los consumidores colocan en una mayor producción. Esta diferencia es el peso muerto o lastre que Prout busca eliminar (ver la siguiente nota).
34. "La pérdida neta" es una medida económica de desperdicio. Se da por lo general cuando difieren el beneficio y el costo de producir una unidad más de producto. Ver cualquier texto de microeconomía para ampliar los conceptos, por ejemplo Thomas Nechyba, *Microeconomics: An Intuitive Approach* (Boston: South-Western College Publishing, 2010).

5. Las cooperativas que mejoran el mundo

1. P.R. Sarkar, *Economia Proutista* (Córdoba, Argentina: Publicaciones Ananda Marga, 1996), p. 155.

2. Para un análisis más profundo del siguiente debat, ver: Ronald Logan's "Cooperative Economics: In Russia", presentación inicial en Symposium on the Humanistic Aspects of Regional Development, septiembre 1993 en Birobidzhan, Rusia. http://www.proutinstitute.org/pdfs/Why_Russia_Should_Develop_Cooperative-Economics.pdf

3. Thomas Henry Huxley, "The Struggle for Existence in Human Society", Huxley's *Collected Essays Volume IX*. 1888. http://alepho.clarku.edu/huxley/CE9/Str.html

4. Robert Augros y George Stanciu, *The New Biology: Discovering the Wisdom of Nature* (Boulder, CO: Shambhala, 1987).

5. Citado en Logan, op cit.

6. Gilbert Gottlieb, *Individual Development and Evolution: The Genesis of Novel Behavior* (Hove, East Sussex, UK: Psychology Press, 2001).

7. Khaled Diab, "Survival of the Nicest", periódico *The Guardian*, 11 marzo 2009. http://www.guardian.co.uk/commentisfree/2009/mar/10/evolution-genetics

8. Giacomo Rizzolatti y Laila Craighero, "The mirror-neuron system". *Annual Review of Neuroscience* 27: (2004) pp. 169–192. http://www.annualreviews.org/doi/abs/10.1146%2Fannurev.neuro.27.070203.144230

9. Zak, Paul, R. Kurzban y W. Matzner. "The Neurobiology of Trust". *Annals of the New York Academy of Sciences*, 1032: pp 224-227, 2004. Ver además http://abc.net.au/catalyst/stories/s1481749.htm.

10. Alfie Kohn. *No Contest: The Case Against Competition* (Boston: Houghton Mifflin, 1992), citado en *Noetic Sciences Review*, primavera 1990.

11. Elinor Ostrom. Discurso de aceptación de Premio Nobel: "Beyond Markets and States: Polycentric Governance of Complex Economic Systems" http://nobelprize.org/nobel_prizes/economics/laureates/2009/ostrom-lecture.html

12. Para un mayor y más profundo análisis sobre el tema ver: Michael Towsey, "The Biopsychology of Cooperation" in *Understanding Prout: Essays on Sustainability and Transformation, Volume 1* (Maleny, Australia: Proutist Universal, 2010).

13. Página web de International Cooperative Alliance, http://www.coop.org/ica.org. Esta es una excelente fuente para las cooperativas.

14. http://www.ica.coop/ica/index.html.

15. Página web de National Cooperative Business Association, http://www.ncba.org. Otra excelente fuente para las cooperativas.

16. http://www.amul.com

17. Williams, Richard C. "The Cooperative Movement in India", *The Cooperative Movement: Globalization from Below* (Burlington, VT: Ashgate, 2007), pp. 95-112.

18. Ibid.

19. Ibid.

20. Consejo Mundial de Cooperativas de Ahorro y Crédito, *Statistical Data: United States Credit Union Statistics, 1939-2002.* http://www.woccu.org

21. Williams, Richard C. "History and Theory of the Cooperative Movement", *The Cooperative Movement: Globalization from Below*, pp. 9-35.

22. Williams, Richard C. "Cooperatives in Latin America", *The Cooperative Movement: Globalization from Below*, pp. 125-138.

23. *Mondragon Corporation 2009 Annual Report* http://www.mcc.es/ENG/Economic-Data/Yearly-Report.aspx

24. Esta y la siguiente información provienen de una clase de Mikel Lezamiz, Director de Diseminación Cooperativa, Instituto Lanki de Estudios Cooperativos, Mondragón, España, por el autor, 3 enero 2007.

25. Op.cit. *2009 Annual Report.*

26. Op cit., Clase de Mikel Lezamiz. Ver además cuidadosamente su respuesta a Noam Chomsky sobre la administración cooperative en la nota 2 del Capítulo 13.

27. José Albarrán, "La Experiencia Cooperativa de Mondragón Desde la Visión de Prout". http://prout.org.ve/recursos/

28. Correspondencia personal de Mikel Lezamiz, Director de Diseminación Cooperativa, Instituto Lanki de Estudios Cooperativos, Mondragón, España, fechada 3 enero 2007.

29. P.R. Sarkar, *Economia Proutista* (Córdoba, Argentina: Publicaciones Ananda Marga, 1996), p. 152-153.

30. A. Perkins, "On the transition from state planning to a cooperative system of production in the former Soviet Union". Ensayo sin publicar.

31. Op.cit. *2009 Annual Report.*

32. Administración Nacional de Cooperativas de Crédito, Report.

33. Marie Trigona, "Factory in the Hands of Workers", Znet, 14 agosto 2009. http://www.zcommunications.org/factory-in-the-hands-of-workers-by-marie-trigona. Ver este documental inspirador: "The Take" por Naomi Klein y Avi Lewis en http://thetake.org/.

34. John Restakis, *Humanizing the Economy* (Gabriola Island, BC: New Society Publishers, 2010).
35. "Fábricas recuperadas y también legales", *Pagina12*, 2 junio 2011.
36. Conforme al Sistema de Informações em Economia Solidária, as reported in Thais Linhares Juvenal, "Empresas Recuperadas por Trabalhadores em Regime de Autogestão: Reflexões à Luz do Caso Brasileiro", Revista Do BNDES, Rio De Janeiro, V. 13, N. 26, P. 115-138, Diciembre 2006.
37. http://evergreencooperatives.com/
38. El artículo complete y la base de datos se encuentra en: http://priven.org/publications/
39. Ver Jake Karlyle, "Maleny Cooperatives". *New Renaissance,* Volúmen 12, No 2 (invierno, 2003-4) y el documental excelente de Alister Multimedia, "Creating Prosperous Communities: Small-Scale Cooperative Enterprises in Maleny" http://alistermultimedia.nhlf.org/creating-prosperous-communities/
40. http://www.malenycu.com.au
41. http://www.maplestreetco-op.com
42. http://www.lets.org.au/qlets.html
43. http://www.amriverschool.org
44. Carla Farreira, "Una cooperativa donde no existen cargos sino tareas a cumplir". http://prout.org.ve/una-cooperativa-donde-no-existen-cargos-sino-tareas-a-cumplir/
45. Dario Azzellini, "Venezuela's Solidarity Economy: Collective Ownership, Expropriation and Workers Self-Management." *WorkingUSA: The Journal of Labor and Society*. Volúmen 12, número 2, junio 2009, pp. 171-191.

6. Una revolución agraria y protección del medio ambiente

1. P.R. Sarkar, "Systems of Production", *Prout in a Nutshell Part 14* (Calcutta: Ananda Marga Publications, 1988).
2. John Seymour y Herbert Girardet, *Proyecto para un planeta verde* (Hermann Blume, 1987).
3. Murphy, Justin (1999). "Salinity - our silent disaster". Australian Broadcasting Corporation. http://www.abc.net.au/science/slab/salinity/default.htm
4. Center for Human Rights y Global Justice. *Every Thirty Minutes:*

Farmer suicides, human rights, and the agrarian crises in India (New York: NYU School of Law, 2011).

5. De acuerdo con el Censo de Agricultura, el número de granjas en EE.UU. era de 6,8 millones en 1935; para 2002, aproximadamente 2.1 millones de granjas quedaban. "Structure and Finances of U.S. Farms: 2005 Family Farm Report / EIB-12", Economic Research Service/United States Department of Agriculture.

6. Presupuesto Anual de Estados Unidos para 2010.

7. Servicio de Investigación Económica del Departamento de Agricultura de Estados Unidos, http://www.ers.usda.gov/briefing/farmincome/govtpaybyfarmtype.htm

8. http://viacampesina.org/en/

9. David Suzuki, *El legado : la sabia visión de un anciano para un futuro sostenible* (Ediciones Octaedro, S.L, 2012).

10. Jerry Mander and Edward Goldsmith, *The Case Against the Global Economy—And for a Turn Toward the Local* (San Francisco: Sierra Club Books, 1996).

11. P.R. Sarkar, *Ideal Farming Part 2* (Calcutta: Ananda Marga Publications, 1990).

12. Organización de las Naciones Unidas para la Agricultura y la Alimentación "Livestock's Long Shadow—Environmental Issues and Options", Rome, 2006, and "Counting chickens: Global livestock counts", *The Economist* online, 27 julio 2011.

13. Vaclav Smil, *Enriching the Earth: Fritz Haber, Carl Bosch and the Transformation of World Food Production* (Cambridge, MA: The MIT Press, 2004).

14. Natural Resources Defense Council, "Facts about pollution from Livestock Farms", 2005. http://www.nrdc.org/water/pollution/ffarms.asp

15. Instituto Brasileiro de Geografia e Estatística. http://www.ibge.gov.br/home/

16. P.R. Sarkar, *Economia Proutista* (Córdoba, Argentina: Publicaciones Ananda Marga, 1996), p. 56.

17. Estos beneficios fueron adaptados de "Prout's Concept of Balanced Economy: A Solution for Japan's Economic Crisis", *Journal of Future Studies*, Taipei, Vol. 5, No. 2, November 2000, pp. 129-144.

18. P.R. Sarkar, "Master Units", *Prout in a Nutshell Volume 4 Part 19* [a compilation].

19. Ibid.

20. Daniel Imhoff, "Community Supported Agriculture", in Mander,

op cit.

21. Datos de USDA reporte para Illinois General Assembly por The Illinois Local and Organic Food and Farm Task Force, marzo 2009.

22. "Current Unemployment Rates for States and Historical Highs/ Lows", *Local Area Unemployment Statistics Information and Analysis*, U.S. Bureau of Labor Statistics, 16 de abril 2010.

23. http://foodfarmsjobs.org/

24. Correspondencia personal con el autor.

25. "Amazon Rainforest, Amazon Plants, Amazon River Animals". World Wide Fund for Nature. http://www.worldwildlife.org/wildplaces/amazon/index.cfm

26. "Amazon River and Flooded Forests". World Wide Fund for Nature. http://www.nationalgeographic.com/wildworld/profiles/g200/g147.html

27. Greenpeace, "Slaughtering the Amazon", 2009.

28. "Killer Inhabitants of the Rainforests" http://trendsupdates.com/killer-inhabitants-of-the-rainforests/

29. Correspondencia personal on el ingeniero forestal Edemilson Santos: Email edemilson_santos@yahoo.com.br.

30. Ibid.

31. Ibid.

32. Ver Norman Lewis, *Misioneros : Dios contra los indios* (Herder Editorial S.L., 1998).

33. http://www.amazonteam.org

34. Mark J. Plotkin, *Tales of a Shaman's Apprentice: An Ethnobotanist Searches for New Medicines in the Amazon Rain Forest* (New York: Viking Penguin, 1993) pp. 285-290.

35. Prof. Ângelo Tiago de Miranda, "Urbanização do Brasil: Conseqüências e características das cidades", Instituto Brasileiro de Geografia e Estatística (IBGE). http://educacao.uol.com.br/geografia/ult1701u57.jhtm

36. Future Vision Ecological Park, Porangaba (SP), Tel. (15) 3257-1540, 3257-1520, 3257-1243, Email: mail: visaofuturo@visaofuturo.org.br, http://www.visaofuturo.org.br

7. Una nueva mirada a las clases sociales y a las revoluciones

1. P.R. Sarkar, "Ananda Marga: A Revolution", *A Few Problems Solved Part 7* (Calcutta: Ananda Marga Publications, 1987).

2. P.R. Sarkar, *Human Society Part 2* (Anandanagar, India: Ananda Marga Publications, 1967).
3. P.R. Sarkar, *Prout in a Nutshell Part 18* (Calcutta: Ananda Marga Publications, 1980).
4. Frei Betto, *Valores de uma Prática Militante* (São Paulo: Consulta Popular, 2000) p. 40.
5. http://www.forbes.com/billionaires/
6. Szu-chien Hsu, "The Economy of the People's Republic of China: The Socialist Syndicate", 2007. http://priven.org/publications/
7. Jones, Bart. *¡Hugo! The Hugo Chávez Story from Mud Hut to Perpetual Revolution* (Hanover, NH: Steerforth Press, 2007) p. 160.
8. Un grupo de 62 generales jubilados publicó desplegados en los diarios a 8 columnas atacando el gobierno y apoyando a los líderes del golpe de estado. Ibid, p. 163.
9. 6 diciembre 1998: elección presidencial; 25 abril 1999: referendum para una asamblea constitucional; 25 julio1999: miembros de la asamblea constitucional; 15 diciembre 1999: referendum de una nueva constitución; 30 julio 2000: todos los oficiales elegidos; 3 diciembre: representantes locales; 15 agosto 2004: referéndum presidencial; 31 octubre 2004:alcaldes y gobernadores; 17 julio 2005: consejos ciudadanos; 4 diciembre 2005: asamblea nacional;3 diciembre 2006: elección presidencial; 2 diciembre 2007: referéndum de reforma constitucional (perdido por uno por ciento); 23 noviembre 2008: elecciones regionales; 15 febrero 2009: enmienda constitucional sobre límites temporales de la administración; 26 septiembre 2010: asamblea nacional; 7 octubre 2012: elección presidencial; 16 diciembre 2012: gobernadores. Gracias a Gregory Wilpert por esta lista.
10. "Occupy protests around the world: full list visualised", Blog de The Guardian, http://www.guardian.co.uk/news/datablog/2011/oct/17/occupy-protests-world-list-map?newsfeed=true
11. Peter Hayward y Joseph Voros, "The Sarkar Game: Creating the experience of social change" http://www.priven.org/publications/
12. Ibid.
13. P.R. Sarkar, "Matriarchy in the Ksattriya Age", *The Awakening of Women* (Calcutta: Ananda Marga Publications, 1995), p. 3-4.
14. P.R. Sarkar, "The Development of Goddess Worship", *The Awakening of Women* (Calcutta: Ananda Marga Publications, 1995), p. 183. Ver además el documental PBS, "Joseph Campbell and the Power of Myth with Bill Moyers", 1988.

15. Merlin Stone, *When God was a Woman* (New York: Barnes and Noble, 1976).
16. Brian Levack, en su libro *The Witch Hunt in Early Modern Europe* (Harlow, UK: Longman, 2006) mostró que el número de juicios europeos conocidos de brujas conocidos que terminaron en ejecuciones es de alrededor de 12.000. Multiplicando esto por la tasa promedio de aprisionamiento y ejecución, llegó a la estimación de 60.000 muertes.
17. Ver el excelente trabajo de Diane E. Levin y Jean Kilbourne, *So Sexy So Soon: The New Sexualized Childhood and What Parents Can Do to Protect Their Kids*. (New York: Ballantine Books, 2009).
18. Evelyn Reed, *Woman's Evolution from Matriarchal Clan to Patriarchal Family* (New York: Pathfinder Press, 1975).
19. Para ver información sobre prejuicios sexistas en las escuelas de Estados Unidos: David Sadker y Karen Zittleman, *Still Failing at Fairness: How Gender Bias Cheats Girls and Boys in School and What We Can Do About It* (New York: Scribner, 2009) y American Association of University Women, "How Schools Shortchange Girls", *AAUW Foundation and Wellesley College Center for Research on Women*, 1992.
20. Lyn Mikel Brown y Carol Gilligan, *Meeting at the Crossroads: Women's Psychology and Girls' Development* (Cambridge, MA: Harvard University Press, 1992) y Deborah A. Cihonski, "Finding my voice: Adolescent girls' experiences with speaking up and how recounting these experiences impacts future expression". Tesis y réplicas 2827. 2005. http://scholarcommons.usf.edu/etd/2827
21. Ginette Castro, *American Feminism: A Contemporary History* (New York: NYU Press, 1990).
22. Ver Robert Bly, *Iron John: A Book About Men* (Boston: Addison-Wesley, 1990).
23. The United Nations Secretary-General's Campaign UNITE to End Violence against Women, "Violence Against Women: The Situation". 2009. http://www.un.org/en/women/endviolence/pdf/factsheets/unite_the_situation.pdf
24. Anti-Slavery International, *Annual Review 2005*, London.
25. Sylvia Nasar, "Economist Wins Nobel Prize for Work on Famines and Poverty", *New York Times*, Oct. 15, 1998.
26. Oxfam, Education, and the Beyond Access project http://www.oxfam.org.uk/
27. Chen, M., Vanek, J., Lund, F., & Heintz, J. (2005). "Progress of the world's women 2005: Women, work and poverty." United Nations

Development Fund for Women. http://www.unifem.org/attachments/products/PoWW2005_eng.pdf.

28. Sierminska, Eva, Frick, Joachim R. and Grabka, Markus M. "Examining the Gender Wealth Gap in Germany". Institute for the Study of Labor (IZA), 2008. http://ideas.repec.org/p/iza/izadps/dp3573.html

29. The Insight Center for Community Economic Development. *Lifting as We Climb: Women of Color, Wealth, and America's Future.* Spring 2010. http://www.insightcced.org/uploads/CRWG/LiftingAsWeClimb-WomenWealth-Report-InsightCenter-Spring2010.pdf

30. Mucha ayuda en esta sección vino de la excelente compilación de Didi Ananda Rucira's de los escritos de P.R. Sarkar's sobre mujeres, *The Awakening of Women* (Calcutta: Ananda Marga Publications, 1995).

31. P.R. Sarkar, *The Thoughts of P.R. Sarkar* (Calcutta: Ananda Marga Publications, 1981).

32. op. cit. *The Awakening of Women*, p. 113.

33. Publicado en Sohail Inayatullah y Jennifer Fitzgerald, *Transcending Boundaries: Prabhat Ranjan Sarkar's Theories of Individual and Social Transformation*, (Maleny, Australia: Gurukula Press, 1999), p. 39. See http://www.ravibatra.com.

34. P.R. Sarkar, *Human Society Part 2* (Anandanagar, India: Ananda Marga Publications, 1963, 1998 revised translation), p. 123.

35. Este texto es de la conferencia del Dr. Johan Galtung en la Universidad de California en Los Angeles, 19 October 1996. Para más información sobre él y su trabajo ver: http://www.transcend.org

8. El revolucionario espiritual

1. P.R. Sarkar, "Yatamána — 2", *Prout in a Nutshell, Volume 4, Part 18* (Calcutta: Ananda Marga Publications, 1980).

2. P.R. Sarkar, "Ananda Marga: A Revolution", *A Few Problems Solved Part 7* (Calcutta: Ananda Marga Publications, 1987).

3. P.R. Sarkar, "The Future of Civilization," *Prout in a Nutshell Volume 2 Part 6* [compilación].

4. Citado en "Empowered by the Sacred" por Louise Danielle Palmer en *Spirituality & Health*, Sept/Oct. 2006, p. 46.

5. P.R. Sarkar, "Dialectical Materialism and Democracy," *Prout in a Nutshell Volume 2 Part 6* [compilación].

6. Daniel Goleman, Richard E. Boyatzis y Annie McKee. *El líder resonante crea más : el poder de la inteligencia emocional* (Debolsillo, 2003).

7. P.R. Sarkar, "Paincadasha Shiila (The Fifteen Rules of Behaviour)", *Ananda Marga Caryacarya Part 2.*
8. Stanley Milgram, "Behavioral Study of Obedience", *Journal of Abnormal and Social Psychology*, 67 (4), 1963: pp. 371–8.
9. Haney, C., Banks, W. C., y Zimbardo, P. G. "Interpersonal dynamics in a simulated prison." *International Journal of Criminology and Penology*, 1, (1973) pp. 69–97.
10. Zeno Franco y Philip Zimbardo, "The Banality of Heroism". *Greater Good*, otoño/invierno 2006-2007, pp. 30-35.
11. Goleman, op.cit.
12. Amanda Sinclair, *Leadership for the Disillusioned: Moving Beyond Myths and Heroes to Leading That Liberates* (Crows Nest, NSW, Australia: Allen & Unwin, 2008).
13. David B. King and Teresa L. DeCicco, "A Viable Model and Self-Report Measure of Spiritual Intelligence," *The International Journal of Transpersonal Studies,* Volume 28, (2009) pp. 68-85.
14. P.R. Sarkar, *Human Society Part 2* (Anandanagar, India: Ananda Marga Publications, 1963, 1998 - revised translation), p. 133.

9. Un nuevo concepto de ética y justicia

1. P.R. Sarkar, "Remain United with the Supreme Benevolence", *Ananda Vacanamrtam Part 4* (Calcutta: Ananda Marga Publications, 1978).
2. Citado en Eduardo Galeano, *Patas arriba : la escuela del mundo al revés* (Montevideo: Picador, 2001).
3. *Statistical Abstracts of the United States*, 1957-1997.
4. U.S. Department of Justice, Federal Bureau of Investigation, "Crime in the United States, 2009", Sept. 2010.
5. Lt. Col. Dave Grossman, "Teaching Kids To Kill", *Phi Kappa Phi National Forum*, otoño 2000.
6. S.L.A. Marshall, *Men Against Fire: The Problem of Battle Command* (Gloucester, MA: Peter Smith, 1978). Posterior investigación arroja dudas sobre los métodos de Marshall, la investigación en zonas de Guerra de otras guerras, incluyendo la Guerra Civil de Estados Unidos, ha respaldado este reclamo.
7. Lt. Col. Dave Grossman, "Hope on the Battlefield", *Greater Good: The Science of a Meaningful Life,* verano 2007.
8. Brandon S. Centerwall, "Television and Violence: The Scale of the

Problem and Where to Go from Here", *Journal of the American Medical Association*, Vol. 267, No. 22, junio 1992.

9. Ibid.

10. "Joint Statement on the Impact of Entertainment Violence on Children: Congressional Public Health Summit", 26 julio 2000.

11. P.R. Sarkar, "Introduction", *A Guide to Human Conduct* (Calcutta: Ananda Marga Publications, 1977).

12. P.R. Sarkar, "Social Defects in Gandhism", *Prout in a Nutshell Part 21* (Calcutta: Ananda Marga Publications, 1992). Para una de las más interesntes comparaciones ver la "entrevista" de Sohail Inayatullah's con dos más alla del tiempo y espacio, "Gandhi and Sarkar: On Non-violence, Rural Economy and the Indian Independence Movement," *Global Times,* No. 3, mayo/junio 1998, http://www.proutglobe.org/2012/02/gandhi-and-sarkar-the-interview/.

13. E.F. Schumacher, *Small is Beautiful* (London: Abacus, 1973) p. 23.

14. "Estados Unidos es el país con el mayor consumo per cápita del mundo —una pisada de 9,57 hectáreas. Si todos en el planeta vivieran como un estadounidense promedio, necesitaríamos 5 planetas tierra" de "Much Ado About Nothing", 11 octubre 2006. Ver además: John L Seitz, *Global Issues: An Introduction* (Hoboken, NJ: Wiley-Blackwell, 2001) y Frances Harris, *Global Environmental Issues* (Hoboken, NJ: Wiley, 2004).

15. Citado por Bo Lozoff, *Deep and Simple* (Durham, NC: Human Kindness Foundation, 1999) p. 65.

16. Sohail Inayatullah y Jennifer Fitzgerald, *Transcending Boundaries: Prabhat Ranjan Sarkar's Theories of Individual and Social Transformation* (Maleny, Australia: Gurukula Press, 1999).

17. U.S. Department of Justice Statistics, 2011, http://bjs.ojp.usdoj.gov/content/pub/press/p10cpus10pr.cfm.

18. De acuerdo con Justice Policy Institute, en el año 2000 hubo 791.600 afroamericanos en prisión y 603.032 se inscribieron a la universidad. Reportado en "Prison Population Exceeds Two Million", Information Please Database, 2007, Pearson Education, Inc. http://www.infoplease.com/ipa/A0881455.html

19. P.R. Sarkar, "Mass Murder", *Prout in a Nutshell Part 15* (Calcutta: Ananda Marga Publications).

20. P.R. Sarkar, "Justice", *Human Society Part 1* (Calcutta: Ananda Marga Publications, 1959, revised edition 1998).

21. James M. Henslin, *Social Problems: A Down-to-Earth Approach*

(Boston: Allyn & Bacon, 2007).

22. The Criminal Sanctions Agency of Finland, "The released from prison in Finland 1993-2001 and the re-entered" http://www.rikosseuraamus.fi/25234.htm

23. Senator Paul Simon y Dave Kopel, "Restore Flexibility to U.S. Sentences", *National Law Journal*, Dec. 16, 1996, p. A15.

24. Lawrence W Sherman y Heather Strang, et al, "Restorative Justice: The Evidence", The Smith Institute, 2007. http://www.sas.upenn.edu/jerrylee/RJ_full_report.pdf and http://www.murdoch.edu.au/elaw/issues/v9n1/haslip91.html

25. Lozoff, "A Nation Behind Bars", op cit.

26. P.R. Sarkar, "The Neohumanism of Sadvipras", *Neohumanism in a Nutshell Part 1* (Calcutta: Ananda Marga Publications).

27. Sarkar, "Justice", op cit.

28. Nelson Mandela, *El largo camino hacia la libertad : la autobiografía de Nelson Mandela*. Aguilar, 2012.

29. Sarkar, "Justice", op cit.

30. Sarkar, "Justice", op cit.

31. Human Kindness Foundation, P.O. Box 61619, Durham, NC 27715, http://www.humankindness.org

32. Prison Phoenix Trust, http://www.theppt.org.uk

33. Pashupati Steven Landau, MD, and Jagat Bandhu John Gross, "Low Reincarceration Rate Associated with Ananda Marga Yoga and Meditation", *International Journal of Yoga Therapy*, No. 18 (2008), pp. 43-48. http://prisonyoga.com/downloads/ReincarcerationStudyIJYT.pdf

34. Traducido del portugués, "Monk Teaches Yoga to Prisoners in Minas Gerais", *Jornal do Brasil*, 28 febrero 2000.

35. Traducido del portugués, carta al autor.

36. Larry Cohen y Susan Swift, "A Public Health Approach to the Violence Epidemic in the United States", *Environment and Urbanization*, Vol. 5, No. 2, 1993.

37. BBC, "Alcohol 'more harmful than heroin' says Prof David Nutt", 1 noviembre 2010. http://www.bbc.co.uk/news/uk-11660210

38. *Democracy Now*, "'The House I Live In': New Documentary Exposes Economic, Moral Failure of U.S. War on Drugs", 31 enero 2012, http://www.democracynow.org/2012/1/31/the_house_i_live_in_new

39. "Budgetary Implications of Marijuana Prohibition in the United States" http://www.prohibitioncosts.org/endorsers.html

10. "¡Nuestra cultura es nuestra fuerza!" —identidad cultural y educación

1. P.R. Sarkar, *Economia Proutista* (Córdoba, Argentina: Publicaciones Ananda Marga, 1996), p. 216.
2. Dada Maheshvarananda, "Conversation with Paulo Freire, Educator of the Oppressed", en Sohail Inayatullah, et al, eds. *Neohumanist Educational Futures: Liberating the Pedagogical Intellect* (Taipei: Tamkang University, 2006).
3. Acarya Prasiidananda Avt., *How to Introduce the Ideas of Ananda Marga and Prout to the Public* (Manila: Ananda Marga Publications, 1989).
4. Davide Dukcevich, "The Richest of the Rich", *Forbes*, 12 diciembre 2001.
5. Maheshvarananda, op cit.
6. P.R. Sarkar, *Human Society Part 1* (Calcutta: Ananda Marga Publications, 1959 - 1998 revised edition) pp. 12-13.
7. Dada Maheshvarananda, "Cooperative Games that Teach Solidarity", *New Renaissance*, Vol. 11, No. 3, otoño 2002, pp. 15-17, http://www.ru.org/maheshvarananda-113.htm.
8. http://www.amurt.org.br.
9. Ver http://www.gurukul.edu y http://www.nhe.gurukul.edu
10. http://www.wlrp.org
11. Acarya Tadbhavananda Avt., *Samaj: A New Dimension in Politics* (Delhi: Proutist Universal, 1987).
12. http://news.angkasama.info/.
13. http://www.sfmt.org/index.php
14. "The Nobel Prize in Literature 1997". Nobelprize.org. 3 Jun 2012 http://www.nobelprize.org/nobel_prizes/literature/laureates/1997/
15. http://www.commediaschool.com
16. Ver fotos de Nordic Buffoons en http://www.belef.org/01/galerija/11vece.html y en http://www.belef.org/01/prog/012.html. Contact info@commediaschool.com.
17. Carta al autor.
18. Linda Tuhiwai Smith, *Decolonizing Methodologies: Research and Indigenous Peoples* (London: Zed Books, 1999).
19. Quino-Solis, et al., *From a Game of Cards to the Development of Regional Cooperatives,* 2004, pp. 85-86.
20. Ibid.
21. Ibid.

11. Empoderando a las comunidades, el sistema político de Prout

1. P.R. Sarkar, *Problems of the Day* (Calcutta: Ananda Marga Publications, 1968) capítulo 32.
2. Esta sección está basada principalmente en un ensayo sobre el desarrollo aun no publicado, "An Introduction to Sadvipra Governance" por Michael Towsey y Jake Karlyle.
3. Qian Sima y trans. Burton Watson, *Records of the Grand Historian: Han Dynasty* (Research Center for Tr. The Chinese University of Hong Kong and Columbia University Press, 1993).
4. Carta a Bishop Mandell Creighton, 5 abril 1887 publicada en *Historical Essays and Studies*, editado por J. N. Figgis y R. V. Laurence (London: Macmillan, 1907).
5. Thomas Hobbes, *Leviathan: With Selected Variants from the Latin Edition of 1668* (Hackett Classics, Edwin Curley, editor).
6. "El presidencialismo de Estados Unidos es una forma mayor de gobierno, pero existe un inconveniente en la constitución y es que los derechos individuales tienen un alcance máximo: esto conlleva a un orden capitalista desenfrenado. Demasiada libertad individual debe ser limitada en una forma ideal de gobierno. Prout introduciría controles sociales para que el interés colectivo sea el supremo. En la constitución de Estados Unidos el poder de compra no se garantiza a la gente. La mejor forma de gobierno es la forma presidencial donde el presidente es elegido directamente por el electorado y hay menos libertad individual" P.R. Sarkar, "Requirements of an Ideal Constitution", *Prout in a Nutshell Volume 3 Part 12.*
7. The Center for Responsive Politics (2010). Election Stats. http://www.opensecrets.org/bigpicture/elec_stats.php?cycle=2010.
8. "Money Meant Victory for Many" por Jonathan D. Salant, Associated Press, 8 noviembre 2000.
9. P:R. Sarkar, "Talks on Prout", *Prout in a Nutshell Volume 3 Part 15*, sección "Political Parties".
10. Los valores humanos cardinales, como se explica en el capítulo 9, son las virtudes de honestidad, coraje, compasión, humildad, templanza y misericordia. De acuerdo a estos valores, el fuerte debe proteger al débil, el egoísmo no es ético, y es importante tratar de evitar causar el daño a otros. Esta importante propuesta da equilibrio a los otros derechos, garantizando que ningún otro derecho entra en conflicto con el bienestar de la humanidad.

11. *Agrico-industrias* se refiere a las industrias que producen los insumos agrícolas que los granjeros requieren para hacer su trabajo, tales como herramientas, implementos, semillas y fertilizantes. *Agro-industrias* son las posteriores a la cosecha que procesan sus materias primas en harina, aceite, textiles, papel, etc.
12. Para un excelente análisis comparativo del concepto de gobierno mundial de Prout, ver Craig Runde, "Beyond Nationalism: Sarkar's Vision of World Government" en *Transcending Boundaries: Prabhat Ranjan Sarkar's Theories of Individual and Social Transformation* (Maleny, Australia: Gurukula Press, 1999) p. 39.
13. Michael Towsey y Jake Karlyle, op cit.
14. P.R. Sarkar, "Dialectical Materialism and Democracy", *Prout in a Nutshell Volume 2 Part 6.*
15. La primera parte de este ensayo fue tomada de Sohail Inayatullah, "Conclusion: The Lamp that Illuminates Countless Other Lamps", que apareció en su libro, *Situating Sarkar: Tantra, Macrohistory and Alternative Futures* (Maleny, Australia: Gurukula Press, 1999). Ver http://www.metafuture.org
16. Charles Paprocki, "On Proutist Methodology", obra inédita.
17. Thomas Khun, *The Structure of Scientific Revolutions* (Chicago: University of Chicago Press, 1962).
18. Richard Slaughter, *Futures Tools and Techniques* (Victoria, Australia: Futures Studies Center, 1987).
19. Para más información metodológica sobre el marco teórico de este escrito, ver Sohail Inayatullah, *Questioning the future: Tools and methods for organizational and societal transformation* (Tamsui, Taiwan: Tamkang University, 2007). Para información sobre otros libros de Inayatullah, ver http://www.metafuture.org.
20. Por ejemplo, ver Graeme Taylor, *Evolution's Edge* (Bagriola Island, Canada: New Society Publishers, 2008), Bill Halal, *Technology's Promise* (New York: Palgrave Macmillan, 2008), Sohail Inayatullah, "Positive trends amidst the doom and gloom" 15 mayo 2009, http://www.metafuture.org.
21. Ver las obras de Joseph Campbell en la fundación Joseph Campbell Foundation. http://www.jcf.org/new/index.php?categoryid=31.

12. Una llamada a la acción: estrategias para la implementación de Prout

1. P.R. Sarkar, "Ananda Vanii", 1975.
2. Historia personal narrada por Dada Abhayananda
3. http://www.forumsocialmundial.org.br/
4. http://shop.anandamarga.org/books/sarkar/eledit70.htm
5. "Beyond Seattle" Teach-in, Washington DC, 14 abril 2000.
6. http://www.proutglobe.org/2012/04/persecution-of-proutists-pricks-kolkatas-conscience/
7. http://prout.org.ve/la-primera-conferencia-mundial-de-prout-en-venezuela/
8. http://www.r-evolucionar.eu
9. http://www.economicdemocracyconference.org
10. http://www.irprout.it, http://www.prout.it
11. http://www.prout.org.ar
12. http://www.proutugal.org
13. http://prout-de.net/
14. P.R. Sarkar, "The Role of Youth: Talks on Education — Excerpt G," *Prout in a Nutshell Volume 4 Part 18 [una compilación]*
15. Contactar Pradeep Sharma en sewa.service@gmail.com
16. Contactar Kanhu Behura en kanhu.behura@gmail.com
17. Contactar en jivandev@gmail.com. Su blog es http://www.hualien-permaculture.blogspot.com.au/
18. http://www.proutjournal.com
19. "Repertorio Forense: Publicación diaria de doctrina, legislación, jurisprudencia, bibliografia, información judicial", Vol. XXXIX, No. 14.541-2, Caracas, 28 Feb. 2007, pp. 2-4.
20. http://prout.org.ve/acerca-del-institute/
21. "Encuesta de las Cooperativas" http://prout.org.ve/recursos
22. http://www.youtube.com/watch?v=bgL4WMlzuGU
23. http://prout.org.ve/la-primera-conferencia-mundial-de-prout-en-venezuela/
24. http://www.centromadre.org
25. http://www.proutinstitute.org
26. Creo personalmente que este pequeño folleto, en la forma de un cuento infantil, es una clara señal que Sarkar dejó sobre cómo la revolución proutista puede desarrollarse desde las bases y lograr la Victoria. La recomiendo ampliamente a todos. P.R. Sarkar, *The Golden Lotus of*

the Blue Sea (Calcutta: Ananda Marga Publications).
27. Peace sign: http://www.flickr.com/photos/aaronfreimark/378454005/sizes/l/in/photostream/
28. Capture the Flag: http://www.youtube.com/watch?v=3UZLgPD_cjk
29. Pillow fight: http://www.youtube.com/watch?v=dmdcjj49hZQ
30. Water fight: http://www.youtube.com/watch?v=foJ6h5iq1lc
31. Mp3 Flashmob: http://www.youtube.com/watch?v=Eq7LiZmpKT8
32. Music video: http://www.youtube.com/watch?v=GSP81Che1Xo
33. Protest rally: http://www.youtube.com/watch?v=ucF7IoASP8g
34. 4K!: http://www.negyedikkoztarsasag.hu
35. Interview in *Caros Amigos,* Issue 39, Jun. 2000.
36. P.R. Sarkar, "Nuclear Revolution", *Prout in a Nutshell Part 21* (Calcutta: Ananda Marga Publications).
37. P.R. Sarkar, *Problems of the Day* (Calcutta: Ananda Marga Publications, 1968), capítulo 2.
38. P.R. Sarkar, "Move with Ever-Accelerating Speed", *Prout in a Nutshell Part 17*, (Calcutta: Ananda Marga Publications).
39. Victor Hugo, *Histoire d'un Crime* (*The History of a Crime*) [escrito en 1852, publicado en 1877], Conclusión, ch. X. Trans. T.H. Joyce and Arthur Locker.
40. "Women's Voices: Quotations by Women" — Margaret Mead, http://womenshistory.about.com/cs/quotes/a/qu_margaretmead.htm
41. P.R. Sarkar, *Ananda Vacanamrtam Part 31* (Calcutta, Ananda Marga Publications), pp. 43-45.

13. Una conversación con Noam Chomsky, 21 de Febrero de 2012

1. El equipo filmográfico de Occupy Wall Street: Abe Heisler, Mike McSweeney, Katie Davison and Ras Arthemio Selassie, con apoyo logístico de Amal Jacobson yNir Kronenberg. Ver entrevista en: http://studiooccupy.org/#!/media/wewwbk
2. Mikel Lezamiz, Director de Diseminación Cooperativa de Otalora, Corporación Cooperativa de Mondragón escribió al autor en respuesta:, "Practicamente el 100% de los gerentes senior en las cooperativas de Mondragón son miembros de las cooperativa, no de fuera, no asalariados, no staff. Una parte sustancial de ellos tiene grados en administración o ingeniería de la Unversidad de Mondragón y la mayoría del resto de ellos de alguna universidad vasca. Casi todos los gerentes senior son desarrollados y apadrinados por años dentro del grupo de la cooperativa;

muy, pero muy pocos son contratados de fuera para estos niveles senior. Debemos también resaltar respecto al argumento de que las cooperativas de Modragón no son administradas por los trabajadores. Note en principio que la gobernanza en estas cooperativas es democrática, basada en el principio de un miembro un voto. Hay una separación completa entre la gobernanza del staff y la gobernanza de la administración y ese último es totalmente responsable del primero. La toma de decisiones es diferente cada día. Ciertamente existe una división del trabajo, como pensamos que es inevitable en cualquier organización de más de un puñado de personas, y la autonomía y participación en el nivel de línea de producción o en el de oficina varían de una a otra cooperativa (y con el tiempo), pero la participación en la toma de decisiones en los diversos niveles es común en Mondragón y una constante prioridad, tanto de la perspectiva filosófica como de la del negocio. Construir y mantener altos niveles de participación en organizaciones complejas compitiendo en intensos y competitivos mercados internacionales es un reto por muchas razones, y nuestra experiencia dista mucho de ser perfecta, pero es un reto que asumimos completamente."

Índice analítico

A

B

C

D

E

F

G

H

I

J

K

L

T

U

V

W

X

Y

Z

www.ingramcontent.com/pod-product-compliance
Lightning Source LLC
Chambersburg PA
CBHW021844020426
42334CB00013B/176

* 9 7 8 1 8 8 1 7 1 7 2 8 7 *